W0417950

PIERRE PERRET

MON ALMANACH

cherche midi

DU MÊME AUTEUR AU CHERCHE MIDI

Les Pensées
Le Café du Pont
Le Perret gourmand
A cappella
Tous toqués
Les Poissons et moi

Vous aimez l'humour ? Inscrivez-vous à notre newsletter pour suivre en avant-première toutes nos actualités :
www.cherche-midi.com

Impression : La Tipografica Varese Srl
ISBN : 978-2-7491-2514-5
Dépôt légal : novembre 2014

© le cherche midi, 2014
23 rue du Cherche-Midi 75006 Paris

AVANT-PROPOS

« *Appeler un chat un chat… !* »

C'est une façon de m'exprimer dans mes chansons qui a souvent chagriné les esprits étroits, « chagrins » ou « ténus ». Hélas pour eux, cet hémistiche de Boileau n'est devenu une locution populaire de notre langue que pour signifier qu'on abandonne les détours et les ménagements afin de ne rien dissimuler, et pour appeler les choses par leur nom. Bon nombre de nos « moralistes » d'aujourd'hui auront du mal à avaler ce discours ! C'est, hélas pour eux, ce type de rhétorique qui sera le reflet de l'esprit singulier de cet almanach complètement atypique.

Pierre Perret

JANVIER

Demain,
je paye mes impôts.
Une fois n'est pas coutume.

01 janvier

Jour de l'an
Sainte Marie Mère de Dieu

Si le soleil brille au jour de l'an,
L'année sera remplie de glands.

Dicton

Le dicton du 1er janvier est formel :
Tel jour de circoncision,
Tel mois de moisson !
En somme, on n'y coupe pas !

Bonne année !

Ce soir fêtons le jour de l'an, Pour ce je ferai un beau flan, Pour le pépé qui perd ses dents. Et du tamarin en purée, Pour la mémé qui est constipée.

CÔTÉ JARDIN

Pour le premier jour de l'an, faites des crêpes, jouez à la marelle, au morpion, au poker menteur, faites les pieds au mur, mettez-les dans le plat, buvez de la tisane, jouez au Monopoly, mettez un petit ballon dans votre bassin pour empêcher la glace de tenir, ne répondez pas à vos mails (pour une fois !), et surtout... ne vous occupez pas de votre jardin !

UN SAGE DÉCRET

Le 1er janvier de notre entrée dans le troisième millénaire, le journal *Le Monde* publia un papier ainsi titré : « Les femmes s'imposent comme atouts majeurs dans la vie publique. » Le journaliste Gérard Courtois met les choses au point : « Elles tenaient depuis cinq siècles au bas mot d'interdit royal puis d'ostracisme républicain. » En ce crépuscule du millénaire, pourtant, la loi salique qui refusait la dévolution du pouvoir aux femmes est morte. Elles auront désormais leur place dans les fonctions électives à parité avec les hommes. Ainsi en a décidé le 28 juin le Parlement réuni à Versailles conformément à l'engagement pris par Lionel Jospin deux ans plus tôt de « permettre aux Françaises de s'engager SANS ENTRAVE dans la vie publique ».

Bien que tu m'aies battu une fois au tennis, rien que pour ce fabuleux décret arraché aux irréductibles machos si souvent dénoncés par Sylviane, mon cher Lionel, je suis fier d'être ton ami.

LE SAVIEZ-VOUS ?

- Manger des lentilles le premier jour de l'an apporte santé et bonheur pour le restant de l'année. C'est pas Jésus qui me l'a dit, c'est mon petit doigt.
- Si on est mordu par quelqu'un qui vient de manger des lentilles, on meurt dans l'heure qui suit. Moi, je croyais plutôt que c'était en sortant d'un McDo !

langage des fleurs

Le réséda est la fleur consacrée au mois de janvier.
Portée sur soi, elle protège des cauchemars et des déceptions.
Alors faites-vous un pendentif !

À la Saint-Basile,
Recharge les piles à Émile !
À la Saint-Benoît,
Fais gaffe à tes noix !

Saint Basile

PERRET

02 janvier

BRÈVES DE COMPTOIR

Lorsque j'étais enfant, je savourais tous ces délicieux et involontaires cours de philosophie improvisés qu'on entend au comptoir des bistrots. Je me délectais au fameux Café du Pont de mes parents à Castelsarrasin, de ces perles jaillies de la bouche des habitués, qui déjà, eux aussi, refaisaient le monde à leur façon avant d'entrer à l'usine ou le plus souvent en sortant du théâtre de leur misère. Oui, au comptoir, on peut philosopher, digresser sur tout, critiquer, se moquer, revendiquer impunément en commentant d'abord et le plus souvent l'actualité. Le comique involontaire qui en résulte vous fait exulter, éclater de rire… Bref, ce type de thérapie ne peut que mettre les docteurs au chômage ! Terrible perspective. Je vous offre, en attendant, cette jolie pépite recueillie par Gourio, justement, pour ses fameuses *Brèves de comptoir* : « Comment t'expliques la faim dans le monde, il est même pas midi ? »

SOUVENIRS

Paul Léautaud et Jules Renard ont en commun le fait d'avoir tenu chacun, tout au long de leur vie, un *Journal littéraire*. C'est là tout l'intérêt de leurs œuvres qui – hormis pour Renard qui fut aussi dramaturge – témoignèrent, d'une plume alerte et pleine d'esprit, des bonheurs et des vicissitudes de leur quotidien d'hommes de lettres. J'ai réfléchi toute ma vie à propos des aphorismes aimables, sentencieux ou virulents, qui furent les leurs, telles ces jolies perles de Jules qui, vivant à la campagne, était émerveillé tous les jours d'être « propriétaire d'une belle fenêtre sur la nature » et qui, pensif, se préoccupait de savoir « ce que deviennent toutes les larmes que l'on ne verse pas ».

On ne perçoit parfois que des années après les avoir lues la justesse de ces pensées égrenées par Léautaud. C'est l'incontournable vérité de ces aphorismes qui guida sans doute mes pas jusqu'à chez lui, à Fontenay-aux-Roses. Il était si étonné de ma naïveté, et aussi de ma curiosité, qu'il répondait aux questions que je lui posais même si elles provoquaient chez lui un certain agacement. Car, ainsi qu'il le soulignait lui-même au bout d'une maxime ou d'une sentence : « Il n'y a rien à rajouter… » Telle celle-ci qui, effectivement, n'a pas besoin d'explication de texte : « Tous les peuples sont pour la paix, aucun gouvernement ne l'est. » Ou encore : « Le mariage fait des cocus et le patriotisme des imbéciles. » Fermez le ban. Merci messieurs.

Le vrai bonheur dans une vie, c'est d'exercer librement son talent… si l'on en a un !
Mais attention, le bonheur – le vôtre – ne sera pas toujours bien perçu… par les autres !…

03 janvier

Sainte Geneviève

À la Sainte-Geneviève,
Il est temps d'écosser tes fèves.
Mais... si saint Marcel ne la rejoint,
Geneviève ne sortira point.
(Saint-Marcel se fête le 16 janvier.)

« QUAND LE SOLEIL ENTRE DANS MA MAISON »

Nous allions parfois le dimanche pique-niquer à la campagne, tous entassés dans la 4 CV. Je songeais alors à acquérir une maison ou un terrain à bâtir à l'extérieur de Paris. Ma femme chérie commença à prospecter à cinquante kilomètres autour de la capitale. Elle y consacrait bien entendu tous ses samedis. Le nombre de « coquettes fermettes » à des prix faramineux qu'elle visita, où les murs se lézardaient et où la toiture ressemblait à une passoire, ne se comptait plus.

« Le jour où cela vaudra le coup, je te préviendrai ! m'avait-elle dit. Nous irons la visiter ensemble. »

Ce jour-là arriva ! Une ancienne ferme lui avait tapé dans l'œil en Seine-et-Marne. Les critères étaient tous réunis. À vingt mètres d'une route départementale, les champs à perte de vue bordaient la maison sur trois côtés. Nous pourrions même nous permettre d'avoir un potager, des fleurs... Et même d'élever tous les animaux que nous voudrions.

C'était un jour de janvier. La prairie était sous la neige. La maison était d'un calme impressionnant pour quelqu'un qui habitait une HLM en banlieue parisienne. Au premier coup d'œil sur la maison, nous nous regardâmes, ma femme et moi. Nous savions que c'était là. « Nul voisin ne vous réveillera le matin », nous dit le propriétaire.

Quand le soleil se pointe à l'horizon
Tes griffes sont rentrées et tu ronronnes dans mon cou
Des petits mots chauffés à blanc comme ta robe
Des petits mots tabous, des mots qu'on n'écrit pas sur une invitation
Quand le soleil entre dans ma maison

Quand le soleil se pointe à l'horizon
Tu promènes endormie tes lèvres douces sur mes reins
Je sens tes seins dressés comme des barricades
Et sur ma peau tes dents qui brodent des croissants
Bleutés comme tes cernes

Quand le soleil entre dans ma maison
Quand le soleil se pointe à l'horizon
Tu m'égratignes le cœur avec tes épingles à cheveux
Et tu dis en bâillant, chéri, fais-moi l'amour
Fous ce réveil en l'air et fais-moi du café brûlant comme ta bouche
Quand le soleil entre dans ma maison.

CÔTÉ JARDIN

Pensez à votre jardin dès à présent...
Préparez des châssis pour y accueillir dès le mois de mars les graines de vos salades et même de tomates ou de melons, surtout dans la moitié sud de notre pays. N'oubliez pas non plus de laisser une place aux fleurs qui sont les indispensables et gracieuses messagères de l'amour, de l'amitié et de la fidélité.

C'est quand Marinette
Retire sa liquette
Que saint Odilon
Lui remplit le poêlon.

Saint Odilon
Épiphanie
Les Rois mages

PERRET

04 janvier

IRREMPLAÇABLES !

Dans l'un de ses passionnants derniers ouvrages, l'éminent Jacques Testart nous explique que dans un futur proche : « On va pouvoir se passer de l'homme, mais de la femme, jamais ! » On a su remplacer le spermatozoïde par un gamète immature (spermatique), ou même par une cellule somatique (clonage), ramenant ainsi l'élément masculin à un simple transporteur d'ADN pourvu que la fécondation soit « assistée ». Mais l'élément féminin pour la formation d'un nouvel être serait nécessairement un ovule mûr, c'est-à-dire une délicate et complexe machinerie cellulaire dans laquelle l'ADN n'est qu'un ingrédient parmi d'autres. On le sait sans toujours les connaître : il y a dans l'ovule toute une série de substances essentielles qui en font une cellule « complètement originale, très riche et mystérieuse ». En un mot, IRREMPLAÇABLE. Pas question donc de faire votre tambouille entre vous pour avoir des lardons, les mecs. Si vous en voulez, il vous faudra bon gré mal gré passer par la case Nana !

Conseils
CUISINE :

Les œufs brouillés, vous les préférez crémeux ou moelleux ? Moi, c'est les deux. Pour qu'ils soient meilleurs, incorporez une fois cuits une lichette de beurre frais et la même chose de crème fraîche, et transférez dans le plat de service. Hum !...

SAGESSE FÉMININE

- « Mille boîtes à sardines ! » Juron de femme de pêcheur breton qui aime les conserves.
- La femme infidèle a parfois des remords. La femme fidèle a toujours des regrets.
- Bien plus que le triangle des Bermudes, le monstre du Loch Ness ou la disparition des dinosaures, la femme demeure la plus grande énigme dans l'histoire de l'humanité.
- Une maîtresse femme n'accepte pas toujours, hélas, d'être votre maîtresse tout court.

Le soir venu du jour des Rois,
Si beaucoup d'étoiles tu vois,
Sécheresse auras en été,
Et beaucoup d'œufs au poulailler.

05 janvier

Saint Édouard

PERRET

Si tu veux virer ton acné,
Faire du surf sur les nibards,
Des jolies meufs toute l'année,
Dès Saint-Édouard, ménage ton dard.

LA CRÈME ANGLAISE

Reconnaissons au moins ce mérite aux Anglais, dont la réputation gastronomique n'est, hélas, pas sur le même pied d'égalité que leur humour ! Leur crème est vraiment « aux œufs », comme disait mon ami Auguste Le Breton. Pour faire une « île flottante », pour « parer » la charlotte ou le gâteau de riz, il faut :

Pour 6 convives :

¾ de litre de lait ;
8 jaunes d'œuf ;
1 gousse de vanille ;
150 g de sucre en poudre ;
1 minuscule pincée de sel ;
Et pour parfumer à votre goût, 1 cuillerée à soupe de café, de caramel, moi, je mets du rhum ambré ;
Eau.

Préparation :

Mettez une marmite d'eau (pas trop haute) sur le feu pour faire un bain-marie.

Fendez la gousse de vanille en deux dans le sens de la longueur.

Dans une casserole, faites bouillir le lait avec la vanille.

Quand le lait a bouilli, ôtez-le du feu et laissez infuser la vanille huit à dix minutes en maintenant en casserole au chaud (sur la plaque tiède, par exemple).

Mettez les jaunes d'œuf avec le sucre dans un récipient qui pourra aller plus tard dans le bain-marie.

Travaillez bien ensemble œufs et sucre jusqu'à ce que le mélange devienne pâle et mousseux.

Versez le lait chaud par-dessus après avoir ôté le bâton de vanille. Mettez la pincée de sel et délayez bien à mesure avec la cuillère en bois.

Placez votre récipient dans le bain-marie, baissez le feu et remuez sans cesse jusqu'à ce que la crème prenne. Il ne faut jamais laisser bouillir.

Lorsque vous sortirez la cuillère et que celle-ci restera nappée de crème, la cuisson sera terminée (il faut compter cinq à six minutes environ). Versez-la alors à travers un tamis dans une grande terrine et laissez-la refroidir en continuant de remuer à la cuillère.

Si vous voulez ajouter un parfum (rhum), c'est le moment !

Lorsque la crème est froide, mettez-la au réfrigérateur une heure ou deux avant de l'utiliser, elle n'en sera que meilleure.

Dernier conseil : pour que la crème anglaise soit encore plus fine et onctueuse, vous pouvez ajouter 3 jaunes d'œuf et 2 cuillerées de crème fraîche que vous intégrerez en temps voulu aux autres œufs avec le sucre.

Ma situation de famille est pourtant simple : j'ai épousé en secondes noces une divorcée dont le mari était un vague cousin ayant sa mère à charge. Avec les enfants de mon premier mariage, nous sommes huit à la maison, sauf mon aîné qui est déjà en ménage et sa troisième en pension chez les sœurs, ce qui fait douze comme vous pouvez le constater. (Pierre Ferran, *Perles du courrier administratif*)

L'hiver est sans scrupule.
Dès la Sainte-Mélaine,
Enfile ton gros pull,
Et vire ta petite laine.

Sainte Mélaine & Mélanie

PERRET

06 janvier

LES TUAMOTU

Il est en Océanie un immense territoire, à presque neuf cents kilomètres à l'ouest de Tahiti, appelé archipel des îles Tuamotu. Nous avons eu la chance de pouvoir nous y rendre à plusieurs reprises, ma famille et moi, dans les années 1970. Nos enfants, que nous emmenions partout où nous le pouvions en ce temps-là, ont appris très tôt à apprécier les lieux atypiques et si beaux que nous leur faisions découvrir. Ils ont eu tôt fait d'apprendre aussi, comme leur papa, à aimer la pêche. Le spectacle est au-delà de ce qu'on peut imaginer lorsque l'on contemple un coucher de soleil sur les Tuamotu, un verre de punch à la main. Si le paradis existe, il doit ressembler à cela. La pêche, bien entendu, s'inscrivait au menu principal des activités de la journée. Nous partions, après un somptueux petit déj de papayes et de mangues, jusqu'à l'embouchure du plus beau lagon du monde, munis seulement d'un masque, d'un tuba et de palmes. Une chambre à air de voiture servait même de bouée aux plus paresseux !

Les grands yeux de Rébecca ouverts sur les requins qui nous accompagnaient, les raies mantas et les bancs de balistes bleus n'étaient jamais rassasiés de ce mirifique spectacle. On s'amusait beaucoup de voir tous ces poissons multicolores en poussant de petits cris à chacune de nos prises. Le plus délicieux d'entre eux, qui faisait l'unanimité, était un long poisson de couleur rouge à chair très blanche et très fine au goût rappelant celui de la sole. Tous là-bas l'appelaient « le Juif », et c'était sans conteste pour nous le meilleur des poissons. Nous gardions aussi bien sûr les petits mérous de trente ou quarante centimètres, ainsi que les balistes bleus à chair ferme et succulente. Ces pêches enchantaient les enfants, jamais vraiment disposés à rentrer au bercail lorsque la nuit tombait d'un coup.

NE LAISSE PAS TON CHAGRIN MONTER PLUS HAUT QUE TES GENOUX. PENSE À PASSER L'ASPIRATEUR TOUS LES MATINS. N'OUBLIE PAS QUE LA MORT EST LE BALAI DE DIEU.

Si l'on se trouve dans l'obligation de tuer un mime, faut-il utiliser un silencieux ?
(Steven Wright)

Si le temps vous semble long. Prenez-le dans le sens de la largeur.
(Grégoire Lacroix)

LE SAVIEZ-VOUS ?

Anciennement, à Londres, les femmes ne montaient pas sur la scène. C'étaient des hommes déguisés qui en remplissaient les rôles. Le roi Charles II s'impatientant un jour de ce que le spectacle ne commençait pas, le directeur vint s'excuser en disant : « Désolé, la reine n'est pas encore rasée. »

07 janvier

Saint Raymond

S'il fait beau
Pour la Saint-Raymond,
Tu peux vidanger ton camion.

On se pèle vite le jonc,
Quand se pointe la Saint-Raymond.

MA PREMIÈRE CHIENNE

Mignonne, notre chère gardienne de la maison isolée et parfois fréquentée par des maraudeurs, était suffisamment redoutée pour les tenir éloignés. Moi qui, comme tous les enfants, abusais des jeux divers auxquels notre chienne n'était pas toujours prédisposée, j'en pâtis un jour par ma faute. Cela engendra une pénible mésaventure qui eût pu très mal se terminer. Chose à ne surtout jamais faire, j'étais allé farfouiller dans sa gamelle pendant qu'elle était en train d'engloutir consciencieusement sa pitance. Résultat des courses, Mignonne m'attrapa à la gorge et me renversa. À quelques pas de là, papa accourut pour me dégager des babines de la mémère. Elle n'aurait peut-être pas serré ses mâchoires autour de mon cou, mais allez savoir, comme le dit alors papa. Soucieux de ne pas prendre le moindre risque pour l'avenir, il ne voulut pas la garder plus longtemps auprès de nous. Il la confia à l'un de ses copains mariniers qui l'embarqua sur sa péniche. Mais quarante-huit heures plus tard, en pleine nuit, nous fûmes réveillés par les gémissements de la pauvre mémère. Elle avait couru plus de deux cents kilomètres sans s'arrêter pour retrouver sa maison. Morte d'épuisement, elle interrompait parfois ses halètements pour lécher la main de papa qui, tout étonné et bien sûr ému de la revoir ainsi, lui avait aussitôt apporté un saladier plein d'eau. Après cet épisode, elle acheva ses jours à la maison, bien des années plus tard. Nul ne pouvait s'approcher de nous lorsque maman lui disait : « Mignonne, je reviens dans dix minutes, tu gardes les enfants. »

ET NAPO NAPITEAU...

J'ai tout le temps eu un ou des chiens dans la maison. Celui de ma vie s'appelait Napo. J'ai écrit une chanson pour lui que je lui ai chantée un de ces jours où il posait sa tête sur mes genoux.

J'ai un chien tout beau
Qui s'appell' Napo.
Napi Napo Napiteau,
Il est marron de peau.

Quand ma voix le terroris',
Ses yeux me trait'nt de pauv' typ'.
Pendant qu'je plant' mes iris,
Il déterre mes tulip's.
Quand j'lui r'fuse un bout d'moka,
À tabl' y m'fil' sans crier gar',
D'un bon coup d'museau sous l'bras,
Mon café bouillant su' l'falzar.

LE SAVIEZ-VOUS ?

Quel est le nom du monsieur qui, dès le 7 janvier 1971, a été nommé « ministre délégué » auprès du Premier ministre Jacques Chaban-Delmas, chargé de la « protection de la nature et de l'environnement » ? (Premier poste créé bien avant les « écolos verts ».) Eh bien, c'est Robert Poujade lui-même. Hein, que ça vous la coupe !

S'il y a du vent à la Saint-Lucien,
On peut aérer les anciens.

Saint Lucien

08 janvier

MES DÉBUTS RADIOPHONIQUES

Le directeur des programmes musicaux d'Europe 1, Lucien Morisse, a eu le coup de foudre pour mon premier disque. Quatre collaborateurs m'attendaient avec lui dans son bureau. De ce ton amusé qui rendait plus légers ses compliments, il me dit : « J'aimerais bien la connaître, moi, cette Adèle... C'est très prometteur. Puisqu'ils n'ont pas entendu votre disque, vous allez nous les chanter, vos chansons ! »

J'extirpai mon instrument de son boîtier, et ils s'assirent devant moi. Les trémolos dus au trac durent les amuser. Mais la qualité de ce mini public de choix était tout à fait comparable à la spontanéité du public de ma première scène, phénomène infiniment rare chez les « gens de métier ».

L'émission hebdomadaire « Musicorama », créée par Lucien pour Europe 1, se déroulait en public à l'Olympia. La séquence « Les numéros un de demain », née au bout de quelques semaines, donnait, grâce à Lucien, leur chance aux jeunes qui débutaient.

« Je sais ce qu'on va faire. Il va chanter “Moi, j'attends Adèle”, avec sa guitare. Il n'aura qu'une seule chanson pour se défendre. » Il me tutoya soudain : « Si ça marche, on te garde et tu reviens chaque semaine en chanter une nouvelle. Si tu prends le bide, ça s'arrêtera là. Pour ta présentation, on dira : “Voici un jeune chanteur. Il va vous chanter UNE chanson. Si vous l'avez appréciée, montrez-le-lui.” » Il crut bon d'ajouter, peut-être pour se rendre compte de quelle farine j'étais pétri : « Par ailleurs, comme personne ne connaît ton nom, on ne le dira même pas au public ! »

Moi j'attends Adèle pour la bagatelle,
Ell' sait qu'c'est pour ça qu'elle vient,
Pas b'soin d'lui fair' un dessin.
Comble de merveille pas besoin d'oseille,
Et tous les sam'dis j'en ai l'exclusivité.
Ell' est pas farouche et si j'veux sa bouche,
Pas besoin d'supplications, d'activer la combustion.
Comble de tendresse mêlée d'allégresse,
Je l'embrasse dans le cou je lui fais coucou.

LE PARLER DES MÉTIERS

C'est au cours de l'enregistrement de mes premières chansons que j'ai entendu le plus de « jargon » sortir de la bouche des musiciens. Je n'avais pas remarqué par exemple que le guitariste n'arrêtait pas d'**« aller à la boulangerie »**... c'est-à-dire de faire des fausses notes, **« des pains »** ! Je n'eus que bien des années plus tard l'idée de faire un dictionnaire à propos justement du « parler des métiers », véritable mine de richesses verbales. Je fus considérablement aidé dans cette tâche ingrate par une bonne amie nommée Gabrielle Quémada, que l'extension du génie de la langue française n'a jamais effrayée. Merci encore, amie si regrettée que l'on aimait tant.

Quel dommage que tous les gens qui savent ce qu'il faut faire pour redresser le pays soient occupés à conduire des taxis ou à couper les cheveux ! **(George Burns)**

09 janvier

Sainte Alix

Quand elle t'embrasse la môme Alix,
Pour montrer son amour ardent,
Roule des patins sur la barre fixe,
Fais gaffe à toi protège tes dents.

L'OSSO-BUCO DE MAMAN

Voici encore un plat où tous les ingrédients doivent être moelleux lorsqu'on les savoure. C'est un régal authentique.

Pour 4 à 6 personnes :

Faites couper en tranches 1 kg 200 environ de jarret de veau ;
6 belles tomates ;
4 carottes ;
1 gousse d'ail hachée ;
4 gros oignons ;
1 verre ½ de vin blanc sec ;
1 bouquet garni ;
1 noix de beurre ;
3 cuillerées à soupe d'huile d'arachide ;
500 g de riz ;
Farine ;
Eau (ou mieux, du bouillon de poule) ;
Sel, poivre.

Préparation :

Faites chauffer le four.

Pochez trois minutes les tomates. Pelez-les. Pressez-les pour ôter les pépins. Réservez-les. Pelez et coupez les carottes en rondelles.

Dans une cocotte, mettez à chauffer la moitié du beurre et deux cuillerées d'huile.

Farinez légèrement les tranches de jarret sur chaque face.

Faites-les rissoler dans l'huile et le beurre chauds en les retournant pour les colorer partout ; quand la viande est bien dorée, salez-la et ajoutez la moitié des tomates hachées, les carottes, et la moitié des oignons. Mettez le bouquet garni et laissez cuire doucement une quinzaine de minutes sans couvrir.

Ajoutez alors 1 verre ½ de vin blanc. Il faut que les rouelles de veau soient légèrement recouvertes. Ajoutez un peu d'eau au besoin.

Couvrez la cocotte et laissez mijoter une bonne heure dans le four chaud. C'est plus onctueux.

Pendant ce temps, faites revenir dans une marmite l'autre moitié des oignons et des tomates avec l'ail dans le restant du beurre et la cuillerée d'huile.

Au bout d'un quart d'heure, quand tout est bien fondu, ajoutez le riz, couvrez d'eau (ou mieux, de bouillon de poule si vous en avez). Mélangez bien et laissez cuire doucement jusqu'à ce que le riz vous paraisse à point. Veillez à ce qu'il ne colle pas au fond de la marmite. Salez, poivrez de six tours de moulin et servez chaud en même temps que l'osso-buco.

C'est bien succulent !

Citez-moi un plaisir autre qu'un dîner qui arrive tous les jours et dure une heure.

(Talleyrand)

Le type qui a le cœur sur la main et le cul entre deux chaises ne peut que finir à l'hôpital.

Certes, il était bon, mais pas vraiment solide… on l'appelait « la crème fouettée ».

Les femmes qui rient sans arrêt sont moins insupportables que celles qui pleurent tout le temps… Et vice versa !

À la Saint-Guillaume par mer calme,
Le crabe à l'oursin fait du charme.
Beau temps à la Saint-Guillaume
Donne plus de blé que de chaume.

Saint Guillaume

PERRET

10 janvier

« GOURANCE »

En même temps que « Les Jolies Colonies de vacances », cette chanson est née à Gennevilliers dans la HLM que nous habitions en 1962. Elles furent achevées toutes les deux (du moins « Gourance », car « Les Colos » fut écrite en deux jours !) en Normandie, dans la maison achetée alors à l'ami Siné, et dans laquelle j'écris toujours. Elle n'eut guère le même succès que les « mythiques colonies », mais j'ai néanmoins une vraie tendresse pour elle.

En arrivant elle m'a dit viens,
Tu es en r'tard je suis dans mon bain,
Attrap' le gant d'crin et frott'-moi fort le dos,
Moi j'ai du savon plein les calots.
Et pour mieux lui chercher des poux,
Dans l'eau j'l'ai fait mettr' à genoux,
J'avais vu Pamp'lune j'avais vu Waterloo,
Mais jamais la lune dans l'eau.

Et pour me prouver derechef
Que j'l'avais briquée comme un chef,
Elle me tend les lèvres pleines de savon.
Oh ! misère à poil que c'était bon,
Ruisselante de perles d'eau,
J'l'ai posée au creux d'son dodo.
Puis ce fut l'éclipse,
Jusqu'au premier croissant
Qui m'attendait chaud en m'éveillant.

D' la pièce d'à côté elle me crie,
Paul comme d'habitude un sucre et d'mi.
Mais j'dis j'm'appelle Jacques,
J'suis l'facteur du quartier,
Et j'espère que d'main y aura du courrier.
Comme si la foudr' était v'nue,
Une panthèr' m'est tombée d'ssus.
Elle chausse ses lunettes,
Me jette à la rue,
J'ai mêm' pas eu l'temps de boir' mon jus.

Depuis au boulot j'ai plus d'goût,
Je vire tout's mes lettres à l'égout,
J'attends sous sa f'nêtre avec des croissants chauds,
Et un gant tout neuf pour lui frotter l'dos.
Et je siffle en vain ce refrain,
L'air qu'ell' me sifflait dans son bain.
Je siffle et j'en bave des ronds de chapeau,
Malheureux comme un Russ' au Congo.

Les gens adorent donner ce dont ils sont le plus dépourvus. C'est le comble de la générosité. (Oscar Wilde)

La mère d'une débutante disait à un journaliste :
« Voyons, monsieur… la main sur la conscience… trouvez-vous que ma fille ait du talent ?…
– Mais oui ! Mais oui !…
– C'est que, voyez-vous… si elle n'en avait pas beaucoup… mais là, beaucoup !… j'aimerais tout autant qu'elle restât honnête fille. »

Pensée

On s'étudie trois semaines, on s'aime trois mois, on se dispute trois ans, on se tolère trente ans… et les enfants recommencent.
(Hippolyte Taine)

11 janvier

Baptême du Seigneur

S'il fait soleil à la Saint-Paul,
L'année entière t'auras la gaule.
Et s'il gèle à la Sainte-Pauline,
Elle se cramponnera à ta main.

UN CADAVRE VIVANT DANS LES TOILETTES DU LILLE DIJON

Dijon, 11 janvier (corr. *Libé*).

Drôle de drame dans le Lille-Dijon qui n'a désormais plus rien à envier au Paris-Rome. Comme le rapide allait entrer en gare de Chaumont, on vit arriver en toute hâte parquet, médecin légiste, gendarmes et ambulanciers. Le bruit courut qu'on avait dévalisé le wagon-poste et qu'on vit sortir un corps présentant tous les symptômes de la rigidité cadavérique. Il n'y eut plus aucun doute; un assassin avait opéré dans le train. C'était avant Saint-Dizier qu'un contrôleur avait, par hasard, trouvé la victime dans les « toilettes » d'un wagon, la tête coincée jusqu'aux épaules dans le tuyau d'évacuation. On avait, à Saint-Dizier, fait vider le wagon et alerté téléphoniquement le parquet de Chaumont. Mais, à la morgue où le corps avait été transporté, le médecin légiste eut la plus grande surprise de sa carrière : celui qu'il s'apprêtait à découper était encore parfaitement vivant. Il était simplement ivre mort. Il s'agissait d'un modeste journalier qui reprit ses sens un peu plus tard au « violon ».

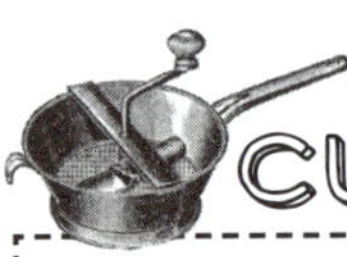

CÔTÉ CUISINE

Pour réussir une compote de pommes, choisissez des reinettes, ou des boskoops, à la rigueur. Ne sucrez qu'en fin de cuisson, elle sera plus onctueuse.

La demi-boîte de concentré de tomates non utilisé que vous ne voulez pas jeter, conservez-le en répandant par-dessus une cuillerée à café d'huile, il ne noircira pas.

Lorsque vous souhaitez parfumer une crème avec du kirsch, du rhum ou un quelconque autre alcool, ne l'ajoutez qu'en fin de cuisson, l'arôme restera intact.

LE SAVIEZ-VOUS ?

En langage imagé et trivial, le « bijou » de la femme s'appelle le « millefeuille », le « mistigri », la « palourde », la « framboise », le « gobe-mouches », « la boîte à ouvrage », la « salle des fêtes », l'« écureuil », la « bonbonnière » ou le « croque-monsieur »... Entre les cent autres noms que je vous dirai une autre fois si vous n'êtes pas sage.

Rita s'était foutue à chialer quand Pietro, qui, la voyant à poil pour la première fois, s'était mis à siffler, mi-moqueur, mi-admiratif : « Dis donc, c'est pas un porte-monnaie à moustaches que t'as là, c'est carrément l'Amazonie. »

À la Sainte-Tatiana,
Contente-toi de ta nana,
Fais un gâteau à l'ananas,
Et laisse tomber le quinquina.

Sainte Tatiana

PERRET

12 janvier

Ah, l'amour !...

Il la trouvait un peu cruche, mais en lui donnant du vin elle lui mit l'eau à la bouche.

Les hommes ont toujours raison, mais les femmes n'ont jamais tort. C'est pour cela qu'ils se marient. Et qu'ils divorcent.

Le meilleur des publics est un public intelligent, bien élevé, et légèrement ivre.
(Alben W. Barkley)

Je crois avoir fait voir qu'il n'y a ni mesure, ni mélodie dans la musique française ; parce que la langue n'en est pas susceptible ; que le chant français n'est qu'un aboiement continuel, insupportable à toute oreille non prévenue. (Jean-Jacques Rousseau – 1753)

GRAND-PÈRE

La caverne d'Ali Baba dans une roulotte ! Ce grand-père, que je ne connus pas, proposait aux ménagères qui jalonnaient sa route mille trésors que chacune rêvait de posséder dans son foyer. Des batteries de cuisine en cuivre étamé, des louches, passoires, chaudrons à confiture, marmites de tous calibres, « poissonnières », couteaux pour tous usages, chaufferettes en cuivre munies d'un manche en bois. On les garnissait le soir de cendres brûlantes avant de les glisser entre les draps des lits glacés. Il proposait également aussi bien des colifichets que des trousseaux de mariage. Oui, il pouvait offrir tout cela à la convoitise des maîtresses de maison. Il n'est pas négligeable de souligner que la plupart de ces bourgeoises aisées payaient leurs achats en louis d'or bien sonnants. Prudent, il en vérifiait toujours l'authenticité entre ses dents avant de les glisser dans sa sacoche en cuir. Les services en vermeil, que seuls les clients vraiment riches pouvaient acquérir, l'enrichissaient si soudainement qu'il partait alors faire la ribouldingue huit jours durant, jusqu'à ce qu'il ait tout dépensé ! Il jouait aux courses de chevaux, et finissait de dilapider son pactole avec les filles dans les maisons closes, d'où il ne sortait pas parfois pendant trois jours. Celle qui ne voyait jamais la couleur d'un louis d'or, c'était bien entendu ma future grand-mère, la pauvre Anna – dont il était pourtant jaloux comme un tigre ! Pour faire vivre les quatre rejetons qu'il avait faits entre chacun de ses voyages, on conçoit aisément qu'Anna ait eu du mal à boucler ses fins de mois. « Surtout les vingt-huit derniers jours ! » ainsi qu'ironisait maman quand elle évoquait ces noirs épisodes de sa vie de fillette.

Pensée

S'il n'y avait pas l'estomac et le pénis, tous les psychiatres et les curés de la planète seraient au chômdu depuis longtemps.

Abracadabra !

On dit à Castres, et dans sa région, que porter sur soi des testicules de renard pour les femmes les protège de toutes les maladies qui leur sont particulières. Mais pour ce faire, il faut qu'elles les aient prélevés sur un renard vivant, qu'elles les castrent, quoi ! Elles n'ont pas froid aux yeux, les Castraises !

13 janvier

Sainte Yvette

À la Sainte-Yvette,
Ne va pas te prendre la tête,
Peu jaloux son gendarme rit,
Mais méfie-toi de sa blanquette.

TROP DE GROS MOTS !

Au début de ma carrière, je participais assez fréquemment à des émissions de radio. Les articles dans les journaux étaient plutôt encourageants. Les critiques, en revanche, lorsqu'elles pleuvaient, déploraient régulièrement une filiation avec Brassens, ponctuée par une regrettable vulgarité, une grossièreté, de vilains gros mots, etc., qui n'auguraient rien de bon. Tout cela était pour moi l'annonce d'une carrière qui, me semblait-il, risquait peut-être d'être brève, ou pour le moins chaotique ! Ma « violence verbale » semblait déranger beaucoup de chroniqueurs, ainsi que pas mal de « frileux » de ce métier ! Ils sont toujours là, d'ailleurs, gardiens des valeurs morales de la bonne chanson. Un gardien, ça se respecte. Il y en a dans les squares, et même dans les prisons.

Anecdote

Il y avait, sur le chemin de Notre-Dame-de-Liesse, un gueux qui faisait le muet. Effectivement, il savait si bien retirer sa langue qu'on ne la voyait pas du tout. Une dame de mes amies se douta qu'il y avait de la subtilité et lui promit dix sous s'il voulait bien lui dire depuis combien de temps il était muet. Il mit longtemps à s'y résoudre ; enfin, après avoir bien regardé s'il n'y avait point d'autres gens, il lui dit : « Madame, il y a quatre ans que je suis muet. » Et il eut son quart d'écu.

(Tallemant des Réaux)

Se faire enterrer un vendredi 13, faut vraiment pas être superstitieux !

(Léo Campion)

Tous les hommes portaient la barbe dans ma famille, et la plupart des femmes aussi.

(W. C. Fields)

LE SAVIEZ-VOUS ?

En Languedoc, au cours des XIIIe, XIVe et XVe siècles, lorsque quelqu'un, homme ou femme, était surpris en adultère, on le condamnait à courir tout nu, à l'heure de midi, d'un bout de la ville à l'autre. Et parfois même sans avoir eu le temps d'enfiler... ses mocassins !

Monsieur de Malesherbes disait à monsieur de Maurepas qu'il fallait engager le roi à aller voir à la Bastille. « Il faut bien s'en garder, lui répondit monsieur de Maurepas, il ne voudrait plus y mettre personne ! »

(Chamfort)

Une jeune dame, qui avait été privée pendant trois mois de voir son amant, le rencontra au sortir de chez elle. Celui-ci lui témoignait les plus tendres sentiments lorsque survint une forte pluie. Le jeune homme en paraissait inquiet et cherchait à s'en garantir : *« Quoi ! Vous avez été trois mois absent,* lui dit son amante avec emportement ; *vous m'aimez, vous me voyez, et vous songez qu'il pleut ! »*

En janvier j'ai rencontré une brune
Jolie qui se nommait Ninon.
Elle vint chez moi cueillir des prunes,
Bien qu'hors saison, j'ai pas dit non.

Saint(e) Nina & Hilaire

PERRET

14 janvier

PÉPÉ LA JACTANCE

Hormis ma chanson « La Bérésina », celle-ci est sans doute la plus marquante dans les « argotiques » que les amoureux de ce type de texte me réclament souvent de chanter sur scène. En voilà ici un petit aperçu…

Quand Pépé la Jactance,
Truand de Gennevilliers,
Nous causait d'la vieill' France,
Nous tous on en bavait.

Y nous disait les mecs ouvrez vos escalopes,
J'vais vous déculotter un p'tit coup mes souv'nirs,
Du temps où j'étais mac je fumais pas des clop's.
On montait sur des coups sans avoir le tracsir,
J'avais des p'tits sujets un tantinet mario-o-les,
Des qui nourrissent un homme au moins pendant vingt ans.
Pour fair' des trucs comm' ça faut pas d'crampes aux guiboles,
Dans c'métier l'escalier c'est c'qu'y a d'plus fatigant.

Nous étions quatre enfants d'un' famill' très unie,
Ma sœur était putain mon frère était curé,
L'autre était brigadier dans la gendarmerie,
Et moi j'étais hareng boulevard Edgar Quinet.
Les flics nous gênaient pas groupés autour d'un poêle,
Dans un commissariat y becqu'taient des p'tits fours,
On savait qu'c'est pas eux qui viendraient faire du gouale,
Là où y faudrait aut'chose y z'ont que des yaourts.

SOLEIL AU JOUR DE SAINT-HILAIRE, RENTRE DU BOIS ET BOIS UN VERRE.

LE SAVIEZ-VOUS ?

Si l'on mange tout cru un cœur de rossignol, disent les Provençaux, on chantera aussi bien que lui… Seulement, on ne dormira plus que deux heures par nuit. Quels galéjeurs, ces Provençaux !

Sois tranquille, je ne te violerai pas, même si tu me le demandais à genoux !… Et couchée ?…

C'ÉTAIT UNE VRAIE DÉGUEULASSERIE DE LA PART DE CE PAPE D'INTERDIRE LA CAPOTE. POURTANT, LUI, ON L'A BIEN LAISSÉ S'HABILLER EN FEMME !

Elle a cinq enfants à nourrir et seulement deux seins, ce qui lui pose de terribles problèmes d'arithmétique.

15 janvier

Saint Rémi

PERRET

Pendant que tu bâilles à la Saint-Rém
Ta femme se taille avec ton ami.

À la Saint-Rémi,
Quand les perdreaux sont pris,
Les cailles arrivent en salmis.

TRANCHE D'HISTOIRE

1947 Quand aurons-nous les six litres de vin chaque mois, promis par M. Farge peu avant les dernières élections ? La semaine des quatre jeudis, sans doute ! Nous voici en effet au 15 janvier, et le ravitaillement général ne nous a fait distribuer que le deuxième litre de novembre. C'est une plaisanterie de mauvais goût. (Journal *L'Époque*, janvier 1947.) Cet article retrouvé me fait souvenir que cette année-là, au sortir de la guerre, il y avait encore de sévères restrictions. C'était pour moi juste avant d'entrer au conservatoire, à Toulouse. Je me rappelle les longues queues de gens piétinant à la porte du Café du Pont de mes parents. En sortant de l'école, avant de faire mes devoirs, c'est moi qui remplaçais maman épuisée qui tirait le vin à la barrique trônant au fond de la salle. Eh oui, c'était un litre par personne... une fois tous les quinze jours, peut-être... et encore ! M. Vincent Auriol venait d'être élu président de la République. Les choses allaient sûrement changer. En mieux !

LE SAVIEZ-VOUS ?

Celui qui naît un 15 janvier a le pouvoir de tuer n'importe quel reptile d'un seul regard. Il s'en est fallu d'un cheveu que celui qui est né la veille ou le lendemain ne soit un assassin !

DO RÉ MI DO RÉ MI,
FAIS DO DO RÉMI,
DANS TON DO MI SI LA DO RÉ,
DO RÉ MI FA SOL LA SI DO.

La différence entre l'érotisme et la pornographie dépend souvent de la puissance de l'ampoule électrique.

(Gloria Léonard)

CÔTÉ JARDIN

Nettoyez et taillez les framboisiers.

Vous pouvez aussi planter l'ail.

Faites l'inventaire des graines que vous sèmerez au sortir de l'hiver.

CÔTÉ BEAUTÉ

Faites bouillir une demi-botte de cresson un quart d'heure, et, avec cette décoction tiède, lavez vos cheveux. Rien de tel pour ralentir leur chute. Ou bien massez votre cuir chevelu avec du sel marin une fois par mois et brossez bien vos cheveux pour un résultat identique.

Oyez le dicton de Marcel,
Qui se gelait les radicelles :
« Janvier glacé chez Amarante,
Mets tes jambons sous la couvrante. »

Saint Marcel

PERRET

16 janvier

PÉPIN LE BREF (714 - 768)

Fiston préféré de Charles Martel et de Rotrude, Pépin le Bref naquit à Jupille en 714, ce qui ne l'empêcha pas d'être petit toute sa vie ni de devenir le premier roi carolingien. Il avait des crampes aux mollets à force de marcher sur la pointe des pieds pour paraître plus grand. Il restait au plafond des heures entières suspendu à une barre à saucisses pour allonger sa carcasse, mais rien n'y faisait. Les saucisses séchaient, et lui tombait comme une poire mûre sans avoir gagné un centimètre ! Durant son règne, il avait fait un sacré ménage afin que son fiston aîné Charlemagne puisse y mitonner tranquillement sa tambouille. En fait, quand il plia son pébroque, il laissa, tout comme son père, le royaume à partager entre ses deux lardons qu'il avait eus avec Berthe au grand pied, ainsi nommée parce qu'elle en avait un plus grand que l'autre. On n'a jamais pu savoir lequel. Certains historiens soutiennent *mordicus* qu'elle en avait un plus petit. Allez savoir !... En tout cas, Charlemagne, son fiston, consigna dans son journal que, revenant un jour de faire l'école buissonnière, il avait pu constater lui-même que Berthe chaussait du 48. D'accord, mais de quel pied ?

MARCEL

Ce type-là, ce type-là ni son mari ni moi,
On le connaissait pas.
Il est v'nu, il est v'nu un matin de printemps,
Exhiber son col blanc.
Il nous parla de l'Atlantique,
Et du sauvage Pacifique.
Bien avant d'aborder Singapour,
Elle était déjà pour.

Il a dit c'est de poudre pilée de serpent,
Que je brosse mes dents.
Le plus fin c'est sans doute la peau de zébu dont
Sont faits mes escarpins.
Nous qu'on marche à côté de nos grolles,
On a l'air plutôt tartignoles.
Nous comme dentifrice on s'décrasse
Les crochets à l'Ajax.

Elle lui disait Marcel,
Il s'appelait Marcel,
Fais-moi l'Africain.
Il lui f'sait l'Africain.
Elle lui disait Marcel,
J'en ai marre de Paname,
Fais-moi le tam-tam.
Il lui f'sait le tam-tam.

Elle l'a dit

Mon pote Marcel, qui était beurré comme un P'tit Lu, essayait malgré tout de brosser une nouvelle nana. Celle-ci l'avait viré du paddock en lui disant : « Alors, grand-père, on s'endort sur le rôti ? »

C'est l'Himalaya de la connerie à lui tout seul, ce mec ! Même sa femme a jamais vu le sommet.

17 janvier

Sainte Roseline

Il venait souvent à Roseline,
L'envie de s'envoyer en l'air,
Et même le cul dans les épines,
Elle prenait un pied d'enfer !

Ah, l'amour !...

« On vous voyait tous les jours avec Marius, disait-on à Fernand. D'où vient que maintenant vous êtes brouillés ? – C'est, répliqua audacieusement le petit homme, qu'il ne me pardonne pas d'avoir quitté sa femme. »

Après le mariage par consentement réciproque, vient le divorce par consentement mutuel.
(Grégoire Lacroix)

Pensées

Les mots dont se servent les trois quarts des rappeurs « anarchistes » d'aujourd'hui ressemblent aux hamburgers qu'ils avalent prestement : sans odeur, sans couleur et sans saveur.

Au tribunal, lorsqu'un homme lève la main pour jurer faussement en levant son bras, il arrive parfois que le membre se raidisse à jamais. Hélas, il ne s'agit jamais que du bras.

PETITS MÉTIERS

L'**arracheur de dents**. Pourquoi, dans ma petite enfance, ai-je été si frustré de n'avoir jamais vu un arracheur de dents opérer dans la rue ? Mémé m'avait si souvent raconté de façon amusante comment s'y prenait celui qu'elle avait vu cent fois exercer au pays, que ma curiosité de ce type de spectacle était à son comble. Papa, de son côté, m'avait fait à son tour le récit du « charlatan », qui arrachait les dents avec une paire de tenailles rouillées de charpentier sur la place des Palmiers, à Oran. C'est là qu'il avait fait son service militaire et qu'il avait « chopé le paludisme », comme il disait. Papa racontait si bien la scène que l'on s'y voyait. Sur la place publique, brandissant ses tenailles, pinces et crochets qu'il faisait admirer aux badauds, le « dentiste » démontrait d'abord sur un compère qui l'appelait « professeur » que l'opération se pratiquait absolument sans douleur. En effet, en avalant du jus de réglisse concentré et en mâchouillant une chique de tabac gris quinze minutes avant l'« acte », la mâchoire entière était totalement insensibilisée. Le « goût de vivre » devait ainsi être retrouvé à la place de l'insupportable douleur que vous aviez en arrivant. La joue enflée mais néanmoins confiants, les « patients » faisaient alors la queue en chiquant du tabac ainsi que l'avait préconisé l'arracheur de dents, « diplômé de la médina ».

Vous savez à quoi ça ressemble, une femme qui a une folle envie de faire l'amour ? Moi non plus.
(Steve Martin)

CÔTÉ CUISINE

La papaïne que contient la papaye a des propriétés digestives exceptionnelles. En couvrant vos viandes (escalopes, entrecôtes, etc.) d'une couche d'un centimètre de ce fruit vert, vous pourrez dissoudre jusqu'à deux mille fois son poids en fibrine indigeste. Laissez une matinée au réfrigérateur.

Là où elle passait couchée debout,
D'Attila elle avait l'étoffe,
Car elle renversait tout partout,
On l'appelait Priscatastrophe.

Sainte Prisca

PERRET

MA TARTE TATIN

Pour huit gros gourmands

Pour faire la pâte, il faut :

250 g de farine ;
125 g de beurre ;
1 petit verre de lait ;
1 sachet de sucre vanillé.

Pour la garniture :

5 à 6 grosses pommes reinettes (jusqu'à remplir le moule sur une couche) ;
100 g de sucre en poudre ;
1 sachet de sucre vanillé ;
150 g de beurre.

Préparation :

Préchauffez le four.

Mélangez le lait, la farine, le sucre vanillé et le beurre ramolli. Pétrissez la pâte rapidement, ajoutez au besoin un peu de farine afin qu'elle se détache bien des doigts. Laissez-la reposer une demi-heure.

Pendant ce temps, épluchez les pommes et découpez-les chacune en six ou huit gros quartiers. Dans un moule à manqué (assez haut) abondamment beurré, répandez une couche de sucre en poudre puis disposez au fond les quartiers de pomme bien serrés sur une seule couche. Recouvrez le tout avec la pâte et bordez bien à l'intérieur du moule. Enfournez à four chaud pendant quarante minutes.

Dès la sortie du four, démoulez la tarte sur un grand plat en la retournant rapidement… Sans la laisser tomber par terre comme le firent les sœurs Tatin !

le petit oiseau entre facilement par la fenêtre d'une chambre ouverte.

Dicton

Quand l'hirondelle met les bouts,
Restent la chouette et le hibou.

LE SAVIEZ-VOUS ?

- Le type qui a une perruque en peau de fesse, un vélodrome à mouches, le gazon mité, le melon déplumé ou son genou dans le cou, est celui qui n'a pas réussi à dissimuler sa calvitie.

- Les Grecs étaient d'impitoyables soldats, tous des types sans scrupule, capables d'étrangler des femmes et de violer leurs maris !

« Tous les soirs, quand Monique rentre de la gym, elle est complètement crevée… Tu trouves ça normal, toi ?…
– Ben tu sais, la gym, ça fatigue, tout de même…
– Oui, ça doit être pour ça qu'une fois sur deux elle oublie sa culotte à la gym !… »

L'artiste de variété ignorant qu'il chante des stupidités d'une voix à la limite de la justesse est appelé, lui, un « autiste de variétés » !

19 janvier

Saint Marius

Quand il va au marché aux puces
De Picpus,
Marius gratte ses puces
Dans le bus.

LOUIS XI ET SA BANDE

Fils de Charles VII et de Marie d'Anjou, Louis XI ouvrit ses lucarnes à Bourges en 1423 et plia son pébroque à Plessis-lèz-Tours en 1483. Il assuma le poste de roi de France de 1461 à 1483. Ça n'a l'air de rien, mais ça se fait pas sur une jambe, et on n'a pas le droit de se prendre les pieds dans le tapis à fleurs de lys! Toujours fringué comme l'as de pique, il sentait le vieux maroilles et mesurait 1,5 mètre avec des semelles compensées. Les lèvres minces et serrées comme des cuisses de dévote, il avait des yeux de lapin russe et un nez à piquer les gaufres. Bref, il foutait une trouille bleue à tous ceux qui le rencontraient. Le moins qu'on puisse dire, c'est que dans sa jeunesse, entre lui et son paternel Charles VII, il y avait de la friture sur la ligne. Le Dauphin aime son père comme on peut aimer un furoncle dans l'oreille. Il lui reproche ses parties de zigounette à ressort avec Agnès Sorel, à qui papa Charles a fait tout de même quatre bâtardes. Il aime par ailleurs tendrement sa maman, Marie d'Anjou, et il en a gros sur la patate de la voir ainsi roulée dans la farine par son vieux. Furibard que la Julie de son paternel prenne tant d'importance dans les affaires du royaume, Louis lui file d'ailleurs un jour une mandale en pleine poire. Son père était fou de rage, et Agnès se frotta la joue. En 1436, Louis XI épousa Marguerite Stuart, fille du roi d'Écosse. La « nouvelle Dauphine », comme on l'appelait, n'intéressait guère son époux, qui, contrairement à son vieux, était plus porté sur les affaires politiques que sur le zizi-pan-pan. En fin de compte, Louis était un roi très intelligent, réfléchi, mais terriblement fourbe et rusé! Cela dit, mon coiffeur est un peu comme ça. Il était très impatient, et on eut un mal fou à lui faire piger qu'il ne prendrait la place de son papa que lorsque celui-ci serait à peu près mort.

C'est la saison de la chasse,
On tue les lièvres et les bécasses,
Ces animaux qui ont tous la peur dans le regard,
Parce qu'ils ne savent pas lire un permis de chasse.

LE PARLER DES MÉTIERS

En jargon de journaliste, le **« cimetière »** est l'ensemble des articles nécrologiques préparés à l'avance afin de ne pas être pris de court lors du décès de personnalités… Leur **« affliction »** paraît pourtant si sincère et si spontanée !…

Une **« call-girl »**, dans le journalisme audiovisuel, n'est autre qu'une personnalité que l'on peut appeler d'un claquement de doigts au dernier moment pour une apparition à la télévision… Il n'y a jamais de pénurie.

Dans leur jargon, tous les musiciens appellent leur instrument leur **« biniou »**. Plus précisément, ils ont tous des noms hauts en couleur tels que le **« soufflet à punaises »** pour désigner l'accordéon, la **« grand-mère »** pour la contrebasse à cordes, ou la **« boîte à sanglots »** pour le violon… entre autres !

Quand il pleut dans les Carpates,
Ou bien chez les Corinthiens,
Sainte Agathe lève la patte,
Mais saint Sébastien se retient.

Saint Sébastien & Fabien

PERRET

20 janvier

Dictons

On a souvent besoin d'un plus petit que soi pour lui casser la gueule.

Les Grecs disaient : « Mieux vaut pipe sous nappe que rire sous cape ! »

Tranches de vie

C'est la deuxième fois qu'il échoue à son examen de gynécologie. Il savait pourtant sa leçon sur le bout du doigt.

Au palais de justice, elle faisait des ravages. Elle avait des seins durs comme un avocat général.

Il se demandait tous les jours un peu plus si son voisin ne servait pas de temps en temps de bouillotte à sa femme.

Quand une femme économe devient subitement amoureuse, c'est parce qu'elle a compris que c'est dans la position horizontale qu'elle use le moins ses souliers.

LA VIE SELON GROUCHO MARX

Si je devais recommencer ma vie, je ferais les mêmes erreurs, mais plus tôt.

Je trouve que la télévision est très favorable à la culture. Chaque fois que quelqu'un l'allume chez moi, je vais dans la pièce d'à côté et je lis.

Comment peut-on empêcher une grosse dame de chanter quand on a oublié sa mitraillette ?

L'ennui, c'est que nous négligeons le football au profit de l'éducation.

Il n'y a aucun remède contre la naissance et contre la mort. Sinon de profiter de la période qui les sépare.

Mon athéisme, comme celui de Spinoza, est une piété véritable vis-à-vis de l'univers. Il se contente de renier les dieux façonnés par les hommes à leur image, dans le but de servir des intérêts humains.

(George Santayana)

Un jour que M. de Créqui tomba du haut en bas d'un escalier sans se faire de mal. « Ah ! Monsieur, lui dit-on, que vous avez sujet de remercier Dieu ! » « Je m'en garderai bien, dit-il, il ne m'a pas épargné un échelon. » (Tallemant des Réaux)

Je lui avais dit :
« Ne fous pas le camp avec ce type, il boit…
– Mais toi aussi, tu bois.
– Oui mais lui, il boit plus que moi et personne n'en parle ! »

Pour chaque problème compliqué, il y a une réponse simple, claire et fausse. (H. L. Mencken)

21 janvier

Sainte Agnès

S'il fait froid
À la Sainte-Agnès,
Oublie tes neveux,
Réchauffe tes nièces.

TRANCHES D'HISTOIRE

1975 Révolution dans la paléontologie humaine le 21 janvier 1975. L'Américain Johanson et les Français Yves Coppens et Maurice Taïeb ont ramené d'Addis-Abeba une certaine Lucy, une australopithèque superbe de 20 ans, morte il y a un peu plus de trois millions d'années. Ayant à l'évidence perdu l'essentiel de sa fraîcheur, elle nous a tout de même gratifiés de quarante pour cent de son squelette. Cette grosse poignée d'osselets reconstitués devrait permettre de savoir si, de primate qu'elle était, cette feignasse de Lucy a réussi à l'époque à tenir enfin debout!

1920 Jules Breton a été nommé ministre de l'Hygiène, de l'Assistance et de la Prévoyance par un décret daté du 21 janvier 1920. Ce nouveau ministère chargé des questions de santé voit le jour à la suite de l'épidémie de grippe espagnole qui a fait vingt-cinq millions de morts à travers le monde, dont plusieurs centaines de milliers en France. C'est une sacrée bonne idée d'avoir créé un ministère de la Santé… après!

Croyez-moi!

Une femme à barbe et un mari sans travail ne font pas le bonheur d'un foyer.

Je trouve qu'il y a de plus en plus de coiffeurs improvisés… des gens qui frisent la bêtise. Il en est de même qui excellent dans la permanente.

Faire de la politique, c'est l'art de faire semblant de dire la vérité à des gens qui font semblant de vous croire.

LE SAVIEZ-VOUS ?

L'application qu'Archimède donnait à l'étude lui faisait oublier toute autre fonction. On était même souvent obligé de le tirer de force hors de son cabinet pour le mener soit à table, soit aux bains, où, tandis qu'on le frottait, il s'occupait encore à tracer des figures de géométrie sur son corps.

Ça ne s'invente pas!

l'holocauste est une période obscène de l'histoire de notre nation. je veux dire de l'histoire de ce siècle. mais enfin, nous avons tous vécu ce siècle. je n'ai pas vécu ce siècle.

(George W. Bush, 15 septembre 1988, traduction Claude Dequêne)

CÔTÉ CUISINE

Légumes à l'eau: réduisez le temps de cuisson de vos légumes en ajoutant un peu de bicarbonate de soude à leur eau de cuisson. Ne faites pas comme pour les pâtes, ne salez pas leur eau de cuisson, qui les durcirait. Ne les salez qu'au moment de servir, avant de les avoir mélangés.

S'il gèle pour la Saint-Vincent,
Sa femme Laura le réchauffe,
Quand de son corps tombe l'étoffe,
Vincent mugit comme le vent.

Saint Vincent

(saint patron des vignerons)

PERRET

22 janvier

LE VIN

À Bernard Pivot, mon meilleur complice dans cette affaire !

Si le bon Dieu nous a donné
Dans sa largesse un trou sous l'nez,
Pour baiser nos maîtresses,
Pour compléter son souhait divin,
Il voulut qu'on y verse
De temps en temps un verre de vin.

Je cherche une fillette en vain,
Qui m'aime autant que j'aim' le vin,
Qui boira mon bourgogne,
Et mon bordeaux mon saint-julien,
Et leur violente sève
Coulera le feu dans nos reins.

Claque ta langue,
Fille de Bacchus,
Contre la mienne,
Et gloire à Vénus.

Tandis qu'elle goûte à mon latour,
Au chambertin au saint-amour,
Sous sa robe vermeille,
Elle m'offrira le fin bouquet
De sa divine treille,
Au parfum d'ambre et de muguet.

J'écouterai le doux babil
Qu'engendre le mouton-rothschild.
Et ses fraîches papilles,
Cajoleront le grand pétrus,
Qui fait jouer aux filles,
L'amour sur un stradivarius.

Elle saura se méfier de l'eau,
Le nez dans le clos-de-vougeot,
Ou fleurant la vanille,
Dans le gracieux château-giscours.
J'aimerais qu'elle s'habille
De ce parfum pour nos amours.

Sortant mes lettres de cachet,
Avec le noble montrachet,
La belle peut me rendre,
Et en caresses et en bécots,
En accolements tendres,
Cent fois le prix de son écot.

À LA SAINT-VINCENT,
CESSA LA PLUIE S'EN VINT LE VENT.
ET SON MARI PESTA SOUVENT,
QUAND GINETTE A FOUTU LE CAMP.

TRANCHE D'HISTOIRE

1981 C'est le 22 janvier 1981 que, pour la première fois, une femme, la romancière Marguerite Yourcenar, est entrée à l'Académie française. Elle a été reçue sous la coupole par Jean d'Ormesson. Marguerite Yourcenar, l'auteur des *Mémoires d'Hadrien*, n'a eu que bien peu de consœurs en cet auguste lieu, car, hormis Hélène Carrère d'Encausse et Jacqueline de Romilly, il semblerait que la vieille « Académie » – où l'on refusa l'entrée à Molière – soit encore à des années-lumière de la fameuse « parité ».

Réveillez-vous, les machos !

CÔTÉ JARDIN

Si vous avez la chance d'en posséder un dans le troisième tiers sud de la France, n'attendez plus pour épandre de l'engrais azoté. Vous pourrez dans la foulée semer vos épinards, fèves et petits pois. Quand ils mijoteront au four avec des pigeonneaux, vous penserez à moi !

23 janvier

Saint Barnard

PERRET

Quand engelures et gerçures
Torturaient ce pauvre Barnard,
Aux bouches du métro ses chaussures
Réchauffaient doucement ses panards.

LE SAVIEZ-VOUS ?

Aristote avait une telle ardeur pour l'étude que, lorsqu'il se mettait au lit pour se reposer, il tenait dans la main une boule d'airain, appuyée sur le bord d'un bassin aussi d'airain, afin que le bruit qu'elle ferait en tombant puisse le réveiller. *(Dictionnaire des hommes illustres)*

Il faut cueillir l'héliotrope au mois d'août, lorsque le soleil est encore dans le signe du Lion. Placez-en une branchette ainsi qu'une dent-de-loup dans une feuille de laurier. Placez le tout sur le banc d'une église. Les femmes infidèles ne pourront plus sortir et ne pourront plus rentrer à la maison. Dites donc, on n'en verra plus beaucoup ! Mais pourquoi n'y a-t-on pas pensé plus tôt ?...

LE TARPON

Nous sommes au Gabon avec mon copain Lolo. C'est au beau milieu d'une embouchure de rivière qu'il mouille le « bateau » – un beau pointu de six places. Il prépare deux cannes munies de beaux moulinets pour Rébecca et pour moi, chacune équipée d'un classique fil de trente-cinq centièmes (costaud), d'un gros bouchon et d'un hameçon énorme. Il fixe au bout de chacune un mulet mort et nous dit : « Allez, attrapez-les. Moi, je les décrocherai ! »

La pêche miraculeuse, celle à laquelle on n'a jamais osé rêver, nous la connaissons là! Rébecca, n'ayant quasiment jamais pêché de sa vie – ou presque! –, est émerveillée, on prend des carangues de trois kilos, des tazars, des capitaines de quatre kilos ou des petits requins de dix à vingt kilos! Nous en rejetons à l'eau plus des trois quarts ce soir-là (il fait nuit!), ne gardant que « les plus petits », les seuls qui entrent dans le four!

Enfin, je « touche » mon premier tarpon. Une formidable secousse manque de m'arracher la canne des mains. Celle-ci, recourbée à présent jusqu'à toucher les flots, se détend d'un coup et je vois surgir un sublime poisson aux écailles argentées qui s'élève en vrille d'un bon mètre au-dessus de l'eau. Rébecca est tétanisée.

Vingt minutes plus tard, il se bat encore vaillamment. Quand, enfin vaincu, il abandonne la lutte, je le tiens par les ouïes et sa queue balaie le fond du bateau. Je dis : « Il fait au moins soixante-dix kilos! » « Tu peux en rajouter dix », me dit Lolo au moment où je rends sa liberté au *king*.

Dans leur cercueil de fer-blanc,
Plein d'huile au puant relent,
Marinent décapités,
Ces petits corps argentés,
Pareils aux guillotinés,
Sans voix sans mains sans genoux,
Sardines, priez pour nous.
(Georges Fourest)

« Les femmes de chambre sont mortes à tout sentiment humain. Si je puis présenter une pétition à la Chambre pour l'abolition des femmes de chambre, je le ferai. » Je pensais que cette citation émanait d'un client du Hilton de New York, mais non, elle est de Mark Twain !

C'est souvent les grands frères de sales riches
Qui réchauffent les petites sœurs des pauvres.

Saint François de Sales

PERRET

24 janvier

TRANCHE D'HISTOIRE

1960 Le sang a coulé à Alger : 19 morts, 141 blessés, l'état de siège est proclamé !

Une violente fusillade a opposé des émeutiers « ultras », retranchés derrière des barricades, aux forces de police.

Le général Challe : « L'ordre sera maintenu. » De Gaulle et Debré sont rentrés d'urgence à Paris. Des renforts sont amenés de l'intérieur.

Alger, 24 janvier. « Patientez, dans quelques instants, des décisions graves vont être prises », lance M. Jacques Susini, président de l'Association générale des étudiants, au micro, installé sur le balcon du premier étage de la compagnie algérienne, dans les bureaux de laquelle le comité des manifestants a installé son PC.

Depuis midi, toutes les trente minutes environ, des membres du comité se sont succédé au micro pour exhorter la foule à la patience.

Il est alors 16 h 30. Les barricades s'élèvent, les pavés volent de main en main et les chaînes s'articulent aux cris d'« Algérie française ». Tout en haut des barricades sont juchés des drapeaux.

À 17 heures, les réfractaires ont délimité leur territoire. Celui-ci s'inscrit dans un périmètre allant de la poste centrale à la rue Michelet, jusqu'à hauteur des facultés.

Quand, vers 11 h 30, s'était faite, rue Laferrière, la jonction des différents groupes de manifestants, M. Joseph Ortiz, président du Front national français, avait commandé à la foule de ne pas franchir les limites du monument aux morts. Dix minutes plus tard, dans la voiture du commandant Allaire, du 1er REP, M. Ortiz était conduit au PC Rignot, près de l'hôtel Saint-Georges, où il fut reçu par le général Maurice Challe.

Des bruits, qui n'ont pu être contrôlés, rapportaient que le général Challe aurait, en substance, déclaré à Joseph Ortiz : « Désarmez vos hommes d'abord, nous discuterons ensuite. »

L'animal que l'on nomme roi est par nature carnivore.

(Caton le censeur)

Le vrai moyen d'être trompé, c'est de se croire plus fin que les autres.

(La Rochefoucauld)

Ce que l'on nomme fermeté chez un roi s'appelle entêtement chez un âne.

(Thomas Erskine)

CÔTÉ JARDIN

Si la terre n'est pas trop gelée, traquez impitoyablement le chiendent. De plus, dès à présent, les engrais naturels seront les bienvenus : tourbe, fumier, etc., pour avoir de beaux légumes et fruits au printemps.

25 janvier

Conversion de saint Paul

Pour convertir saint Paul aux rites
La famille accourut fissa
Dès qu'elle sut qu'il y aurait des frit
Avec merguez et harissa.

LE SOUPER CHEZ MÉMÉ

On « soupait » de bonne heure, le soir, chez mémé ; je ne compris que bien plus tard la nuance sémantique qui différenciait le déjeuner pris chez nous le matin, le dîner à midi et le souper le soir des mêmes repas absorbés à Paris mais qui s'appelaient petit déjeuner le matin, déjeuner à midi et dîner le soir. Le souper étant réservé aux rois et aux fêtards de la nuit ! À 5 h 30 ou 6 heures du soir au plus tard, mémé allumait d'abord la petite lampe pigeon en cuivre qui diffusait un joli éclairage jusqu'à la périphérie de la table ronde en noyer. On distinguait à peine le plafond. Puis, après avoir ôté et plié soigneusement le chemin de table au crochet, elle le rangeait de même dans son petit confiturier en merisier. Elle posait ensuite une grosse soupière fumante et odorante dès qu'on en enlevait le couvercle. Il y avait un petit morceau de lard au milieu de trois ou quatre pommes de terre, la moitié d'un chou frisé, et parfois même quelques jeunes fèves toutes tendres, cuites dans leur cosse. Ce bouillon avait un fumet incomparable. Mémé dépliait alors un gros torchon écru et en sortait une imposante miche de pain légèrement rassie qu'elle calait contre sa poitrine. De la pointe de son gros couteau à manche noir, elle traçait un signe de croix sur la face plate du pain quand ce dernier n'était pas entamé. Puis, d'un geste sûr et franc, elle prélevait deux larges tranches découpées en sifflet, d'au moins cent grammes chacune. Après les avoir couchées au creux des assiettes calottes ornées d'une tulipe rose, elle versait dessus l'odorant bouillon. Nous dégustions en silence, hormis quelques chuintements qui formulaient de douloureux « ché chaud », jusqu'à ce que l'assiette retrouve son aspect initial, la belle tulipe rose, propre comme un sou neuf. Les légumes faisaient l'objet d'un deuxième service. Les pommes de terre écrasées agrémentées d'un filet d'huile attisaient encore ma gourmandise : j'adorais ce plat simple et si goûteux.

Le poète Linières but un jour toute l'eau d'un bénitier où l'une de ses maîtresses avait trempé le bout de son doigt.

Le travail est une chose élevée, digne, excellente et morale, mais assez fastidieuse à la longue.

(Léon-Paul Fargue)

CÔTÉ CUISINE

Conservez vos citrons dans un saladier en les immergeant totalement dans l'eau fraîche. En changeant l'eau tous les jours, ils resteront beaux comme un jaune d'œuf.

Aiguisez vos ciseaux autour du goulot d'une bouteille en verre comme si vous le coupiez. Vous pouvez encore découper une feuille de toile émeri (ces deux procédés marchent très bien).

Quand il gèle, la jolie Paule,
Le réchauffe dans sa bagnole,
Et c'est pourquoi souvent Marius,
S'arrange pour rater son bus.
Quand il neige à la Sainte-Pauline,
Viens réchauffer ta sardine.

Sainte Paule & Pauline

PERRET

26 janvier

LE PARLER DES MÉTIERS

Dans le parler des charcutiers, le plat de côtes et l'épaule de porc sans le jambonneau s'appellent un « **bikini** ».

Une scie pour les os s'appelle une « **belle-mère** ».

Le gros boyau de porc qui sert à faire le boudin, ou le gros saucisson, s'appelle le « **bout du monde** »... Et aussi, le « **boyau du cul** ».

Et le mouton qui entraîne tous les autres du marché à l'abattoir s'appelle le « **comédien** ».

ANORAKS ET PEAUX DE PHOQUE

Fuyant les côtes littorales, les amateurs de solitude et d'efforts aiment se confronter physiquement à la nature. Les randonneurs apprécient ces longues promenades dans le calme, et, devant la beauté saisissante des paysages, aiment se coucher dans l'herbe grasse, déjeuner d'un rien pour repartir... Les plus extrêmes en bonne condition physique montent toujours plus haut escalader, skier ou admirer de stupéfiants glaciers aux tons multiples et étincelants sous un soleil légèrement bleuté. Si le ski, d'abord simple moyen de locomotion, existait déjà à la fin du XIVe siècle, les stations construites à des fins touristiques ont vu le jour en 1936 (la première école de ski a été inaugurée en 1934). Les amateurs de ski d'été se rendent plutôt à Tignes, où les premières résidences touristiques sont l'œuvre de l'architecte Raymond Pantz en 1956. Dans les années 1970, la mode est davantage à la « station skis aux pieds ». Les remontées mécaniques sont installées au glacier de La Grande-Motte en 1967 et, dès lors, le ski s'y pratique en toute saison.

Au milieu des armes les lois sont silencieuses.

(Cicéron)

Dictons

Tu as les lèvres chaudes quand ta barbe brûle.

Lave ton linge, fais la vaisselle après la fête
Et paye tes dettes à Paulette.

Les grands pas t'emmènent plus vite vers les emmerdements.

À l'église, vaut mieux prier les yeux fermés
Que chanter la braguette ouverte.

Je le crois pas !

En Normandie, on dit que pour guérir de la jaunisse il faut aller casser un œuf du jour au-dessus d'une fourmilière. Il faut aussi cueillir du gui au-dessus d'un buisson d'épines et le suspendre dans la maison jusqu'à ce qu'il soit complètement sec, et le malade sera guéri. Si on peut choisir, il vaut mieux avoir un torticolis !

Une femme disait à son mari trop attaché à la lecture : *« Je voudrais être un livre, afin d'être plus souvent avec vous. – Je le veux bien,* lui répondit-il, *pourvu que vous soyez un almanach, afin que je puisse en changer tous les ans. »*

27 janvier

Sainte Angèle

PERRET

S'il est fréquent qu'à la Saint-Jean
On se réchauffe les aisselles,
Il n'est pas rare à la Sainte-Angèle
Qu'en plein soleil on claque des dent

EN AVANT LA MUSIQUE !

Voici un instant de ma vie déterminant, cuisant et cocasse à la fois, lorsque, rentrant au café après mon dernier jour d'école, j'annonçai, tout fier :

« Ça y est, papa, j'ai mon certificat d'études !

– Bravo, fiston ! Je te félicite. Ça, c'est une bonne nouvelle ! Et à présent, que veux-tu faire ? Tu veux continuer tes études, entrer au collège, apprendre un métier ? »

Abasourdi par cette question saugrenue à laquelle je ne m'attendais guère, sans doute pour gagner du temps, je demandai le plus sérieusement du monde :

« Moi ?

– Bien sûr, toi ! Que veux-tu faire à présent ?

– Mais rien, papa ! »

C'est là qu'elles sont arrivées. Schplaf ! Schplaf ! Violent, l'aller-retour ! Papa, fou de rage, s'apprêtait même à récidiver lorsque M. Corazza, le père de mon ami Rémy, témoin de la scène, parvint à le convaincre de se calmer. « À mon humble avis, osa-t-il dire, réagir ainsi ne résoudra pas le problème, cela n'aura peut-être même pour résultat que de le braquer ! » L'année précédente, Rémy, alors dans la même incertitude que moi, avait fini par se présenter au conservatoire national de musique à Toulouse, où il n'apprenait plus QUE la musique, mais à plein temps.

« Pierrot n'est-il pas aussi musicien ? »

Papa jugea en un clin d'œil que c'était l'idée du siècle. C'est ce qu'il dit une heure plus tard à M. Delrival, mon professeur de musique.

« J'ai eu l'idée du siècle ! Vous allez préparer Pierrot à entrer au conservatoire de Toulouse. Je vais le faire inscrire dès demain ; vous, vous avez tout l'été pour le faire travailler. » Cette perspective émut mon professeur aux larmes. Je vécus un rude été, qui mit un terme définitif à mes jeux et à mes balades. À présent, j'étais enfermé toute la journée dans ma chambre avec mon saxophone, j'apprenais par cœur le concerto que j'allais présenter. Contrairement à mon attente – car nulle n'en était mon envie –, je fus reçu au concours d'entrée. Le ciel venait de me tomber sur la tête. Une vie nouvelle allait commencer, et cela ne m'enchantait pas outre mesure.

M. de Barbançon possédait un très joli jardin que Mme la duchesse de La Vallière (la femme du célèbre bibliomane) alla voir. Le propriétaire, alors très vieux et très goutteux, lui dit qu'il avait été amoureux d'elle à la folie. Elle lui répondit : « Hélas ! Mon Dieu, que ne parliez-vous ! Vous m'auriez eue comme tous les autres !... » (Chamfort)

Jeanne de Foix aimait le comte de Clermont-Lodève ; cependant, elle épousa le comte de Cramail. Mais elle en eut un tel chagrin qu'en douze ans de mariage elle ne lui dit jamais que oui et non. De désespoir, elle se mit au lit, et on ne lui changeait les draps que quand ils étaient usés. Elle est morte de mélancolie. (Tallemant des Réaux)

Marie-Thérèse
Est très à l'aise
Quand c'est d'Aquin
Qui fait le coquin.

Saint Thomas d'Aquin

PERRET

28 janvier

LES CHUTES DE GALWAY

Michael a réussi à m'obtenir une journée de pêche – privilège rarissime – au grand barrage de Galway. Nous partons bardés de *flies* de toutes les couleurs, de *shrimps*, de vers, de cannes et d'épuisettes de compétition !

Ce lieu est mythique pour tous les pêcheurs de saumon. Car c'est en plein cœur de la ville de Galway qu'a lieu ce magnifique show aquatique et acrobatique des plus beaux spécimens de salmonidés !

La densité de poissons est telle que nous sentons à tout instant, en avançant dans l'eau avec nos cuissardes, les saumons se cogner contre nos jambes. Depuis le haut talus qui surplombe les chutes, mon saumon qui tire si fort m'a déjà pris les trois quarts du tambour de moulinet…

Michael me fait signe de lever ma canne presque à la verticale. Je parviens à reprendre quelques tours de moulinet, mais je sens une telle résistance qu'à l'évidence je frôle le point de rupture. Je laisse ma bête se fatiguer en plein courant vingt à trente secondes avant de tenter de regagner du fil en pompant. Déjouant cette sournoise manœuvre, il me reprend brutalement dix mètres d'un coup.

Je recommence à mouliner péniblement, craignant à tout moment que mon fil ne rompe. Les trois ou quatre autres pêcheurs – mes voisins – ont maintenant chacun posé leur gaule et suivent à quelques mètres le suspense seconde après seconde.

Je regagne dès lors quelques tours de moulinet, qui ramènent docilement l'animal à dix mètres de moi. À présent, il semble avoir son compte.

Quand il glisse enfin dans l'épuisette que me tend Michael, il y a plus de trente-cinq minutes qu'a débuté le match ! Sur la balance, mon malheureux héros accuse seize livres. C'est un saumon magnifique.

« *Congratulations*, champion ! me dit Michael en me tapant sur l'épaule. Ne croyez-vous pas que ça mérite une petite bière ?! »

Jurons

« Lâche-moi les tétines ! », qui n'est pas véritablement une insulte, n'est qu'une aimable réplique pour signifier à sa dulcinée… qu'on ne souhaite pas l'épouser.

« Ne te fais pas de souci » peut se formuler en fataliste conseil : « Laisser pisser le mérinos ! » Elle reviendra un jour manger dans ta main… C'est ça, quand elle aura un dentier.

Je suis heureux, pour clore ce chapitre d'aimables jurons lancés ainsi spontanément dans un peu tous les pays, de vous offrir ce petit dernier pour la route ; c'est un proverbe anglais météorologique : « Merdouille ! Le temps se brouille. »

« Nous avons beau vanter la force de notre sexe, nous sommes plus étourdis, plus flottants dans nos caprices et plus aisément emportés par le désir et l'inconstance. L'amour s'use et se perd plus vite dans notre imagination que dans celle des femmes. »
Si Shakespeare le dit !… Sacré William !

29 janvier

Saint Gildas

Si tu nais à la Saint-Gildas,
T'auras la cuillère sans la tasse.

Pensées

Ça ne s'invente pas ! : « Je mérite le respect pour tout ce que je n'ai pas fait. » *(Bush à oreille)*

Comment appelle-t-on les gens qui ne sont pas milliardaires et qui votent pour Bush ? Des crétins !

TRANCHE D'HISTOIRE

1973 Les journaux titraient, le 29 janvier 1973 : « L'accord sur la paix au Vietnam est signé. » « Le cessez-le-feu a été précédé par de violents combats près de la capitale sud-vietnamienne. » « Le prince Sihanouk prévoit une troisième guerre d'Indochine. »

C'est vrai qu'on est en droit de se demander ce qu'ils vont faire de toutes ces armes qu'il leur reste ? Remarquez, après la « guerre d'Indochine », ainsi baptisée par les Français, ils auront la « guerre du Vietnam » (les Américains préfèrent l'appeler comme ça). C'était quand même le seul moyen d'éviter qu'un jour la France et l'Amérique ne soient envahies par les Vietnamiens ! On l'a échappé belle !

LE PARLER DES MÉTIERS

Dans le jargon des libraires et de certains marchands de journaux, le **« passager clandestin »** est celui qui feuillette livres ou magazines et ne les achète pas.

Les libraires d'ancien au marché aux puces sont appelés par leurs confrères les **« ongles noirs »**.

Et finir sa journée sans avoir effectué une vente s'appelle **« embrasser le cul de la vieille »** !

Pour les charpentiers, la **« corde à tourner le vent »** n'est qu'un objet imaginaire, une plaisanterie que l'on réserve aux apprentis naïfs. On les envoie chercher – en vain – ladite corde à l'autre bout du pays !

Dans le jargon informatique, un **« Boy George »** est un collecteur de câbles réseau *(Taken Ring)* mâles et femelles.

Les comédiens qui **« en font des tonnes »** en scène au détriment de leurs partenaires sont appelés par ces derniers **« les frileux »**, parce qu'ils **« tirent à eux la couverture »**. Si, de plus, ces pitoyables acteurs bafouillent ou **« boulent »** leur texte, leurs **« bons »** petits camarades n'hésitent pas à leur murmurer : **« Garçon, la diction ! »**

Au restaurant, une **« chlorophylle »** demandée au chef par le garçon n'est autre qu'une salade verte.

Colorer un plat au four avant de le servir, c'est lui **« donner un coup de soleil »**. La gratification des fournisseurs au chef cuisinier – (son plat préféré !) – s'appelle les **« fines herbes »**. (Souvent perçue à l'insu du patron.)

Sachez enfin qu'à la clinique, si le chirurgien vous a fait un **« aller-retour »**, c'est qu'il vous a **« ouvert et refermé aussitôt, la maladie ayant été jugée incurable. Vous pourrez rentrer chez vous »** !

À la Sainte-Martine,
Quand elle est seule dans sa cuisine,
Les mains plongées dans la farine,
Il te faut appointer ta mine.

Sainte Martine

30 janvier

LE MARÉCHAL DE BIRON

Le maréchal de Biron servit admirablement bien au siège d'Arras ; aussi, Henri IV, lorsqu'il fut de retour à Paris et que ceux de la ville lui eurent fait une réception véritablement royale, leur dit en leur montrant ce maréchal : « Messieurs, voilà le maréchal de Biron, que je présente volontiers à mes amis et à mes ennemis. »

Pensées

Pain est le plus chaud et le plus amical des mots. Écrivez-le toujours avec une majuscule, comme votre propre nom. J'aime ce pain gonflé, lumineux et croustillant sans lequel la sauce la plus délicieuse ne serait que ce qu'elle est.

Le propriétaire d'une auberge de village servit un œuf au roi George II, qui s'y était arrêté, et lui demanda en retour une guinée.
Sa Majesté lui dit en souriant :
« Il paraît que les œufs sont bien rares, ici ?
– Oh non, sire ! répondit l'hôtelier, ce ne sont pas les œufs… ce sont les rois. »

« J'adore les gens qui ont le courage de mes opinions ! »
(Grégoire Lacroix)

« Je suis très fier de ma montre en or – mon grand-père me l'a vendue sur son lit de mort. »
(Woody Allen)

La corde à lier les pensées n'est pas encore tressée.

Proverbe

Celui qui rit comme un bossu et pleure comme une madeleine a intérêt à boire souvent pour ne pas se déshydrater.

LE PARLER DES MÉTIERS

Dans les casinos et les tripots, le **« Matador »** est le videur chargé de mettre fin aux agissements des tricheurs.

Apprenez aussi que les paquets de billets de banque pliés en huit et serrés par un élastique s'appellent les **« petits beurres »**, en jargon de joueur.

Dans le jargon des dentistes, si le vôtre vous demande de **« sucer le berlingot »**, sachez qu'il souhaite simplement que vous fassiez bouger votre dentier avec la langue pour en assurer sa place définitive.

S'il vous a installé une prothèse dentaire éclatante de blancheur, vous sortirez de chez lui avec un magnifique **« sourire Jacob Delafon »** ! (Du nom du fabricant d'appareils sanitaires.)

31 janvier

Sainte Marcelle

S'il neige pour la Sainte-Marcelle,
Aventure-toi dans sa ruelle.
Si tu lui plumes ses canards,
Tu peux saccager son plumard.
(Quand saint Édouard touche la Sécu,
Sainte Marcelle a mal aux dents.)

LES « MERVEILLES » DE MON PAYS

Tout en me déhanchant sur mon vélo trop grand pour moi, je rentrais de l'école, les terribles jours de janvier ou de février, transi de froid dans mes culottes courtes, le nez et les mains rougis par la bise hivernale, je pédalais tout de même vaillamment. Chaque coup de pédale me rapprochait de notre maison. Sur la cuisinière à charbon astiquée si frénétiquement deux fois par jour, maman faisait des « beignets », des « crêpes », des « pets-de-nonne », des « merveilles ». « Maman, je veux faire le mien ! » Et elle me laissait découper un « bonhomme », une « fleur », un « chien », dans la pâte qu'elle livrait à l'huile bouillante. Je voyais alors mon chef-d'œuvre gonfler, se transformer jusqu'à devenir une grosse bulle informe et distordue qui n'avait plus grand-chose à voir avec ma « sculpture » initiale. Moi qui suis toujours resté perplexe sur l'existence de Dieu, je me demande si, finalement, il ne se cachait pas dans ces fameuses « merveilles », dont le souvenir me donne l'eau à la bouche.

Pour 8 convives :

500 g de farine ;
5 œufs ;
100 g de beurre ou d'huile de colza ou de saindoux, ou 50 g de chaque en mélangeant par exemple huile et saindoux ou beurre et huile ;
½ paquet de levure ;
1 zeste de citron ou 1 cuillerée à soupe de rhum, ou les 2 ;
1 pincée de sel ;
Du sucre glace ;
De l'huile de colza pour la friture.

Préparation :

Mélangez tous vos ingrédients dans un saladier jusqu'à obtenir une pâte bien lisse et homogène.

Travaillez-la quatre ou cinq minutes, « tapez-la » bien sur la table. Inclure la levure avant de l'écraser une dernière fois au rouleau, jusqu'à ce qu'elle ne soit épaisse que de ½ cm.

Pendant cette opération, vous aurez fait chauffer l'huile.

Découpez votre pâte en forme de fleur, de lézard, ou tout simplement en rond avec un verre, ou en bandes de 3 à 4 cm de largeur que vous entrelacez avant de les jeter dans l'huile bouillante.

Lorsque les « merveilles » sont bien blondes, bien dorées, ôtez-les de la friture avec une écumoire et égouttez-les sur un papier absorbant.

Saupoudrez-les de sucre glace.

En les croquant, fermez les yeux et vous retrouverez sûrement votre enfance !

CÔTÉ JARDIN

Dès à présent, semez sous abri : carotte, radis, chou-fleur, salades laitue et roquette.

Le moment venu, semez en lune montante, plantez en lune descendante.

FÉVRIER

Demain,
je lui demande si elle est bien sûre
que son mari est d'accord.

01 février

Sainte Ella

Chère Ella douce voix du ciel,
Qui enchante mes cages à miel,
Ella, Louis, deux jolis blazes,
Qui enchantent la planète Jazz !

SAUMON CRU À L'HUILE D'OLIVE, AUX FINES HERBES ET À L'ANETH

Dégustez-le moins souvent s'il vous semble « cher », mais choisissez-le bon. C'est-à-dire, sauvage. À mon avis, à mon goût, c'est le seul mangeable!... Et cette recette est des plus succulentes!

Pour 4 convives :

700 à 800 g de saumon frais cru;
6 cuillerées à soupe d'huile d'olive vierge;
1 cuillerée à soupe d'échalote hachée très menu;
Le jus d'½ citron vert;
4 brins d'aneth frais hachés;
1 belle cuillerée à soupe de ciboulette hachée menu;
Sel de mer moulu fin;
1 cuillerée de poivre vert moulu grossièrement ou écrasé (surtout pas fin) et rincé à l'eau claire à travers une passoire, faute de quoi il sera beaucoup trop fort.

Préparation :

Mettez quatre grandes assiettes plates au réfrigérateur.

Découpez (ou faites-le faire par votre gentil poissonnier) le saumon cru en très fines tranches.

Dans un saladier, faites dissoudre le sel dans le citron.

Ajoutez l'aneth, la ciboulette, l'échalote, le poivre et l'huile.

Dans ce mélange, mettez les tranches de saumon à mariner dix minutes, puis ôtez-les et placez-les chacune sur une assiette froide (sortant du frigo).

Répartissez par-dessus avec un pinceau tout ce qui restera dans le saladier.

Il est préférable de savourer ce saumon cru avec des tranches grillées blondes, légèrement tartinées de beurre demi-sel.

« – Quand tu te torches, t'as toujours tendance à regarder en arrière?
– Oui, et alors?...
– Eh ben, essaie avec un torticolis, tu verras ! »

CROYEZ-MOI

La vie au quotidien est parfois si peu amusante qu'on peut essayer d'y mêler un tant soit peu de gaieté. Essayez de dire par exemple à l'employé de la poste revêche, coincé, constipé, qui vous répond d'un air sinistre derrière son guichet : « Tu te les es coincées dans le ressort du sommier?... » Il n'est pas certain que cela l'amusera, mais vous, oui, en voyant sa tête.

Dis à ton mari qui dort que d'ordinaire,
Chien caressé remue la queue.

Pensée

Francis Blanche m'a dit un de ces jours où « rien ne va »: « Tu vois, mon petit Pierre, il y a des jours où je souhaiterais être inodore, il y a tellement de gens qui ne peuvent pas me sentir ! »

À la Chandeleur c'est par ciel clair,
Que l'hiver montre son derrière.
Sachez que pour la Présentation,
Si février est trop mignon,
C'est pire que loup dans troupeau,
Ou cul-bénit qui boit de l'eau !

Présentation du Seigneur

02 février

Dictons

Si pour Chandeleur,
T'as de la douleur,
À Saint-Grégoire,
Tu te fends la poire.

Chandeleur :
Jésus qui se lève tôt,
Mange une douzaine de crêpes au beurre,
Et s'en va faire son loto,
Avant d'aller b... ma sœur.

Quand la glace du toit dégèle,
En stalactites à la Chandeleur,
Je saute dans les bras d'Angèle,
Car pour elle ma chandelle pleure.

TRANCHE D'HISTOIRE

1945 Le 2 février 1945, *Franc-tireur*, le journal qui avait paru clandestinement depuis 1941, titre : « On se bat à l'Ouest : à deux mille, les Boches attaquent… » Et les Français, avec leurs armes de pacotille, doivent se replier une fois de plus. Plus loin, on dit que, « écrasant les défenses allemandes, les chars de Staline sont parvenus à moins de 75 km de Berlin… Dans la capitale du nazisme, la panique croît d'heure en heure »… L'angoisse des Français perdure. Quand cela finira-t-il? Heureusement, dans la nouvelle du jour qui réconforte, on apprend que « Charles Maurras vient d'être condamné à mort par l'Académie ». Dieu me tripote! Précisons : ce n'est que le « décès académique de Maurras ». En exécution de la loi du 16 décembre 1944, le fauteuil de Charles Maurras sera déclaré vacant dans quatre semaines, et plus loin : « Nous jugeons inutile (*dixit* un académicien) d'insister pour que l'on nous précise si un crêpe sera noué au dossier du fauteuil qu'occupa l'homme au couteau de cuisine. » La plaisanterie sera fort mal goûtée, on n'est pas accoutumé de rire dans la maison d'un mort!

La vie est née dans la violence. Sur la tête de chacun de nous pèse la malédiction ancestrale de cinquante millions de meurtres. (H. G. Wells)

APHORISMES

J'ai toujours noté soigneusement les aphorismes des écrivains ou philosophes que j'aimais. J'avais déjà cette singulière manie dès l'âge de 16 ans. C'est sans doute ces quelques lignes de La Rochefoucauld qui m'ont peut-être décidé à oser tenter d'écrire une chanson. Je les cite ici, telles que je les ai encore en mémoire : « Rien n'est impossible. Il y a des voies qui conduisent à toutes choses… Et si nous avions assez de volonté, nous aurions toujours assez de moyens. »

Il ne restait plus qu'à foncer!

Le secret, c'est une chose qu'on se raconte à voix basse et séparément. (Marcel Pagnol)

S'il est au monde rien de plus fâcheux que d'être quelqu'un dont on parle, c'est assurément d'être quelqu'un dont on ne parle pas. (Oscar Wilde)

03 février

Saint Blaise

Quand il y a vent des quatre saisons,
Celui de Blaise ou de Sainte-Anne,
Qui fait voler la queue des ânes,
Mon mari reste à la maison.

LES MÉDICAMENTS

Tous les matins, avant que je parte à l'école, mémé aidait maman à préparer le petit déjeuner. J'adorais le café au lait avec des tartines. Composé de quatre-vingt-quinze pour cent de lait et d'un doigt de chicorée qui remplaçait le café, il me semblait avoir de temps en temps un goût vraiment désagréable.

« Mémé, disais-je, il n'est pas bon le café, ce matin. Tu y as ajouté quelque chose ? »

À la façon dont elle me répondait : « Mais non, mon pitchou, il est comme d'habitude », je savais que mémé me mentait. Je lisais sur l'expression un peu fuyante de son visage la honte qu'elle éprouvait à me mentir. J'étais certain qu'elle avait versé subrepticement dans mon bol un petit sachet de poudre de ce « bon vermifuge Lune » que je détestais tant. Parmi tous les fortifiants, toutes les purges, voire tous les « médicaments » que l'on me faisait ingurgiter de gré ou de force, c'est assurément l'huile de ricin dont je garde le plus abominable souvenir. Je préférais encore l'horrible huile de foie de morue ! On me faisait avaler aussi de l'ipéca, contre les maux de ventre. On me mettait de l'huile goménolée dans le nez, lorsqu'il était bouché, ainsi que quelques gouttes d'huile tiède au fond des oreilles, lorsqu'elles « me faisaient mal ». L'exécrable Calomel que je devais parfois ingurgiter était, lui, une autre sorte de purge que mémé mélangeait également à mon café au lait. Maman badigeonnait mes « bleus » d'arnica. La Jouvence de l'abbé Soury était réputée faire du bien pour tout. Les maux de tête des adultes étaient vite interrompus grâce aux gros cachets ronds de Kalmine. Je revois encore leur boîte en fer bleue que je récupérais pour y ranger mes plumes sergent-major. J'aimais en revanche le parfum des onguents contre les foulures, ainsi que le goût de l'incontournable Marinol. Ce fortifiant était le préféré de maman car, lui avait dit le docteur : « Une cuillerée à soupe chaque matin et votre fils soulèvera des montagnes ! »

Ils sont peu vigilants les douaniers qui surveillent la frontière entre le bon et le mauvais goût. (Grégoire Lacroix)

FAIS DONC ASSEOIR TA FEMME À L'AISE,
SUR SON SPLENDIDE CUL DE BRAISE,
ET LE JOUR DE LA SAINT-BLAISE,
LA NEIGE FONDRA SOUS SA CHAISE.

CÔTÉ JARDIN

Vous pouvez d'ores et déjà semer en pleine terre le cerfeuil, la ciboule, les épinards et les oignons blancs… et même les petits pois, du moins du Midi jusqu'en Touraine. Semez sous abri : carottes, navets primeurs, salades de printemps et radis en lune descendante. Je vous le rappelle, ne perdez pas de temps.

conseils fleurs

Avant de planter dans l'eau du vase le beau bouquet de roses qu'on vient de vous offrir, taillez les tiges en biseau et raclez-les sur toute la longueur qui sera immergée. Écrasez de plus le bas de chaque tige avec le dos d'une cuillère. Elles resteront belles plus longtemps !

À la Sainte-Véronique,
Le marchand de marrons plie boutique.

Sainte Véronique

PERRET

04 février

BON PIED BON ŒIL

Au risque de faire sangloter les futurs héritiers, les futurs centenaires sont de plus en plus nombreux. Aux dernières nouvelles, il y aurait aujourd'hui en France près de dix mille personnes qui ont plus de 100 ans, alors qu'il y en avait à peine deux cents en 1950 et trois mille en 1990. Vraisemblablement, il y en aura cent cinquante mille en 2050. Le docteur Michel Allard – spécialiste des questions relatives à la longévité humaine – précise toutefois que « ces chiffres ne doivent pas être isolés d'un contexte caractérisé par l'allongement général de l'espérance de vie. C'est ainsi : un nombre sans cesse croissant d'êtres humains atteindra des âges de plus en plus élevés, tout se passant comme si depuis peu les vieux refusaient de mourir. Conséquence, le fait de mourir jeune apparaît progressivement comme une exception, une anomalie, une malédiction. Jusqu'alors et depuis des millénaires, devenir un grand vieillard était une probabilité très faible ». Fontenelle y est bien parvenu. Pourquoi pas nous ?

La lionne farouche
cherche le loup,
Le loup lui-même
la chèvre,
La chèvre folâtre
cherche le cytise
en fleur,
Toi, Alexis,
c'est Coridon,
Chacun est attiré
par son plaisir.
(Virgile)

LE SAVIEZ-VOUS ?

L'appareil miniature qui « moucharde » les écoutes téléphoniques dans les services d'espionnage s'appelle un « malicieux ».

Le meurtre d'un « gêneur » déguisé en accident de voiture est une « opération torpédo ».

Un délinquant qui a de l'humour (ça arrive) peut dire à son maton, par exemple, s'il est transféré de prison : « Je quitte Fleury-Mérogis pour Fresnes, mon pote, car "c'est à Fresnes que Fleury la Santé !" » Mais les jeux de mots en taule, ça prend le bide avec les matons !

Dans le jargon des policiers, un délinquant ou un suspect qui affiche une hypocrisie ou une fourberie dans son comportement est un « double-cul » ! « J'en crois pas un mot de tes salades... pour moi, t'es qu'un double-cul ! »

Pensées

« Passe encore de bâtir, mais planter à cet âge ! » disait La Fontaine. Eh bien, mon vieux Jeannot, désormais, on pourra !

Madame Denis était fort laide. Étant au lit avec son mari, qu'elle avait épousé après la mort de Voltaire, on introduisit dans sa chambre un paysan qui lui apportait de l'argent.
À la vue de ces deux têtes, il ne sut à qui s'adresser :
« Messieurs, leur dit-il, lequel de vous deux est madame ? »

05 février

Sainte Agathe

Quand Agathe étale sa pâte,
Ou quand son plat mijoté rate,
C'est parce que ce coquin de Blaise
Est venu caler sa mortaise.

À POIL !

« Moi, j'y suis allé, un jour, chez les nudistes à Montalivet.

– Et alors?

– Et alors, je te jure que le spectacle n'est pas beau!... Tous ces gens à poil! Tu verrais ça! La peau des bras qui tremble comme des calebars sur une pince à linge, les fesses en goutte d'huile... les nibards qui flottent, des vieilles couilles sèches qui pendent... Je te dis, ça se barre de partout!...

– Il doit bien y avoir de temps en temps quelques belles gonzesses...

– Penses-tu!... Même pas! Elles viennent pas! Sauf parfois une meuf bousculée comme un tanagra qui est venue avec un gros poussah blindé jusqu'aux bourrelets! À se demander comment un hippopotame comme ça peut enjamber une pareille gazelle! Que veux-tu, il y en a encore un paquet de gonzesses qui savent que l'oseille, ça pousse pas que dans le potager! »

***À** poil, tout le monde à poil!*
Les petits, les grands,
Les bons, les méchants!
On a largué nos caleçons,
Nos fanfreluches en nylon,
Nos frocs en accordéon,
Nos sandwichs au saucisson,
Nos pistolets à bouchon,
Et nos complexes bidons,
Comme une bagnole qui perd ses boulons.

Une courtisane, à Madrid, tua son galant pour une infidélité qu'il lui avait faite. Elle fut prise et amenée devant le roi, à qui elle ne cacha rien de l'affaire. Le roi, en la renvoyant, lui dit : « Va, tu avais trop d'amour pour avoir de la raison. » (Ménagiana)

LE SAVIEZ-VOUS ?

Les grands-mères affirmaient jadis que, pour soutirer une grosse somme d'argent à quelqu'un, il fallait se présenter à minuit à un carrefour, une poule noire sous le bras gauche en criant trois fois : « Poule noire à vendre ! » Aujourd'hui, hormis une certaine catégorie d'individus qui ont des pratiques semblables à certains carrefours de Barbès, je doute que ce genre de rite soit encore très répandu.

Quand on a de l'argent, une vraie somme, il faut se garder de le dire à sa maîtresse. Elle se mettrait à vous adorer. (P. Léautaud)

CÔTÉ JARDIN

Aérez de temps en temps la terre avec une fourche-bêche en attendant d'y ordonner vos plantations. Cela vaut un bon engrais.

Quand vient Margoton
À la Saint-Gaston,
Oublie tes moutons,
Occupe ses tétons.

Saint(e) Gaston & Dorothée

06 février

LA PREMIÈRE NEIGE QUI A CHUTÉ PURIFIE SOUVENT DOROTHÉE.

LES GALÁPAGOS

Nous pêchons à bord du bateau de mon copain Paulo, aux Galápagos.

J'en « tiens un gros ». Tout le fil du tambour de mon moulinet est parti vers le grand large. Comme je ne parviens plus à tenir ma canne qui est en train de m'échapper, Paulo me ceinture d'un bras, de toutes ses forces, tout en essayant de m'aider de son autre main.

Au bout de cinq minutes, nous sommes épuisés. La « chose » à l'autre bout tire comme une forcenée. Après un quart d'heure de ce statu quo qui nous paraît être une éternité, elle ne tire plus, certes, mais ne veut pas non plus lâcher d'un pouce.

Nous en sommes à transpirer comme des malades lorsque, finalement, la « chose » bouge un peu au loin, au bout du fil. Je réussis à ramener péniblement trois ou quatre tours de moulinet. La « bête », au bout d'une bonne demi-heure de résistance, finit par céder mollement du terrain. Nous sommes vraiment intrigués par la nature de cette force si récalcitrante... Je ramène le fil du moulinet tout doucement, lorsque la « bête » nous voit. Totalement ahuris, nous l'apercevons ainsi l'espace d'un instant, avant que, terriblement effrayée à notre vue, elle plonge brutalement, provoquant une dernière secousse à la canne, qui soudain redevient légère.

C'est en éclatant de rire que nous nous exclamons ensemble : « C'est une otarie ! »

Il ne reste plus au bout de l'hameçon que la moitié d'un gros capitaine encore accroché au trident que la gamine de deux cents livres n'a pas voulu lâcher... Ne nous en concédant pour finir qu'une moitié. A-t-elle ramené l'autre à son époux ? Nous ne le saurons jamais. En tout cas, je ne connais guère de pêcheurs jusqu'à présent qui aient ramené un jour une otarie au bout de leur canne à pêche !

PURITANISME BIEN ORDONNÉ...

En février 1999, le président américain Bill Clinton est acquitté dans le procès en destitution *(impeachment)* engagé à son encontre le 7 janvier au Sénat pour *« parjure »* et *« entrave à la justice »*. C'est la première procédure en destitution d'un président depuis cent trente ans aux États-Unis. Elle repose sur le rapport du procureur indépendant Kenneth Starr, qui a offert l'immunité à Monica Lewinsky, l'ancienne employée de la Maison-Blanche, en échange de son témoignage sur sa liaison avec le président américain. Moins d'un an plus tard, cinquante-deux pour cent des Américains, selon un sondage, préfèrent tourner la page sur l'énorme scandale qui a ridiculisé leur président aux yeux de l'opinion mondiale. Seulement dix-huit pour cent d'entre eux l'ont toutefois « oublié », contre trente-cinq pour cent qui affirment n'avoir pas pardonné. Dans les sondages, la cote de popularité du président n'a pas souffert de ses frasques sexuelles. Il est vrai que, la plupart du temps, les Américains « bien-pensants » ne s'offusquent que des frasques sexuelles... des autres !

Sainte Eugénie

S'il sort de ses gonds,
Selon sa manie,
C'est quand Carle hurle,
Et qu'Eugénie nie.

LA VINAIGRETTE

Il est toujours très difficile de trouver au restaurant ou chez des amis une bonne vinaigrette.

La vinaigrette doit être faite, comme disait ma grand-mère, avec de l'huile, du vinaigre, du sel et du poivre. Point.

On peut bien sûr ajouter, pour en varier les saveurs, les condiments ou aromates que l'on aime ou qui conviennent le mieux aux différentes sortes de salades.

Il faut d'abord verser le vinaigre dans un bol ou un saladier.

Ajoutez une pincée de sel que vous faites dissoudre à la cuillère en bois.

Poivrez au moulin. Versez l'huile et mélangez.

Les proportions sont à peu près d'1 cuillerée de vinaigre pour 3 cuillerées ½ d'huile. Si vous voulez parfumer la vinaigrette avec un vinaigre de framboise, de xérès, d'estragon, etc., mettez la moitié du vinaigre « parfumé » additionnée à l'autre moitié de bon vinaigre de vin « normal », afin que les saveurs ne soient pas trop prononcées.

De toute façon, pour ne pas louper votre vinaigrette, il faut la rendre bien homogène, la goûter et en rectifier l'assaisonnement avant d'y mêler la salade. Pour une salade plus importante, utilisez les proportions : 2 cuillerées de vinaigre pour 5 cuillerées d'huile.

Un tuyau du chef : selon les proportions indiquées ici, préparez-en à l'avance dans une bouteille que vous bouchez bien (goûtez et rectifiez-la au besoin).

C'est bien plus facile de mélanger en agitant de cette façon l'huile et le vinaigre.

Les plus :

Afin que la vinaigrette soit très légère, vous pouvez la mélanger au mixeur et la conserver au réfrigérateur.

Au moment de l'utiliser, vous pouvez la parfumer très légèrement avec une pointe de curry ou un peu d'ail ou de fines herbes, selon vos goûts.

**OÙ Y A EUGÈNE,
Y A PAS DE PLAISIR.**

Dictons

Un poil de cul tire,
Plus que cent chevaux !

S'il y a la mer,
il y a des pirates,
S'il y a du sucré,
il y a des fourmis,
Là où il n'y a rien,
y a pas d'amis !

J'aime les beaux poèmes, les vues bouleversantes et tout l'au-delà de ces vers. Je suis comme pas un, sensible à ces pauvres mots merveilleux laissés dans notre nuit par quelques hommes que je n'ai pas connus.
(Louis Aragon)

CÔTÉ CUISINE

Pour faire un bon ragoût d'hiver, il faut de bons légumes, une viande moelleuse (paleron, macreuse), et du vin rouge respectable. Cet assemblage de qualité est indispensable, tout comme en politique.

Si pour sa fête la Jacqueline,
Qui pour l'amour a tant de dons,
Vient ranimer ton vieux brandon,
Tu pourrais bien ployer l'échine.

Sainte Jacqueline

08 février

ABRACADABRA !

Dans les superstitions, ce sont les fées qui fascinent le plus. Elles peuvent être « dames blanches », « noires », elles sont surtout à craindre le vendredi. Elles sont folles de rage si elles croisent ce jour-là quelqu'un vêtu de vert – qui porte malheur –, d'où peut-être cette crainte du vert chez les gens de théâtre.

Au Moyen Âge, par exemple, les Anglais en armure avaient remarqué que, lorsqu'ils passaient sous une échelle au pied d'un château, ils prenaient un seau d'huile bouillante sur le cassis, ce qui les rendait superstitieux en diable !

Dans le Poitou, lorsqu'une couturière casse son fil trois fois de suite, il y a danger pour elle à poursuivre son ouvrage… et à se faire virer par son patron !

Pour ne pas être dérangé par un lutin la nuit en Lorraine, il est recommandé de croiser les jambes. Ce qui peut venir la nuit entre les jambes, ils appellent ça un lutin, là-bas… Pourquoi pas !

Chaque femme doit apprendre à simuler l'orgasme.
C'est la plus élémentaire des courtoisies.
(Joan Rivers)

QUAND SAINTE JACQUELINE,
SORT SA PRALINE,
SAINTE EUGÉNIE,
OUVRE SON NID,
ET CES BELLES ÂMES,
JOUENT AUX DAMES.

LE SAVIEZ-VOUS ?

Se promenant un jour aux environs de Paris, Henri IV s'arrêta et, se mettant la tête entre les jambes, dit en regardant la ville : « Ah, que de nids de c… ! » Un seigneur qui était près de lui fit la même chose et s'écria : « Cela est vrai, sire, je vois le Louvre. »

CÔTÉ JARDIN

Griffez la terre croûteuse, les œufs de limace n'y résisteront pas. Ajoutez quelques sacs de compost pour y accueillir bientôt ail, échalotes, oignons à conserver (suspendus à l'abri), et même sous climat doux, commencez à planter… vos patates.

CÔTÉ CUISINE

Petite recette facile pour Jacqueline. Nettoyez une noix de Saint-Jacques et remettez-la dans sa coquille. Mettez dessus une belle noisette de beurre, une cuillerée à dessert de crème fraîche et cassez deux œufs sur le tout. Gratinez dans le four chaud dix minutes et… régalez-vous. Si votre fiancé est là, mettez-en six !

09 février

Sainte Apolline

PERRET

Lorsqu'un garçon plaisait à Apolline
Elle ôtait timidement sa capeline
Mais dès qu'il lui montrait son « site »
Tout le reste suivait très vite.

Pensée

La vraie sagesse commence quand vous ne cherchez plus à savoir si votre femme vous trompe. Et quand vous ne remboursez jamais plus vos dettes. Ce qui vous procure un sommeil moins agité.

Oh Dieu ! Ne me soumets pas à la tentation.
Je trouverai le chemin toute seule.

(Rita Mac Brown)

CÔTÉ JARDIN

Il faut mettre en terre les bulbes des oignons rouges si délicieux dès maintenant. Les rouges pâles de Niort ou de Florence se cueilleront au printemps entre avril et juin, et se dégusteront dans la foulée car ceux-là ne se conservent pas longtemps.

LE PARLER DES MÉTIERS

Sortir les babouches : pour un pilote, c'est présenter vers le sol le train d'atterrissage de l'avion.

Lorsque le pilote atterrit trop brutalement, les hôtesses disent qu'il a fait **« tomber les stérilets »** !

Dans le jargon des proxénètes ou celui des prostituées, on dit de la bisexuelle qu'elle est **« à bande et à cassette »**.

On dit d'une prostituée dépourvue de seins que c'est un **« fax »**, ou encore une **« cathédrale »**... (Parce que les **« saints »** sont à l'intérieur.)

Pour la police des mœurs, un **« Daisy »** est un homosexuel qui évolue dans les milieux riches et branchés.

Lorsqu'un client doit patienter quelques minutes avant de monter avec une fille qui vient de faire une passe, on lui demande de **« laisser sécher »**.

Quand la « pute » a la chance de partir dans la **« voiture de mariée »**, c'est qu'elle a été embarquée dans le panier à salade de la police.

Dans le langage de la police, caresser les oreilles des manifestants à coups de matraque, c'est leur faire déguster **« la bite à Jean-Pierre »** !

LE SAVIEZ-VOUS ?

Le mot grec *klêma* désigne un sarment de vigne. Il n'est pas étranger à l'orthographe de la clématite. Cette dernière, qui pointe sa jolie fleur mauve dès le printemps, s'enroule autour des arbustes pour s'ouvrir toute au grand soleil. Symbole de la pureté, on l'appelle vigne blanche ou encore berceau de la Vierge. Elle fait des treillages colorés et de magnifiques tonnelles. Pensez à embellir votre petit jardin. Du haut d'un rosier grimpant, la clématite, curieuse comme une vieille chatte, adore voir les radis au jardin.

S'il neige à la Saint-Arnaud,
Tu rempliras ton tonneau.
Et s'il pleut pour Saint-Alexis,
Profites-en, vide ta vessie.

Saint Arnaud

10 février

PROPOS

« Les plaisirs de l'amour n'ont toute leur saveur que dans la maturité. Ce n'est pas à 20 ans qu'un homme sait jouir pleinement du sexe d'une femme, ni une femme du sexe d'un homme. » **(Paul Léautaud)**

Ces « propos » sur l'amour, de Léautaud, me rappellent l'anecdote qu'il m'avait racontée un après-midi au sujet de Jules Vallès, auteur entre autres de sa trilogie littéraire *L'Enfant, le Bachelier, l'Insurgé.* Du temps de son incurable pauvreté, Vallès couchait dans une minuscule chambre, presque un placard, dans la rue Monsieur-Le-Prince. Cela se passait après la Commune de Paris. Vallès, qui n'avait même pas de quoi se nourrir, se rendait tous les jours sur le coup de midi dans une gargote plus ou moins louche. Là, un cuisinier complaisant lui donnait des têtes de poisson. Un jour, comme d'habitude, notre affamé arrive à sa gargote providentielle. Le cuisinier, l'apercevant, le désigne alors en déclarant tout haut : « Ah ! Voici l'homme à qui il faut des têtes ! » Le pauvre Vallès s'enfuit, épouvanté… et court encore !

Pensées

Le bonheur, rue Blondel, c'est vingt euros les cinq minutes sous un porche. Avenue Foch, deux cents euros rien que pour entrer dans la chambre.

J'ai découvert qu'elle pouvait courir très vite le jour où je lui ai fait une déclaration d'amour.

Un noble provincial, revenant de la cour de Louis XIV, disait :
« Je l'ai vu, ce grand roi, il se promenait lui-même. »

Personne ne souffre d'être moins intelligent que le voisin.

La migraine doit être ce que le Christ appelait sa couronne d'épines.

Il avait tellement bu qu'il était déchiré comme un drap de pauvre.

En 1969, j'ai arrêté de boire et de faire l'amour, ça a été les vingt minutes les pires de ma vie. (George Best)

ABRACADABRA !

- Il faut vous méfier de l'un de vos proches si vous voyez voler une chauve-souris.
- Écrire avec un crayon vous mettra en face d'un projet dangereux. Si vous en taillez un, vous recevrez une lettre d'amour.

LE MATIN IL PART AU BOULOT, IL EST COCU, PAYE SES IMPÔTS, ET TROUVE L'HIVER DÉPRIMANT ? VRAIMENT ARNAUD EST DÉSARMANT !

L'orage est fini. La foudre ne nous a pas vus. (Jules Renard)

CÔTÉ CUISINE

Pour empêcher le caramel de cristalliser dans la casserole, versez par-dessus une cuillerée à dessert de jus de citron dès que sa coloration vous convient.

11 février

Notre-Dame de-Lourdes

PERRET

À la Saint-Raymond,
Fais-lui donc manger du saumon,
Car à Notre-Dame-de-Lourdes,
Elle dégustera des palourdes.

Pensées

Une bonne femme, dans la rue Quincampoix, comme on lui donnait l'extrême-onction, dit à sa servante : « Jeune fille, ayez soin de faire boire ces messieurs. »

Il faut être très sérieux quand on veut être très marrant.

La vie n'est qu'une longue suite de répétitions de la *Marche funèbre*.

Comme elle avait mis de l'eau dans son vin, il lui a mis une paire de baffes.

JURONS

La « crème d'andouille » est une crème épaisse qu'on ne trouve pas « que » dans les crémeries. On en croise dans les couloirs des gendarmeries, dans les casernes, dans les stades ou les commissariats. On reconnaît une crème d'andouille à son infatigable prétention et son prosélytisme forcené pour la connerie.

Un « crétin oblitéré » est un imbécile officiellement confirmé par une longue pratique de la connerie, dont il a épuisé toutes les ressources.

« Terrine de jus de couilles » : condensé gélatineux de jus de testicules. Juron utilisable par exemple lorsqu'on vient de vous faire en voiture une queue de poisson.

LE PARLER DES MÉTIERS

Chez les esthéticiennes, faire une **« orientale »**, c'est pratiquer une épilation totale du pubis, tandis que la pratique dite **« à la bouche en cœur »** est un type d'épilation en forme de cœur autour du sexe d'une femme.

Dans le jargon des coiffeurs, crêper la chevelure d'une dame n'est autre que lui **« crêper la touffe »** !

Cartonner madame, c'est fixer avec de la laque la coiffure d'une cliente.

À celle qui est **« coiffée comme un dessous de bras »**, on fait un **« brushing à la chatte »** (pour lui défriser les cheveux).

« Débroussailler les choux-fleurs » d'un monsieur, c'est couper les poils de ses oreilles.

« Dégager ses garde-boue », c'est couper ses cheveux au-dessus des oreilles.

• • • Et enfin, si vous avez des choses à vous reprocher, faites-vous **« laver la conscience »** (vous faire shampouiner), et tout ira pour le mieux.

CÔTÉ JARDIN

Retournez encore une fois la terre de votre petit jardin. Mettez de la cendre de bois dans ses entrailles, de la potasse, de l'engrais complet. N'oubliez pas, dans quelques jours, de planter vos asperges. Traitez vos rosiers avant que la végétation ne se mette en route.

Si étant doux, par paradoxe,
Tu venais à aimer la boxe,
À la Saint-Félix,
Évite les rixes !

Saint(e) Félix & Eulalie

12 février

LA CHASSE AU « SITUTONGA »

En voyage au Gabon, François et Augustin m'entraînent dans une chasse au situtonga, un animal sacré. Après plus de trois heures de pistage minutieux, Augustin lève le bras, stoppant net notre file indienne, désignant l'endroit où sans aucun doute se tient l'animal. C'est à moi de jouer... Mon cœur se met à battre plus fort. Je n'ai aucune envie – même pour leur faire plaisir – de tirer sur ce malheureux situtonga, dont l'espèce est en voie de disparition. On s'assure, en silence, que la lunette de ma carabine est bien réglée. Tout est OK. Je n'ai plus qu'à appuyer sur la détente. Je ne peux pas le louper. Mais, au moment précis où j'épaule, l'animal repart paisiblement sans avoir détecté notre présence. Nous devons alors avancer encore précautionneusement de quelques centaines de mètres, et cela dure une bonne heure. De nouveau, Augustin nous stoppe. Il me regarde alors et me fait signe d'approcher doucement. François se range au côté d'Augustin. Il tapote son épaule gauche pour me montrer où appuyer mon 7,65. Augustin murmure : « Il est à contrevent, à quarante mètres. Il ne peut ni te voir ni t'entendre. »

Mon cœur bat la chamade et semble près d'exploser. C'est un animal d'une époustouflante beauté. De fines et hautes cornes droites d'une cinquantaine de centimètres surplombent de grands et doux yeux reflétant la plus pure innocence. Il semble me fixer. Mais il ne peut pas me voir. Il est à présent en plein dans ma lunette. Deux secondes s'écoulent. Augustin m'interroge des yeux. François, à qui je confirme d'un regard qu'il est bien là, se met sans nul doute à fixer mon doigt sur la détente. Je déplace mon index légèrement à gauche, appuie dans le vide à deux centimètres de la détente, et crie soudain à mes amis sidérés : « Poum ! Il est mort ! »

Le temps de le dire, « mon » situtonga s'est déjà « envolé » à cent mètres !

SI LE SOLEIL LUIT POUR SAINTE-EULALIE, CIDRE À LA FOLIE, ET PIPI AU LIT.

CÔTÉ JARDIN

Il est encore temps (dernier délai !) pour récolter vos greffons sur les cerisiers, pruniers ou abricotiers.

« Tu sais qu'on utilise le miel dans la lutte anti-alcoolique parce qu'il élimine l'alcool dans le sang ?
– Putain, moi, il faudrait que j'en bouffe des ruches entières ! »

Maximes

Si l'on brûle du bois de figuier dans une maison où il y a une nourrice, celle-ci n'aura plus de lait... ni d'ailleurs le café qui va avec ! La vie rurale est plus dure qu'on ne le pense généralement... et particulièrement pour les nourrices.

Je n'affectionne que les bons auteurs et les bons cochons. Pour les bons cochons, on en trouve encore.

13 février

Sainte Béatrice

Sainte Béatrice
Serre toujours les cuisses,
Quand saint Valentin
Sort son serpentin.

CÔTÉ CUISINE

Asperges : mettez un sucre ou deux avec une pincée de sel dans l'eau de cuisson des asperges. Leur légère amertume sera supprimée.

Poireaux : si vous voulez maigrir, faites-vous des soupes de poireau (l'asperge du pauvre !). Il est diurétique, riche en sels minéraux, en soufre et en vitamine A (40 cal pour 100 g.)

Haricots : savez-vous que les haricots perdent plus de cinquante pour cent de leur vitamine C si vous les faites cuire dans une trop grande quantité d'eau ?

On dit merci qui ?

On demandait à madame Rochefort si elle aurait envie de connaître l'avenir : « Non, dit-elle, il ressemble trop au passé. »

(Chamfort)

TAJINE DE PINTADEAUX AUX PATATES DOUCES

Le plus difficile est de trouver de bons pintadeaux, mais… on y arrive !

Pour 6 à 8 convives :

2 pintadeaux de 800 g à 1 kg environ découpés en morceaux ;
1,5 kg de patates douces découpées en rondelles épaisses ;
4 oignons moyens ;
Le jus d'1 citron ;
1 pincée de pistil de safran (ou de poudre, à défaut) ;
½ cuillerée à café de poudre de gingembre ;
1 bol de bouillon de poule (ou un peu plus selon la cuisson) ;
2 cuillerées à soupe d'huile d'olive ;
3 cuillerées à soupe d'huile de sésame (ou tournesol) ;
Sel, poivre au moulin.

Préparation :

Dans l'huile chaude de la marmite, faites revenir les morceaux de pintadeaux jusqu'à coloration après les avoir salés et poivrés.

Au bout de dix minutes de cuisson, répandez les oignons émincés sur les morceaux de pintadeaux et le jus de citron.

Mélangez bien. Couvrez et laissez cuire dix minutes à feu doux.

Ajoutez par-dessus les patates douces, le bol de bouillon, le gingembre, le safran, le sel et le poivre.

Couvrez la marmite et laissez cuire à feu doux à moyen environ une heure, jusqu'à ce que les patates et les pintadeaux aient absorbé tout le liquide.

Rectifiez l'assaisonnement au besoin, aux trois quarts de la cuisson.

S'il reste du liquide au bout d'une heure, découvrez à moitié la marmite et laissez cuire jusqu'à évaporation totale. Dans le cas contraire, ajoutez un peu de bouillon.

Valentin le trop bien-aimé,
Ne pourrait sans doute honorer,
Toutes celles qui pour lui se pâment.
Depuis toujours embarrassé,
Par ce troupeau de jeunes femmes,
Il peut même plus les embrasser.

Saint Valentin

PERRET

14 février

« LA PORTE DE TA DOUCHE EST RESTÉE ENTROUVERTE »

Cette chanson m'est venue en tête après mes premières lectures de poésies érotiques de Verlaine et de Rimbaud *(Hombres)* éditées « sous le manteau », ou encore celle du « con d'Irène », d'un auteur « anonyme » – qui n'était autre qu'Aragon (secret de Polichinelle !) – qui s'en est toujours défendu. J'en ai bavé pour l'écrire, mais j'ai eu aussi une grande jubilation devant son accueil par le public.

La porte de ta douche est restée entrouverte,
Abusant de la situation,
D'un œil inquisiteur d'une prunelle experte,
J'ai découvert plaines et monts,
Le temple du soleil et la vallée sacrée,
Ont disparu sous le savon,
Et dans un éclair bleu niché dans la rosée,
J'ai vu le mont Gerbier-de-Jonc.

La porte de ta douche est restée entrouverte,
Et j'ai cru voir en un instant,
Les jardins andalous que piétinaient alertes,
Tous les chevaux d'Afghanistan.
Et ni les jardiniers ni les faiseurs de pluie,
N'ont vu de chef-d'œuvre aussi beau,
Le dessus du panier de votre anatomie,
Est une grappe de cadeaux.

La porte de ta douche est restée entrouverte,
Peut-on ne pas devenir fou,
En découvrant parmi quelques îles désertes,
Tous les chemins de Katmandou.
Et telle une algue souple au fond des mers nacrées,
Tu ressemblais à Ophélie,
Tes doigts s'ouvrant sur tes jeunes seins de poupée,
Comme des roses épanouies.

À LA SAINT-VALENTIN,
LA PIE MONTE AU SAPIN,
MA FEMME CRACHE LES PÉPINS,
ET DIT MON VIEUX, CE SOIR TINTIN !

« Quand un homme et une femme ont l'un pour l'autre une passion violente, il me semble toujours que, quels que soient les obstacles qui les séparent, un mari, des parents, etc., les deux amants sont l'un à l'autre de par la nature, qu'ils s'appartiennent de droit divin, malgré les lois et les conventions humaines. » (Chamfort)

L'amour est un quitte-raison. Un quitte-sommeil. Un quitte-fortune. Un quitte-cheveux.
(Augustin Moreto y Cabaña)

Je me souviens parfaitement de la première fois où j'ai fait l'amour. J'ai encore le reçu.
(Groucho Marx)

CÔTÉ JARDIN

Bêchez, retournez encore une fois la terre, aérez-la dès à présent pour tout ce que vous aurez à semer et à planter bientôt. Ne plaignez pas non plus l'engrais. Dédoublez vos fraisiers. Plantez-en de jeunes plants différents des vôtres.

La dernière fois que j'ai pénétré une femme, c'était la statue de la Liberté. (Woody Allen)

15 février

Saint Claude

L'espoir s'accroît,
À la Saint-Claude,
L'hiver est froid,
La pipe est chaude.

BEAUTÉ IMPÉRIALE

L'empereur Claude était empereur, ce qui est tout de même mieux que chef de rayon aux Nouvelles Galeries. Il était aussi riche à crever, ce qui est plutôt rassurant lorsqu'on va faire les commissions. Et enfin, il était aussi viril qu'un eunuque après une cure de bromure. C'était le mari idéal. L'empereur Claude, aussi gras et couillu qu'un chapon, plus déplumé qu'un cou de vautour épileptique et baveux comme une omelette, était aussi appétissant qu'une limace dans une salade de haricots verts. Et pourtant, il venait de rencontrer enfin la femme de sa vie. Elle venait de provoquer en lui ce palpable renflement qu'en amante unique elle réveillait chez tous ses prétendants. Claude ne put y échapper. Trop heureux même d'être la dernière « victime », un beau matin où ses hémorroïdes lui avaient laissé quelque accalmie, il épousa la belle Messaline. Il s'était dit comme ça : « Cette gonzesse qui sent le muguet tropical a certainement l'hibiscus en éruption. De plus, elle est roulée comme une gitane maïs, il me la faut. »

Bonjour Paris des midinettes,
Des filles des mauvais garçons,
Des clochards et des bals musettes,
Si je te dois d'être poète,
C'est sur un air d'accordéon.
(Francis Carco)

La gloire éclot, jaunit, se fripe,
Et s'effeuille de l'aube au soir.
Et j'aime mieux fumer ma pipe,
Que renifler son encensoir.
(Tristan Derème)

À LA SAINT-CLAUDE QUAND VIENT L'ÉGLANTINE, LES VACHES EN ONT PLEIN LES TÉTINES.

CÔTÉ JARDIN

Lorsque apparaissent les perce-neige, c'est le réveil de la végétation. Eh oui, déjà ! Alors préparez vos engrais verts, vos griffes et vos râteaux.

CÔTÉ CUISINE

Si votre four a tendance à dessécher vos rôtis, vos gratins, etc., placez-y durant la cuisson un petit récipient d'eau. Ça marche.

Pensées

Lorsque le duc de Mecklembourg était à réfléchir, et qu'on lui demandait à quoi il pensait, il répondait : « Je donne audience à mes pensées. »
(Madame la duchesse d'Orléans, *Correspondance*)

Les célibataires doivent en savoir plus que les autres sur les femmes. Sans quoi ils seraient mariés.
(H. L. Mencken)

Le désir du privilège et le goût de l'égalité, passions dominantes et contradictoires des Français de toute époque.
(Charles de Gaulle)

Les enfants nés ce mois de février seront compliqués, égoïstes, râleurs, capricieux. Et en prenant de l'âge, ils deviendront profonds et philosophes. Leur arbre sera l'orme, leur fleur le cyclamen, l'oiseau le cygne et l'animal le cheval. L'améthyste les préservera des passions violentes. Enfin une bonne nouvelle !

Les Julienne sont des lionnes,
Qui ne gardent jamais personne,
Plus de trois nuits d'amour à mort,
Quand le lit perd tous ses ressorts.

Saint(e) Julienne & Onésime

PERRET

16 février

CLAUDIA

Claudia (maman), dès l'âge de 9 ans, se retrouva donc embauchée par l'entremise de ma grand-mère Anna, qui « avait des relations ». Elle devint du jour au lendemain trieuse de plumes. Pour la pratique de ce métier insalubre – tant la poussière y était dense –, on attribuait un verre de lait chaque jour à ceux et celles qui n'étaient pas encore devenus « poitrinaires » (tuberculeux)... maladie mortelle, tant redoutée alors. Quand survenait l'inspecteur du travail, le patron faisait vite cacher ma future génitrice derrière les ballots de plumes, afin d'échapper à la sanction. L'exploitation des enfants par le travail dont on parle aujourd'hui dans les dîners en ville semblait se porter déjà fort bien à cette époque.

Oui, mémé et ses enfants firent partie de ces milliers qui pratiquaient ces « petits métiers » qui rendaient service à tant de monde. La modestie de ces acteurs de la société d'alors, leur astuce, l'intelligence dont ils faisaient preuve malgré l'analphabétisme qui sanctionnait la plupart d'entre eux, forcent le respect. Sans la richesse d'une éducation qu'ils n'avaient pas connue, ne devaient-ils pas lutter au quotidien pour leur survie ?... La moitié de ceux qui faisaient alors ces petits métiers étaient des enfants et des adolescents.

C'est pour quelques sous seulement que l'« ange gardien », baptisé de la sorte, reconduisait chez eux les ivrognes, à la sortie des « beuglants », des cafés ou des estaminets. Bien avant l'intervention du réveil à quartz ou à pile, c'est la « réveilleuse », ainsi qu'on l'appelait, qui était payée pour tirer les braves gens des bras de Morphée. Ceux qui, devant se lever tôt pour se rendre au labeur, craignaient de ne pas s'éveiller, faisaient pour quelques sous appel à ses services. Les insultes qui fusaient parfois des maisons voisines ne l'empêchaient pas pour autant de recommencer le lendemain.

S'IL NEIGE À LA SAINT-ONÉSIME,
LE CUL DU CAMPAGNOL S'ABÎME,
MA FEMME RÉCLAME SA PRIME,
MAIS J'AI PAS DE MAL AVEC LA RIME.

OBSCURANTISME

Une femme malienne vient d'être condamnée à huit ans de prison par la cour d'assises de Paris, le 16 février, qui la juge coupable d'avoir excisé 58 fillettes en France entre 1983 et 1994. Poursuivie pour « complicité de violences volontaires ayant entraîné une mutilation, vingt-trois parents sont sanctionnés de cinq ans de prison avec sursis »... Et les fillettes, elles ont eu un sursis, elles ?...

Pensée

Henri V, roi d'Angleterre, qui est mort avec la qualité de roi de France, disait que la guerre sans incendie était comme une andouille sans moutarde, c'est-à-dire que, pour lui, l'incendie en était le ragoût. Henri IV aussi aimait mettre le feu, mais... ailleurs !

17 février

Mardi gras

L'amandier joli a dit-on,
Au mil de février fleuri,
Ainsi que les rouges boutons,
Sur le nez mignon d'Alexis.

FOIE D'AGNEAU AU MIEL

Le foie d'agneau a une onctuosité et des saveurs étonnantes lorsqu'il est préparé délicatement. Voici comment (n'osant pas proposer d'abats à mes invités) je préfère « me » le préparer égoïstement. J'ai essayé un jour de passer dix minutes à la vapeur des lamelles de gésier d'oie confit, et leur onctuosité n'en fut que multipliée. J'ai donc tenté, depuis, la délicate cuisson des foies de lapin (en les faisant juste dorer une minute en sauteuse pour finir), puis du foie d'agneau avec le même principe.

Pour 4 convives :

2 foies d'agneau de 300 g chacun environ ;
3 gros oignons émincés ;
4 gousses d'ail hachées ;
1 bouquet de persil simple haché ;
2 cuillerées à soupe de vinaigre de vin ;
1 cuillerée à soupe de vin blanc sec ;
1 belle cuillerée à café de miel ;
1 noix de beurre ;
1 cuillerée à soupe d'huile d'arachide ;
1 litre d'eau ;
Sel et poivre au moulin.

Préparation :

Partagez les foies en deux avec un couteau bien aiguisé, et coupez-les en fines lanières dans le sens de la largeur.

Mettez un litre d'eau au fond du couscoussier ou du cuiseur-vapeur, placez les oignons et le foie découpés sur la grille supérieure et laissez cuire cinq à six minutes à couvercle fermé.

Dans une grande poêle, faites chauffer l'huile et le beurre (sans les laisser fumer) et mettez-y les petits morceaux de foie et les oignons. Faites bien sauter pendant trois à quatre minutes à feu assez vif, ajoutez l'ail et le persil.

Salez dix secondes avant de sortir le plat du feu (afin de ne pas durcir le foie), mélangez à la cuillère en bois. Poivrez de six tours de moulin. Avec l'écumoire, mettez foie et oignons dans un plat creux chaud.

Mettez le vinaigre, le vin blanc et le miel dans la poêle et déglacez (frottez le fond au pinceau pour en décoller les sucs). Arrosez les foies de ce jus et servez chaud.

Vous pouvez accompagner ce plat d'une salade de jeune cresson bien tendre assaisonnée d'une vinaigrette à l'huile d'olive.

CÔTÉ JARDIN

Si les chardons envahissent votre jardin, faites comme pour vous débarrasser des liserons, coupez ras à la racine et répandez du sel marin par-dessus. Radical. Ils ne repousseront plus !

Je suis vieux jeu. Je ne crois pas aux relations extraconjugales. Je pense que les gens devraient s'accoupler pour la vie, comme les pigeons et les catholiques. (Woody Allen)

Un avare venait de perdre sa femme, et son intendant, chargé des frais de funérailles, lui demanda trois mille francs. *« Trois mille francs ! Trois mille francs ! J'aurais autant aimé qu'elle ne mourût pas. »*

Quand Bernadette agite ses couettes,
Dans la fente elle met le bulletin,
Le feu prend entre ses gambettes,
Et saint Gabin lui sort le foin.

Sainte Bernadette & Cendres

18 février

AU NOM DE DIEU

Depuis les ravages perpétrés par les guerres de Religion décrits dans les manuels scolaires – l'Inquisition espagnole (entre autres !) et tous ses dégâts collatéraux –, j'ai toujours eu une sainte horreur de tous les fanatismes qu'elles ont engendrés dans l'histoire de l'humanité. J'ai mis des années à me décider d'écrire ce type de texte sur un sujet si ingrat à traiter.

Depuis la nuit des temps,
On s'étripe gaiement,
Au nom de Dieu.
On continue pourtant,
En faisant toujours mieux.
Il est jamais content.
On lui a fait des églises,
Pour calmer son courroux.
Couroucoucou.
Des temples et des Mecque,
Où des femmes et des mecs,
L'honorent à genoux.

Parmi tous ces mordus,
Ces millions de fanas,
Toutes ces brebis,
Y a ceux qui adorent Jésus,
Ceux qui préfèrent Allah,
D'autres leur canari.
Si t'es athée, sais-tu,
Pour ces gars, t'es foutu.
Turlututu.
Ils disent que tu te goures,
Et que Dieu est amour,
Et après, ils te tuent.

On brûla les sorciers,
Les homos, sans-papiers,
Les francs-maçons.
Et, même, on fit becqueter,
À de pauvres lions,
Blandine et les garçons.
Le bon roi Saint Louis,
Massacra les harkis,
Jusqu'à Tunis,
Puis revint sous le gui,
Mettre l'étoile aux Juifs,
Et rendre l'injustice.

Monsieur de Chateaubriand est si bête que, si je n'étais pas là, il ne dirait du mal de personne.

(Céleste de Chateaubriand)

CÔTÉ CUISINE

Le fenouil : il facilite la digestion. Excellent diurétique, il combat la cellulite et les excès de poids. Enfin, il donne du lait aux tétons des nourrices !
Vive le fenouil !

Pensées

Offrant leur face ou leur séant, les pages d'Henri III se tournaient facilement.

Sully réussit le premier à faire payer un impôt à l'Église, ce qui tenait du miracle. Pourtant, l'Église n'aime pas vraiment ce genre de miracle !

Elle m'a dit : c'est pas parce que tu m'as trouvée au lit avec lui que tu vas en faire tout un pataquès ! D'abord, c'est ta faute, tu ne devais rentrer que demain !

Il ne faut jamais connaître le nombre d'agneaux que l'on a dans son troupeau. Pour le berger qui les compte, c'est faire la part du loup.

EN AVISÉE FEMME DE TÊTE,
SES CRÉANCIERS FURENT CONVAINCUS,
QU'AVEC SA BOUCHE OU SON CUL,
BERNADETTE PAYE TOUJOURS SES DETTES.

19 février

Saint Gabin

Quand Gabin transpire au turbin,
Sa femme dépense ses talbins.

LE POUVOIR DU JURON

Le gros mot salutaire se perd, il se déplume, il perd son jus, ses couleurs, son humour. Le juron, l'injure bien rentrée, libératrice, s'appauvrissent au fil de nos disputes de plus en plus plates et dénuées de saveur. Elle manque de panache dans les cours d'école; la feuille d'impôt reçue ne nous arrache plus qu'un pitoyable « salopards! », à l'endroit des bourreaux qui l'ont envoyée. Les scènes de ménage, enfin, ne sont plus du tout ce qu'elles étaient… ou méritent d'être.

La « rainure », par exemple, illustre la raie des fesses. Mais qui se sert encore de ce mot, de nos jours? Alors que bien utilisée, en « situation », l'insulte est triviale, certes, mais on ne peut plus imagée : « Va te faire miser la rainure par les gorilles », dit clairement ce qu'elle veut dire.

De même que « Ton PV, tu peux te le carrer dans la rainure ! » ne convaincra sans doute pas l'agent qui vous a verbalisé, mais le conseil gracieux que vous lui prodiguez vous soulagera momentanément des effets pernicieux que peut avoir sur vous ce type de comportement d'un fonctionnaire d'État.

Je reviens de Boston. C'est la seule chose à faire si vous allez là-bas.

(Fred Allen)

Un bon écrivain ne fait pas forcément un bon critique. De même qu'un bon alcoolique ne fait pas forcément un bon barman.

(Jim Bishops)

CÔTÉ JARDIN

Vous pouvez dès à présent semer la fève en pleine terre.

Si vous possédez une petite serre, mettez d'ores et déjà des petits pots de boutures de rosiers. Il en est qui font de très petits boutons roses ou blancs appelés « tétons de puce ». Cela égayera joliment votre cuisine.

Pensée

Cet artiste, qui avait fait des bides tout au long de sa carrière et n'avait connu que des salles aux trois quarts vides, avait tenu à faire graver sur un médaillon de marbre que l'on apposa sur sa tombe cette inscription à laquelle il n'avait jamais eu droit au théâtre : « Complet ».

LE SAVIEZ-VOUS ?

Du temps de Mme de Sévigné, un M. d'Hautefort, cordon-bleu, mourut pour n'avoir pas voulu user d'un certain remède anglais que l'on assurait devoir le tirer d'affaire. Ce n'était pas que lui-même n'eût pas confiance dans le remède, mais il le trouvait trop cher. Comme il était sur le point d'expirer, on l'assura que s'il voulait se déterminer à se servir du remède, il ne lui coûterait que quarante pistoles : « C'est encore trop », dit-il; et il expira.

AVEC CLAUDE AUTANT-LARA

Le cinéma me faisait à présent les yeux doux. Je n'étais pas contre. Ma première vocation – en parallèle avec la musique, bien sûr – n'était-elle pas la comédie ? Après avoir lu le scénario, j'acceptai de tourner avec Claude Autant-Lara un film dont l'histoire se déroulait dans les Ardennes durant l'Occupation. Je ne connaissais bien sûr que l'Autant-Lara de *La Jument verte*, ou de *La Traversée de Paris*, mythiques films qui nous ont enchantés. Avant de devenir quelques années plus tard le vieux facho représentant du Front national, il était un homme charmant autant qu'autoritaire et têtu. Cela commença mal : le premier jour de tournage, aux studios de Joinville, fut houleux. Était-ce une tactique pour « tester » son acteur principal dès le début ? Il me fit d'emblée tourner la scène la plus difficile du film. Couché en chien de fusil sur un banc, je devais soliloquer sur toutes mes infortunes. Dès les premières phrases de mon texte, quelle ne fut pas ma stupeur de voir Autant-Lara accroupi sous la caméra à trois mètres de là, en train de débiter mon texte en même temps que moi avec les mimiques accompagnant le récit. Bonsoir la concentration !

« Stop !

– Qui a dit "stop" ? s'écria Lara, furibond.

– C'est moi, je suis désolé, il m'est impossible de jouer cette scène dans ces conditions ! Tant que vous me ferez les gestes sous la caméra, je ne peux pas me concentrer sur ce tunnel déjà pas facile à interpréter. Laissez-moi essayer, mais tout seul, s'il vous plaît !

– Alors, à quoi je sers ? Ni Fernandel ni Gabin n'ont jamais osé me faire ça !

– Je ne suis ni l'un ni l'autre, et c'est sans doute pour cela que je ne pourrai pas. On arrête tout, si vous voulez ! C'est mon premier film, et votre attitude n'est pas encourageante pour un débutant ! »

L'incident s'arrêta là. Lara, parti sur la pointe des pieds, avait fait signe à son cameraman de me faire reprendre la scène sans lui. Je ne fis qu'une seule prise après cet incident, et ce fut la bonne.

Pensées

Importuné de tous côtés pour la continuation de son *Histoire d'Angleterre*, jusqu'au règne actuel, David Hume répondit : « Messieurs, c'est trop m'honorer, mais j'ai quatre raisons pour ne plus écrire : je suis trop vieux, trop gras, trop paresseux et trop riche. »
(*Almanach littéraire*, 1777)

À la question : Quelle est votre opinion au sujet du ciel et de l'enfer, Cocteau répondit : « Je préfère ne pas vous répondre, j'ai des amis des deux côtés. » Il disait aussi : « La vie est la première partie de la mort », et… « Si tu ne veux pas que je meure, ne me parle pas de cyprès. »

Léautaud évoquait « un amant très épris » (sans doute lui-même), qui disait à sa maîtresse prénommée Marie, jouisseuse inépuisable : « Je vous salue, Marie pleine de f… »

« Quel homme aurait été Balzac s'il eût su écrire ! » Celui qui a osé écrire, lui, une telle connerie, s'appelle Gustave Flaubert…

21 février

Saint Pierre & Damien

PERRET

À la Saint-Damien je fête les miens,
À la Saint-Lucien elle s'occupe des si

Pensées

Il demanda les pleins pouvoirs afin d'obtenir au bureau ce qu'il n'avait pas à la maison.

Elle tirait le diable par la queue. Après tout, s'était-elle dit, pourquoi pas aussi le diable ?

Elle eut deux fillettes coup sur coup, si vous me permettez l'expression.

Amoureux, il ne l'était que trop... Il se rendait bien compte qu'il avait la cervelle à marée basse.

Un jour que Crébillon était fort occupé dans sa solitude, où il se retirait ordinairement pour composer ses sombres tragédies, quelqu'un entra brusquement chez lui. « Ne me troublez point, s'écria-t-il, je suis dans un moment intéressant ; je vais pendre un ministre fripon et chasser un ministre imbécile. »

L'HÔPITAL

Il faut être à l'hôpital pour connaître son meilleur ami. **(Proverbe créole)**

Un lit de fer tout blanc et sur la tab' de nuit,
Un bouquet d'anémon's offert par un ami,
Un petit transistor qui vous soutient l'moral,
C'est là tout l'univers des p'tits vieux d'hôpital.
Ici ça sent l'urine et l'huil' de Goménol,
Un' femme aux cheveux blancs tout doucement somnol',
Elle attend des nouvell's de son fils qui lui a dit,
Depuis des mois déjà qu'il viendrait un lundi.

Qu'on est loin de son pays natal,
Quand on se retrouve à l'hôpital.

Un poète aux yeux clairs tout' la journée fredonn',
Il y a longtemps déjà qu'il n'attend plus personn',
Et pourtant il écrit aux postes de radio,
Demandant aux chanteurs d'envoyer un' photo.
La sall' commune est pleine et le docteur regrett',
Que pour quarant' il n'y ait qu'un cabinet d'toilett',
Et que deux infirmièr's accablées de labeur,
Qui sourient et qui grond'nt mais ne compt'nt pas les heur's.

Qu'on est loin de son pays natal,
Quand on se retrouve à l'hôpital.

Ils dévor'nt en cachett' leur paquet de bonbons,
C'est meilleur que l'endive et l'éternel jambon.
Mais ces dimanches heureux en famille en gâteaux,
Peut-on les remplacer par un triste loto.
Quel est cet humoriste ou ce génial auteur,
Qui affirmait que l'argent ne fait pas le bonheur.
Certes il n'effac'rait pas l'atroce solitude,
Mais rendrait plus humain ce quotidien si rude.

Car... on est loin de son pays natal,
Quand on se retrouve à l'hôpital.

Conseil santé

Mangez les légumes et les fruits en leur saison, votre estomac vous en remerciera. Doublement s'ils sont arrivés dans votre assiette sans traitements !

ISABEAU DE BAVIÈRE (1371-1422)

La petite Élisabeth de Wittelsbach pointa son blair à Munich en 1371. Contrairement à la légende, c'était pas un prix de Diane. Elle n'était pas vraiment tarte non plus. Elle possédait en fait un charme indéniable, et elle devint une grosse dévergondée. Grosse, parce qu'elle adora toute sa vie les bonbons et les pâtisseries. Dévergondée, parce qu'elle adorait aussi les minets et que, comme pour les éclairs au chocolat, il lui était impossible de ne pas s'en filer une indigestion. Je dis la belle Isabeau, car l'histoire précise que pour retarder un max le spectre de la vieillesse elle se cloquait de la colle de poisson sur le coin des calots pour éviter les pattes-d'oie, tout comme Cléopâtre se plâtrant le visage au blanc de céruse. Ça devait être agréable, au pageot, une gonzesse enfarinée comme un merlan !

Fleuron du Saint Empire romain germanique, la jeune Isabeau allait beurrer la tartine de Charles VI en consolidant la couronne de France, qui avait bien besoin de se remplumer. En mariant ces deux-là, on allait en effet contrebalancer l'influence du roi des Rosbifs, lui aussi entiflé avec une Teutonne. Charles VI avait choisi Isabeau sur portrait. Rien ne prouvait en fait qu'en la voyant tout en chair et en bosses il n'allait pas faire « beurk » et la renvoyer aussi sec à la cueillette du houblon. À 14 piges, Élisabeth avait un joli teint de pruneau (sa maman était milanaise) et une taille petite qu'elle compensait en portant des socquettes sexy et des talons de huit centimètres.

On lui envoya tout de même des matrones qui la mirent à oilpé pour lui ausculter le millefeuille afin de vérifier qu'elle serait en mesure de pondre des petits baigneurs à son royal époux. Charles tomba aussitôt raide dingue de la mignonne. De son côté, Isabeau trouva Charles VI plus bandant que trois douzaines de meringues. Mais quand Charles commença à se promener dans le donjon du château avec une casserole sur la tête et à balancer ses pages par les fenêtres, Isabeau s'inquiéta un tantinet. Il devint dès lors pour tout le monde Charles le Fol, mais ne fit tout de même pas moins de douze lardons à son épouse ! Peut-être la folie du cul !

Parce que sa fille me trompait, j'ai jeté une bouteille à la mère, et on lui a fait trois points de suture.

C'est le nez qui reçoit le coup et ce sont les yeux qui pleurent.
(Proverbe créole)

LE SAVIEZ-VOUS ?

Pour aborder monsieur de La Vieuville, surintendant des Finances, et lui rendre grâce de quelque chose, Malherbe s'avisa d'une belle précaution. Dès qu'on disait à cet homme : « Monsieur, je vous... », il croyait qu'on allait ajouter « demande », et il ne voulait pas écouter. Malherbe y alla et lui dit : « Monsieur, remercier je vous viens. »
(Tallemant des Réaux)

23 février

Saint Lazare

PERRET

Quand saint Lazare ôte son falzar,
Tous les trains prennent du retard.

LAPIN AU CIDRE

J'ai découvert cette recette en Normandie – cela va de soi –, chez un gourmand voisin qui me la confia bien volontiers. Il faisait lui-même son cidre, ainsi qu'un très bon calva dont il m'offrit gentiment une bouteille.

Pour 6 convives :

1 kg de chair de lapin désossé et découpé en gros morceaux ;
¼ de bouteille de bon cidre normand ;
5 carottes moyennes ;
4 navets ;
2 pommes granny-smith ;
2 oignons moyens émincés ;
4 grosses gousses d'ail hachées (sans le germe) ;
500 g de champignons de Paris coupés en deux ou en quatre ;
2 branches de thym frais ;
1 feuille de laurier ;
Sel, poivre au moulin.

Préparation :

Pelez et découpez en julienne (petits cubes de 1 cm) les carottes, navets et pommes.

Faites-les cuire dix minutes à la vapeur. Réservez-les.

Dans une cocotte en fonte, faites dorer les morceaux de lapin avec les oignons durant dix à douze minutes.

Réduisez le feu dès le premier tiers de la cuisson. Au deuxième tiers de cuisson, ajoutez l'ail haché puis le thym, le laurier, les légumes cuits à la vapeur et enfin les champignons.

À cause de la réduction, salez légèrement. Poivrez et versez le cidre qui devra réduire de plus des deux tiers.

Servez chaud. Régalez-vous.

Dégustez avec ce plat un bon cidre frais, bien sûr !

LA MAUVAISE FOI PEUT AUSSI SOULEVER DES MONTAGNES.
(Grégoire Lacroix)

Qui vit content de rien possède toute chose.
(Boileau)

Pensées

Un véritable ami ne doit pas demander si tu possèdes une carte American Express...
Il doit te confier la sienne.

Trouvez-moi un seul curé pressé d'aller au paradis !

On n'a plus grand-chose à dire quand on a trouvé à qui parler.

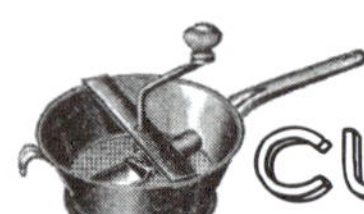

CÔTÉ CUISINE

Ne débitez pas votre lapin à grands coups de hachoir, qui laisse des petits os si désagréables dans la bouche. Découpez les jointures au couteau autant que faire se peut, et sectionnez uniquement les grosses cuisses d'un seul coup sec de hachoir en prenant soin d'éliminer les os broyés. Simplement sauté en cocotte, bien doré avec une persillade, salez, ajoutez au tout dernier moment une pincée d'avoine de curé et régalez-vous ! L'avoine de curé, c'est le poivre !

À la Saint-Modeste,
C'est le député qui prend la veste.
À la Sainte-Lucienne,
Le sénateur qui enlève la sienne.

Saint Modeste, Gabriel & Mathias

PERRET

24 février

LE PARLER DES MÉTIERS

Dans le jargon des musiciens, d'un joueur de batterie qui vient de mourir, on dit qu'il a **avalé ses baguettes**.

La **note bleue** est la note mythique, le Graal de tout compositeur qui la cherchera jusqu'à son dernier souffle.

L'accordéon est un **« soufflet à punaises »**, une **« boîte à frissons »** ou un **« branle-poumons »**.

On dit d'un musicien qu'il sait bien **« peloter la grand-mère »** lorsqu'il sait jouer de la contrebasse à cordes. On peut dire aussi qu'il sait **« raboter l'armoire »**.

Le médiocre chef d'orchestre, lui, est surnommé par ses musiciens **« bras de plomb »**. En revanche, on dit d'un exceptionnel musicien qu'**« il joue comme une bête »**, ou encore que **« c'est un client »**, et que son solo ou son **« bœuf »**, **« c'était une tuerie »** !

Celui qui tourne les pages de la partition du soliste s'appelle le **« derviche »**.

Celui qui prend son instrument pour en **« jouer avec des gants de boxe »** est un très mauvais exécutant.

En revanche, on dit d'une musicienne qui joue avec fougue et passion qu'**« elle joue avec sa foune »**. (Sexe de la femme, en argot.)

La **« pipe »** est une note sur la portée musicale (en référence à sa forme).

« Lâcher ses pipes » : jouer sa partition.

On dit d'un trompettiste ou d'un tromboniste qui a trop joué qu'il a **« écrasé le bifteck »**, ou encore qu'il a **« les lèvres en pieds de facteur »**... (Gonflés, à la fin de sa tournée !)

Le musicien qui a repéré une faute d'écriture musicale sur un accord dans une partition a trouvé **« un pain sur la grille »**.

Enfin, sur la piste de danse, tâchez de ne pas vous endormir quand le **« tapis de violons »** (jusqu'à dix ou vingt violons ensemble) se mettra à jouer un **« slow hygiénique »** pour les papys et les mamies nostalgiques de *Strangers In The Night*.

L'HIVER TRÉPASSE, MAIS QUAND MATHIAS RECOLLE SA TASSE, SA FEMME SE CASSE.

Si vous pensez que votre patron est stupide, souvenez-vous que s'il avait été plus intelligent, vous n'auriez pas eu ce boulot.
(Albert Grant)

Les pauvres ont si peu de chance que si la merde valait de l'or, ils viendraient au monde sans trou du cul.
(Henry Miller)

LE SAVIEZ-VOUS ?

En Lorraine, pour guérir de la gale, il faut posséder un champ d'avoine, en arracher une grosse poignée et la mouiller dans une fontaine avant de s'en frotter le corps. Puis mettez-la à sécher sur un buisson ou sur les bras de votre femme, et la gale s'en ira. Mais si vous le pouvez, arrangez-vous plutôt pour avoir les oreillons !

25 février

Saint Roméo

PERRET

Roméo qui roulait des pelles,
À toutes sortes de donzelles,
Rêvait de se faire un jour la belle,
Mais il savait jamais laquelle !

MOULES AU SAFRAN

On cultivait jadis – peut-être encore aujourd'hui – du safran dans mon Tarn-et-Garonne natal. C'est maman, quelque temps après la Libération (lorsqu'on put de nouveau acheter des « provisions »), qui nous fit cette délicieuse recette au Café du Pont.

Pour 6 convives gourmands :

6 litres de moules ;
4 échalotes grises hachées ;
100 g de beurre frais ;
¼ bouteille de vin blanc de Bordeaux sec ;
1 cuillerée à café de poudre de safran ;
2 jaunes d'œuf ;
2 belles cuillerées à soupe de crème fleurette ;
1 bouquet garni ;
Sel de mer, poivre.

Préparation :

Faites revenir en sauteuse les échalotes hachées dans le beurre pendant cinq minutes à feu doux, puis mettez-les dans une haute marmite à couvercle.

Ajoutez le vin blanc et le bouquet garni. Laissez bouillir huit à dix minutes à couvercle mi-fermé.

Après avoir bien lavé plusieurs fois les moules, ajoutez-les aux échalotes dans le vin blanc, mettez un feu plus vif jusqu'à ce que les moules s'entrebâillent.

Ôtez alors le couvercle. Avec une écumoire, retirez les moules maintenant ouvertes.

Séparez les moules de leurs coquilles et réservez-les dans un grand plat creux chaud. Pendant ce temps, laissez réduire le jus de moitié à feu vif.

Il ne reste plus qu'à bien délayer le safran dans un bol avec les jaunes d'œuf et la crème fleurette.

Versez le tout très, très doucement dans la marmite en remuant au fouet pour bien mélanger. Laissez frémir dix minutes. Salez légèrement. Poivrez. Goûtez, rectifiez la sauce s'il en est besoin, versez-la toute chaude sur les moules et servez immédiatement après avoir bien mélangé moules et sauce.

Du pain grillé très légèrement frotté d'ail est parfait pour accompagner ce plat.

ma langue sourit quatre ans après avoir mangé une glace au chocolat.
(Julie Parmentier)

La pire des décadences n'est point celle qui naît d'un excès de raffinement dans une élite, mais de la vulgarité et de la méchanceté générales. (Maurice Martin du Gard)

Épitaphe d'un philosophe : J'ai changé de caisse de retraite.
(Philippe Héraclès)

Sa réputation de chaud lapin était amplement méritée. Il copulait vraiment comme un lapin, mais son orgasme était plus rauque.

Si le givre tue les abeilles,
Gaffe aux poils de tes cages à miel.
Et s'il gèle à la Saint-Nestor,
Ne sors pas ton alligator.

Saint Nestor

PERRET

26 février

LE CROCO DU MARIGOT

Nous sommes avec ma femme et des amis en voyage au Gabon. Un jour, au départ d'une expédition matinale, François nous propose d'assécher un marigot. À trente mètres du bord de mer, derrière un talus de sable, il s'étend sur au moins trente ou quarante hectares. Comme il est plus haut que le niveau de la mer, en creusant un ruisseau à travers la dunette, l'eau s'y engouffrera et tout le lagon se videra dans la mer.

Tous armés de pelles – sauf ma femme qui nous a exceptionnellement suivis –, nous commençons à creuser. Deux heures après, l'eau se faufile dans le petit canal, fait exploser la dunette et vient se jeter à gros bouillons dans la mer. Le marigot asséché, nous pouvons y voir des poissons le ventre à l'air ou encore de petites huîtres accrochées aux racines des palétuviers, sous lesquelles s'enfuient des bébés crocodiles grands comme de gros lézards. Rébecca, qui a suivi pieds nus, change d'idée au bout de trois ou quatre cents mètres…

Soudain, un cri affolé suivi d'onomatopées terrorisées parviennent à nos oreilles. Rébecca, que je n'ai jamais vue courir aussi vite, s'enfuit à toutes jambes vers la jeep comme si elle avait le diable aux fesses. Affolé à mon tour de la voir ainsi terrorisée, je cours du mieux que je peux dans la gadoue pour la secourir. Je ne vois pas pour autant la raison de sa frayeur, dans la mesure où aucune menace n'est perceptible aux alentours. Ce n'est qu'en arrivant au-dessus du « monstre » que je comprends la terreur de ma femme. Le fameux « monstre » au-dessus duquel je viens de sauter, emporté par mon élan, n'est autre qu'un crocodile d'au moins trois mètres de long. Rébecca, le prenant pour un gros bout de bois mort ou un tronc à moitié immergé dans la vase, a posé le pied dessus lorsqu'il a ouvert son immense gueule – sans doute pour protester qu'on lui marche dessus ! Évidemment, ma chère épouse a failli s'évanouir de terreur… avant de prendre ses jambes à son cou en hurlant !

LE SAVIEZ-VOUS ?

Un homme écrivit sur l'affiche le jour de la première représentation des *Deux amis*, de Beaumarchais : « Par un homme qui n'en a aucun. »

Le hêtre est paraît-il l'arbre préféré des fées. On remarque d'ailleurs facilement qu'il y a au pied de ces arbres un bel espace rond et bien dégagé. C'est peut-être pour cela que la foudre ne frappe jamais un hêtre. De plus, la croix du Christ était, dit-on, faite en bois de hêtre. Mais cette fois, hélas, cela ne lui a guère porté bonheur !

Tous les jours, il battait sa femme. Le pauvre homme avait peur de passer pour un faible.

La femme veut un mariage parfait, un mari parfait et un amant parfait. Il n'y a que la vie qui n'est pas parfaite.

27 février

Sainte Honorine

27 février Honorine,
Ôte vite sa pèlerine,
Car elle sait très bien que Romain,
Va lui réchauffer le pèlerin.

PETITS MÉTIERS

Le gaveur de pigeons emplissait sa bouche de grains pour en garnir de force le jabot de l'infortuné volatile. Emprisonnant l'oiseau dans sa main, il soufflait si fort dans son bec maintenu entrouvert par les doigts de son autre main, que les grains propulsés faisaient enfler à vue d'œil la gorge de l'animal terrifié. Ce dernier – hélas pour lui –, ne tarderait pas longtemps à finir entouré de petits pois dans un restaurant réputé. Anna, elle, ce n'est que bien plus tard que je la vis, au Café du Pont, étouffer les pigeons qu'elle cachait derrière son dos avant de les plumer. C'est elle-même qui m'avait raconté cette incroyable histoire, car elle avait vraiment connu le garçon à qui cette singulière tâche de « gaveur de pigeons » avait été dévolue. Gratien, « le tondu », ainsi que l'avaient baptisé ses patrons, parvenait à gaver plus de 250 pigeons à l'heure dans la ferme où Anna était également employée comme domestique lorsqu'elle avait 11 ans. Elle précisait du reste plus justement qu'elle était avant tout « gardeuse d'oies » dans les « Épyrénées » !

Pour éviter les désagréments de la vie, il faut : hurler avec les loups, baiser avec sa femme et ne pas contrarier son patron.

Folle de rage, elle lui a balancé sur le bocal un vieux Larousse de huit cents pages avec des mots qui lui ont fait mal !

On demandait à madame d'Argenson, la femme du ministre de Louis XV, lequel elle préférait des deux frères Paris. Elle dit : *« Quand je suis avec l'un j'aime mieux l'autre. »*

Abracadabra !

La sagesse populaire – ou la superstition –, recommande de toujours fermer un linceul avec une épingle à nourrice ou, mieux, de le coudre, si on veut éviter que le mort ne revienne au beau milieu de la nuit vous tirer par les pieds. Accrocher par la suite cette aiguille sur son vêtement protégera désormais de la peur en n'importe quelle circonstance.

Le métro en plein hiver sur le quai de l'Hôtel-de-Ville, c'est comme au mois d'août sur la plage du Lavandou. On s'y comprime les côtelettes, on t'écrabouille les orteils, mais en revanche, t'as pas de coups de soleil.

TRANCHE DE VIE

Cet homme, très riche et très avaricieux, voyageait ordinairement à cheval, et seul, pour éviter toute dépense. Le soir, en arrivant à l'auberge, il feignait d'être indisposé, afin qu'on ne lui serve point à souper. Il ordonnait au valet d'écurie d'apporter, dans sa chambre, un peu de paille pour mettre dans ses bottes, faisait bassiner son lit et se couchait. Lorsque le domestique s'était retiré, il se relevait, et, avec la paille de ses bottes et la chandelle qu'on lui avait laissée, il faisait un petit feu, où il grillait son hareng, qu'il tirait de sa poche. Il avait toujours la précaution de se munir d'un morceau de pain et de se faire monter une bouteille d'eau ; et il soupait ainsi à peu de frais.

Le jeune Romain aurait bien dû
Bosser au lieu de glandouiller.
Pété de thune il eût été,
Au lieu de pointer au chômdu.

Saint Romain

28 février

Le président Rose était fort avare. On vint un jour faire la quête chez lui. Il mit dans la bourse ce qu'il voulut, quitta la compagnie et revint quelques moments après. Le quêteur s'adressa une seconde fois à lui comme au maître de la maison. Le président dit : « J'ai donné, monsieur. » L'autre répliqua : « Je le crois, mais je ne l'ai pas vu. — Et moi, dit Fontenelle qui était présent, je l'ai vu, et je ne le crois pas. »

(Galerie de l'ancienne cour)

LE GARÇON BOUCHER

À l'orée de ma « carrière », que j'étais encore loin de subodorer, mon succès soudain m'étonnait. Le début d'une certaine notoriété, encore très modeste, m'épatait, au même titre que les premières personnes rencontrées dans la rue lorsque, en les croisant, elles me souriaient avec cet air de connivence que je ne connaissais pas encore. Quelques années plus tard, en allant dîner chez Yves et Mimi avec Monette, mon épouse, un soir à Courbevoie, quel ne fut pas mon émerveillement en entendant siffler à pleins poumons l'air de « La Bérésina » par un garçon boucher qui grimpait une côte en appuyant sur les pédales de son vélo de livraison. Tu entends? avais-je dit à ma femme aussi ébahie que moi. Oui, ça, c'est génial! avait-elle conclu, buvant du petit-lait apparemment tout autant que moi.

LE SAVIEZ-VOUS ?

- Une branche de prunier fleurie accrochée à la cheminée guérit les maux de gorge de toute la famille.
- Une branche de noyer sert à chasser les puces de son lit. Rien que les puces ?!...
- Pour savoir si un chat noir est habité par le diable, il faut le plonger par surprise dans un bénitier. S'il se débat, c'est qu'il est habité par le diable. Si trois minutes plus tard il ne se débat plus... c'est qu'il est mort !

Ma mère est responsable de l'échec de ma vie sexuelle. Toute mon enfance, elle m'a seriné : « L'homme se met dessus et la femme dessous. » Résultat : pendant trois ans mon mari et moi avons dormi dans des lits superposés. (Joan Rivers)

CERTAINES FEMMES NE SONT INTÉRESSANTES QUE MALHEUREUSES. LES FAIRE SOUFFRIR, C'EST LEUR RENDRE SERVICE.

(Grégoire Lacroix)

Pensée

Les toutes premières fragiles et modestes violettes ont toujours été l'une des fleurs les plus prisées en France. Considérée comme le signe de ralliement des bonapartistes, elle fut de ce fait proscrite sous la Restauration. Plus tard, Louis XVIII, qui la réhabilita, déclara solennellement : « J'amnistie aussi la violette ! »

CÔTÉ CUISINE

Ne faites jamais un caramel à même le moule. C'est pour cela qu'il colle. Faites-le fondre d'abord en casserole et versez-le dans le moule.

29 février

Année bissextile !

On ne le retrouve
Que tous les quatre ans !
Ce jour-là on célèbre les « Auguste » !

CONSEIL PRATIQUE : Un homme m'a garanti que des noix pilées mélangées à du vin et de l'huile donnaient un onguent qui préserve de la chute des cheveux. Mais le type était chauve !

L'argent peut tout, il permet tout, il donne tout. Si je veux une maison moderne, une fausse dent invisible, la permission de faire gras le vendredi, mon éloge dans les journaux ou une femme dans mon lit, l'obtiendrais-je par des prières, le dévouement ou la vertu ? Il ne faut qu'entrouvrir ce coffre et dire un mot : « Combien ? »

(Marcel Pagnol)

UN JOUR À PART

Alors bonne fête au « Penseur » Auguste Rodin, au peintre d'exception que fut Auguste Renoir, au philosophe Auguste Comte, au plus illustre de tous, celui grâce à qui le monde entier s'est mis à rêver depuis qu'il inventa le cinématographe : Auguste Lumière. Il est impossible par ailleurs d'oublier l'immortel Rossini, pas plus que l'incontournable « sapeur Camembert ».

Nous oublierons l'horrible tremblement de terre qui effaça presque entièrement de la carte la ville d'Agadir en 1960 au Maroc. Nous ne « zapperons » évidemment pas la naissance du peintre Balthus en 1908, pas plus que celle de la divine Michèle Morgan en 1920, inoubliable héroïne du film *Quai des brumes* de Marcel Carné.

Il est à noter que le 29 février est désormais consacré à la sensibilisation aux « maladies rares », ne l'oublions pas.

Enfin, en République du Congo ou au Rwanda, ce jour-là, les habitants ont pour tradition d'asperger la personne aimée avec un mélange d'eau, de boue et de jus de fruits afin de lui apporter prospérité et fertilité.

Non, ce n'est pas commun un 29 février !

Les fautes et les sottises des hommes supérieurs nous ravissent. Elles nous soulagent de l'admiration.

(Madame Roland)

ABRACADABRA !

On a supprimé la soutane car on a remarqué un jour que la foudre tombait de préférence sur des prêtres. On a cru d'abord que la faute en était aux boucles d'argent de leurs souliers. On les a supprimées sans qu'il y eût d'amélioration notoire. Les prêtres, même en civil, continuent de tomber sous la foudre comme des mouches. C'est peut-être à cause de la foudre qu'il n'y a plus de curés !

LE SAVIEZ-VOUS ?

La planète Mars a un gros ascendant sur notre pauvre tête. Particulièrement sur nos narines. Cueillie en mars, la chicorée en tisane est souveraine pour les maladies du foie et de la rate.

MARS

Demain,
je lui dirai que sa mère à la maison
n'est pas indispensable.

01
mars

Saint Aubin

Premier mars fin de la semaine,
Le bel Aubin cherche une aubaine,
Mais sa jeune épouse Émilienne,
En est déjà à sa troisième.

CHAPON TRUFFÉ AUX ENDIVES

J'ai fait ce plat un jour à l'inspiration du moment. J'ai donné cette recette à un magazine gastronomique qui en demanda l'exécution à l'ami Joël Robuchon, notre prestigieux trois étoiles dont il est bien connu que la modestie est proportionnelle à son talent! Le résultat enchanta les papilles des dégustateurs.

Pour 4 à 6 convives :

1 chapon ou à défaut 1 poularde de 1,8 kg;
1 kg d'endives;
1 belle truffe (ou deux);
2 cuillerées à soupe de madère;
½ verre de bouillon de poule;
200 g de beurre;
½ verre d'huile d'arachide;
Le jus de 2 citrons;
1 cuillerée à soupe de sucre en poudre;
1 pincée de paprika;
1 feuille de papier d'alu;
Sel, poivre.

Préparation :

Salez et poivrez bien partout le chapon. Après avoir fait des incisions sous la peau (avec la pointe d'un couteau bien aiguisé), glissez-y de fines lamelles de truffe.

Mettez-le à four chaud, dans un plat préalablement huilé et beurré.

Laissez-le saisir dix minutes et recouvrez d'un papier d'alu. Badigeonnez-le souvent au pinceau pendant la cuisson qui doit durer une heure à feu moyen.

Ôtez le papier d'alu quinze minutes avant la fin de la cuisson pour laisser dorer.

Dans un saladier, découpez les endives sans les laver (ôtez les feuilles abîmées) en tronçons de 2 cm, saupoudrez-les de sucre, ajoutez deux pincées de sel et le paprika. Incorporez le jus des citrons. Mélangez bien le tout.

Dans une grande poêle, mettez à chauffer une noix de beurre et une cuillerée d'huile, faites-y revenir la moitié des endives sur un feu vif en les tournant bien à la cuillère en bois, trois minutes suffisent. Réservez-les dans un plat chaud.

Recommencez l'opération avec le restant des endives, réservez-les avec la première moitié.

Ôtez le chapon du four quand il est cuit, découpez-le et réservez les morceaux.

Ôtez la graisse du plat, déglacez-le avec le madère et le ½ verre de bouillon.

Ajoutez les endives dans le jus et placez les morceaux de chapon par-dessus.

Remettez cinq minutes au four et servez bien chaud.

S'IL PLEUT À LA SAINT-AUBIN,
TU VERRAS NI PAILLE NI GRAIN,
NI LA FEMME DE TON VOISIN,
ET NI TA FEMME DANS SON BAIN.

Les enfants nés en mars sont toujours inquiets mais sympathiques et bons.

(Dico des superstitions)

LE MOIS DE MARS

Ange de ce mois : Machidiel.
Démon : Satan.
Animal : la chèvre.
Arbre : le noisetier.
Fleurs : la violette, l'anémone.
Bijou : la sanguine, qui donne courage et pudeur.

Charles le Bon ne l'était pas,
C'est pourquoi sa meuf le planta.

Saint Charles le Bon

PERRET

02 mars

LE BON ROI DAGOBERT

Né au début du VIIe siècle à Saint-Denis, Dagobert Ier devint roi des Francs en 629. C'était une responsabilité très lourde, car les rois francs étaient généralement très bien cotés en bourse. Dagobert demanda au télégraphiste qui venait de lui apporter la nouvelle : « Roi, c'est ce métier où l'on peut faire pendre qui on veut ? » Sa philosophie simplette, son humour et sa bonhomie naturelle ont fait de lui un monarque très populaire. Le matin, au saut du lit, il était si pressé d'aller courir les jolies Franquettes qu'il enfilait son cache-misère à toute pompe et, bien sûr, il lui arrivait de le mettre à l'envers. Il était perpétuellement enjoué, farceur impénitent et terriblement distrait. Il lui arriva de trouver un soir une belle femme dans son lit et il se déclara enchanté de faire sa connaissance. Il lui demanda son nom et ne voulut même pas savoir si elle était mariée et avec qui. Elle lui répondit qu'elle se prénommait Franca et que, si sa mémoire était bonne, elle avait épousé quinze jours auparavant un dénommé Dagobert qui lui ressemblait fort et qui prétendait être roi !

TRANCHE D'HISTOIRE

1960 Le 2 mars 1960, *France-Soir* titre : « Désastre à Agadir : cinq à six mille victimes dont mille morts. Le tremblement de terre a fait trente-cinq mille sans-abri dans le port marocain aux trois quarts détruit. Quatre mille Français parmi les sinistrés. À 0 h 39, arrachés à leur sommeil, les habitants hurlaient de terreur et fuyaient les maisons qui s'écroulaient… »

En dessous de la photo du port détruit, on peut voir une photo de la commère, Carmen Tessier, qui nous remonte heureusement le moral en nous révélant en exclusivité cette information capitale : « Un mystère éclairci : l'origine du scoubidou. » Ouf !

ABRACADABRA !

« La rencontre au matin quand on sort de chez soi d'une fille sage, d'un aveugle, d'un boiteux, d'un moine, d'un prêtre, d'un lièvre, d'un serpent, d'une pie, d'un cerf, d'un chevreuil, d'un marcassin, gâche définitivement la journée. » Je ne sais si l'on peut rencontrer tout ce beau monde dans l'autobus, mais j'y prêterai attention désormais…

Par ailleurs, « si l'on croise une femme enceinte, il faut l'insulter pour conjurer le mauvais sort. Mais la rencontre d'une fille de mauvaise vie, d'un bossu, d'un ivrogne, d'un bourreau, d'une alouette, d'un chien, d'une mante religieuse ou d'un hérisson, annonce que la journée sera excellente ». Nous voilà enfin rassurés !

CÔTÉ JARDIN

Les semis, c'est maintenant. Il vous faut casser les mottes, aérer la terre, traquer les limaces (répandez de la cendre le long des sillons de salades et partout où c'est nécessaire). Rempotez vos plantes d'appartement. Vous pouvez désormais les laisser dehors à l'abri du vent.

03 mars

Saint(e) Guénolé & Cunégonde

PERRET

Avant son café au lait,
Lundi au lit c'est Guénolé,
Qui attend la pucelle Cunégonde,
Pour lui faire sauter la bonde.

LES PROVERBES

J'ai appris étant petit des proverbes pleins de malice sur les genoux de ma petite mémé, qui était loin d´être une saucisse.

Il vaut mieux disait tout l'temps ma mémé sucre d'orge,
Dire du bien de sa valise que d'la malle du voisin.
Qui connaît ses seins mettra ou pas un soutien-gorge,
Comm' dit l'autre on n'est jamais trahi que par les siens.
C'est quand le chat n'est pas là que les souris s'emmerdent,
Et il ne faut pas perdre de vue qu'on a souvent
Besoin d'un plus p'tit que soi pour lui casser la gueule,
Qui sème les gnons récoltera toujours des dents.

Maint'nant je suis grand et j'ai acquis de l'expérience,
Moi aussi j'ai mes dictons bourrés de vérité.
C'est dans les vieux pots qu'la soupe est la plus dégueulasse,
Et c'est en forgeant qu'on devient vach'ment fatigué.
C'est parfois les petits lits qui font les grand's maîtresses,
Et les p'tits oiseaux qui entretiennent les saletés.
Frapp' toujours un homme à terre avant qu'il se redresse,
Y t'remerciera pour vivre heureux vivons couchés.

TRANCHE D'HISTOIRE

1969 Un « petit titre » attire mon attention dans le journal *Le Figaro* du 3 mars 1969 – « Le coup d'État syrien : le modéré El-Assad renverse l'extrémiste Atassi. »

Comme quoi une carrière d'assassin, même « modéré », ça se planifie longtemps à l'avance.

À PRÉSENT, ILS INTERDISENT DE FUMER SUR LES TERRASSES DE BISTROT, DANS SA VOITURE, ET MÊME EN MANGEANT AU RESTO. MAIS OÙ ON VA ! BIENTÔT, ON POURRA MÊME PLUS FUMER AU LIT EN FAISANT L'AMOUR !

Quand on ne sait pas grand-chose, on est toujours cruel pour ceux qui savent encore moins. (Marcel Pagnol)

Dans le monde, il n'existe aucune sauce comparable à la faim. (Cervantès)

C'EST APRÈS S'ÊTRE FAIT SAUTER,
QUE CUNÉGONDE PREND SON THÉ,
LE PETIT DOIGT LEVÉ EN L'AIR,
QUI LUI RAPPELLE SON CHER ALBERT.

LE SAVIEZ-VOUS ?

« L'avocat du meunier », en Bourgogne, n'est autre que le pivert, appelé aussi l'oiseau du mois de mars, qui chante pour faire venir la pluie.

Sur les champs de courses, un « matelassier » est le parieur qui engage de grosses sommes.

Un cheval dont on dit qu'« il sait lire et écrire » est de loin le meilleur des champions.

Le cheval dont le jockey déplore qu'il a eu « le feu à la queue » est celui qui est parti trop vite… et qui n'a pas su se ménager pour arriver vainqueur. En revanche, celui qui est vainqueur avec panache à l'arrivée est celui qui a « gagné la queue sur le dos » !

Si Casimir pleure beaucoup,
Ce n'est que pisse de coucou.

Saint Casimir

PERRET

04 mars

BOBY LAPOINTE

En 1971, j'avais demandé à ce cher Boby Lapointe – déjà très malade – de terminer ma première partie à Bobino. En serait-il capable ? C'est ce que Rébecca demanda au téléphone à son médecin.

« Il est condamné, de toute façon, lui dit-il. C'est le dernier cadeau qu'il aura reçu de la vie. Pour lui, cela ne peut que retarder l'échéance. »

Je peinais à voir les gouttes de sueur couler le long de ses tempes durant la répétition, l'après-midi du premier jour, dans la salle vide.

« Ça ira, Boby ? lui avais-je demandé en essayant de masquer mon inquiétude.

– Ne t'en fais pas, Pierre ! me fit-il. Tu sais bien que je suis de Pézenas, le pays de Molière, mais ne crois pas pour autant que je vais mourir en scène comme lui », me dit-il en riant.

Je me rendais habituellement très tôt au théâtre pour y effectuer la balance. J'y arrivais pourtant tous les jours après Boby, que je surprenais déjà installé dans sa loge.

« Mais bon sang, Boby, comment fais-tu pour être là si tôt ? De plus, c'est tellement compliqué pour garer sa bagnole dans ce quartier !

– Oh ça ! me répondit-il, pour moi, ce n'est pas un problème ! Je fous ma caisse n'importe où, même des fois à cheval sur le trottoir ! Ils peuvent me filer autant de prunes qu'ils voudront sur le pare-brise, de toute façon je ne serai plus là pour les payer. Ils l'auront dans l'os ! » conclut-il en éclatant de rire.

Ce pauvre Boby m'a fait rire… jaune.

BUVEURS BAVARDS

Le croque-mort, copain de papa, prenait souvent un Dubonnet au comptoir du Café du Pont. Il disait : « Si tu commences à rendre des services, t'es pas dans la merde ! »

« Hier, on a voulu embaumer un type qui tout à coup s'est mis à hurler. Il nous a foutu la trouille, ce con. Il était pas mort ! Moi qui fréquente la mort tous les jours, je peux vous dire que c'est comme ma femme ou le percepteur, ça rigole pas ! »

« L'autre jour, avec mon pote Bébert – celui qui creuse les tombes –, on a dû en déterrer un… soi-disant que la famille voulait une autopsie pour savoir s'il avait reçu un coup de couteau qu'on n'aurait pas vu… Bref, comme il y avait plusieurs semaines et que c'est l'été, il était déjà plein d'asticots. Et ce con de Bébert, tu sais ce qu'il me dit : “Putain, garde-m'en pour la pêche !” »

La mort m'attendait
au tournant,
et pourtant,
je suis allé droit
dans le mur.

(*Épitaphes*, Philippe Héraclès)

CÔTÉ CUISINE

Pour éviter que le lait ne déborde, placez une cuillère à café au fond de la casserole.

Si vous avez mangé de l'ail, croquez des grains de café avant d'aller embrasser votre amoureux ou « euse ».

05 mars

Saint Olive

Saint Olive faisant le mur,
Sortit les siennes de la saumure,
Pour aller les poser en tas,
Entre les doigts de Conchita.

LES SIX MENSONGES LES PLUS COURANTS

- Le chèque est parti ce matin.
- La villa est à cent mètres de la plage.
- Vous avez de la chance, il ne nous en reste plus qu'un en stock.
- C'est pas pour l'argent, c'est pour le principe.
- Je suis tombé par hasard sur un reality-show...
- La taille n'a aucune importance.

(Jeff Green)

Pensée

Le repas d'enterrement de la vie de garçon a un triple but : boire plus que raison, permettre aux amis mariés du futur époux d'échapper à leur femme pour une soirée et passer quelques heures à jouir du malheur imminent du pauvre bougre.

(Groucho Marx)

LE PARLER DES MÉTIERS

Dans le jargon des fleuristes, on appelle l'orchidée la **« fleur précieuse »**.

Le chardon, lui, c'est le **« cabaret des oiseaux »** (ces derniers s'y désaltèrent).

Le cactus en forme d'oursin est appelé depuis la nuit des temps par les fleuristes le **« coussin de belle-mère »**.

Ça ne s'invente pas

que ce soit bien clair, les pauvres ne sont pas nécessairement des tueurs. ce n'est pas parce qu'il peut arriver que vous ne soyez pas fortuné que vous avez alors le désir de tuer.

(Extrait de discours de George W. Bush, traduction Claude Dequêne)

CÔTÉ CUISINE

Cessez de broyer les amandes. Grillez-les doucement cinq à six minutes au four ou à la poêle, elles ne résisteront plus au casse-noix.

LE SAVIEZ-VOUS ?

Le duc d'Orléans était fort gros ; il dit un jour, en revenant de la chasse : « J'ai pensé tomber dans un fossé. – Monseigneur, il en eût été comblé », lui répondit l'un de ses « féroces » courtisans, faiseur de calembours.

Il arrive un moment où ceux qui vivent ensemble depuis de longues années cherchent des motifs de querelle et d'inquiétude dans les plus petites choses pour mettre de l'intimité et de l'intérêt dans ce qui est mort définitivement.

(Federico García Lorca, traduction G. Boussagol)

Quand le froid maigrit,
À la Sainte-Colette,
L'agneau épaissit
Ses côtelettes,
Et déjà résonne en ma tête,
Le joli chant de l'alouette.

Sainte Colette

06 mars

Pensées

Les Indiens, si on les avait pas découverts, ils seraient encore en train de charmer les serpents avec leur clarinette !

« Les pédés mangent pas la peau du poulet. »
(Jean-Marie Gourio, *Brèves de comptoir*)

Avec une tête de con pareille, il ne vendrait même pas un chapelet à Lourdes !

Vends de la neige
aux Africains,
Ou de la glace aux Esquimaux,
Mais de ta femme
trouve tout bien,
Laisse-lui toujours
le dernier mot.

Le type qui travaille du chapeau et dépose un préavis de grève est vachement gonflé !

Elle possédait une inoxydable vertu qui la conduisait à serrer les fesses et à ouvrir l'œil.

Elle avait une paire de fesses qui vous faisait oublier qu'un jour vous aviez eu de la salive dans la bouche.

TRANCHE D'HISTOIRE

1953 *Nord-Matin* : « Staline est mort. La radio de Moscou a annoncé à 1 h 30 le décès du chef de l'État soviétique survenu à 18 h 50. Les millions de morts dont il est le responsable ne pourront hélas pas le pleurer. »

« Monsieur, je voudrais bien savoir quand vous me payerez, demandait à Talleyrand l'un de ses créanciers…
–Vous êtes un drôle bien curieux », répondit le prince.

Une bonne conscience est souvent signe d'une mauvaise mémoire.
(Steven Wright)

L'essence de l'homme ne serait-elle pas d'être un être qui peut témoigner ?
(Gabriel Marcel)

LE SAVIEZ-VOUS ?

Le grand vizir Yussuf Pacha, ayant trouvé un marchand qui avait vendu quelque chose au-dessus de la taxe, le fit ferrer des deux pieds comme un cheval et l'obligea à marcher jusqu'à un but qu'il lui indiqua. Le malheureux expira avant d'y arriver.

CÔTÉ JARDIN

Semez à chaud : céleri, piment, roquette, tomate, il est temps.

CÔTÉ CUISINE

Vous voulez préserver les sels minéraux de vos légumes ainsi que leur fermeté ?…
La cuisson à la vapeur éliminera les pesticides qu'ils recèlent et leur évitera de ramollir. Les bienfaits de la cuisson vapeur ne sont plus contestables !

07 mars

Sainte Félicité

PERRET

Qui en mars ne s'est allaité
Aux tétons de Félicité ?

« Félicité mange sa soupe
Et la coquine tend sa croupe. »

FÉLICITÉ

C'est le parfum des îles antillaises qui m'a inspiré la peinture de la beauté et du caractère du lieu et de ses habitant(es). Dansaient encore en ma mémoire les blaffs d'oursins, les acras, le « féroce », et, bien entendu, la floraison de belles filles qu'on y rencontre en toutes saisons.

Féli Féli Félicité,
Laiss'-moi ma belle te féliciter,
Pour la sagesse qui sort de ta bouch',
Pour le tam-tam que tu joues sur ma couch',
Féli Féli Félicité laiss'-moi te féliciter.

Ta grand-mère un beau jour t'a dit,
Si l'amour vient frapper chez toi,
Et qu'tu prends mari sous ton toit,
Ton bonheur vaut plus un radis.
Le frangipanier du voisin,
Est si beau que tes yeux l'oublient,
Le tambour qui résonne au loin,
A toujours un son plus joli.

Lorsqu'on n'est pas conduit par l'intérêt ou par l'amour, il est difficile de ne pas l'être par l'orgueil.
(Gérard Bauër)

LE SAVIEZ-VOUS ?

Pour se préserver toute l'année des maux de reins, on doit se rouler par terre au premier coup de tonnerre du printemps.

Lorsqu'on est cloué au sol par un tour de reins, il faut faire passer sur soi une femme enceinte.
C'est facile à dire, les femmes enceintes, c'est pas sûr du tout qu'elles soient friandes de ce type d'acrobaties !...
Enfin, s'il faut absolument se rouler par terre, autant le faire avec une femme ! Même si elle n'est enceinte que depuis cinq minutes !

LE PARLER DES MÉTIERS

Dans le jargon de l'aéronautique, un avion vieux et abîmé est un **« cercueil volant »** !

Pour les contrôleurs aériens, il n'est pas déraisonnable d'avoir les chocottes quand on voit l'avion qui va atterrir **« descendre comme un fer à repasser »**.

Ces vigilants contrôleurs ne sont guère plus rassurés lorsque deux avions, au sol ou en vol, sont en train de se **« friser les moustaches »** en passant dangereusement trop près l'un de l'autre !

« Prendre une douche d'électricien » signifie n'avoir fait qu'une toilette sommaire, car contrairement aux marins, mécaniciens, etc., seuls les électriciens ne se salissent pas ou peu sur un bateau.

Le navire dragueur, qui rejette en haute mer les produits du dragage, est appelé par les marins la **« Marie-Salope »**.

Mais quels jours venteux peu radieux,
Nous offres-tu saint Jean de Dieu ?

Saint
Jean de Dieu

PERRET

08
mars

DANS LA POUDRIÈRE DES BALKANS

1932 Après ses célèbres reportages sur le bagne *(Dante n'avait rien vu)*, la traite des Blanches *(Le Chemin de Buenos Aires)* ou l'esclavage *(Terre d'ébène)*, Albert Londres nous entraîne au cœur de l'Europe. Il part à la recherche des militants de l'Organisation révolutionnaire intérieure macédonienne (ORIM), « tuant au nom d'un ordre moral établi par elle, maîtresse absolue d'une partie du royaume ».

Il commence son périple dans la capitale bulgare, Sofia, où il retrouve un restaurant qu'il a jadis fréquenté. Il apostrophe le serveur qu'il a reconnu et entame le dialogue :

« Vous m'avez préparé une fois un petit banquet en l'honneur de Daskaloff, le ministre de l'Intérieur. Qu'est devenu monsieur Daskaloff?

– Assassiné, monsieur.

– Et monsieur Chaoeff, avec qui j'ai dîné également dans cette salle, où est-il?

– Assassiné, monsieur.

– Et monsieur Petkoff? Nous avons bu quelques bons verres de slivovitz ensemble, dans ce coin-là, je crois.

– Assassiné, monsieur.

– Il ne s'agit pas du père de l'ancien président du Conseil, mais de son fils, Petko Petkoff.

– Justement, monsieur, il a été assassiné, tout comme son père.

– Dites donc, vous me réserverez, à l'avenir, une table dans le fond, très loin de la porte.

– Impossible, monsieur, elles sont depuis longtemps déjà toutes retenues... »

(Alain Salles)

J'ai pas fait ce qu'il fallait pour me soigner. J'ai ma mort sur la conscience.

(Épitaphe anonyme)

CÔTÉ CUISINE

Pour que votre omelette n'attache pas, mettez une belle noisette de beurre à peine fondu dans les œufs battus.

LE SAVIEZ-VOUS ?

La piqûre de la féroce araignée appelée tarentule donnait à celui qui était piqué une irrésistible envie de danser, jadis, du côté de Tarente. Cette maladie nommée le tarentisme a disparu, mais la tarentelle est restée.

CÔTÉ JARDIN

C'est le moment de butter les asperges et de débutter les artichauts.

L'abricotier, le pêcher et le groseillier sont fleuris. Vous pouvez donc semer en pleine terre et sous abri le céleri, la tomate, l'épinard, la fève, la laitue, l'échalote, la rhubarbe, l'oignon, le poireau et même le persil.

09 mars

Sainte Françoise

Par vent d'autan en mer d'Iroise,
Ne cherche pas noise à Françoise,
Car elle peut te traiter de nouille,
Si tu lui casses trop les pieds !

PETITS MÉTIERS

Peau de lapin. Marius le gitan, « Peau de lapin », ainsi qu'il était surnommé, dont les verdines stationnaient à longueur d'année derrière les bâtiments de la caserne, était l'autre chiffonnier. Seulement, lui, paradoxalement, les « chiffons » proprement dits ne l'intéressaient pas. C'étaient les peaux animales qu'il recherchait avant tout. Celles des belettes et celles des renards, qui dévastaient les poulaillers. Les peaux de lapins, bien sûr, mais aussi les peaux de blaireaux, de rats, de fouines, de ragondins, de putois, de martres, d'écureuils ou même de chats, faisaient rebiquer ses longues moustaches noires vers le ciel. « As-tu des peaux de lapins pour moi, ma petite Clau ? – Oh, bien sûr ! Il doit bien y en avoir une bonne vingtaine depuis que vous êtes pas venu, Marius ! – À cinquante centimes pièce, cela te fera dix francs tout rond – Eh bien, merci. Avec ça, en rajoutant quelques sous, j'achèterai un couple de "Barbarie" et je mettrai des œufs à couver pour en élever quelques-uns. Maurice adore le canard ! »

ABRACADABRA !

Les enfants nés ce mois seront inquiets, mais s'ils portent dans leur poche une peau de lézard séchée, ils auront courage, vaillance et pudeur. L'animal de ce mois est la chèvre, l'oiseau le pic-vert et l'arbre le noisetier. Nul ne peut affirmer qu'ils seront fidèles, mais tous les enfants de mars seront sympathiques et bons.

MONSIEUR LE CURÉ

Un curé faisait un sermon sur les peines de l'enfer. Tout son auditoire fondait en larmes. Un gros rustre, qui était appuyé contre un pilier de l'église, était le seul qui ne pleurait pas. Le curé lui demanda : « Pourquoi ne pleures-tu pas comme les autres ? – Moi, répondit le paysan, je ne suis pas de la paroisse. »

ON DIT QUE C'EST LE C... QUI MÈNE LE MONDE. M'EST AVIS QUE C'EST PLUTÔT LA P... CAR S'IL N'Y AVAIT PAS DE P..., CE QU'ON SE FICHERAIT DU C... !
(Paul Léautaud)

Le curé il fut un temps possédait le pouvoir de diriger les nuages vers sa paroisse et d'y faire déverser sa pluie bienfaisante. Il pouvait de même calmer l'ouragan en jetant son soulier ou sa calotte en l'air ou en soufflant lui-même dans la direction d'où provenait sa menace. On chuchotait même que ce super curé avait le pouvoir de décider de l'endroit où devait tomber l'orage, ce qui rendait forcément ombrageux les fidèles des autres paroisses.

Certains auteurs se regardent écrire avec délectation sans se soucier d'avoir quelque chose à dire. Un peu comme un architecte qui tomberait amoureux de ses échafaudages.
(Grégoire Lacroix)

Saint Vivien

Mars venteux au début s'en vient,
Et repart à la Saint-Vivien.

LE PARLER DES MÉTIERS

Dans le jargon des cafetiers et des barmans, quand le client entre avec son gros ventre plein de bière en avant, il exhibe son **« durillon de comptoir »**.

Celui qui s'installe au bar pour boire son apéritif anisé est venu pour **« écraser du fenouil »**.

Le buveur de vin, lui, est un **« écraseur de raisin »**.

Celui qui sort précipitamment pour vomir le trop-plein de ce qu'il a ingurgité va **« évacuer le couloir »**.

Celui qui boit cul sec au comptoir vient d'**« effacer un verre »** !

Le musicien malade d'alcool qui abandonne soudain son verre au bar s'en va parce qu'il est **« fa bémol »** (en musique, le fa bémol vaut mi)...
En revanche, s'il est **« fa dièse »**, c'est parce qu'il ne tient plus debout et... qu'il va arriver au **« sol »**.

Les ivrognes que l'on ne voit que rarement s'approcher d'un bistrot sont les clochards. Leur litron à la main, ils vont le téter sur les bouches de métro l'hiver ou sur un banc l'été.
On les appelle les **« entonnoirs à pattes »**.

Pensées

Les femmes savent à présent où le bât blesse... C'est pour ça qu'elles n'en mettent plus.

Dans la Charente, on dit qu'« un oreiller de plumes de perdrix vaut une assurance-vie ».
Au prix où sont les assurances aujourd'hui, cela vaut le coup d'essayer !

Maurice avait ouvert une herboristerie spécialisée dans les plantes aphrodisiaques. Sa femme, Monique, avait dissuadé son farceur de mari d'appeler sa boutique « Maison de redressement ».

Dictons

Pour vivre quiet à la maison,
Dis à ta femme... « Oui, tu as raison ! »

Quand on a tout entendu d'elle,
La parure qui sied le mieux à une femme... c'est le silence.

DONNE TON CUL
QUAND IL FAIT NUIT,
CHOISIS TON MEC
QUAND IL FAIT JOUR.

C'est quand les poules se
couchent tard,
Que les proxos se lèvent tôt.

On reprochait à madame M. d'être un peu sévère pour un de ses amis, un bourru bienfaisant, insupportable dans la vie courante.
« Il vous est si dévoué, lui dit-on, *il se jetterait à l'eau pour vous sauver.*
– Que voulez-vous, répondit madame M., *je ne me noie jamais et il m'ennuie toujours. »*

11 mars

Sainte Rosine

N'oublie pas qu'à Sainte-Rosine,
Fleurissent l'acné et l'aubépine.
Dès lors il n'y a plus de raison,
Que les cons restent à la maison.

Pensées

M. de Montrond, entrant un matin chez le prince de Talleyrand, lui dit : « Je viens de traverser le jardin des Tuileries, et j'ai eu l'honneur d'apercevoir monsieur l'archichancelier qui s'archipromenait. »

Aristophane, expert en ces terrains, s'écriait dans sa comédie *Les Acharniens* : « Oh, là, là ! Quels nichons : comme ils sont fermes. On dirait des coings ! »

Guichard, lui, délicat poète du XVIIIe siècle, écrivait : « Bienheureuse la main qui les tient à son aise, et plus heureuse encore la bouche qui les baise. »

L'abbé de Balivière demandait à Rivarol une épigraphe pour une brochure qu'il venait de composer. « Je ne puis, répondit-il, vous offrir qu'une épitaphe. »

Dans la famille, ils étaient curés de père en fils jusqu'à présent depuis quatre générations. C'est peu dire qu'ils avaient la fibre religieuse.

AVEC ADAMO

En 1964, je chantais partout. Je partis en tournée dans toute la moitié nord de la France avec un jeune en train de monter en flèche, tout comme moi. Il s'appelait Adamo. Les agents qui organisaient la tournée, décidant que nous avions alors l'un comme l'autre une égale notoriété, nous proposèrent de faire une affiche avec nos noms imprimés d'égale grosseur. Nous fûmes d'accord. De plus, pour ne pas qu'il y ait de favoritisme, chacun terminerait en vedette un soir sur deux. Je trouvais, tout comme Adamo, cette idée amusante : « Banco ! » De fait, chacun, tous les soirs, faisait un gros succès, et il n'y eut jamais entre nous l'ombre du moindre problème. Adamo était vraiment le garçon gentil dont il donnait l'image. De plus, il a un indéniable talent, et, comme chacun sait, il fait une magnifique carrière internationale.

Ma plus belle opération chirurgicale ?...
J'ai pris vingt trous du cul
et j'en ai fait un ministère.
(Georges Clemenceau)

Avec une baguette de coudrier,
en cherchant une source,
il retrouva sa femme.
Il jeta aussitôt sa baguette
dans la rivière,
suivie de sa femme.

« Parfois, près d'une source, on s'asseyait un peu. Que de fois j'ai montré sa gorge aux branches d'arbres, rougissante et pareille aux naïades de marbre. »
(Victor Hugo)

Dictons

Si le rouge-gorge chante sur l'épine... il aura mal au cul.

Si la chouette miaule le soir,
Tu peux enlever ton calebar.

POUR QUE LES CAROTTES SOIENT GROSSES, IL FAUT SE TOUCHER FRÉQUEMMENT LA CUISSE TANDIS QU'ON LES SÈME, AFFIRME-T-ON EN LORRAINE. JÉSUS MARIE JOSEPH ! J'IGNORAIS CES PRATIQUES ÉROTICO-RUSTIQUES !

Pendant que le pauvre Justin
Répare de vieux strapontins,
Sainte Justine entre à l'usine,
Quand on met l'andouille en vitrine.

Mi-Carême (ex-Sainte Justine)

12 mars

LA CHARGE DE L'ÉLÉPHANT

C'est au cours d'un voyage au Gabon avec des amis que j'ai eu la plus belle peur de ma vie, quelques secondes après avoir observé en silence un impressionnant troupeau d'éléphants... Quand le plus gros, le dernier en queue du troupeau, en se retournant décèle ma présence, il se dresse soudain sur ses pattes arrière en barrissant comme un malade et me charge farouchement. Je n'ai jamais vu un éléphant courir aussi vite. Franchissant les quelque cent mètres qui nous séparent en une poignée de secondes, il arrive, furieux, à dix mètres de mes reins, lorsqu'il interrompt brusquement sa charge. Tout le monde, bien sûr, s'est égaillé derrière de gros baobabs à dix ou vingt mètres de là. Mais c'est moi, et moi seul, qu'il charge. Je n'ai pas une seconde le réflexe – ni à vrai dire l'envie – de retourner ma carabine contre lui pour essayer de le stopper en pleine course. Jumbo, à présent, balance sa queue, pas mécontent de son effet, et rejoint paisiblement le troupeau.

« C'est un coup de semonce, dit mon ami François, qui semble embêté de me voir blanc comme un linceul. Mais dis donc, je ne pensais pas que tu pouvais courir aussi vite ! »

L'éclat de rire que sa remarque engendre fait immédiatement retomber toute l'adrénaline que ce satané bestiau avait fait monter jusqu'à mes neurones.

Pensées

Carnot disait de Talleyrand : « S'il méprise tant les hommes, c'est qu'il s'est beaucoup étudié. »

Mademoiselle Duchand, de l'Opéra, était morte de la petite vérole. « C'est bien modeste », dit Fontenelle.

Une dame de Grenoble, causant un jour avec le cardinal, ne put s'empêcher de lâcher un petit vent, et, pour faire croire que le bruit venait de son fauteuil, elle se mit à le remuer un peu. Mais le cardinal, qui n'avait pas pris le change, lui dit en riant : « Madame !... Apparemment, vous cherchez la rime ! »

Quand les pauvres ont la santé,
Et les riches les remèdes,
Les pauvres vont sauter,
Leurs femmes belles ou laides.

SI L'ON N'EST PAS CAPABLE DE SE SOUVENIR, VIEILLIR NE SERT À RIEN.

(Grégoire Lacroix)

LE SAVIEZ-VOUS ?

Pour faire disparaître les poils superflus, mélanger du sang de tourterelle à l'eau de cuisson d'une taupe... et appliquer. Fastoche, non ?...

Il faisait si froid l'autre nuit... que j'ai failli me marier.

(Shelley Winters)

Dicton du jardinier :

Taille tôt taille tard,
Mais taille en mars.

Saint Rodrigue

Si tu vas trop jolie Justine,
Batifoler en galopine,
Sache qu'un jour ce bon Rodrigue,
Pourrait bien faire trembler ta digue.

LA MILLASSINE

Quand j'allais chez ma grand-mère, son voisin le chevrier me donnait dix sous pour chaque seau de marrons que je lui rapportais afin de nourrir ses chères biquettes. Pour me récompenser de ma vaillance, mémé, de son côté, me confectionnait le dessert le plus simple et le plus savoureux qui soit. Il est demeuré l'un de mes plus vifs goûts d'enfance.

3 œufs entiers ;
½ litre de lait ;
130 g de sucre en poudre ;
130 g de farine ;
1 paquet de sucre vanillé ;
2 cuillerées à soupe de rhum ;
2 cuillerées à soupe de fleur d'oranger ;
1 pincée de sel.

Préparation :

Dans un saladier, travaillez la farine, tout le sucre, les œufs, le sel et les parfums. Mélangez-y doucement le lait bouillant en tournant.

Versez le tout dans un moule à tarte préalablement beurré. Mettez-le au four chaud jusqu'à obtenir une couleur dorée, mais ôtez-le avant que la préparation ne sèche.

Testez avec la pointe d'un couteau. Laissez refroidir avant de servir.

Un plus : mélangez sucre en poudre et sucre glace par moitié, et ce sera meilleur !

CÔTÉ JARDIN

Répandez un peu d'azote au pied de vos choux et poireaux. Un engrais riche en nitrates ne peut que leur faire du bien.

UN DÉTAIL QUI COMPTE

Jean-Marie Le Pen, ex-président du Front national, fut reconnu coupable d'incitation à la haine raciale par le tribunal de Munich, en Allemagne, pour avoir déclaré en 1997 que « les chambres à gaz sont un détail de la Seconde Guerre mondiale ». Les admirateurs de ces idées-là ne sont-ils pas pour autant de plus en plus nombreux dans notre doux pays, où la républicaine devise n'est autre que « Liberté, Égalité, Fraternité » depuis un peu plus de deux siècles ? Mais pour ces braves gens-là, la fraternité, n'est-ce pas aussi un détail ?

Quelqu'un a dit un jour devant ma femme que, pour se préserver des cauchemars, on devait placer sous son oreiller un morceau de cristal de roche irlandais ou bien s'endormir les bras croisés sur la poitrine. La dernière recette « infaillible » était de s'attacher un diamant au bras gauche. C'est ce remède-là qu'elle a choisi sans hésiter !

L'homme qui a fait la guerre, dressé un cheval et maîtrisé un lion, devra tout de même prendre garde… à sa femme.

Sainte Mathilde

Quand sainte Mathilde éternue,
Le blé en herbe est bienvenu.

14 mars

PREMIER AMOUR

Bien qu'elle fût mon aînée de deux ans, Mathé me laissait toujours décider de nos jeux. Tous les jours, nous allions nous promener tout au long du petit chemin. Nous y jouions aux billes, à la marelle, à sauter à la corde ou à faire le poirier. « Je vois ta culotte », lui dis-je un jour qu'elle était en équilibre sur ses deux mains. « Ça prouve que tu n'as pas besoin de lunettes », me répondit Mathé. Sa réaction me laissa sans voix, car elle exprimait une liberté et une certaine insolence qui m'étaient alors inconnues. Bien que blagueur et amateur à l'occasion d'histoires lestes, papa était, comme maman et tous ceux que je connaissais alors, très respectueux d'une certaine morale ; ils lâchaient bien quelques gros mots par-ci, par-là, mais il était inimaginable à l'époque qu'un enfant transgresse de quelconque manière cette forme de tabou verbal que chacun respectait. N'était-ce pas déjà celle contre laquelle, plus tard, à travers mes chansons, j'allais me battre toute ma vie ? Par l'expression de son caractère au parfum libertaire, Mathé suscitait donc chez moi une admiration sans bornes. Elle m'embrassait souvent, ou, par jeu, mettait insidieusement sa langue dans mes oreilles. Son odeur me laissait l'inexprimable sensation d'un vertige qui m'était alors inconnu. M'attirant un jour derrière la haie qui nous séparait du champ mitoyen, elle me dit : « Viens, on va faire pipi ensemble. Personne n'en saura jamais rien puisqu'on ne le dira à personne. » J'obtempérai. J'aurais fait tout ce qu'elle me demandait. Lorsqu'elle déménagea, je connus mon premier vrai déchirement, celui que tout être humain devrait avoir vécu au moins une fois dans sa vie. Je sanglotais comme un cabri à l'abattoir auprès de notre chien-loup Mignonne, qui séchait mes larmes à grands coups de langue. Elle semblait affectée elle aussi par le drame qui venait de me frapper, et dont j'étais déjà en train de découvrir la cruelle nostalgie. Je venais de perdre mon premier amour.

Pensées

Lorsque M. Bignon, homme de peu de génie, fut nommé bibliothécaire du roi, M. d'Argenson, qui le connaissait bien, lui dit : « Mon neveu, voilà une belle occasion pour apprendre à lire. »
(Louis Petit de Bachaumont)

Mon grand-père buvait un litre de whisky par jour et il est mort à 103 ans. À l'incinération, on a cru que le feu ne s'arrêterait jamais.
(Sloppy White)

LE SAVIEZ-VOUS ?

En Provence, on dit que l'âne qui mange du pain devient amoureux. Que l'oie qui avale un croûton se déplume. En Bretagne, quand une femme pose une miche de pain sur le dos, on lui demande si c'est ainsi qu'elle le gagne.

Hier soir, j'ai demandé à ma femme : *« Tu crois vraiment qu'on ne s'aime plus ?… »*
Elle m'a répondu : *« On en discutera pendant la publicité. »* (Milton Berle)

15 mars

Sainte Louise & Euphrasie

Quand seigle frissonne en la bise,
Sainte Louise est dans la mouise.
Sauf si elle rencontre un beau moine
Qui la fait rouler dans l'avoine.

Maximes

Le loup devenu vieux est la risée des chiens.

Les riches ont un mal fou à concevoir que l'on soit pauvre et malhonnête.

TRANCHE D'HISTOIRE

1939 On pouvait lire dans le journal *Le Réveil du Nord* du 16 mars 1939 que la veille, le 15, M. Hitler, qui faisait du tourisme en Tchécoslovaquie, venait d'entrer à Prague, ville qu'il a hautement appréciée pour son architecture, en dépit de l'accueil plutôt glacial de la population. On apprend de même que la Bohême et la Moldavie viennent d'être incorporées au Reich (les veinards !), et que la croix gammée devient dès lors leur emblème national… et qu'eux aussi ne sont pas, mais pas du tout, contents non plus ! Ces bohémiens sont décidément des ingrats. Plus on en fait pour eux…

CÔTÉ JARDIN

Semez des graines de carotte et de radis ensemble. Les radis en poussant font fuir les araignées rouges qui raffolent des carottes ! Ah, la vie n'est pas simple !

Mangez des pois chiches et du céleri, c'est bon pour ce que vous avez. C'est d'ailleurs bon pour tout !

À LA SAINTE-EUPHRASIE,
SORS TA CULOTTE,
SORS TON MOUCHOIR,
SORS TON… ZIZI

L'argent, c'est comme les femmes, pour le garder, il faut s'en occuper un peu, ou alors… il va faire le bonheur de quelqu'un d'autre. (Édouard Bourdet)

JUSTICE DE CONSEIL DE GUERRE

Dix ans de prison pour avoir volé une paire de bottes et des boîtes de cirage.

« Sidi Bel Abbès, 16 mars (par dépêche de notre correspondant). Depuis que la campagne menée par les républicains contre les tribunaux militaires a cessé, le conseil de guerre d'Oran reprend ses habitudes de sévérité. À la dernière session, ce tribunal avait à juger entre autres affaires celle du fusilier Henri Dupanloup, du 1er bataillon d'Afrique.

Dupanloup, employé comme cordonnier à l'atelier du corps, disparaissait le 19 janvier dernier, emportant une paire de bottes, une paire de tiges et des boîtes de cirage.

Le lendemain, il était arrivé à Tlemcen. À l'instruction, il a reconnu les faits et déclaré avoir agi sous l'emprise de l'ivresse. Il refuse de se présenter à l'audience ; il est condamné à dix ans de réclusion, à la dégradation militaire et à vingt ans d'interdiction de séjour. »

Dix ans de réclusion et vingt ans d'interdiction de séjour, pour un délit que la justice civile aurait puni de deux mois de prison. La justice militaire est féroce. Ah, si Taubira avait rendu la sentence, il serait reparti libre, les mains dans les poches et un cigare au bec, le mec !

À la Sainte-Bénédicte,
C'est toujours le soleil qui dicte.
Mais à la Saint-Patrice,
À tous les coups le nuage pisse.

P

Sainte Bénédicte

PERRET

16 mars

TRANCHES D'HISTOIRE

1979 Jean Monnet, considéré comme le « père » de l'Europe unie, est mort le 16 mars 1979 dans sa propriété de Bazoches, proche de Montfort-l'Amaury (Yvelines). Il était âgé de 90 ans. Toute la vie de Jean Monnet peut se résumer dans ce qui fut sa règle cardinale : « Nous ne coalisons pas des États, nous unissons des hommes. » Le général de Gaulle en conclut un jour que celui qu'il avait surnommé « l'inspirateur » n'était qu'un « maniaque des fusions ». Pour la pensée comme pour la méthode, ils étaient certes aux antipodes. L'un, qui s'était identifié à la France, cette « princesse des contes », mettait son orgueil à défier, à faire céder. L'autre avait choisi en toutes circonstances, avec une ténacité sans égale, de faire partager ses convictions et de mettre les gens d'accord. Il n'a jamais regretté le « secret de sa réussite », qu'il devait nous confier dix ans avant sa mort, qui était selon lui que sa femme, l'ardente Silvia, jadis enlevée à un banquier italien, « ne l'avait jamais pris au sérieux ».

(*Le Monde* - André Fontaine)

1914 Le directeur du *Figaro*, Gaston Calmette, a été assassiné, lundi 16 mars, par Henriette Caillaux, la femme du ministre des Finances et ancien président du Conseil, Joseph Caillaux. Elle a expliqué avoir agi pour venger l'honneur de son mari, victime d'une violente campagne de presse du quotidien, qui entendait par là s'opposer à son projet d'impôt général progressif sur le revenu. Il y aura peut-être de nouveau des morts pour la même cause entre 2015 et 2020 !

C'EST BON POUR LA SANTÉ

Chose en soi de peu d'importance, l'éternuement peut, par disposition divine, être le signe de plus graves événements. **(Plutarque)**

« Le cancer ?... Mais on a mille raisons d'en choper un, aujourd'hui ! L'air pollué que tu respires, les saloperies que tu avales, les viandes aux antibiotiques, les poulets aux farines animales, les poissons au mercure, le colorant des saumons d'élevage piqués, les légumes traités de mille poisons, ton chef au boulot qui t'engueule, ta femme qui te les brise menu, les contrôles d'impôts, le retrait de permis parce que t'as écrasé la jambe d'un piéton qui trouvait intelligent de se balader dans les clous. Tu crois que tout ça, c'est pas des raisons de se morfler le cancer ?!!!

– Ben à vrai dire, j'y avais pas pensé !...

– Mais alors à quoi tu penses, nouille à l'eau ?... Si ça se trouve, t'en as déjà un ! »

Celui qui veut épouser une deuxième femme doit auparavant consulter le docteur pour savoir si toutes ses facultés sont intactes.

Quand je lui ai dit : « Autant vouloir prendre la lune avec les dents », elle a pris ses jambes à mon cou et m'a dit : « Chiche ! »

17 mars

Saint Patrick & Patrice

PERRET

Quand saint Patrice ouvre les vanne
Ça troue les feuilles des platanes.
S'il fait beau à la Saint-Patrice,
De leurs trous sortent les écrevisses,
Ma femme se lève en chantant,
Et va retrouver son amant.

AU VIOLON !

Après la Révolution, dans les villes de province, les gentilshommes de la Chambre étaient remplacés par les officiers municipaux, souvent peu experts en matière théâtrale. Un jour, l'un de ces magistrats manda un musicien de l'orchestre et le tança vertement sur sa négligence :

« Vous vous reposez la moitié du temps, dit-il, pendant que les autres violons jouent.

– Mais je ne joue pas du violon, monsieur !

– Vous mentez, je vous en ai vu un.

– Je joue de la quinté.

– De la quinté ! De la quinté ! Ne faites pas l'insolent, croyez-moi, et qu'il ne vous arrive plus de rester les bras croisés quand les autres jouent.

– Monsieur, je comptais mes pauses !

– Qu'est-ce que c'est ? Compter des pauses, des gaudrioles !

– Mais non, monsieur, il y avait un *tacet allegro*.

– Comment, *tacet allegro* ? Je crois que vous me tenez des propos mensongers. En prison ! Ah, je vous apprendrai à vous moquer d'un homme en place ! »

LE SAVIEZ-VOUS ?

La coutume du mariage chez les bohémiens veut que la femme casse un pot devant l'homme qu'elle a choisi. Elle décide alors de vivre auprès de lui autant d'années qu'il y a de morceaux à terre. La plus chanceuse est celle qui casse la cruche en deux !

Le mariage aujourd'hui est un acte d'héroïsme. Et le divorce le seul gilet de sauvetage connu à nos jours pour survivre à pareille calamité.

Ce gentilhomme venait de gagner quinze mille livres de revenu ; on l'en félicitait : *« Oui, dit-il, mais je serais totalement à mon aise si j'avais le bonheur de perdre ma femme. »*

CÔTÉ JARDIN

Si vous ne l'avez pas encore fait...

Semez dès à présent vos graines de tomate sous châssis. Vous les repiquerez en pleine terre lorsque le temps le permettra.

Taillez vos rosiers, il est temps aussi, binez-les au pied. La taille la meilleure est au-dessus du deuxième œil. Débarrassez les vieux plants de leur bois mort.

La pire des tortures, c'est quand une femme dont vous êtes très amoureux croit vous flatter en vous confiant sa passion pour un autre que vous.

(Grégoire Lacroix)

1975. TROIS QUESTIONS À… MAO ZEDONG

1 : Vous acceptez le surnom de « Grand Timonier » et professez un mépris souverain pour le savoir. D'où vient votre foi dans la jeunesse et l'ignorance ?

Les jeunes et ceux qui n'ont pas fait d'études ont toujours conçu de nouvelles idées. Les jeunes sont capables de prendre l'initiative du changement, de défier les vieilles badernes. Confucius avait 23 ans lorsqu'il a commencé à recruter des adeptes. Jésus avait-il fait des études ? Shakyamuni a créé le bouddhisme à 19 ans. Le jeune Sun Yat-sen n'était pas cultivé. Marx, à 29 ans, réfutait les théories de Hegel. Les mandarins ont toujours été renversés par les jeunes et les illettrés. L'important est de saisir la vérité et d'aller courageusement de l'avant.

2 : Jeune, vous trouviez cette vérité dans la révolution ; à présent, âgé, d'où vous semble-t-elle émaner ?

Des pratiques sexuelles taoïstes énumérées dans des ouvrages anciens comme *Le Classique de la voie secrète de la jeune fille ordinaire*. Comme la guerre, la fornication prolonge la vie. Le chef de ma garde personnelle, Wang Dongxing, sait trouver les jeunes filles sottes que j'affectionne – surtout les filles de paysans pauvres, mes préférées ! Elles se pâment à l'idée de venir sur ma planche de bois et se contrefichent de ce que je ne me lave jamais, même pas les dents.

3 : Vous avez proclamé que la Chine était « debout », puis vous vous êtes employé à la remettre à genoux. Que reste-t-il de votre credo politique ?

L'essentiel : du grand chaos naîtra un grand ordre. Cela se reproduit tous les sept ou huit ans. Le reste n'est que pets foireux !

(*Le Monde*, propos rassemblés par Francis Deron)

Pour se faire entendre, il faut souvent frapper comme un sourd ! (Grégoire Lacroix)

LE PARLER DES MÉTIERS

Dans le jargon qu'ils utilisent entre eux, les médecins appellent la machine qui vérifie le rythme cardiaque la **« baba »**.

Le **« baptême au sécateur »** est la circoncision.

Le chirurgien qui est atteint de **« bistourite aiguë »** est celui qui opère **« à tour de bras »** !

Un **« bouillon pointu »** n'est autre qu'un lavement.

Le **« bitologue »** est un urologue.

Le médecin qui demande qu'on installe une **« cage à poule »** n'est pas forcément un paysan. Elle n'est qu'un cerceau qui éloigne les draps des jambes du malade.

Le sexe d'une femme à la morgue est appelé le **« croximagnon »**.

Tout cela n'est pas grave tant que vous ne vous serez pas **« envoyé sur orbite »**. Car là, vous serez mourant.

19 mars

Saint Joseph

PERRET

Les galipettes dans le foin,
Attendront le mois de juin.
Mais le jour de la Saint-Joseph,
Mets tes meules à l'abri du zef.

UNE BONNE MELONNIÈRE, À LA SAINT-JOSEPH DOIT SE FAIRE. MÊME GRANDS ET PETITS OISEAUX, SAURONT CONSTRUIRE LEUR CHÂTEAU.

CHAPELET DE JURONS

Le mot « vieux » est un adjectif qui peut, à coup sûr, aggraver une injure. Songez, avant de le lancer en précédant cette dernière, qu'il peut lourdement entamer le moral de celui à qui il est adressé.

Un con, certes, reste un con. Mais être traité de « vieux con » est bien évidemment d'une autre portée qui peut friser le drame.

S'entendre dire : « Tu n'es qu'une merde ! », paraît ma foi relativement acceptable au cours d'une honnête dispute. Mais : « Tu n'es qu'une vieille merde ! », revêt une dimension nettement plus inquiétante pour l'injurié. De même qu'une « petite », une « pauvre » ou une « sombre », toutes ces fioritures autour d'une matière déjà très difficile à évoquer à l'état brut en tant qu'injure rendent cette dernière un peu plus « indigeste » encore à l'adversaire. Grâce à ces modestes conseils, j'espère ainsi que, en faisant votre marché de ces quelques fleurs de rhétorique parfois audacieuses, vous aurez enrichi votre vocabulaire afin de n'être point pris au dépourvu devant un malotru qui, à tout moment, tenterait de vous agresser verbalement.

À LA SAINT-JOSEPH L'HIRONDELLE, REVIENT TOUJOURS À TIRE-D'AILE.

Si personne ne veut d'elle,
Parce que la beauté la fuit,
La plus laide devient belle,
Quand son père a du grisbi.

Pensées

Un grand parleur fatiguait Aristote par des récits bizarres et fastidieux.
« Eh bien ! lui dit-il ensuite, n'êtes-vous pas étonné de ce que vous venez d'entendre ?
– Ce qui m'étonne, répondit Aristote, c'est qu'on ait des oreilles pour vous entendre lorsqu'on a des pieds pour vous échapper. »

Devant le bonheur insolent qui l'accompagnait en permanence, Sophie Arnould disait de Beaumarchais :
« Cet homme sera pendu, mais la corde cassera. »

langage des fleurs

Jonquille : désir. Rattachée à la symbolique des eaux et des rythmes saisonniers, elle signale ainsi son ambivalence : mort puis renaissance.

CÔTÉ JARDIN

Groseilliers et cassis, je vous le rappelle, dès maintenant vous pouvez encore planter des boutures en pépinière.

Vous pouvez semer aussi à chaud des poivrons, des piments et de la roquette.

Si tu prends fiancée au printemps,
À qui tu donnes la tétée,
Sache à l'usage qu'il est temps,
De la changer quand vient l'été.

Saint Herbert
PRINTEMPS
PERRET

20 mars

« C'EST L'PRINTEMPS »

Tout l'monde baise à perdre haleine,
Les reins des chattes et des hyènes,
Vont endurer du mauvais temps.
C'est l'printemps.
Deux clébards marchent sur six pattes,
Les macchabées soulèvent les boîtes,
Les taureaux montent sur leur maman.
C'est l'printemps.
Le lièvre dit à la tortue,
Je t'en supplie dégage la rue,
Pour moi c'est fini d'puis longtemps.
C'est l'printemps.
La chèvr' de m'sieur Seguin demande
Au loup qui a la lippe friande,
S'il veut pas la sauter avant.

C'est l'printemps.
Y a la tour Eiffel qui s'emballe,
Qui s'penche sur le trou des Halles,
Pour lui faire un jardin d'enfants.
C'est l'printemps.
Deux escargots sur l'herbe tendre,
Qui copulaient depuis septembre,
Viennent de prend' le pied brutal'ment.
C'est l'printemps.
La jeune veuve avant qu'elle se fane,
Se fait l'meunier son fils et l'âne,
Et l'laboureur et ses enfants.
C'est l'printemps.
Blanch'-Neige est fatiguée pauvrette,
De recoud' les boutons d'braguette,
Des nains qui bandent comme des pur-sang.

C'est l'printemps.
Cendrillon rêve d'avoir un jules,
Qui puisse comme cette foutue pendule,
Tirer ses douze coups en suivant.
C'est l'printemps.
Je vous quitte là mes biens chers frères,
Ma femm' m'a dit j'vais m'faire la paire,
J'sais pas laquelle exactement,
Car c'est l'printemps.

CÔTÉ JARDIN

Vous pouvez encore semer vos pavots, coquelicots, bleuets, etc., et par ailleurs les laitues, romaines...

Si tu vis le printemps en ville, tu ne connais pas le printemps.

« Ma pauvre Georgette, à force de te voir faire ta mijaurée au lit, tu me paralyses !
– Un paralysé, au moins, il est raide ! »

CÔTÉ CUISINE

N'ébarbez pas vos soles avant la cuisson, c'est plus facile après. Tirez sur les nageoires avec le dos d'un couteau. Toutes les petites arêtes du pourtour viendront. Écaillez la peau blanche avant la cuisson. Le poissonnier se chargera auparavant d'ôter la peau sombre.

Dans notre couple, ma femme et moi nous sommes réparti les rôles. Moi, je suis le seul maître à bord après Dieu. Elle, c'est Dieu. (Grégoire Lacroix)

21 mars

Sainte Clémence

Au soleil printanier Clémence
Rit aux éclats et mène la danse.
Puis elle est quand minuit arrive,
D'amour soûle comme une grive.

LE PARLER DES MÉTIERS

Avant d'attaquer le pas de deux et les entrechats, la danseuse fait **« chauffer le collant »**. La débutante, elle, va **« broder ses chaussons »** afin de ménager l'usure des pointes.

On dit d'un chanteur enroué qu'il a **« un chat dans la gouttière »**, et d'une ballerine dont les muscles sont fatigués par trop de pliés et de pointes qu'elle a **« les cuisses en feu »** !... Ou si elle n'a pas de poitrine, qu'elle a **« faxé ses nibards »**. On dit du danseur dont les mouvements manquent de souplesse et de délié qu'il danse avec des **« fers à repasser »** !

Les danseurs (euses) aux jambes très fatiguées disent **« avoir les mollets dans la gorge »**.

Pour un chorégraphe, le manque d'expression créative, c'est **« ne pas avoir de vocabulaire »**.

Celui qui joue les utilités joue par exemple le **« prince potiche »** dans le ballet *Casse-Noisette*.

Une danseuse aux pieds abîmés et déformés après avoir **« pété une danse »** (répété) a les **« pieds en chou-fleur »**.

Celui ou celle qui a **« les pieds en serpette »**, ou les **« pieds en banane »**, a les pieds en dedans.

Enfin, **« l'acteur »** qui est **« ombre de figurant »** est celui à qui l'on a attribué le dernier des emplois au théâtre ou au cinéma.

LE SAVIEZ-VOUS ?

C'est fou, le nombre de fièvres qui flottent dans l'air du printemps. Pour les éviter, il faut manger toutes crues les trois premières marguerites que l'on rencontre. Un verre d'eau bénite par-dessus ne peut guère faire de mal, mais on n'est pas obligé.

Pensée

Dans sa vie, elle avait usé plus de draps que de paires de chaussures... Et son mari, hormis ses enfants, ne termina jamais ce qu'il avait commencé.

CÔTÉ JARDIN

Vous pouvez d'ores et déjà placer trois ou quatre graines de melon dans vos petits godets de terreau, à l'abri dans du compost ou du fumier sous cloche. Ça vient très bien.

langage des fleurs

Lilas blanc : virginité.
Lilas rose : vanité, premiers troubles amoureux.

« Le lilas va fleurir ô printemps sérieux,
Mon cœur flambe pour toi comme une cathédrale,
Et de l'immense amour sonne la générale. »
(Guillaume Apollinaire, *Poèmes à Lou*)

uand verdissent les premières feuilles,
La belle Léa embrasse à l'œil.
Si de ses baisers tu es friand,
Reviens plus tard mais c'est payant !

Sainte Léa

22 mars

PINTADE AUX FÈVES NOUVELLES

Simple à faire en moins d'une heure, extrêmement printanier et… goûteux.

Pour 4 à 6 convives :

1 pintade de 1,2 kg environ découpée en 10 à 12 morceaux ;
800 g de fèves nouvelles écossées ;
3 échalotes hachées ;
8 à 10 petits oignons grelots blancs ;
2 cuillerées à soupe d'huile d'olive + 1 de tournesol mélangées ;
2 noix de beurre ;
Le jus d'1 citron ;
1 cuillerée à café de poudre de cumin ;
1 tasse de fond de poule (tablette de volaille dégraissée bio) ;
Sel, poivre au moulin.

Préparation :

Salez et poivrez les morceaux de pintade et faites-les revenir durant dix minutes dans l'huile chaude mélangée au beurre dans une sauteuse jusqu'à ce qu'ils prennent couleur. Ôtez-les de la sauteuse. Réservez-les.

Dans la même huile, ajoutez les échalotes hachées et les oignons grelots que vous laissez blondir cinq à six minutes à feu doux en les remuant bien.

Ajoutez les fèves, le jus de citron et un tout petit peu de sel.

Mélangez bien le tout. Laissez cuire cinq minutes à feu doux couvert.

Ajoutez la poudre de cumin, le bouillon de poule et les morceaux de pintade par-dessus les fèves.

Laissez mijoter trente à quarante minutes à feu très doux avec le couvercle posé légèrement en biais.

Servez dans un plat chaud avec les morceaux de pintade posés sur les légumes.

Deux jurisconsultes choisirent Diogène comme arbitre. Il les condamna tous les deux : l'un parce qu'il avait effectivement volé ce dont on l'accusait, et l'autre parce qu'il se plaignait à tort puisqu'il n'avait rien perdu qu'il n'eût volé lui-même.

« Vous mangez le plus pur de notre substance, disait un homme de lettres à un libraire, *voyez, que d'auteurs pauvres !*
– Mais aussi, repartit le libraire, *que de pauvres auteurs ! »*

La reine mère disait :
« J'aime tant Paris et tant Saint-Germain que je voudrais avoir un pied à l'un et un pied à l'autre.
– Et moi, dit Bassompierre, *je voudrais donc être à Nanterre. »*
(C'est à mi-chemin.) (Tallemant des Réaux)

On sait qu'on est vieux le jour où, à notre anniversaire, nos amis se rapprochent du gâteau pour se réchauffer.
(George Burns)

CÔTÉ JARDIN

Si cela n'est déjà fait, semez les choux-fleurs et les épinards dans des sillons de terre fine espacés de trente à quarante centimètres. C'est le moment !

23 mars

Saint Victorien

Si le 2 mars Charles le Bon,
Se fait dérober son jambon,
Trois semaines plus tard Victorien,
Reviendra partager le sien.

SAINT-JACQUES AUX POINTES D'ASPERGE

Régal du printemps. Élaboré simplement avec les « dernières » coquilles Saint-Jacques et les premières asperges. Je n'en ponctue les saveurs naturelles qu'avec une vinaigrette à l'huile de noix ou du cerfeuil. Voici comment :

Pour 6 convives :

18 coquilles Saint-Jacques ;
Une vingtaine d'asperges dont la moitié du « corps » est bien verte ;
3 cuillerées à soupe d'huile de noix ;
3 cuillerées à soupe d'huile de colza ;
2 cuillerées à soupe de vinaigre de vin rouge dont une de vinaigre de xérès ;
1 petit bouquet de cerfeuil frais ;
Sel, poivre au moulin.

Préparation :

Si vous achetez les saint-jacques dans leurs coquilles, mettez-les à cuire trois minutes à la vapeur (avec 1 litre d'eau en dessous). Elles s'ouvriront et vous détacherez facilement les noix.

Replacez les noix sur la grille du cuiseur-vapeur et faites-les cuire encore trois minutes à couvercle entrouvert.

Escalopez-les.

Sur l'autre grille de la cocotte, faites cuire les asperges dix minutes à la vapeur.

Hachez le cerfeuil.

Dans un bol, faites dissoudre le sel dans le vinaigre, ajoutez les deux sortes d'huile et faites une vinaigrette bien homogène.

Coupez les asperges en bâtonnets de deux centimètres.

Mettez-les dans un plat creux avec les lamelles de saint-jacques. Arrosez de vinaigrette et répandez le cerfeuil dessus. Poivrez de trois tours de moulin.

Un plus :

Si vous voulez conserver les coquilles Saint-Jacques un jour ou deux dans votre réfrigérateur, mettez-les dans un saladier avec un mélange d'eau et de lait froids. Elles resteront bien blanches et gonfleront légèrement.

Au préalable, enlevez le filament noir qui entoure la noix. Il paraît que l'on ne doit pas consommer le corail. Moi, je le mange, et j'aime ça, quoi qu'il en soit.

LE SAVIEZ-VOUS ?

On est persuadé en pays savoyard que le diable a une sainte horreur de la musique et des musiciens. C'est pourquoi, au cours de leurs longues journées bucoliques, les bergers solitaires particulièrement exposés jouent tous du flageolet aux bergères perdues qui demandent leur chemin.

langage des fleurs

La pervenche cache ses pouvoirs. On l'appelle la « violette des sorciers ».

À la Sainte-Catherine,
Tout ce qu'on plante prend racine.
Alors ma belle c'est pas trop tard,
Pour faire voler ton calebar !

Sainte Catherine de Suède

PERRET

24 mars

MÉMÉ ANNA

Mémé, bien qu'ayant été pauvre toute sa vie, me gâta toujours bien au-delà du raisonnable. Elle m'achetait toutes sortes de petits cadeaux, tels des kaléidoscopes, des canifs, ou encore ce petit appareil tout nouveau que l'on plaçait devant ses yeux pour y voir la tour Eiffel ou l'Arc de triomphe en faisant défiler les photos protégées par du mica. Presque tous les jeudis – jour sans école en ce temps-là, si prometteur quand j'allais le partager avec elle –, elle sollicitait de maman ce morceau de bonheur à vivre avec son petit-fils. Ce dépaysement était à l'avance pour moi un pur enchantement. Je me retrouvais soudain sur une planète qui, pour les enfants du troisième millénaire, doit correspondre à l'idée qu'ils se font de l'époque mérovingienne. Chez Anna, il n'y avait pas d'électricité, pas d'eau courante, pas de chauffage. C'est dans un cagibi près de la souillarde, sur un socle en bois circulaire, à quatre-vingts centimètres de hauteur, percé d'un trou, qu'on « faisait ses besoins ». Quand nous allions cueillir des asperges sauvages, des champignons de rosée ou des pissenlits, mémé, lorsqu'elle était prise d'un besoin pressant, se soulageait debout, les jambes écartées sous son jupon de coton écru, à la lisière dentelée. Sans s'isoler le moins du monde et sans la moindre vergogne, elle écartait les cuisses en compas et arrosait copieusement le gazon à travers sa culotte fendue avec un air d'évidente satisfaction. « Ah ! soupirait-elle d'aise au terme de l'opération, *aro ba pla* : maintenant ça va ! »

On demandait à un bossu ce qu'il aimait le mieux : ou que Dieu le rendît droit comme les autres hommes, ou qu'il rendît les autres hommes bossus comme lui ? Il répondit : « J'aimerais mieux qu'il rendît les autres hommes bossus comme moi, afin que j'eusse le plaisir de les regarder du même œil dont ils me regardent. »

(Galland)

C'EST À LA SAINTE-CATHERINE, QUE LES SARDINES SE DÉBINENT. MAIS POUR SAINT-BLAISE DANS LES MAILLES, ELLES REVIENNENT FROTTER LEURS ÉCAILLES.

langage des fleurs

C'est dans le mois de mars
que tente de s'ouvrir,
L'anémone sauvage
aux corolles tremblantes.
Les femmes et les fleurs
appellent le zéphyr.
Et au fond des boudoirs
les belles indolentes,
Balançant mollement
leurs tailles nonchalantes,
Sous les marronniers
commencent à venir.

(*À la mi-Carême*, Alfred de Musset)

On disait de Grimod de La Reynière, chez qui tout Paris allait pour sa table si réputée mais qu'on trouvait fort ennuyeux : « On le mange, mais on ne le digère pas. »

CÔTÉ JARDIN

Prenez garde à vos semis de petits pois. Les pigeons les adorent. Tendez des filets au-dessus.

L'herbe croît de jour en jour. N'hésitez pas à commencer les premières tontes.

25 mars

Annonciation

Quand l'Annonciation des impôts,
Se pointera pour frapper chez toi,
Si tu veux pas douiller plein pot,
Fais comme les autres casse-toi !

VOIR

J'ai pris conscience un jour de la révolte intérieure quasi permanente qui était la mienne. Que je me battrais sans doute tel Don Quichotte contre des moulins à vent, mais qu'il me serait impossible de rester impavide devant les « horreurs » qu'il nous est donné de traverser tout au long d'une existence. Pour cela, il fallait avoir les yeux grands ouverts. Il fallait « voir ». Voir même peut-être ce que tout le monde ne voit pas. Pour ce faire, j'eus une irrépressible envie de me battre. Avec des MOTS.

Voir, il faut voir, sais-tu voir.
Ce qui compte c'est de voir,
Les saisons, les pauvres gens,
Les vêtements portés trop longtemps.
Voir, il faut voir, sais-tu voir,
Les bonjours de l'habitude,
Les baisers de lassitude,
Les sourires de jour de paye,
La pilule du sommeil,
La gitane du réveil,
Les mains qui vont t'applaudir,
La bouche qui va te trahir.

Voir, il faut voir, sais-tu voir.
Quel est l'plus grand désespoir,
De ceux qui rampent à Pretoria,
Ou de ceux qui chant'nt à Bahia.
Voir, il faut voir, sais-tu voir,
Le clochard quand il grelotte,
Le financier qui sanglote,
Le soldat mourant de peur,
Et le mépris d'une foule,
Pour le champion qui s'écroule,
Et le regard d'épagneul,
Du vieillard qui reste seul.

Voir, il faut voir, sais-tu voir,
La fleur séchée dans l'armoire,
Les adieux, les quais des gares,
Quand les amours se disloquent.
Voir, il faut voir, sais-tu voir,
Le chômeur ancien taulard,
Qui sera partout tricard,
Et le destin dérisoire,
Du vieux trav'lo sans espoir,
De la fille sur son trottoir,
Et du typ' qu'on a fait boire,
Et qui fait rire tout l'monde.

Voir, il faut voir, sais-tu voir,
Les dents blanch's des présidents,
Leur sourire à cran d'arrêt,
Quand ils se partag'nt le monde.
Voir, il faut voir, sais-tu voir,
Un général qui rigole,
Une bombe sur l'école,
Les enfants de Bénarès,
Qui ont les yeux en ouvre-boîte,
Pleins de mouch's et de questions,
À l'univers qui regrette,
Mais qui n'a pas d'solution.

Voir, il faut voir, sais-tu voir,
Dans ce jardin de brouillard,
La statue de Bolivar,
Sur la pelouse interdite.
Voir, il faut voir, sais-tu voir,
Si on confond quelque part,
Les landaus avec les chars,
Le bon Dieu et le dollar,
Bien que ceux qui font l'histoire,
Aient toujours cousu leur bouche,
Il faut voir dans quel mouchoir,
La vérité se mouche.
Voir, il faut voir, sais-tu voir.
Ce qui compte c'est de voir.

J'ai connu une Larissa,
Qui volait ci qui volait ça,
Et bien sûr ne comprenait pas,
Qu'on ne la félicitât pas.

Sainte Larissa

PETITS MÉTIERS

Rempailleur de chaises. Le « rempailleur de chaises », quand il ne vendait pas ses jolis paniers d'osier, venait une ou deux fois par an s'installer sous la tonnelle devant le café. Assis, sur un tabouret de bois paillé, il s'entourait, en les empilant, de toutes les chaises trouées des voisins et rempaillait consciencieusement ces dernières, les unes après les autres. Les gens arrivaient, leur chaise percée à la main, en demandant combien ça allait leur coûter. « Avec de la paille de premier choix comme celle-ci, plus le travail d'artiste que cela nécessite, je ne peux vous prendre moins de deux francs cinquante pour rempailler une belle chaise rustique comme celle-ci. » Flattée de posséder un siège si noble, la cliente en acceptait le prix. L'éblouissant sourire de « Jésus », le jeune cousin de Marius (il en avait une ribambelle !), emportait généralement la décision de la ménagère séduite. Cette dernière, d'ailleurs, ne disait pas souvent non, lorsque le beau jeune homme proposait de lui rapporter fini « à domicile… et gratuitement, cela va de soi » ! « – Ce n'est pas de refus, monsieur Jésus. Venez en début d'après-midi si cela vous est possible. Je suis toujours tranquille à cette heure-là… » Oui, dans notre quartier, le rempailleur de chaises était réputé pour faire « de la belle ouvrage ».

Les princes de notre esprit sont des princes grossiers. En saisissant la vérité, ils la déforment toujours un peu.

(H. G. Wells)

ABRACADABRA !

On dit dans les Ardennes que si la première personne que l'on rencontre le matin en sortant de chez soi est une fille honnête, la journée sera catastrophique. Mais si l'on traverse une forêt et que l'on rencontre des filles mystérieuses et sauvages, en les écoutant, on peut être entraîné dans des aventures violentes qui se révèlent parfois être bien meilleures que la vie ! Il n'est pas impossible que j'aille bientôt visiter les Ardennes et ses « filles sauvages » !

Vous savez comment c'est, les jeunes ménages qui n'arrivent pas à mettre les deux bouts ensemble.

(Pierre Ferran,
Perles du courrier administratif)

Ah, les femmes !…

Il y a celles qui vous disent qu'elles ne sont pas à vendre et qui n'accepteraient pas un centime de vous ! Ce sont généralement celles-là qui vous ruinent.

Abstenez-vous de raconter à votre femme les infamies que vous ont faites celles qui l'ont précédée. Ce n'est pas la peine de lui donner des idées.

(Sacha Guitry)

De tous temps Renard trouve ruse.
… Et la femme toujours une excuse.

Certes, on trouve parfois sa femme collante, mais tant de malheureux se plaignent qu'avec la leur, « ça ne colle pas » !

27 mars

Saint Habib

PERRET

C'est le jour où il devint veuf,
Qu'Habib porta son habit neuf.
Et qu'avant de devenir vieux,
Il mit une jeunette dans son pieu.

« LA VIVOUZA »

Eh bien, oui ! C'est connu, « tant qu'il y a de la vie, il y a de l'espoir » !... Mais j'ai gambergé un jour qu'en fin de compte – et malgré tout... les bonheurs divers et variés qui ensoleillent notre destin – eh bien, « dame la vie » vous a un jour au tournant. Le jour et l'heure exceptés, nous connaissons l'échéance qui est la même pour tous. Ce n'est pas une chanson pessimiste, car son ton n'est pas je crois dénué d'humour, c'est ce type de « coloration » qui la dédramatise à mon avis complètement.

Un beau matin,
Clair comme un cristal,
La vie vous a
rrive sur le poil.
La vie vous a
grippe par le cou,
Elle vous affirme,
Tant et plus,
Qu'elle vaudra l'coup
D'être vécue.
La vie vous a
pprivoise douc'ment,
La vie vous a
pprend le mal aux dents,
La vie vous a
chemine à tâtons,
Vers les pulsions,
Vers les boutons,
La découverte des tétons.

La vie vous a
ttrape par le cœur,
La vie vous a
ccoutume au bonheur.
La vie vous a
Bouche que veux-tu,
Elle vous fait croire
À l'absolu,
Quand vous couchez
Avec Lulu.

La vie vous a
Fait gober l'ham'çon,
La vie vous a
rête de poisson.
La vie vous a
mène à la mairie.
Quand les amis
Balancent le riz,
Il est trop tard,
C'est déjà cuit.
La vie vous a
pprend à vivre à deux,
Puis elle vous a
voue qu'à trois,
C'est mieux.
Puis elle vous a
bandonne tout seul,
La vie vous a,
La vie vous a,
La vie vous en
Met plein la gueule.

La vie vous a
ccorde une promotion,
La vie vous a
pprend les concessions,
La vie vous a
Pris pour un pigeon,
La vie vous a
De toute façon,
La vie vous a
Jusqu'au trognon.

La vie vous a
ttache comme un veau,
La vie vous a
brutit de boulot,
La vie vous a
ssèche le cerveau.
Et vous zappez,
Le sam'di soir,
Entre le foot,
Et Colombo.
La vie vous a
ttelle à la famille,
La vie vous a
ttribue des amis,
La vie vous a
Bien pris pour une bille,
Car la famille,
Ou les amis,
Sont pas ceux qu'elle
Avait promis.

La vie vous a
doucit les malheurs,
La vie vous a
mène voir ailleurs,
La vie vous a
ppartient à nouveau,
Mais vous saurez,
Ici ailleurs,
Qu'elle a partout,
La même couleur.

La vie vous a
ssagit sur le tard,
Mais elle vous a
nnonce qu'il est trop tard.
Bien sûr on n'a
Toujours pas compris,
Pourquoi votre
Amour est parti,
Avec votre
Meilleur ami.
La vie vous a
Fait son concerto,
Allegretto,
Puis agitato,
Son lamento,
Son amoroso,
On sait quand vient
Le mal au dos,
Qu'on arrive au
Decrescendo.

La vie vous a
ssomme d'un seul coup,
Puis elle vous a
ttire au fond du trou.
Et l'on se dit,
Cloué dans son lit,
Avant d'avoir
Cette embolie,
J'aurais dû
Sauter Amélie.

La vie vous a
Fait son numéro,
Jusqu'à c'qu'on soit,
Au bout du rouleau.
Mais on s'dira,
Posant le fardeau,
Qu'la vie vous a,
La vie vous a
bandonn' trop tôt.

LES CÉTEAUX EN MEUNIÈRE Ultrafacile.

Tout comme le goujon, le petit rouget, le bar ou la pibale (civelle), le céteau fait partie de mes poissons préférés. Ce poisson plat ressemble à une petite sole, mais sa saveur et sa finesse sont incomparables. Lorsque j'ai la chance d'en avoir de bien frais, je les prépare simplement en meunière. C'est pour moi, de loin, la meilleure façon d'en apprécier les qualités.

Pour 6 convives :

2 douzaines de céteaux ;
100 g de beurre ;
3 cuillerées à soupe d'huile d'arachide + 2 d'huile d'olive ;
1 verre de lait cru ;
½ verre de farine ;
Sel, poivre au moulin.

Préparation :

Videz, lavez et rincez bien les céteaux à l'eau froide.

Épongez-les dans un torchon.

Mettez-les dans un plat creux à tremper dix minutes dans le lait.

Égouttez-les, salez et poivrez légèrement sur chaque face.

Farinez-les délicatement. Réservez-les.

Dans une petite casserole, mettez tout le beurre à feu doux et clarifiez-le à travers une fine passoire.

Faites chauffer alors ensemble dans la poêle l'huile et le beurre mélangés jusqu'à ce qu'ils deviennent très chauds sans fumer.

Tapez les céteaux l'un contre l'autre afin d'en ôter l'excédent de farine et glissez-les doucement deux par deux dans l'huile chaude sans que le feu soit trop vif et sans vous brûler.

Au bout d'une minute environ, tournez les céteaux sur l'autre face avec une spatule. Ils seront dorés de chaque côté au bout de deux minutes en tout au maximum, car c'est un poisson très plat et fragile.

Il vous faut sortir les céteaux de la poêle à l'aide d'une spatule trouée et les déposer sur un grand plat préchauffé au four.

N'ajoutez ni le beurre de la poêle ni beurre frais.

Disposez des moitiés de citron autour du plat pour les invités. Moi, je déguste les céteaux nature car c'est ainsi que je les préfère.

Je les sers accompagnés de pommes de terre rattes, viola ou rosa, cuites à la vapeur avant d'être pelées. C'est délicieux avec une noisette de beurre salé, ou simplement du sel de Guérande moulu et du poivre.

Les plus :

Pour fariner régulièrement les céteaux, séchez-les au préalable avec du papier absorbant et mettez-les dans un sac en plastique contenant de la farine. Secouez légèrement, ce qui évitera d'en avoir plein les mains.

À la place de la farine, vous pouvez utiliser de la fécule de pomme de terre ou de maïs, la friture n'en sera que plus légère.

CÔTÉ JARDIN

Il est temps de planter vos patates (les hâtives, tout au moins !), « rosa », « belle-de-Fontenay », dans une bonne terre bien préparée à vingt centimètres de profondeur maxi. Buttez-les de temps en temps, ensuite, à mesure qu'elles poussent.

29 mars

Sainte Gwladys & Rameaux

PERRET

Le hibou perd vite les pédales,
Quand chouette Gwladys se fout à po

LE PETIT CAPORAL

Avant d'être le grand général Bonaparte, Napoléon était déjà un petit caporal corse bien vaillant. Enfant, il pouvait tuer près de cent mouches à l'heure avec l'éventail de sa mère. Charles et Letizia, son papa et sa maman, avaient eu huit enfants, dont il était le deuxième. Il en ressentit tout de suite un fort complexe, et jura dès lors de devenir Napoléon Ier. Papa Charles, qui vient de faire reconnaître la noblesse de sa famille « prouvée au-delà de deux cents années », obtient une bourse de l'État pour envoyer son fiston au collège d'Autun. Napo, hélas, jacte à peine le français, ce qui fait poêler ses potes de promotion. Après quelques mois pénibles, on l'envoie à Brienne en vue d'y devenir « officier du roi de France ». Là, même problo. Comme il a toujours l'air d'un gardien de chèvres, les fils de grandes familles qui pètent dans la soie se payent sa fiole dans les grandes largeurs. Ce qui décuple son aérophagie. Néanmoins, on s'aperçoit vite que, lorsqu'il demande des tomates farcies à la cantoche, y a pas intérêt à lui passer les artichauts. Napo est déjà un chef !

En 1784, il entre dans l'artillerie à l'École militaire de Paris. Là, au Champ-de-Mars, il passe son temps à évacuer ses gaz sous les marronniers et à faire du gringue aux nourrices à coups de déclarations d'amour enflammées, hélas truffées de fautes d'orthographe. Il n'arrive pas à s'enfoncer dans le chou que croupe ne prend qu'un p… Et puis cette manie qu'il a d'écrire toujours orgasme avec un z ! Il est parfois si honteux qu'il songe bien à se suicider, mais il a tellement les foies de faire des fautes dans sa lettre d'adieu, qu'au dernier moment il se dégonfle lamentablement. Au beau milieu de ces bourrasques passionnelles, il apprend que son vieux vient de succomber à une terrible indigestion de figatelli. Il sent peser sur lui la chape des responsabilités d'un chef de famille, car il estime en effet que cette couille molle de Joseph (comme il appelle son aîné) n'est pas à la hauteur !

Les mots peuvent ressembler aux rayons X, si l'on s'en sert convenablement, ils transpercent n'importe quoi. (Aldous Huxley)

Il l'a dit !

ce n'est pas la pollution qui cause des dommages à l'environnement, ce sont les impuretés de l'air et de l'eau.

(George W. Bush, traduction Claude Dequêne)

langage des fleurs

L'olivier envoie la paix et la concorde.
L'oignon : les larmes et les pleurs.
Le myrte : l'amour.

LE SAVIEZ-VOUS ?

- La main avec laquelle on a lentement étouffé une taupe acquiert d'intéressants pouvoirs. Si vous la posez sur une mâchoire, elle guérit le mal de dents, et sur un ventre, elle stoppe les coliques. Pauvre taupe !

- En Bretagne, le curé de Quimperlé disait que lorsqu'on s'est foulé le poignet ou le pied, il fallait mettre un peu de poussière dans une boîte, faire une croix dessus et donner quelques sous à l'église si on voulait guérir.

Quand saint Amédée jette les dés,
C'est avril qui arrive en loucedé.

Saint Amédée

PERRET

30 mars

LE PRINCE PASSE

En fin d'après-midi, je flânais à Montparnasse, parvenu au boulevard, à la hauteur de l'avenue du Maine, je m'assis alors sur un banc, devant une brasserie (qui existe toujours, le banc, lui, a disparu !), Au chien qui fume. Pourquoi un chien qui fume ? Marrant et insolite. La première idée qui alimenta la toute première des chansons que j'entrepris d'écrire pour moi partit de là. En corrélation sans doute avec les temps durs que je vivais au quotidien, j'imaginai l'histoire d'une famille aussi démunie que je l'étais. Les déshérités, les apatrides. Les pauvres, les nantis… et l'injustice avec laquelle ces derniers traitent les premiers n'était autre, déjà, que le principal ferment qui allait nourrir mes chansons durant des décennies. L'humour et la dérision seraient mon « glaive », à défaut d'être mon « goupillon ». Ma chanson, « Le Prince passe », venait de naître sur ce banc.

Rien à se mettre sous la dent,
Depuis fort longtemps,
Le père, la mère et le fils,
Fumaient du maïs.
La famine, fléau désastreux,
Était sur eux,
Et jusqu'à leur chien bon Dieu,
Qui fumait sa queue.

Le prince passe,
Il va nous donner du pain,
Le prince passe,
Et leur donne du gourdin.

Si la patte de lapin porte vraiment bonheur, alors expliquez-moi ce qui est arrivé au lapin en question.

(Lenny Bruce)

Il n'a pas d'amis. Il a acheté un perroquet. Il l'a mis chez lui. Et le perroquet lui a demandé de foutre le camp.

(Milton Berle)

Désormais, mon vieux duffle-coat gris sur le dos, un cahier et un stylo dans l'une de ses grandes poches, je me baladais alors un peu partout dans Paris, le nez au vent. La seule façon de bien connaître une ville, c'est de l'arpenter à pied dans tous les sens. Je découvris ainsi avec enchantement la rue des Canettes, la place Saint-Sulpice, la place des Vosges, la place Fürstenberg, non loin de L'Échelle de Jacob, ce célèbre cabaret de chansons où Brel avait fait ses premiers pas. J'étais loin d'imaginer que j'y chanterais moi aussi bientôt. C'est ainsi, de place en place, de banc en banc, que l'écriture de mes premiers couplets commença, sans que j'en eusse jamais touché mot à personne.

L'abbé de Fleury avait été amoureux de madame la maréchale de Noailles, qui le traita avec mépris. Il devint Premier ministre ; elle eut besoin de lui, et il lui rappela ses rigueurs : *« Ah ! Monseigneur, lui dit naïvement la maréchale, qui l'aurait pu prévoir ? »* (Chamfort)

31 mars

Saint Benjamin

Quand arrive le Benjamin,
C'est lui qui trace le chemin,
Du printemps qui mène à l'été,
Quand les bourgeons vont éclater.

**PLUIE DU MATIN,
N'ARRÊTE PAS
LE PÈLERIN,
MAIS PLUIE DU SOIR,
FAIT JAUNIR
LE RICARD.**

ABRACADABRA !

Ce sont nos pieds qui sont gouvernés par le signe des Poissons. Porter sur soi une effigie de poisson protège de la goutte. Les amoureux nés sous le signe des Poissons sont généralement infidèles. Lorsqu'on a pêché un poisson qui vous échappe et saute à l'eau, il faut éclater de rire (cela m'est arrivé !), se signer du pouce droit sur la tempe gauche (non, ça j'ai pas fait !), et l'on pêchera deux poissons plus gros dans le quart d'heure qui suit. Cela, c'est moins sûr !

CÔTÉ JARDIN

Traitez vos rosiers, et si ce n'est déjà fait, semez les pelouses. Il est encore temps.

LES GRENOUILLES

Le clair ruisseau qui serpentait au fond du jardin du Café du Pont s'appelait le Merdaillou. L'onde pure qu'il offrait était largement appréciée par les grasses sangsues, les verts tapis de cresson que maman m'envoyait lui cueillir, ainsi que par les non moins vertes grenouilles qui hantaient ces lieux. Je m'apprête à pêcher les grosses grenouilles du ruisseau en compagnie de notre voisin, lorsque papa, nous voyant partir la gaule à la main, me dit :

« Vous avez pris des ancres, au moins (les hameçons tridents étaient pour lui des « ancres »)?...

– Mais oui, papa, ne t'en fais pas...

– ... Et vous avez un bout de ruban?...

– Eh bien non, papa, on n'a rien de rouge!... C'est pour mettre au bout des ancres?

– Eh bé, bien sûr! Sinon, vous allez les attirer comment, vos grenouilles?... »

On est en droit de s'en douter, je n'ai encore jamais pêché de grenouilles. Eh bien, autant le dire tout de suite, je n'ai pas réellement apprécié ce type de pêche. Il est évident que, même en approchant à pas feutrés de la berge, on ne surprend jamais les coasseuses en train de vous attendre. Il s'avère alors utile, sinon efficace, de faire danser l'ancre ornée de son petit bout de laine rouge au-dessus des nénuphars afin d'attirer les gourmandes, comme la cape rouge pour le taureau. Mais voilà! Oui, la grenouille finit par se montrer la bouche grande ouverte par la convoitise. Oui, elle saute voracement d'un bond sur le leurre rouge... et oui, maladroite comme elle l'est, elle manque sa cible à chaque fois. Et tout est à refaire. Durant tout l'après-midi, nous n'avons réussi à en capturer que trois ou quatre. Le spectacle de ces bestioles écartelées suspendues par le bec et en train de gigoter ne me séduit pas outre mesure. Et pour un poisson, me direz-vous, ce n'est pas pareil? Eh bien non! L'effet n'est pas comparable. Le résultat pour lui, hélas, si! Ainsi va l'homme, bardé de ses inconsciences et... de ses contradictions!

AVRIL

Demain,
je passe à table sans culotte
et je remonte ma jupette jusqu'au persil.
On va voir s'il trouve encore que « ça manque de sel » !

01 avril

Saint Hugues

Ce garçon qui s'appelait Hugues,
Aimait comme un fou cette folle,
Pour laquelle il faisait des fugues,
Jusqu'à Venise et ses gondoles.

PERRET

BONNE RÉSOLUTION

Demain, je le laisse faire ce qu'il veut au lit. Ça le soulagera et il sera moins agressif le reste de la semaine.

Quand un homme regarde trois matchs de football d'affilée, il devrait être déclaré légalement mort.
(Erma Bombeck)

Si un homme offre à sa femme des fleurs sans raison, c'est qu'il a une raison.
(Marguerite Duras)

Une célébrité est une personne qui travaille dur toute sa vie pour être connue et qui ensuite porte des lunettes noires pour ne pas être reconnue.
(Gracie Allen)

CHAPELET DE JURONS

« Face de carême ! » Demandant un jour à mon papa ce que pouvait bien signifier cette locution qui – me semblait-il – ressemblait fort à un juron, il m'expliqua que le monsieur qui s'était fait traiter ainsi devait avoir le teint jaunâtre et la mine constipée des pauvres gens qui respectent et mettent en pratique cette fête religieuse en observant le jeûne durant le carême, précisément. J'eus l'occasion bien des années plus tard d'observer la mine ahurie et réprobatrice d'un critique de music-hall qui venait, lui, de se faire traiter de « face de rat » ! Je dois avouer que la morphologie chafouine et le museau fouineur de cet impitoyable critique justifiaient un tant soit peu ces épithètes vengeresses.

« Face d'étron ! » est beaucoup plus rare et sans doute plus violent encore. J'ai vu un individu se faire traiter ainsi, et lui, qui, quelques minutes auparavant, fanfaronnait et ramenait sa fraise, s'est tout à coup écrasé comme le nom évocateur de la matière évoquée plus haut !

Ça ne s'invente pas

Le *New York Times* affirma noir sur blanc que Saddam Hussein avait truffé de bombes et de mines toutes les villes irakiennes, les installations militaires, les aéroports et les immeubles gouvernementaux. Comme quoi, on ne répétera jamais assez aux Irakiens d'observer la plus grande prudence.

CÔTÉ JARDIN

Trempez l'ail dans de l'eau, il s'épluchera plus facilement.

Pour qu'une mousse de cresson soit bien verte, ébouillantez les feuilles dix secondes avant de les mixer.

Dicton

Pluie de Saint-Hugues
à Sainte-Sophie,
Viendra beurrer tes salsifis.

L'abbé Pellegrin, qui dînait de l'autel et soupait du théâtre, fit jouer une pièce où se trouvait ce vers :
L'amour a vaincu Loth (a vingt culottes).
Un plaisant du parterre s'écria : *« Qu'on en donne une à l'auteur ! » (Biévriana)*

En avril la belle Sandrine,
Expose déjà sa vitrine.
Les passants que cela excite,
Caressent des yeux ces pépites.

Sainte Sandrine

PERRET

02 avril

Je suis béni entre tous les saints, mais c'est ceux de ma femme qui me manquent le plus.
(*Feu à volonté*, Philippe Héraclès)

TRANCHE D'HISTOIRE

1998 C'est seulement le jeudi 2 avril 1998 que Maurice Papon a été condamné à dix ans de réclusion criminelle pour complicité d'arrestations et de séquestrations dans quatre des huit convois de déportations de Juifs à Bordeaux vers Drancy. De Gaulle n'avait pas dû en entendre parler ! Libre au tribunal durant son procès, ce grand humaniste a annoncé son intention de se pourvoir en cassation et est rentré tranquillement à son domicile déguster le tournedos Rossini saignant qu'il avait commandé à son chef pour 20 h 30 précises. Est-il confirmé qu'il sifflotait le *Chant des partisans* sur le chemin du retour vers sa liberté ? Nul n'a pu depuis corroborer ce précieux « point de détail » !

LES SEINS

Il existe une confortable brochette de mots réputés interdits dès notre plus jeune âge. Hormis les classiques « con, merde, enculé », etc. que nous interdisent à l'unisson parents et enseignants, les autres « gros mots » sont avant tout la désignation de nos parties du corps les plus secrètes, à savoir : le cul, la bite, les couilles et... les nibards, les seins, qui font aussi partie de cette panoplie de mots sulfureux qui salissent la bouche des gens impurs. Tout comme pour l'écriture surréaliste du « Zizi », j'ai tenté là de « désacraliser » (« Cachez ce sein que je ne saurais voir » !) ces objets qui épouvantent certains et... font rêver les autres.

Elle avait des seins comme des violons,
Et je lui jouais l'vol du bourdon.
Elle battait des mains c'était la fête à la maison,
Elle avait des seins comme des lampions.
Elle avait des seins comme des drapeaux,
Patriotes et vaillants à l'assaut,
On les voyait pour les fêtes de la Libération,
Qui claquaient au vent sur son balcon.

J'en ai vu dans ma vie des seins de toutes classes,
Du pauvre sein glin-glin au sein cyrien de race.
Des seins sièges relax où je m'suis endormi,
Par contre au lit j'ai vu des seins barthélemy.
J'ai vu des grosses teutonnes au cœur de la Bavière,
Avec des seins germains qui moussaient comme la bière.
La femme imprésario et ses deux seins pour cent,
J'ai connu l'sein lazare où tout le monde descend.

Elle avait des seins comme des violons,
Et chacun jouait sa partition.
L'un prenait la mélodie, l'autre le contre-chant,
C'était un duo vraiment touchant.
C'est ainsi que je suis devenu fou,
Et qu'ils m'ont bouclé sous les verrous.
J'ai dit au psychiatre quand il voulut savoir tout,
Elle avait des seins partout partout.

03 avril

Saint Richard

PERRET

C'est à la Saint-Richard,
Que l'hiver descend de son char.
Quand ma femme nourrit ses canards,
Ma maîtresse revient au plumard.

DALIDA

Un jour, à peine revenu à Paris après deux ans d'une longue maladie aux poumons et sept mois passés au sanatorium, j'étais limite découragé par les difficultés à trouver des engagements dans divers cabarets. Le téléphone sonne…

« Allô ?

– Comment vas-tu, mon Pierrot, c'est Dalida. Est-ce que tu es enfin guéri ?

– Dalida ! Ma belle… Je vais très, très bien. Comme c'est gentil à toi de prendre de mes nouvelles !

– C'est Lucien (Morisse) qui m'a dit que tu étais revenu depuis quelques jours. Tu sais que tu pars en tournée avec moi au mois de mars prochain ? Nous ferons ensemble une bonne trentaine de villes pendant plus d'un mois. Je peux compter sur toi ? »

L'émotion me nouait la gorge. Je ne parvenais pas à émettre le moindre son.

« Tu m'entends, Pierre ?

– Bien sûr, je t'entends, ma chérie. Mais vous avez été déjà si formidables pour moi, Lucien (devenu à présent son époux) et toi… Je ne pourrai jamais assez vous remercier. Je ne sais que dire…

– Alors dis-moi oui ! C'est Richard Anthony qui sera mon américaine. C'est un bon chanteur. Il marche très fort en ce moment, auprès des jeunes. Lucien m'a promis qu'il nous rejoindrait en tournée chaque fois qu'il le pourrait. Il m'a dit aussi que tu avais des chansons nouvelles formidables. Tu verras, on va bien se marrer. Ce sera une tournée géniale ! »

Voilà comment elle était, Dalida.

J'allais sûrement une fois de plus « essuyer les plâtres » du spectacle, mais j'étais vraiment fou de joie de repartir chanter sur les routes avec elle.

SI LE COUCOU N'EST PAS LÀ LE 3,
C'EST QUE SA FEMME EST SOUFFRANTE,
OU QU'AVEC L'AUTRE ELLE COURT LES BOIS,
EN BUVANT DES DIABOLOS MENTHE.

Un citronnier prit
dans ses branches,
D'un oranger la douce fleur !
J'ai comme lui pris
par les hanches,
La belle voisine de mon cœur.

CÔTÉ JARDIN

Mettez deux ou trois douzaines de petits pieds de tomate sous châssis. C'est le moment. Taillez aussi vos hortensias, griffez bien autour des pieds en ajoutant de la terre de bruyère… et de l'ardoise pilée si vous les voulez bleus !

LE SAVIEZ-VOUS ?

Une loi ayant ordonné, en 1793, d'effacer tous les noms de saints exposés aux regards du public, un marchand, qui était connu sous l'enseigne de Saint-Jean-Baptiste, fit peindre en place du bienheureux un singe enveloppé de baptiste, avec ces mots : Au singe en baptiste.

Quand Isidore
Gèle les âmes,
Ton chien te mord,
Ta femme brame.
Toutes les promesses d'Isidore,
Valent pas le pet d'un âne mort.

Saint Isidore

04 avril

SASHIMI DES ÎLES

Voici comment notre amie Mareva, dans les Tuamotu, nous prépara un jour un sashimi de poissons à sa façon qui fit le régal des convives gourmands. Je venais de rapporter fièrement un thon de 70 kg pêché à la traîne au large de l'île de Manihi, en Polynésie. À vol d'oiseau, c'est à peine à une heure d'Hiva Oa, l'île que Jacques (Brel) avait choisie pour s'y réfugier. Mareva en préleva la chair au sommet du dos, près de la tête, qui est le meilleur morceau. Elle éminça finement, comme du papier à cigarettes, des tranches de thon cru qu'elle recoupa ensuite en languettes de trois centimètres. Demandez, par conséquent, le même morceau à votre poissonnier et vous pourrez facilement faire la même chose. On peut également faire un sashimi avec un bar, une daurade ou même un merlan.

Pour 6 convives :

1 kg de chair de poisson finement émincée;
1 livre de coquilles Saint-Jacques;
300 g de carottes tendres;
½ botte de radis très frais (introuvables dans les îles), et le cœur le plus tendre d'un pied de céleri;
Sauce à sashimi (que l'on achète facilement dans les boutiques exotiques).

Préparation :

Disposez le ou les poissons dans un grand plat.

Nettoyez et rincez à l'eau claire les saint-jacques, émincez-les finement en longueur.

Par ailleurs, émincez très finement les légumes après les avoir pelés.

Disposez ces légumes dans un autre grand plat.

Placez également sur la table des petits bols contenant la sauce à sashimi.

Présentez les deux plats à vos convives, qui napperont de sauce à leur convenance et se régaleront.

MAMAN VOIS-TU QUAND ON TRÉBUCHE,
ON NE PEUT QUE CASSER SA CRUCHE !
QUAND TU TRÉBUCHES AINSI FILLETTE,
LES GARS TE MONTRENT LEUR...
MOUCHOIR !

Oui, j'aime les enfants. Mais je leur adresse un reproche : ce sont de futures grandes personnes. (Francis Blanche)

TRANCHE D'HISTOIRE

1946 C'est le jeudi 4 avril 1946 que le bon docteur Marcel Petiot a été reconnu coupable de pas moins de vingt-six assassinats. C'est la cour d'assises de la Seine qui, prenant ces accusations pour argent comptant, l'a condamné à la peine de mort. Ni plus ni moins. L'évidente totale mauvaise foi des jurés n'a pas voulu prendre en compte le fait qu'il n'avait fait cela qu'au nom de la « Résistance ». Est-ce « l'odeur pestilentielle » des bras et des crânes humains que dégageait une chaudière en fusion à son domicile qui a influencé les deux innocents gendarmes qui enquêtaient ? Est-ce qu'une douzaine de crânes calcinés peuvent à ce point susciter des soupçons... et engendrer une si cruelle sentence ?... On se perd en conjectures avant de se noyer dans la perplexité.

05 avril

Sainte Irène

Quand tu lui auras semé ta graine,
Ne lâche pas les rênes à Irène.

Juron

« Tu n'es pas un peu secoué de traiter l'adjudant de vieux con ?...
- Pourquoi, il n'est pas vieux ?... »

Cythère : pays d'érection.
(Léo Campion)

On réveilla un Gascon au milieu de la nuit pour lui apprendre la mort de son père : avant de se rendormir, il dit : « Je n'ose imaginer à quel point je serai affligé demain, quand je me réveillerai ! »

CÔTÉ JARDIN

Lilas, cerisiers, poiriers, pommiers sont en fleur.

Vous pouvez encore semer sous abris : carottes, betteraves, choux de Bruxelles, choux frisés ou choux-fleurs.

Plantez vos pommes de terre, artichauts et échalotes. Il n'est que temps.

CHAPELET DE JURONS

De nos jours, le mot « con » désigne avant tout l'individu dépourvu d'intelligence. Cependant, l'idiot, le sot, le goujat, le prétentieux, la brute épaisse bornée (le méchant con !), le patron à l'autorité abusive (ou le petit chef !) ou le mégalomane jamais lassé de se prendre pour le nombril du monde, ont incontestablement un droit de préemption quant à l'attribution de ce titre. Cependant, il serait hasardeux et hautement imprudent de penser que seuls nous avons le monopole de ce constat de connerie flagrante chez l'« autre », car nous sommes nous aussi forcément le « con de quelqu'un ».

Les centaines d'emplois que l'on peut pratiquer de ce mot sous ses formes aimables, bonhommes ou insultantes, me réjouissent toujours. Je savoure indéniablement ce court instant durant lequel le juron sonore claque et la mine interloquée ou furieuse de celui qui le subit.

« Bougre de vieux con ! Je suis pas ta bonne ! » peut blesser sans doute un innocent mari, mais « Tu es con à bouffer de la bite crue ! » peut franchement déstabiliser celui à qui on le dit de l'air méprisant qui l'accompagne.

Les cons les plus usités sont répertoriés par espèces diverses, infiniment éclectiques par leurs significations :

« Plus con que lui tu meurs ! » repousse ainsi les limites d'une certaine dose de connerie avant le trépas ! Mais lorsqu'on dit : « Le maton est con comme trois bites assises », la force de l'image vous contraint à un minimum d'imagination pour vous représenter le tableau. Mon copain, mon regretté Yves, lançait souvent : « Oh ! Con de Dieu ! Ça a chié, ce matin, au bureau ! J'ai failli donner ma démission. »

« Eh bien, mon con béni ! Il a fait fort, le curé, avec son sermon sur les hypocrites ! Le patron en a pris pour son grade. »

L'insulte peut s'avérer blessante certaines fois, si en une certaine situation intime votre femme se croit obligée de vous dire : « Mais tu t'y prends comme un con ! », ou bien : « Arrête, bougre de con, tu te trompes de trou ! » Nous n'épiloguerons pas sur l'accablante trivialité de ces propos qui ne sont guère loin de friser la vulgarité !

Saint-Marcellin déguste-le,
Mais c'est meilleur s'il est moelleux.
S'il y a du vent à Sainte-Prudence,
Le coq est fou le mouton danse.
Ma femme chante et boit du vin,
Et saute dans le lit en transe.

Saint(e) Marcellin & Prudence

PERRET

06 avril

LES JEUNES GENS

Le comte de Saint-Germain racontait un jour qu'il avait beaucoup connu Ponce Pilate à Jérusalem ; il décrivait minutieusement la maison de ce gouverneur romain et disait les plats qu'on avait servis sur la table, un soir qu'il avait soupé chez lui. Le cardinal de Rohan s'adressa au valet de chambre du comte, vieillard aux cheveux blancs et à la figure honnête :

« Mon ami, lui dit-il, j'ai de la peine à croire ce que dit votre maître. Qu'il ait deux mille ans et qu'il ait vu Ponce Pilate, c'est trop fort. Étiez-vous là ?

– Oh non ! monseigneur, répondit ingénument le valet de chambre, c'est plus ancien que moi. Il n'y a guère que quatre cents ans que je suis au service de monsieur le comte. »

Le seul avantage de la maladie de Parkinson, c'est qu'on peut préparer un cocktail en cinq secondes. (Michael J. Fox)

La vieillesse : d'abord on oublie les noms, puis les visages, puis on oublie de fermer sa braguette, puis on oublie de l'ouvrir. (George Burns)

« Tu vois, ma belle-mère, je pourrais la sauter, elle demande que ça… mais avec Jeannine, si elle apprenait que je saute sa vieille, ça ferait un souk pas possible !…
– Et alors, la vieille, comment elle fait ?…
– Ben justement, je voulais t'en parler… Si tu veux bien t'en occuper… Tu verras, elle est pas chiante pour deux sous, et en plus elle a un cul… sublime ! »

Il a dérouillé sa bonne femme parce que leurs trois gosses avaient des poux. Tu te rends compte ?… Pour quelques petites bestioles !…

Trucs

Le beurre rance, ça craint. Pour le récupérer tel qu'il était, plantez une carotte dans la motte (aucune arrière-pensée, je vous jure !), et vous laissez agir cinq ou six heures. Ça marche !

Ne laissez pas vos plantes d'appartement assoiffées. Mais ne les noyez pas non plus. Tous les deux jours, versez un demi-verre d'eau dans le pot (moyen) à température de la pièce. Ajoutez-y quelques gouttes de vinaigre pour neutraliser le calcaire.

LE SAVIEZ-VOUS ?

Si l'on met son bonnet à l'envers, si l'on enfile par inadvertance deux chaussettes de couleur différente et si l'on fait tourner une chaise sur un pied, on aura bientôt un procès. Enfin, c'est ce qu'on dit dans l'ouest de la France, entre Saintes et Poitiers !

07 avril

Saint Jean-Baptiste de La Salle

Jean-Baptiste de La Salle,
S'en allait boire de grands bocks,
Quand il sortait des grandes salles,
Après chaque concert de rock.

GIGOT D'AGNEAU DE MON PAYS NATAL

Lorsque, invitée à vendanger dans la « borde » de nos amis, la mémé disait à papa : « Et toi, pitchou, qu'est-ce que tu voudrais manger demain, pour dîner? », papa, prenant un air faussement détaché, répondait invariablement : « Oh! N'importe quoi, mémé, un gigot à l'ail par exemple, avec la purée de fèves... » Et mémé, qui souriait, sachant très bien le succès qu'elle remporterait avec son fameux gigot, répliquait : « Eh bien, comme tu voudras, je vous ferai une tourte pour le dessert... » Et papa salivait déjà rien qu'en imaginant... Voici comment on peut le réussir.

Pour 6 à 8 convives :

1 gigot d'agneau de 2 kg environ;
3 à 4 litres d'eau;
1 bouquet garni;
1 gros oignon;
2 clous de girofle;
4 kg de fèves;
100 g de beurre;
3 cuillerées à soupe d'huile d'arachide (la mémé mettait du saindoux);
2 belles cuillerées à soupe d'armagnac;
1 bouteille de monbazillac blanc;
6 têtes d'ail, soit une quarantaine de gousses;
Sel, poivre moulu frais.

Préparation :

Ayez soin de mesurer la longueur de votre gigot par rapport à la taille de la cocotte. Au besoin, faites supprimer une partie du manche par votre boucher.

Dans une grande et haute marmite, faites bouillir 3 à 4 litres d'eau en y ajoutant le bouquet garni, l'oignon coupé en morceaux et piqué de clous de girofle. Quinze à vingt minutes doivent suffire à donner du goût.

Lorsque l'eau parfumée arrive à ébullition, plongez-y le gigot et retirez-le au bout de quinze minutes. Réservez l'eau, qui vous servira ultérieurement.

Égouttez le gigot. Épongez-le au torchon et faites-le revenir dans la cocotte avec l'huile, à feu moyen. Salez et poivrez-le bien. Faites-le dorer sur toutes ses faces.

Arrosez-le avec l'armagnac et faites flamber.

Quand l'armagnac a brûlé, retirez la cocotte du feu et disposez les gousses d'ail autour du gigot. Mouillez-le alors d'un verre de bouillon dans lequel il a cuit auparavant et ajoutez la bouteille de vin blanc de monbazillac.

Fermez hermétiquement en « lutant » le couvercle. Laissez cuire à feu doux pendant quatre heures (cuit sur la braise, c'est encore meilleur).

Ôtez le gigot délicatement avec deux grandes spatules en métal, ainsi que les gousses d'ail confites avec l'écumoire. Arrosez avec le jus.

Pendant que le gigot cuit, vous aurez épluché 4 kg de fèves (il n'en restera que trente pour cent à peine) que vous aurez fait bouillir dans l'eau de la cuisson du gigot. Passez-les au mixeur après avoir ôté les peaux les plus grosses. Ajoutez 100 g de beurre à la purée ainsi que 3 ou 4 cuillerées de jus de gigot. Salez. Poivrez.

Vous garderez un souvenir impérissable de ces deux plats réunis.

Sainte Julie

À la Sainte-Julie,
Le soleil ne quitte pas son lit.

08 avril

« MA P'TITE JULIA »

J'ai toujours pensé à « la chèvre de monsieur Seguin » en écrivant cette chanson. Je l'ai imaginée dans la folle escapade qu'elle fit au péril de sa vie. À la fois curieuse, téméraire, espiègle, effrontée, désobéissante, câline, aimante, provocante, bravache, et aussi têtue que séduisante. Elle ressemblait tellement à quelqu'un que j'ai si bien connu. Et tant aimé.

Une marguerite,
Entre les dents,
Lorsqu'elle m'évite,
Obstinément,
Je comprends vite,
Quand elle en a
Marre de ma frite,
Ma p'tite Julia.

Elle est si belle,
Ma p'tite Julia,
Dans ses prunelles,
Y a du colza,
Elles savent rire,
Me battre froid,
Elles semblent dire,
Tu es à moi.

Lorsqu'ell' s'échappe,
Ma p'tite Julia,
Qui la rattrape,
Quand elle a froid,
C'est bien mézigue,
Qui cours les bars,
Et les garrigues,
Et les boulevards.

Elle est pas fière,
Ma p'tite Julia,
Elle boit d'la bière,
Avec les gars,
Et s'ils rigolent,
De mon chagrin,
Elle me console,
Par des câlins.

C'est la violence,
Ma p'tite Julia,
Quand elle s'élance,
Sur un bourgeois,
Planquez voisines,
Vos robes à fleurs,
Quand elle rumine,
Dans le secteur.

Tel est mon drame,
Quand elle s'en va,
Messieurs mesdames,
Ram'nez-la-moi,
Qui la découvre,
Retienne ceci,
Elle aime le Louvre,
Et le persil.

Dans cette attente,
Une bonne fois,
Je vous présente,
Ma p'tite Julia,
C'est une chevrette,
De dix-huit mois,
Elle a la tête,
Dure comme du bois.

Si seulement j'étais un peu plus humble, je serais parfait.

(Ted Turner)

ABRACADABRA !

Jusqu'au XVIIIe siècle, on a pu assister à de nombreux procès d'animaux. En 1386, à Falaise, une truie fut condamnée à mort pour avoir meurtri un enfant. En 1394, un porc fut pendu à Mortain pour la même raison. En 1474, accusé d'avoir pondu un œuf, un coq fut brûlé vif à la fin de son procès.

LE SAVIEZ-VOUS ?

En Auvergne, des chenilles furent condamnées à se retirer dans un lieu choisi par le juge pour ne plus faire subir au pays leurs maléfices. À l'issue d'un procès à Troyes, sous François Ier, on peut lire cette sentence du prévôt : « Parties ouïes faisant droit à la requête des habitants de Villeneuve admoneste toutes les chenilles de se retirer dans six jours à faute de faire, les déclarons maudites ! »

(Dico des superstitions)

09 avril

Saint Gautier

S'il pleut à la Saint-Gautier,
Quand Sophie a mouillé sa gaine,
Pâques remplit son bénitier,
Et les barriques seront pleines.

L'avenir du théâtre est sombre.
Shakespeare est mort,
Molière est mort.
... Et moi-même,
je ne me sens pas très bien.

(George Bernard Shaw)

Pensées

L'amour, c'est comme un soufflé. Quand il arrive, il faut le déguster tout de suite avant qu'il ne retombe.

Je viens de rompre avec un Anglais. Il était raide, mais hélas pas là où on l'attendait.

Il faut savoir rire de soi. Certes. Mais ce n'est pas mal non plus de se foutre un peu des autres de temps en temps !...

Le jeune abbé était rigide, mais il éprouva une empathie soudaine pour cette paroissienne qui n'avalait pas que des hosties.

Mon père, qui se disait « athée comme un barreau de chaise », justifiait ce blasphème en disant : « Si le bon Dieu existait, tous les jours de ma vie, j'aurais pu aller à la pêche et manger un éclair au chocolat ! »

LE HARICOT

Catherine de Médicis me devint très sympathique le jour où j'appris qu'elle avait « introduit » le « fagiolo » en France. Arrivant d'Italie, c'est en effet à Marseille, sur le bateau princier, que la future épouse du Dauphin de France exhuma du fond de sa corbeille de mariage un sac de ce que l'on appellera plus tard le... haricot !

Les Mexicains, qui dégustèrent le cassoulet bien avant nous, nommaient « *ayacot* » cette graine rougeâtre en forme de rognon qui devint chez nous le « haricot »... et aussi, le fayot !

« Pouvez-vous nous dire, monsieur, de quel genre de mort est mort Socrate ?
– Socrate est mort, monsieur... »
Un camarade de l'élève a pitié de lui et lui souffle tout bas :
« La ciguë !
– Socrate est mort de lassitude, monsieur. »

Ça ne s'invente pas

« Nous avons eu des discussions significatives concernant les différents aspects de notre société, de son plus bas à son plus haut échelon. Et non seulement au sein du cabinet mais aussi avant et dorénavant, nos secrétaires, nos secrétaires respectives, vont continuer à communiquer afin de créer les conditions nécessaires à l'émergence de la prospérité. »

(George W. Bush, Washington, 19 mai 2003)

CÔTÉ JARDIN

Pulvérisez vos rosiers d'un produit efficace (il en est de très bons bio !) si vous souhaitez éviter que leurs feuilles servent de hamacs aux chenilles !

Si vous ne voulez pas récolter vos patates à moitié vertes, buttez-les au moins une fois par semaine.

Quand neige vient sur le blé vert,
C'est la ceinture qu'on se serre,
Mais si elle vient à Saint-Fulbert,
Vous aurez fromage et dessert.

Saint Fulbert

PERRET

10 avril

Ah, les femmes !...

Quand elle mourut, son cœur s'arrêta avant sa langue...

Femme qui tient
anguille en queue,
Et son mari de poigne ferme,
Pour son bonheur
doit savoir que,
Il vaut mieux inverser
les termes.

Propos

La Légion étrangère est le seul corps d'élite de l'armée française. Normal, il n'y a aucun Français dans les rangs. (Jacques Chirac)

Les Français n'ont eu qu'un grand chef militaire, Jeanne d'Arc, et ils l'ont livrée à l'ennemi...

PETITS MÉTIERS

L**e chiffonnier**, jusque devant le café, tirait les bras de la petite carriole à laquelle il s'attelait lorsqu'elle était trop chargée. Il arrivait transpirant après avoir descendu la côte de l'usine de manière périlleuse. Emporté par son élan, il ne s'arrêtait qu'au pied de la pompe du puits. C'est à celle-là même que papa, à l'heure de l'apéritif, m'envoyait remplir les carafes d'eau fraîche pour mouiller les pastis qu'il servait au comptoir. Maman, qui rapiéçait tous nos vêtements et transformait sans vergogne aucune nos chaussettes en pull-overs, ne donnait pratiquement jamais rien au chiffonnier. Nous n'étions pas riches, et maman ne laissait « rien se perdre ». Le brave homme le savait fort bien, mais cela ne l'empêchait pas, après avoir collecté toutes les vieilleries mitées du quartier, de venir s'asseoir sous la tonnelle. Là, après avoir ingurgité ses trois canettes de bière fraîche d'affilée, il disait en s'essuyant les lèvres du revers de sa manche : « Eh bien ma foi, c'était bien bon ! »

ABRACADABRA !

Une femme qui a ses règles altère l'air autour d'elle, corrompt les liqueurs, fait tourner le lait, la crème, ainsi que la mayonnaise. De plus, elle fait avorter un melon (comment peut-on faire avorter un melon ?...). Sa vue ternit dans les miroirs et rend les animaux enragés. Des cheveux d'elle placés dans du fumier se changent facilement en couleuvres, et même en vipères... Mais en revanche, elle a aussi le pouvoir de détruire les chenilles en se promenant simplement dans le jardin. Soyons rassurés, tout n'est pas négatif !

Gluck, passant dans la rue Saint-Honoré, cassa un carreau de boutique, de la valeur de trente sous. Le marchand, n'ayant pas à lui rendre la monnaie du petit écu que lui présentait le musicien, voulut sortir pour aller la chercher. *« C'est inutile,* lui dit Gluck, *je vais compléter la somme. »* Et il cassa un autre carreau.

11 avril

Saint Stanislas

On dit trois fois hélas,
Saint Stanislas,
Quand le vent te suit à la trace.

ANGUILLE SAUTÉE AU VERMICELLE CHINOIS

Il faut dénicher des anguilles pas trop grosses ni trop grasses chez son poissonnier. C'est un poisson ferme et très fin. Il faut le faire sauter, bien dorer et bien égoutter l'huile. Lorsque j'étais mouflet, j'en pêchais assez souvent dans le canal ou dans la Garonne. Maman les accommodait en persillade, et c'était un régal. Voici comment elles sont aussi savoureuses.

Pour 4 convives :

1 anguille de 1 à 1,2 kg (ou 2 d'une bonne livre);
1 gros oignon haché;
100 g de vermicelle chinois (on en trouve facilement aujourd'hui dans les boutiques exotiques);
1 cuillerée à soupe de nuoc-mâm;
2 cuillerées à soupe d'huile d'arachide;
2 cuillerées à soupe d'huile d'olive;
2 pieds de ciboule hachée (ou un bouquet de ciboulette hachée);
1 cuillerée à soupe de sauce de soja;
Sel, poivre ou piment de Cayenne.

Préparation :

Nettoyez l'anguille, videz-la, pelez-la, découpez-la en tronçons de 5 cm.

Dans un saladier, mettez le nuoc-mâm et la sauce de soja et laissez-y tremper cinq minutes les tronçons d'anguille.

Mettez le vermicelle à ramollir pendant dix minutes dans une casserole d'eau tiède. Égouttez-le. Dans une poêle, faites revenir l'oignon dans les 2 huiles (seulement 1 cuillerée de chaque) bien chaudes, pendant trois minutes sur un feu doux. Tournez à la cuillère en bois.

Ôtez les morceaux d'anguille du nuoc-mâm. Séchez-les au torchon et ajoutez-les à l'oignon dans la cocotte.

Faites-les sauter en les tournant bien jusqu'à coloration.

Ôtez anguille et oignon de la cocotte avec une écumoire et mettez-les dans un plat.

Ajoutez les 2 cuillerées d'huile restantes dans la cocotte, où vous ferez sauter à présent le vermicelle après l'avoir bien égoutté.

Augmentez le feu et tournez bien à la cuillère en bois pendant trois minutes. Incorporez les morceaux d'anguille au vermicelle, saupoudrez de ciboule hachée.

Mouillez d'une cuillerée à soupe du mélange nuoc-soja.

Salez très légèrement.

Poivrez ou mettez une pointe de couteau de poudre de piment rouge. Mélangez bien.

Servez très chaud.

CÔTÉ CUISINE

Si vous avez décanté un bon bordeaux (par exemple), et que votre carafe a gardé du tanin tenace sur les parois intérieures de ses flancs, nettoyez-la en y mettant deux cuillerées de gros sel, un demi-verre de vinaigre blanc et un quart de verre d'eau. Secouez bien et attendez quatre heures avant de rincer. Renouvelez l'opération s'il en reste encore.

Si jamais la pluie ne recule,
On peut voir quand vient la Saint-Jules,
Serrer les fesses des campanules,
Tandis que grenouilles copulent.

Saint Jules

L'abbé Terrasson dit au prêtre qui vint le confesser dans sa dernière maladie : *« Monsieur, je suis trop faible pour parler, je vous prie d'interroger madame Luquet, elle sait tout. »* Madame Luquet était le nom de sa gouvernante. Le confesseur insista et voulut commencer l'interrogatoire.

« Voyez, lui dit-il, *si vous avez été luxurieux dans votre vie.*

– Madame Luquet, ai-je été luxurieux ? demanda le malade.

– Un peu, monsieur l'abbé, répliqua madame Luquet.

– Un peu, monsieur », répéta le malade.

JULES CÉSAR (100 - 44 av. J.-C.)

Caius Julius Caesar, de son nom d'artiste Jules César, naquit un siècle avant Jésus-Christ dans l'une des plus illustres familles patriciennes de Rome. Déjà, enfant, on le disait audacieux et cruel, et, pour se faire une situation, il dut bien occasionner quelque bobo à des méchants, par-ci par-là, car il devint assez vite général, puis homme politique, comme il est d'usage dans le seizième.

De vous à moi, sa dernière et plus superbe espièglerie fut d'incendier la bibliothèque d'Alexandrie. Quatre cent mille bouquins d'une valeur inestimable sont partis en fumée. Deux mille ans plus tard, on estime que cela fait au moins cinq millions par an de perte sèche pour le « Livre de poche » !

Il devint, à défaut, le jules de Cléopâtre. C'était une frangine hyper bien bousculée, mais tellement arriviste qu'elle avait les dents qui lui trouaient les babouches. Elle aurait fait bander un régiment d'eunuques quand elle avait fini sa toilette matinale. Après s'être briqué les tabourets avec l'argile la plus fine, elle se cloquait sur les joues la chair chaude d'un pigeonneau fraîchement étouffé de ses propres mains. Pour faire bon poids, elle se plâtrait ensuite la frite au blanc d'oeuf, puis terminait le ravalement en se rosissant les pommettes au minium. Un jour où elle s'était particulièrement surpassée dans son maquillage, César, ébloui, lui fit un lardon. Après trois nuits d'insomnie à se creuser le citron pour lui trouver un blase, ils l'appelèrent Césarion. Il fut bien forcé d'expliquer à Cléo en pleurnichant (car, en amour, il devenait émotif comme une poire à douche !) qu'il ne pourrait pas l'épouser, vu qu'il avait déjà ce qu'il fallait à la maison. Il la remit tout de même sur le trône, en lui recommandant de faire bien attention aux traîtres et aux mal élevés, et repartit vaillamment à la tête de ses troupes se chicorner avec les derniers partisans de Pompée éparpillés en Afrique et en Espagne. Là, il fit égorger quelques dizaines de milliers de « dissidents » et revint tranquillement à Rome au bout de quelques mois en sifflotant « Auprès de ma brune »...

(À suivre)

13 avril

Sainte Ida

En ce dimanche sainte Ida,
Qui enfila ses Adidas,
Alla planter son réséda,
Après avoir lu la Pravda *da !*

JULES CÉSAR (suite)

Il en vint à se considérer comme étant d'« essence divine », et ne tarda pas à se prendre pour Dieu lui-même. Il organisa son propre culte et installa ses vétérans dans les colonies conquises. Tout le monde se mit à prier pour lui à tour de bras ! Les Romains, tout de même, qui commençaient à se gratter les cuisses (c'est là qu'ils se grattaient quand ils étaient inquiets !), se demandèrent si ce pouvoir quasi mythique ne cachait pas le désir secret de Jules de devenir roi ? Il venait du reste de se faire élire « dictateur à vie ». Lors de cette mémorable fiesta où ils avaient organisé un « concours de dépucelage » (et, où, bien sûr, Jules avait gagné avec un score de huit secondes trois dixièmes !), Marc Antoine, son lieutenant préféré, n'avait-il pas tenté de lui ceindre la calebasse d'un superbe diadème, qui n'était autre que l'insigne des rois ? César, qui connaissait trop bien tous les jalminces de son entourage, avait eu la sagesse de refuser cet honneur en faisant sa mijaurée.

Mais l'ingratitude humaine existait déjà, et quelques conspirateurs nostalgiques de la république jugèrent, eux, que l'affreux César avait poussé le bouchon trop loin. Aux Ides de mars quarante-quatre, alors qu'il allait gentiment au marché acheter du romarin pour parfumer son civet d'écureuil, César fut quasiment saigné comme un poulet. Il morfla vingt-cinq coups de poignard dans le buffet et s'écroula en râlant au pied de la statue de Pompée, son rival, qui lui avait déjà tant ripoliné la tonsure. Parmi ses bourreaux, il retapissa Brutus, son fils adoptif. Il essuyait son couteau ensanglanté sur la manche de sa toge, bien que César lui ait dit cent fois de ne pas faire ce genre de saleté !

Ne loue pas ta femme en présence de ton voisin. Essaie plutôt de la lui vendre.

langage des fleurs

La jacinthe des bois,
Le printemps sera sans fleurs,
Les tulipes sans couleur,
Et les roses sans épines,
Les sphères sans mouvement,
Quand pour vos beautés divines,
Je serai sans sentiment.
(Pierre Berthelot, 1615)

CÔTÉ JARDIN

Mais si, mais si, il est encore temps !...

Vous pouvez encore semer vos salades de printemps : roquette, belle de mai, blonde paresseuse, frisée... et même melon.

Ne plaignez pas l'engrais, le fumier, etc.

CÉSAR RESTAIT UN INCOMPRIS

Il était stérile comme une pompe à incendie dans le désert des Tartares, il était bandant comme un calvaire breton et aussi poilard que la porteuse de pain.

Comme au fond César n'était pas vraiment méchant, il égorgeait les enfants en dernier pour ne pas faire de peine à leurs parents.

ABRACADABRA !

À Paris, on disait qu'un mari ne doit pas offrir du jasmin à sa femme le jour de ses noces s'il ne veut pas qu'elle meure dans l'année. Je connais une femme qui, depuis son mariage jusqu'à la semaine dernière – quarante ans plus tard –, en a reçu un bouquet chaque semaine offert par son mari… qui, lui, vient de mourir.

CÉLERI, CAVIAR,
FINES DE CLAIRE,
FONT GRIMPER LE PÈRE
SUR LA MÈRE.

Se marier n'est pas difficile. Ce qui est difficile, c'est de trouver l'argent pour le mariage et la femme qui va avec.

Le « non » d'une femme signifie souvent « peut-être ». Lorsqu'elle dit « peut-être »… c'est oui.

On pose la tortue
sur un canapé,
Elle se dirige vers les ronces.
On pose une femme
sur les ronces,
Elle se dirige vers le canapé.
(Virgile… ou son cousin !)

Devinette

Quelle est la principale compétence d'un officier qui sort de Saint-Cyr ? Savoir dire « Je me rends », en au moins dix-sept langues.
(Jacques Chirac)

CÔTÉ JARDIN

Mettez un lit de paille sous les feuilles et autour de vos fraisiers. Les gelées matinales ne sont pas encore finies.

À l'apparition des premières fraises, posez un filet de 30 cm au-dessus si vous voulez en manger plus que les moineaux.

CÔTÉ CUISINE

Commencez à déguster les jeunes salades de pourpier, roquette, laitue, romaine. Sans oublier vos radis dont vous pouvez faire aussi un délicieux gratin à la crème fleurette et gruyère râpé ! Bon appétit !

Maxime

Le mal que nous faisons ne nous attire pas tant de persécutions et de haine que nos qualités.
(La Rochefoucauld)

L'on trouve la proportion, non seulement dans les mesures et les nombres, mais encore dans les sons, les poids, les temps, les lieux, et en toute forme d'énergie.
(Léonard de Vinci)

Épitaphe

Faites-vous connaître,
Frappez sur la tombe :
Un coup pour les amis,
Deux coups pour la famille,
Trois coups pour les voisins,
Si personne ne répond,
C'est que je suis là.
(Philippe Héraclès)

15 avril

Saint Paterne

Saint Paterne quand il lanterne,
Met les fleurs de pruniers en berne,
Et c'est pas des pêches du pêcher,
Dont on pourra se pourlécher.

CÉSAR BORGIA (1475-1507)

Tous les samedis, César Borgia passait deux bonnes plombes à se confesser. C'était pas de trop pour soulager sa conscience, qui était chargée comme le radeau de la Méduse.

En fait, d'aucuns le trouvaient parfois infréquentable. Il détestait les filles vierges, son boulanger franc-maçon, les cadeaux de moins de mille francs, les chocolats à la liqueur, le vieux parmesan, la pizza margherita et les grands blonds avec des longues jambes, vu que les siennes étaient courtes avec des poils noirs. Il avait donc la manie de se débarrasser en priorité de tout ce qui lui filait des boutons. C'est ainsi qu'il dut souvent changer de boulanger ou attendre que les nanas qu'il convoitait fussent au préalable déflorées par d'autres, qu'il payait un max pour ne pas avoir à s'acquitter de cette corvée. Hormis ces petits traits de caractère qui finalement attestaient de sa forte personnalité, il était plutôt enjoué quand il allait à la chasse aux escargots ; il adorait la rigolade. Il empoisonnait lui-même ses goûteurs de plats, simplement pour voir leur changement d'expression quand ils se rendaient compte qu'ils venaient de s'embourber du cyanure avec la béchamel. Ça le faisait hurler de rire (faut dire qu'il avait un sacré sens de l'humour).

C'était une âme simple. Les jambes et les bras courts, un ventre de sénateur, le nez gras et épaté. Dans sa bouche gourmande aux babouines épaisses, il enfournait des tonnes de gibier, de semoule au safran, de steak de baleine haché avec des câpres, de mûres, de gorgonzola et de spaghettis aux calamars dans leur encre, ce qui fait que tous les perchoirs de son poulailler (ses dents) étaient plus noirs que les nougats de son palefrenier (il vaut mieux que vous n'ayez pas connu son palefrenier). Certes, sa parole était d'or, mais il avait une haleine à flinguer les mouches au vol.

JE SUIS ATHÉE, MAIS PARFOIS J'AI DES DOUTES.

(George Bernard Shaw)

CÔTÉ CUISINE

Petit truc : si vous préparez un plat (le meilleur soit-il !) dont les effluves emplissent votre maison, mettez une cuillerée à café de cannelle sur le feu quinze minutes à petite ébullition.

UN PRINCE FANTASQUE

Le prince de Conti peut passer pour avoir la tête un peu dérangée. Il est plein de caprices et la raison n'a aucun empire sur lui. Tantôt il dit à sa femme qu'il veut la tuer, tantôt il se prend pour elle d'une amitié si forte qu'il ne veut pas la laisser s'écarter d'un seul pas. Un jour, il vint, un pistolet chargé à la main, trouver sa femme qui était couchée. Il lui dit qu'elle ne lui échapperait pas et qu'il allait lui brûler la cervelle. Comme elle connaissait ses manies, elle avait elle aussi des pistolets sous son chevet. Elle en saisit un et lui dit : « Prenez bien garde de ne pas me manquer, car si vous ne me tuez pas toute roide, vous êtes mort. Tirez le premier. » Le prince, qui n'était pas fort brave, comme il l'avait montré à sa dernière campagne, se retira. (**Madame la duchesse d'Orléans – *Correspondance***)

Si pomponnée s'en va ta femme,
Pour son amant braver le zef,
Ne sors pas à la Saint-Joseph,
Les encornés sont tous au brame.

Saint Benoît-Joseph Labre

16 avril

AUX INNOCENTS LES MAINS PLEINES !

Nous arrivions de Paris sans crier gare, mon épouse et moi, lorsque nous fîmes la surprise à papa et à maman de les retrouver au bord de la Marnière, à Garganvillar, non loin de mon Castelsarrasin natal. Chacun, sa canne à la main, était en train de pêcher le gardon sans grand enthousiasme.

« Ça mord ? demandai-je.

– Mon pauvre petit, ta mère et moi n'en avons pas vu un de l'après-midi ! D'ailleurs, on s'apprêtait à plier les gaules, ce n'est pas ce soir que nous dégusterons la friture !

– Dommage, dit Rébecca, cela m'aurait amusée d'essayer…

– Tenez, dit papa en lui tendant sa canne, vous avez déjà pêché ?

– Jamais de ma vie ! »

Papa regarda maman d'un air amusé.

« Accroche-lui donc un ver à l'hameçon, et laisse-la s'amuser un peu… » dit maman.

Papa, lançant une fois de plus le fil devant lui, laissa flotter le petit bouchon rouge, qui n'avait guère voulu s'enfoncer dans l'eau de tout l'après-midi.

« Vous voyez, ma pauvre petite, dit papa après avoir effectué trois ou quatre coulées en suivant le petit courant, c'est comme ça qu'il faut faire : soulever sa canne d'un petit coup sec du poignet, quand le bouchon s'enfonce, évidemment !

– Ça n'a pas l'air difficile, dit Rébecca.

– J'ai bien peur que, malheureusement, vous ne puissiez voir ça aujourd'hui », dit papa.

Avec précaution, Rébecca saisit la canne qu'il lui passait sans sortir le fil de l'eau. Le bouchon s'enfonça d'emblée d'un seul coup, disparaissant au bout de la coulée. Le petit poisson ferré qui agitait fébrilement ses jolies nageoires rouges fut le premier d'une bonne trentaine de gardons qui atterrirent dans la bourriche de papa. N'ayant jamais réellement pris un seul poisson de sa vie auparavant, Rébecca exultait littéralement. Maman riait de bon cœur, papa, lui, était totalement scié…

« Putain de moine ! lâchait-il de temps en temps.

– Voyez, lui dit ma femme en éclatant de rire, vous allez quand même la déguster, cette friture. Il était temps qu'on arrive ! »

Un jour que l'archevêque de Narbonne avait beaucoup d'or étalé sur son bureau, il se trouva obligé de passer dans un cabinet voisin. Un pauvre abbé se trouvait alors dans son bureau. *« L'abbé,* dit l'archevêque en sortant, *je vous recommande de claquer des mains jusqu'à ce que je revienne. »*

CÔTÉ JARDIN

Arrosez vos géraniums (que vous n'avez pas sortis encore) aux pieds sans mouiller les feuilles.

17 avril

Saint Anicet

PERRET

Pour Saint-Anicet la morille,
Pointe son nez sous les brindilles,
Avec coq et vin du Jura,
Ton palais s'en régalera.

POULET SAUTÉ PRINTANIER

Un peu plus long à préparer, mais aussi facile que doux à déguster !

Pour 6 convives :

600 à 700 g de chair de poulet sans la peau ;
2 cuillerées à soupe d'huile de tournesol ;
1 cuillerée à soupe d'huile d'olive ;
Le jus d'1 citron ;
Une trentaine de radis émincés en fines lamelles ;
500 g de fèves nouvelles ;
4 feuilles de salade croquante (romaine ou batavia) ;
3 gousses d'ail écrasées ;
1 bouquet garni ;
1 belle cuillerée à soupe de sucre en poudre ;
Sel, poivre au moulin.

Préparation :

Découpez le poulet en cubes de 2 à 3 cm. Mettez-les à macérer dans le citron.

Émincez les radis sans les peler.

Hachez grossièrement la salade romaine.

Écossez les fèves.

Lorsque vous aurez fait tout cela, le poulet aura suffisamment macéré. Mettez les morceaux dans un égouttoir et séchez-les au papier absorbant.

Dans les huiles mélangées et chaudes de la sauteuse, faites vivement dorer les morceaux en les mélangeant.

Salez-les légèrement et ôtez-les de la sauteuse lorsqu'ils sont bien dorés.

Jetez la moitié de l'huile et mettez les radis, l'ail, la salade hachée, les fèves, le sucre et le bouquet garni dans la sauteuse sur un feu moyen.

Couvrez la sauteuse et laissez cuire quinze minutes.

Ajoutez les cubes de poulet frit et mélangez bien.

Mettez le couvercle en biais et laissez cuire dix minutes encore à feu doux après avoir salé très légèrement, poivré au moulin et bien mélangé à la cuillère en bois.

Servez dans un plat bien chaud et dégustez-le avec un rouge légèrement frais, tel, par exemple, un vin rouge des côtes-roannaises, un chiroubles ou un juliénas.

Une bourgeoise enrichie, dont l'hôtel est voisin de celui de la princesse de Z, eût bien relevé ses équipages. Justement, elle apprend que des difficultés se sont élevées entre la princesse et l'automédon.

Madame X le fait venir, lui propose d'entrer à son service. William accepte, comme si madame X devenait son obligée. Mais arrive la question des gages :

« *Que voulez-vous, par mois ?* lui demanda madame X.

– *Mon Dieu, madame me donnera quatre cents francs par mois de fixe.*

– *Quatre cents francs ! Y pensez-vous ?* s'écria madame X.

– *Mais certainement, madame,* répondit William, *je me contentais de deux cents francs chez la princesse, parce que là, j'étais dans mon monde.* »

Quand son travail était bien fait,
Son patron disait à Parfait,
C'est du boulot plus que parfait,
Parfait ajoutait c'est parfait !

Saint Parfait

PERRET

18 avril

ABRACADABRA !

Il ne faut jamais commencer une campagne de pêche un vendredi. La présence d'un curé sur un bateau – en Irlande surtout – est considérée comme « nuisible ». En Bretagne, souhaiter « bonne pêche » à un pêcheur ne porte pas à conséquence si ce dernier fait celui qui n'a rien entendu.

Bonne pêche !

Pensées

Les idées folles se prennent comme des maladies, et celui qui en attrape une les attrape généralement toutes.
(André Siegfried)

Un type dont on dit qu'il est « ficelle » n'est pas forcément celui qui vient de se mettre la corde au cou.

Ce sont généralement ceux qui ont le nez creux qui trouvent que l'argent n'a pas d'odeur.

L'optimisme est la foi des révolutions…

Ça ne s'invente pas

Selon les experts en contre-terrorisme, Oussama Ben Laden communiquait avec ses réseaux par l'intermédiaire de messages passés dans des sites pornographiques. Si Clinton avait été encore président, il n'aurait pas mis longtemps à le retrouver, lui !
(Bush à oreille)

Depuis six mille ans la guerre,
Plaît aux peuples querelleurs,
Et Dieu perd son temps à faire,
Des étoiles et des fleurs.
(Victor Hugo)

Le boulanger était si amoureux que plusieurs fois par nuit il faisait lever la patte à sa femme avant de s'occuper de ses miches.

C'est toujours chose intéressante que ce reflet de la joie du riche au fond de l'œil du pauvre.
(Charles Baudelaire)

Si ma peau est sombre, ça n'empêchera pas mon cœur d'être clair. (Bessie Smith)

L'intelligence est la faculté à l'aide de laquelle nous comprenons finalement que tout est incompréhensible.
(M. Maeterlinck)

LE SAVIEZ-VOUS ?

Une branche de pourpier placée au pied du lit éloigne les cauchemars. Une femme acariâtre dans le lit peut les faire revenir.

Je parie que dans cinquante ans seulement les mots « problèmes sociaux », « moralisation des masses », « progrès et démocraties », seront passés à l'état de « rengaines » ! (Gustave Flaubert, 1857)

19 avril

Sainte Emma

Moi sur mon vélo fou de joie,
J'allais voir la petite Emma,
Ses p'tits seins en bouton-pression,
Qui me faisaient grosse impression.

PERRET

« JEANINE »

Cette chanson m'a été inspirée par le souvenir d'un client qui, tous les jours à la sortie de l'usine, venait boire son verre de vin blanc seul attablé à un guéridon au fond de la salle. Il écrivait sur des feuilles qu'il froissait les unes après les autres avant de les mettre dans sa poche. J'ai imaginé des années durant ce qu'il avait pu écrire, et… à qui ?

De l'établi où je turbine,
J'aperçois la fill' du patron,
Qui travers' la cour de l'usine,
Le ciel joue de l'accordéon.
Et mon ami Juan le lunaire,
Qu'on appell' Jeannot l'Espingo,
Me dit c'est un' belle héritière,
Tu d'vrais lui fair' danser l'tango.

Tu vois Jeanine tout va bien,
Je te réécrirai demain.

Son bled à lui c'est l'Argentine,
Il trouv' qu'il y pleut moins qu'ici,
Il mang' du piment, des sardines,
Et il préfèr' le pain rassis.
Il prétend que le vent des îles,
Mêlé au parfum des marées,
Donne un goût aux lèvres des filles,
Qu'à nul autre on peut comparer.

Tu vois Jeanine tout va bien,
Je te réécrirai demain.

Dans tous les bistrots de Corrientes,
On boit du rhum et du pisco,
Y a l'dimanch' des fill's à la mess',
Qu'on peut avoir pour dix pesos.
Ici le chef me donn' ma chance,
Y parl' de me faire augmenter,
Et si j'ai toujours ta confiance,
Je pourrai venir t'épouser.

Tu vois Jeanine tout va bien,
Je te réécrirai demain.

Demain je dormirai pépère,
C'est la fête des trépassés,
Parce qu'ils sont allés à la guerre,
Et que leur pays a gagné.
Mon atelier sent le salpêtre,
Mais je ne suis pas maltraité,
Écris-moi au moins une lettre,
La sirène vient de sonner.

TRANCHES D'HISTOIRE

1934 Le 19 avril 1934, dans son usine de Javel, à Paris, André Citroën a lancé la première « traction avant » – la 7 – produite à la cadence de trois cents par jour. Trois mois plus tard, je suis né, le 9 juillet. Je n'ai passé mon permis de conduire qu'à l'âge de 18 ans, au volant de la première voiture que je venais d'acheter à crédit. Une Citroën traction avant. En dépit de l'intérêt que j'ai toujours manifesté pour la famille Citroën, André, le grand patron, n'a lui jamais fait preuve – à ma connaissance – d'une grande ferveur pour les chansons en général, ni pour les miennes en particulier.

1955 Le 19 avril 1955, on apprend la mort d'Einstein, prix Nobel de physique, théoricien de la relativité, promoteur de la science atomique et pacifique convaincu. Le plus grand homme de notre temps, écrit André Maurois dans le journal *L'Aurore*.

J'ai dû transpirer comme une bête
Pour payer les dettes à Odette
Et c'est depuis que j'l'intéresse
Qu'elle me laisse caresser ses doigts.

Sainte Odette

PERRET

20 avril

TRANCHE D'HISTOIRE

1792 « Hier, à trois heures de l'après-midi, on a mis en usage pour la première fois la machine à couper la tête aux criminels condamnés à mort. Le "patient" était un nommé Nicolas Jacques Pelletier, déjà repris de justice et convaincu en dernier lieu d'avoir frappé un particulier de plusieurs coups de bâton et de lui avoir volé son portefeuille dans lequel se trouvaient 800 livres en assignats et plusieurs autres effets.

La nouveauté du supplice avait considérablement grossi la foule de ceux qu'une pitié barbare *(sic !)* conduit à ces tristes spectacles. »

(***Chronique de Paris***, **26 avril 1792**)

Nous pardonnons souvent à ceux qui nous ennuient, mais nous ne pouvons pas pardonner à ceux que nous ennuyons. (La Rochefoucauld)

Les femmes n'ont de bon que ce qu'elles ont de meilleur. (Chamfort)

Je voudrais que l'on vienne jouer aux dés sur ma tombe. J'ai trop aimé ce bruit.

(Mazarin)

PÂQUES PLUVIEUX JAMAIS NE MENT, QUI FAIT TOUJOURS BEAU LE FROMENT.

LE SAVIEZ-VOUS ?

La première pâquerette de l'année que l'on cueille, on peut aussi l'effeuiller et même la manger. Cela vous préserve toute l'année de la fièvre.
C'est du moins ce qu'on affirme en pays provençal. Quels galéjeurs, ces Provençaux !...

Dieu ne pouvait être partout, alors il a créé la mère.
(Proverbe juif)

Ne laissons jamais traîner un mot, une idée, devant certains esprits. Il ne faut pas tenter les pauvres.
(Alfred Capus)

Je me suis habitué à la mort : un pianiste est un homme déguisé en croquemort, avec en face de lui, constamment, son piano qui ressemble à un corbillard.
(Artur Rubinstein)

Dictons

La meilleure amie de la rose, c'est l'épine.

Lorsqu'on dit : « Celle-là, elle a fait Pâques avant les Rameaux », c'est que la demoiselle a déjà récolté la graine de son futur mari... ou d'un autre monsieur !

Mieux vaut perdre un père riche qu'une mère pauvre.

CÔTÉ JARDIN

C'est le moment d'éclaircir vos semis si vous ne voulez pas avoir que des fœtus de carottes ou de betteraves rouges. Vous pouvez aussi bouturer vos groseilliers et cassis.

Au fait, l'ambre, paraît-il, favorise le génie et l'inspiration. Et pourtant, je n'en ai jamais pris !

21 avril

Saint Anselme

PERRET

Anselme a toujours eu la flemme,
De dire à quelqu'un je vous aime.
Il traversa ainsi la vie,
N'en dégustant jamais la crème.

PETITS POTS DE CRÈME AU CHOCOLAT

Très facile quand on dispose de trop peu de temps pour faire un dessert plus élaboré.

Pour 8 convives :

150 g de sucre en poudre ;
3 jaunes d'œuf plus 3 œufs entiers ;
120 g de chocolat noir ;
¾ de litre de lait ;
1 cuillerée à soupe de rhum ambré (facultatif).

Préparation :

Mettez le four à chauffer à thermostat 6.

Dans un saladier en verre ou une terrine, mettez le sucre en poudre avec les jaunes d'œuf. Travaillez-les bien à la fourchette. Ajoutez les œufs entiers. Même opération.

Râpez entièrement le chocolat par-dessus et mélangez bien le tout jusqu'à obtenir une parfaite homogénéité. Ajoutez le rhum.

Faites bouillir le lait et versez-le aussitôt sur le mélange. Remuez bien le tout et passez-le au chinois au-dessus des ramequins que vous remplissez en vous arrêtant à 2 cm du bord. Placez-les dans un grand plat à four à bords hauts contenant 6 ou 7 cm environ d'eau.

Faites cuire la crème à four doux (thermostat 5) entre quinze et vingt minutes. Assurez-vous de sa consistance avant d'ôter les ramequins du four et surveillez auparavant que l'ébullition du bain-marie n'éclabousse pas la crème...

Pensées

Un intellectuel, c'est quelqu'un qui tente d'expliquer savamment à d'autres ce qu'il n'est pas sûr d'avoir compris.

Ceux qui se reposent avant d'être fatigués auront du mal à avoir du cœur à l'ouvrage avant de mettre la main à la pâte !

LE SAVIEZ-VOUS ?

On affirme à Paris qu'il « ne faut jamais porter d'émeraude le lundi car on ne fera rien de bon tout le restant de la semaine ». J'en connais qui, même sans émeraude, ne se foulent pas la rate du lundi au vendredi en attendant de se reposer à la fin de la semaine.

Le duc d'Orléans, Régent, convint un jour avec le cardinal Dubois de se rendre ensemble à un bal. « Pour n'être pas reconnu, tu me traiteras familièrement », lui dit le prince. Dubois poussa la familiarité jusqu'à donner des coups de pied dans le derrière de son altesse. « Mon ami, dit le Régent, tu me déguises trop ! »

On doit se souvenir des plats servis par un chef d'exception, comme d'une pièce de Mozart jouée sur un stradivarius.

La menthe fait fuir les puces, les souris et les rats.

Saint Alexandre se rengorge,
D'arriver avant la Saint-Georges,
Qui ne sait de plus l'ignorant,
Qui fut Alexandre le Grand.

Saint Alexandre

PERRET

22 avril

ALEXANDRE LE GRAND

Alexandre naquit en Grèce en 356 av. J.-C. Heureusement pour lui, car il aurait détesté la concurrence, lui qui se prenait pour un dieu. Ça peut arriver à tout le monde. Il y a bien un type, un jour, qui s'est pris pour Napoléon. Ce genre de truc est fréquent chez les surdoués. Il se montrait parfois cruel. Personne n'imagina à l'époque que c'était lui qui avait forcé sa copine Gladys à s'asseoir sur les braises rouges du foyer de la forge. Le jour où ça schlinguait si fort dans le salon, on ne le soupçonna d'ailleurs pas davantage d'avoir enfermé le chat deux mois plus tôt dans le piano. Cependant, malgré ces espiègleries bien pardonnables, il avait, paraît-il, un cœur gros comme ça. Il était même capable de tendresse et de profonds repentirs. Ces traits de barbarie et de générosité contradictoires en firent une sorte de mystique réaliste, paradoxalement superstitieux. À l'âge de 13 ans, Aristote lui fila des leçons à cinq cents balles de l'heure. Il lui enseigna *L'Iliade* (avec un supplément), la médecine, les sciences naturelles et les mathématiques.

À peine quelques années plus tard, Alexandre savait surtout faire tuer efficacement des millions de gens. Mais se sont-ils au moins rendu compte que c'était « pour leur bien » ? D'accord, il avait parfois ses petits mouvements d'humeur ! C'est un petit défaut relativement répandu chez les grandes pointures. Bien sûr, en fixant en Asie tout ce petit peuple grec, il avait un chouia accentué la dépopulation et vachement affaibli son pays.

Mais, aussi, qui pouvait prévoir que ces enfoirés de Romains allaient envahir la Grèce dès qu'il aurait plié son pébroque ? Je ne cherche pas ici d'excuses à ce pauvre Alex, qui me semble avoir déjà eu beaucoup de soucis, avec tous ces gens à tuer… Je céderai simplement, pour conclure, ma modeste plume à un historien beaucoup plus qualifié et sérieux que votre serviteur, monsieur F. A. Wright, qui affirme à propos d'Alexandre qu'il était, « par-dessus tout, un apôtre de la paix du monde ». Si c'est lui qui le dit !

EN PLEURS ALEXANDRE VOIT VOLER LES CENDRES,
MAIS S'EN VIENT GERVAISE LA JEUNE FILLE QUI RIT QUAND…

Pensées

Le pape Alexandre VI s'éteignit en odeur de sainteté en 1503. Huit jours plus tard, on dut ouvrir grand les fenêtres tellement ça sentait la sainteté.

Les enfants nés en avril seront ardents, hardis et ambitieux.

L'oiseau de ce mois est la colombe,
Et la fleur, la jacinthe.

LA DISCRÉTION EST MA DEVISE. JE NE DIS JAMAIS RIEN. MÊME SUR MA CARTE DE VISITE, IL N'Y A RIEN D'ÉCRIT. (Groucho Marx)

CÔTÉ JARDIN

Vous pouvez encore :

Semer les choux hâtifs, il n'est pas trop tard.

Ne conserver que les « bons » bourgeons nécessaires sur un pêcher. Les fruits n'en seront que plus beaux.

Tailler les haies de buis, de troènes, etc.

23 avril

Saint Georges

Le tricholome de la Saint-Georges,
Des mycologues appréciés,
Vous rappelle de semer l'orge,
Et qu'avant Saint-Marc le fassiez.

AVEC LES PLATTERS

Au début de l'année 1958, Lucien Morisse, Eddie Barclay et Bruno Coquatrix me proposèrent de partir en tournée, du printemps au début de l'été. Je devrais chanter dans soixante-dix villes en première partie de stars mondialement connues, les Platters. Ces idoles incontestées vendaient alors des disques par millions et bourraient partout les salles les plus grandes et les plus prestigieuses. Nous partîmes donc un beau matin sillonner les routes de France, de Suisse, de Belgique et d'Afrique du Nord. Je n'avais pas la moindre idée de ce qui m'attendait. Malgré la barrière de la langue – je ne savais pas un traître mot d'anglais! –, nous devînmes très vite copains, les Platters et moi. Zorah, la seule fille du groupe, m'offrait toujours d'éblouissants sourires pour me confirmer en quelque sorte que tout allait bien pour moi au sein de cette colossale usine à succès. Ne m'avait-elle pas observé en coulisses, livide, seul, la guitare à la main, m'élançant vers le micro sous l'œil curieux et inquisiteur des cinq ou dix mille spectateurs que nous « affrontions » quotidiennement?

C'était moi qui débutais le spectacle, qui « levais le torchon », selon le jargon du théâtre. C'est généralement grâce à celui à qui échoit cette place que les autres artistes prennent le pouls de la salle. Ils savent immédiatement si les spectateurs sont bons, durs, froids, dissipés, hostiles, amorphes, etc. Destiné donc à essuyer les plâtres encore pour quelque temps, c'est moi qui servais de baromètre aux artistes qui allaient suivre. La star confirmée, elle, n'a que rarement ce type de souci car le public s'est déplacé avant tout pour elle. L'idole est là pour être adulée, et il est rarissime qu'un bide se produise.

À la claire tontaine,
M'en allant pas souder,
J'ai trouvé l'ocipède,
Que je Mississippi.

Il y a longtemps
que de vaches,
Jamais je ne tourniquet.

(Francis Blanche)

La clématite

Dans un grand jardin en cinq actes,
Conforme aux préceptes du goût,
Où les branches étaient exactes,
Où les fleurs se tenaient debout.
Quelques clématites sauvages,
Poussaient pauvres bourgeons pensifs,
Parmi les nobles esclavages,
Des buis, des myrtes et des ifs.
Ces fleurs tremblantes et pendantes,
Dont Zéphire tenait le fil,
Avaient des airs de confidentes,
Autour de la reine d'avril.

(Victor Hugo)

LE SAVIEZ-VOUS ?

Barclay s'appelait Édouard, et il était garçon de café chez son papa en Auvergne. Après, il a voulu qu'on l'appelle Eddie parce que ça faisait plus américain. Il n'a jamais compris grand-chose aux chansons que j'enregistrais chez lui. Mais je ne lui en veux pas parce que c'est lui qui m'a appris à aimer le bordeaux, et qu'il en avait du bon chez lui.

L'amour d'avril pour la fauvette,
Lui donne souvent mal à la tête,
Mais saint Fidèle est polisson,
Quand le pinson court les buissons.

Saint Fidèle

24 avril

Pour préparer le dîner de son mari, elle va faire siffler sa cocotte-minute chez son maître-nageur.

PETITS PAVÉS DE LOTTE AU FENOUIL

C'est un plat relativement vite fait et qui n'a rien de sophistiqué. Il s'agit simplement de cuire quinze minutes, à la vapeur, en même temps, la lotte et le fenouil accompagnés d'une sauce légère. Je vais vous mettre tout de suite au parfum.

Pour 6 convives :

8 bulbes de fenouil moyen ;
900 g à 1 kg de lotte ;
1,5 litre d'eau ;
2 jaunes d'œuf ;
1 cuillerée à soupe de moutarde ;
1 cuillerée à soupe d'huile d'olive ;
1 cuillerée à soupe de concentré de tomates ;
1 pointe de couteau de piment de Cayenne ;
1 bouquet de persil simple ;
2 brins de thym ;
4 feuilles de basilic ;
Le jus d'1 citron ;
2 petites cuillerées à soupe de crème fraîche légère (fleurette) ;
Sel, poivre.

Préparation :

Mettez à chauffer sur feu vif 1,5 litre d'eau dans votre cuiseur-vapeur.

Lavez et coupez en 4 les bulbes de fenouil et cuisez-les dix minutes dans le compartiment inférieur à couvercle fermé.

Débitez la lotte en petits pavés de 6 cm de longueur sur 4 d'épaisseur et autant de largeur.

Placez-les sur la grille de l'étage supérieur et laissez cuire encore cinq minutes lotte et fenouil, à couvercle légèrement entrouvert. Testez la cuisson de la pointe d'un couteau.

Pendant cette courte cuisson, vous avez largement le temps de faire la sauce.

Dans un petit saladier ou une terrine, mettez les 2 jaunes d'œuf, la moutarde et l'huile d'olive. Montez en mayonnaise au fouet ou au mixeur.

Ajoutez la crème fraîche, le concentré de tomates, le jus de citron et la pointe de Cayenne. Salez. Poivrez légèrement (1 tour de moulin) et passez tout au mixeur une minute pour faire une mousseline très légère.

Pendant que refroidissent le fenouil et la lotte sur un torchon propre, hachez finement le bouquet de persil simple avec le basilic.

Mettez-les dans un bol avec le thym frais émietté.

Placez le fenouil en quartiers au milieu d'un joli plat rond avec les pavés de lotte tout autour.

Nappez le tout avec la sauce. Répandez les fines herbes par-dessus. Servez.

Un plus : dans votre sauce, un quart d'heure avant de servir, vous pouvez ajouter 2 cuillerées à soupe de vin blanc ou de champagne (!). Celle-ci n'en sera que plus légère et plus goûteuse.

CÔTÉ JARDIN

Semez dès à présent des petits oignons blancs qui feront des petites merveilles dans vos salades vertes et vos premières salades de tomates.

25 avril

Saint Marc

Quand saint Marc a fait son pipi,
Ça vaut du purin de brebis.
Si à Saint-Marc il tombe de l'eau,
Y aura pas de fruits à couteau.

CONSEIL GOURMAND

Vous aimez le foie de veau?

Faites-vous d'abord découper des tranches très lisses chez votre boucher. Si elles vous paraissent « granuleuses », oubliez. Prenez un rôti! Bon, mais s'il est beau, lisse et tout, vous mettrez vos tranches à tremper dix minutes avant dans du lait. Non seulement il ne noircira pas à la cuisson, mais il va même être doré comme les miches d'une baigneuse d'Ipanema!

Déglacez la poêle avec 2 cuillerées à soupe de bon vinaigre et vous en redemanderez.

On dit merci qui?

LE PARLER DES MÉTIERS

« **Balader la brouette** », pour les prostitués hommes, c'est mettre en évidence leurs attributs sexuels (quitte à les rembourrer de coton pour impressionner les amateurs).

Pour une prostituée, **« avaler son dentier »**, c'est faire deux fois plus de passes pour payer une amende infligée par son souteneur.

Et la **« brouteuse de cresson »** est une lesbienne experte dans la pratique du cunnilingus.

Pourquoi faire part
de nos opinions,
Demain nous en
aurons changé.

(Paul Léautaud)

J'ai fait un peu de bien.
C'est mon meilleur ouvrage.

(Voltaire)

Nous ne pourrions vivre ensemble :
J'avais des défauts terribles.
Et tu avais des qualités insupportables.

(André Birabeau)

Ne rien faire est le bonheur des enfants,
Et le malheur des vieillards.

(Victor Hugo)

CÔTÉ JARDIN

Au-dessus de la Loire, pour les retardataires, il est temps de mettre vos patates en terre. Charlottes, belles-de-Fontenay, rattes... C'est le moment ou jamais!

LE SAVIEZ-VOUS ?

Le cancer vient d'être décrypté, mes enfants! Depuis peu. Et l'info est passée presque inaperçue! « Selon une équipe de savants du Massachusetts Institute Of Technology, dirigé par le biologiste Robert Weinberg, on est capable désormais de transformer des cellules normales en cellules cancéreuses! » Moi, je pensais bêtement que depuis des années, c'était le contraire qu'ils essayaient de trouver. Mais bon, ils ont l'air plutôt contents... Alors! Il y a un truc là-dedans qui doit m'échapper...

Le printemps soleil inonda,
Quand Alida le valida.

Sainte Alida & Souvenir des déportés

26 avril

SINÉ ET LA NORMANDIE

Ma chanson « Le Tord-boyaux » plut beaucoup à Siné. Le dessinateur était venu quelques mois auparavant dans la même émission de télévision où j'avais été invité pour présenter un superbe album de ses déjà célèbres « chats ». Nous sympathisâmes spontanément, et nous partîmes siroter un verre au bistrot. Il me demanda où je vivais, comment je composais, etc.

« C'est pas génial d'écrire des chansons dans les HLM, lui dis-je, mais il me faut faire avec pour le moment.

– Si tu veux, me proposa-t-il, j'ai une maison de week-end en Normandie. Par manque de temps, nous y allons rarement, ma femme et moi, je peux te filer les clés. Tu verras bien si tu arrives à pondre quelque chose là-bas !

– Eh bien, écoute, je ne dis pas non ! J'adore la campagne. C'est vraiment gentil de ta part. Il y a beaucoup de voisins ?

– C'est la dernière maison au bout d'un hameau. Elle est dans un clos, entourée de pommiers. Tu y seras peinard. Y aura que les piafs pour te pourrir la vie ! »

C'est ainsi que, répondant à l'invitation que Bob m'avait faite, je partis découvrir avec lui le hameau normand à la sortie duquel se trouvait sa maison. Il m'avait fait promettre, si nous nous trouvions un week-end ensemble en Normandie dans leur maison, de lui mitonner un plat de tripes qu'il adorait ! Il eut droit au « gras-double ». J'eus tout de suite le coup de foudre pour cette chaumière blottie, comme annoncé, au milieu d'un clos de pommiers. L'impressionnant calme qui régnait ici n'était-il pas propice à la cogitation ? Armé jusqu'aux dents de mes dictionnaires Larousse, dico analogique, dico de rimes, de synonymes, du *Furetière*, d'un atlas, etc., je pris mes quartiers au premier étage de cette vieille demeure à colombages. Il y avait là en outre une huisserie de grosses poutres de charpente absolument superbe. Bob avait fait percer le toit pentu pour y placer de grands panneaux vitrés qui donnaient une magnifique lumière, car c'était là qu'il dessinait.

Quelques années plus tard, Bob Siné vint dîner un dimanche.

« Tu sais, lui dis-je, ta maison en Normandie est magique. J'y écris une semaine entière à chaque fois !

– Eh bien, tant mieux si tu as pu en profiter. Mais j'ai une mauvaise nouvelle à t'annoncer. Nous divorçons, avec Ninick, et on va être obligés de la vendre. »

Je restai cloué. Soudain, sans réfléchir plus longtemps, je lançai : « Je l'achète ! »

Bob eut l'air franchement étonné.

« Laisse-moi deux jours, dis-je à mon copain, le temps de réunir le blé.

– J'ai déjà un acquéreur, précisa Bob, mais je veux bien vous donner la priorité, si c'est sûr.

– Tu as ma parole ! »

Je ne regrette pas aujourd'hui d'avoir sauvé ce lieu providentiel au sein duquel ma création fut si prolifique.

Ami, vous noterez que par le monde, il y a beaucoup plus de couillons que d'hommes, et de ce vous souvienne. (François Rabelais)

27 avril

Sainte Zita

PERRET

Fin avril Zita hésita,
À fuir loin de ce curieux mois,
Où pluie et neige se relaient,
Pour mouiller chaumières et palais.

TRANCHE D'HISTOIRE

1936 Vous rendez-vous compte que si le 27 avril 1936 de braves financiers anglais n'étaient pas venus au secours d'Hitler en lui refilant en douce un milliard de marks, ce pauvre malheureux Führer aurait pu se suicider de désespoir ? Le IIIe Reich aurait sombré comme le *Titanic* au fond de l'océan ?! Et que toutes ces bombes, ces canons, ces mitrailleuses n'auraient servi à rien ?... Et ces chambres à gaz, on en aurait fait quoi, sans ces providentiels banquiers ?... Hein ? Ah, je vous le dis sincèrement, ces Anglais sont parfois un peu guindés, rigides, sans doute, même – je vous l'accorde –, mais ils ont tout de même un cœur gros comme ça !... Et l'on peut compter sur eux quand c'est nécessaire ! Heureusement qu'après 1940 ils ont changé leur fusil d'épaule !...

LE SAVIEZ-VOUS ?

En Écosse, si une fille mange une pomme devant un miroir en fermant les yeux et qu'elle les ouvre lorsque la pomme est croquée, dans le miroir, au-dessus de son épaule gauche, elle verra le visage de son futur mari qui déjà la surveille ! De sacrés voyeurs, ces Écossais, tout de même !

Gustave Flaubert a émis l'idée que la constipation influait sur les convictions politiques. On ne peut nier que certains messieurs de la Chambre des députés aient parfois des rictus qui peuvent évoquer ce type d'influence.

CÔTÉ JARDIN

Vous pouvez encore semer du pourpier et de la raiponce, qui vous donneront des salades délicieuses à déguster de juillet à souvent la fin octobre.

Je ne fais pas confiance aux chameaux, ni à quiconque capable de tenir une semaine sans boire un verre.

(Joe E. Lewis)

Une duchesse recevait le comédien Baron, mais ne le recevait que la nuit. Baron s'avisa d'y aller le jour, comme en visite. La grande dame, qui avait société chez elle, piquée de la venue du comédien, lui dit :

« Monsieur, que venez-vous chercher ici ?

– Eh bien, mon bonnet de nuit », répondit-il.

Un bonhomme un peu rustre, timide et gauche, disait à un de ses voisins qu'il avait très mal à un œil. *« Ne savez-vous pas quelque remède ? »* lui demanda-t-il. Le voisin lui répondit volontiers : *« J'avais l'an passé grand mal à une dent, je la fis arracher et j'en fus immédiatement guéri. Je vous conseille de vous servir du même remède. »*

Vêtue de soleil ou de gris,
C'est ce jour-là que Valérie,
En éclatant de rire met,
Parure pour aller vers mai.

Sainte Valérie

28 avril

CONNAISSEZ VOUS LES « SOFIES » ?

À la saison des sofies, papa, tellement impatient, ne pouvait se résigner à se coucher de peur que les bonnes places ne soient prises le lendemain matin. C'est ainsi que, partis à minuit malgré la totale désapprobation de maman, cannes à pêche et épuisette bien ficelées sur la barre de nos vélos, couvertures pliées sur nos porte-bagages, nous pédalions vaillamment vers la Garonne dans le froid. À une heure du matin, par moins cinq degrés, il y avait peu de risques que les places soient prises. Assis chacun sur un sac à patates en jute, une couverture sur les épaules, les mains tendues vers un petit feu, nous discutions tout en sirotant le café léger mais chaud du thermos. Papa enchaînait sur les exploits dont il avait été le héros. J'adorais qu'il me raconte pour la énième fois son odyssée sur le Tarn avec une simple barque, et son bras de fer avec la plus grosse carpe qu'on n'ait jamais vue dans le coin ! Les petites modifications ajoutées au récit habituel m'enchantaient à chaque nouvelle version. Nous en oubliions presque le froid.

Sur le coup de midi, plus de dix kilos de sofies emplissent déjà notre bourriche. le pâle soleil hivernal nous réchauffe timidement. Papa achève le thermos en faisant remarquer que, lorsque le soleil est là, les sofies se calment un peu. Comme lui, qui s'assoupit une bonne heure, allongé sous la couverture. Au moment de partir, je passe devant deux pêcheurs, installés non loin de nous, pour comparer leur score au nôtre.

« Alors, ça a donné ?

– Hé bé, faut pas se plaindre, répond l'un des deux. Nous, on en a déjà presque deux kilos... Et vous, vous avez réussi à en prendre un peu ?

– Oh ! pas beaucoup, mais ça va peut-être se mettre à mordre cet après-midi. On verra bien.

– C'est ça, on verra bien », dit le plus grand, que j'entends ricaner dans mon dos.

En partant, trois heures plus tard, l'un d'eux dit : « Alors, finalement, vous en avez pêché quelques-unes quand même ? »

Papa, sans un mot, sort de l'eau la lourde bourriche, qu'il a du mal à maintenir d'une seule main.

« Oh, une petite quinzaine de kilos, pas plus ! Si vous voulez, on peut vous en donner, ajouta-t-il sans rire.

– Il s'est bien foutu de notre gueule, le petit merdeux », commente l'un des deux lascars, écœuré !

CÔTÉ JARDIN

Il y a un peu de testicule au fond de nos sentiments les plus sublimes et de notre tendresse la plus épurée. (Denis Diderot)

Si en automne vous avez creusé vos sillons d'une trentaine de centimètres de profondeur, il est temps à présent de mettre vos patates en terre. N'oubliez pas de répandre de la fumure et de griffer la terre qui croûte quand la plante lève. De même, buttez-les bien toutes les deux semaines. Vous aurez des patates d'enfer ! Autour d'un gigot d'agneau...

Sainte Catherine de Sienne

PERRET

Il rencontra Catherine de Sienne,
Qui lui fit sans arrêt des scènes,
Car ses maîtresses par douzaines,
Étaient nouvelles autant qu'anciennes

GÂTEAU DE RIZ DE MME CAVALLI

Voici une recette (très détaillée) que maman a conservée de réfugiés italiens qui étaient nos locataires. J'adorais la polenta de Mme Cavalli, et elle m'offrait souvent des grosses parts de gâteau de riz que sa grand-mère lui avait appris à faire. Nous faisons toujours le même, qui est un vrai délice.

Pour 6 convives :

125 g de riz;
75 g de sucre en poudre;
½ litre de lait environ;
4 jaunes d'œuf;
25 g de beurre;
1 infime pincée de sel;
1 zeste de citron;
1 gousse de vanille fendue en deux dans la longueur;
1 cuillerée à soupe de crème fleurette.

Préparation :

Choisissez d'abord un bon riz avec de beaux grains.

Lavez-le deux ou trois fois à l'eau fraîche jusqu'à ce que celle-ci soit très claire.

Égouttez-le, jetez-le dans une casserole d'eau bouillante pendant deux minutes.

Mettez le riz ébouillanté et rincé dans une casserole sur le feu et versez la valeur d'un verre de lait par-dessus, ainsi que la vanille et le zeste de citron.

Ajoutez la pincée de sel et une noix de beurre et apportez à douce ébullition.

Lorsque le riz a absorbé le lait, ajoutez-en autant et renouvelez ainsi l'opération jusqu'à ce que tout le lait soit bu par le riz.

Remuez et n'ajoutez le sucre au lait qu'à la dernière minute.

Dans un bol, mélangez les jaunes d'œuf avec la crème et le beurre divisé en petites noisettes jusqu'à obtenir une homogénéité parfaite.

Intégrez ce mélange au riz avec une fourchette sans écraser les grains.

Si vous aimez cela, incorporez quelques raisins de Corinthe.

Pour caraméliser :

Dans une casserole en inox, mettez 5 à 6 morceaux de sucre. Imbibez-les avec très peu d'eau sans que le sucre « nage » dans l'eau.

Mettez la casserole sur feu moyen.

Inclinez-la de tous les côtés afin que le sucre soit bien réparti (ne le tournez pas avec une cuillère).

Après quelques minutes et avant qu'il ne devienne trop foncé (vous jugerez de sa consistance), versez le tout chaud dans le moule à charlotte qui vous servira pour le gâteau de riz.

Inclinez les bords pour bien répartir le caramel et retournez le moule sur la table afin que le caramel ne « redégouline » pas dans le fond.

Lorsque le caramel est pris, mettez le riz dans le moule, faites-le cuire au four quarante-cinq minutes à thermostat 6.

Couvrez-le auparavant avec un papier sulfurisé beurré afin qu'il ne sèche pas.

Retirez votre beau gâteau de riz du four et laissez-le reposer un quart d'heure : démoulez sur un plat rond de couleur si vous en avez. C'est plus joli et c'est meilleur avec une crème anglaise autour.

Je n'en ai jamais mangé de meilleur!

Le dernier jour du mois d'avril,
C'est Robert qui coupe le fil,
Mais quand on l'invite à voir mai,
Il dit bien sûr pourquoi pas mais…

Saint Robert

30 avril

« NON, J'IRAI PAS CHEZ MA TANTE »

C'est vraiment mon meilleur copain, Robert L., contradicteur permanent, anarchiste confirmé et nihiliste total, qui m'inspira, bien des années après notre prime jeunesse que j'évoque ici, cette chanson où le héros n'est jamais d'accord (là, c'est avec sa maman !). Je n'ai jamais connu Robert que disant « non » à tout.

Mon Robert mon enfant il fait beau,
C'est pour toi le temps des vacances,
Ta valise est là mon angelot,
Ta tata t'attend à Valence.
Et c'est moi ta maman mon trésor,
Moi qui t'accompagne à la gare,
Y a des nouilles et une belle côte de porc,
Dans ta p'tite galtouse de voyage.

Non, non, non, j'irai pas chez ma tante,
C'est pas beau et ça sent l'pipi d'chat.
Cette vieille chouette qui boit qu'du tilleul-menthe,
Et qui est rance comme un biscuit d'soldat.
Ça s'voit bien qu'elle est moche elle ressemble à papa,
Elle filerait les chocottes à Dracula.

Il a enterré hier sa quatrième femme.
Il vient de s'abonner au Père-Lachaise.

CÔTÉ JARDIN

Coupez dès à présent vos feuilles de rhubarbe et faites-en des tartes, des confitures, etc. C'est très bon pour ce que vous avez !

Dictons

Quand l'avoine en avril s'en vient,
C'est de l'herbe pour les lapins.

Si ton ami est de miel,
ne le lèche pas partout.

TRANCHE D'HISTOIRE

1945 Le journal *Libération*, lundi 30 avril 1945, titre : « Hitler serait mort hier à midi ».

« D'après une information de source suédoise, la BBC annonce la mort d'Hitler à son QG du Tiergarten à Berlin ; Goebbels était à ses côtés. Mussolini a été fusillé près de Côme, avec trente autres chefs fascistes et sa maîtresse Clara Petacci. »

Il faisait très beau, ce jour-là.

MAI

Demain,
je me marie.
Enfin… si cette fois-ci elle vient à la mairie !

1er mai fête du Travail,
jour où l'on ne travaille pas !
Le bon Alphonse Allais disait :
« Le jour où l'on ne travaillera plus
Le lendemain des jours de repos
La fatigue sera vaincue. »

Fête du Travail

PERRET

01 mai

BUVEURS BAVARDS

« Aujourd'hui le boulot c'est sacré,
Et c'est réservé aux prolos,
Tout comme la bite du taulier,
Qui est réservée aux dactylos. »

Slogan égrené régulièrement au Café du Pont familial par les clients ouvriers de l'usine de « métaux non ferreux » voisine. Le propos illustre assez bien l'emploi du temps des dactylos... et des patrons, en ce temps-là, bien sûr!...

BON À SAVOIR

« La fille qui nettoie le fond des casseroles avec un morceau de pain – dit-on en Alsace – aura de la pluie le jour de son mariage. Ce sera néanmoins un gage de prospérité pour les époux. » Pour vous préserver de toutes ces averses de bonheur, achetez-vous tout de même un pébroque!

En attendant, c'est toujours les femmes qui nettoient!

« Il ne faut jamais pisser la nuit contre le vent au milieu d'un chemin creux, ce serait ouvertement provoquer le diable. » En tout cas, ce sont les Bretons qui l'affirment.

Message reçu. On pissera désormais à l'abri... dans une côte et vers la pente descendante dos au vent.

Le maréchal d'Albret, après en avoir conté pendant près de deux ans à madame Cornuel, sans s'en trouver plus avancé, prit enfin le parti de se retirer. *« J'en suis fâchée,* dit-elle, *car je commençais par ouïr votre discours. »*

CÔTÉ JARDIN

Il est encore temps de semer de l'anis vert dans votre jardin non loin des arbres fruitiers. Les guêpes s'y précipiteront dessus en août en épargnant ainsi vos pêches, poires ou abricots...

Dictons

Dis-moi donc quelque chose,
Les oiseaux sont plus gais,
Gazouillant à la rose,
Becquetant les muguets.

N'aie pas peur qu'on glose,
Le lézard fait le guet,
Couché sur une rose,
Caché dans le muguet.

(Guy Charles Cros)

Le bon Alphonse Allais disait:
« Le jour où l'on ne travaillera plus,
Le lendemain des jours de repos,
La fatigue sera vaincue. »

Si le coq chante en plein midi,
T'auras le sel et les radis.

Si sur branche basse,
La pie a niché,
Tonnerre vient souvent
Dans l'été.

Si le coucou tu vois voler,
Peu de paille,
Mais beaucoup de blé.

L'homme n'est que poussière. C'est dire l'importance du plumeau! (Alexandre Vialatte)

02 mai

Saint Boris

Quand il tonne à la Saint-Boris,
Ça fout les chocottes au fermier,
Mais des vaches tant de lait pisse,
Que ça enrichit le crémier.

CÔTÉ JARDIN

Si vous avez vos petits plants de tomate empotés à l'abri, soyez prêt à les mettre en terre que vous allez préparer. Pour éviter le mildiou et un tas d'autres cochonneries, faites comme mon ami Bernard Gaillard. Coupez dès à présent des brassées d'orties que vous hacherez menu. Mélangez-les à de la fiente de volaille dans un grand récipient (au moins 20 à 30 litres) et laissez macérer deux à trois semaines après avoir bien mélangé le tout. Pulvérisez le résultat au pied de vos tomates une fois par semaine, et vous aurez des tomates que tout le voisinage vous enviera !

Ah, l'amour !...

Les sardines en boîte
se lient,
telles quatre jambes
dans un lit.

Après un bon coup
de noroît,
elle voulut connaître le suroît.

CLÉOPÂTRE

Dans les années 60 av. J.-C., l'Égypte accoucha d'une petite merveille de bonne femme qu'on appela Cléopâtre. Je dis l'Égypte, parce que le nom de sa mère était inconnu et qu'après tout, on s'en tamponne le péplum ! On sait par contre que son vieux était Ptolémée XIII et qu'il adorait la banane écrasée dans le Banania. Il aimait aussi les arts, et principalement la musique. On l'avait surnommé « le joueur de pipeau », parce qu'il passait des journées entières à jouer de la harpe. Il remercia son boulanger quelque temps plus tard et, avant d'expirer, confia la jeune Cléo à son petit frelot, qu'il avait appelé Ptolémée XIV après s'être bougrement creusé le caberlot !

Compte tenu du bas âge des royaux lardons, on confia les héritiers de l'Égypte momentanément à un eunuque du nom de Pothinus, qui avait la sale habitude de répondre « je m'en branle » chaque fois qu'on lui annonçait une catastrophe nationale. Cléo, en grandissant, passait son temps à se bagarrer avec ce petit con de Ptolémée (c'est elle qui l'appelait comme ça) ainsi qu'avec le châtré de service. Bien que déjà teigneuse, Cléopâtre adolescente était aussi espiègle et romantique. Elle mettait des cafards dans le pyjama de son frelot et adorait les billets que lui envoyait son amoureux, le fils de la concierge du palais. Elle avait déjà un joli nez et un sacré tempérament. À 21 ans, elle pauma la moitié de son trône, enfila son meilleur soutien-gorge et se tira vite fait en Syrie, car elle trouvait de plus en plus souvent des lames de rasoir dans son petit déj. Elle ouvrit là-bas un commerce de harengs fumés qui marchait pas terrible, jusqu'au jour où elle eut vent de l'arrivée en Égypte du grand Jules César lui-même.

L'argent ne fait pas le bonheur de celui qui me l'a prêté.

Mieux vaut tard chez Régine que tôt à l'usine.

Quand Philippe flippe,
Il boit un verre d'entremont,
Puis quand il a bourré sa pipe,
La fumée remplit ses poumons.

Saint Jacques & Philippe

PERRET

JACQUES BREL

Au cours d'une croisière aux Antilles, nous nous sommes retrouvés par hasard dans une crique perdue ! Nous sommes bien sûr tombés dans les bras l'un de l'autre. J'embrassai aussi la Doudou, sa compagne, qu'il me présenta dans la foulée. Son inséparable madly avait elle-même tenu la barre du bateau depuis Le Havre. Après sa première opération du cancer, Jacques – on le comprend – n'avait guère souhaité s'attarder à l'hôpital. Alors qu'il était couché dans son bateau durant la traversée de l'Atlantique, c'était la Doudou, seule, qui avait vaillamment tenu la barre du Havre jusqu'à Pointe-à-Pitre. Nous passâmes la journée du lendemain ensemble et évoquâmes nos tournées et les tourneurs, ces « rapaces », comme le disait Jacques en riant. Jacques semblait plein d'amertume à cause de ce harcèlement ininterrompu des « rats » de paparazzis dont il était la victime depuis l'annonce de sa maladie. L'après-midi était passé trop vite, nous évoquions encore pêle-mêle nos souvenirs quand le soir arriva. Les chimères qui étaient les nôtres s'étaient retrouvées un jour comme par enchantement à l'Olympia, au beau milieu des clameurs d'un public en délire. Au fil de nos souvenirs d'anciens combattants s'ajoutaient encore et toujours des éclats de rire. Nous ne t'avons plus revu, Jacques. Tu es parti seul dans cet hôpital parisien, seul sur la pointe du cœur, ce pauvre cœur si gros que tu le partageais avec la terre entière. Tu savais en y entrant que c'était là le bout du chemin. Songeas-tu alors, comme dans ta chanson « Le Dernier Repas » :

Et dans l'odeur des fleurs,
Qui bientôt s'éteindra,
Je sais que j'aurai peur,
Une dernière fois.

« MA NOUVELLE ADRESSE »

Jacques, de son île d'Hiva Oa, aux Marquises, m'avait adressé une lettre dans laquelle il disait en gros : « Tu charries, mon salaud !... J'entends ta chanson tous les jours à Radio Tahiti et tu ne nous as même pas envoyé ton disque ! »

Oui mes amis j'ai largué tout,
Pour l'archipel des Tuamotu,
Où quel que soit le cours du franc,
On offre son poisson vivant,
Pour une poignée de riz blanc.

Mon copain Jacques a mis les bouts,
Tout's voil's dehors et vent debout,
Il chante dans les alizés,
Quelques chansons dont le succès,
N'aura jamais su le griser.

Prenez sa nouvelle adresse,
Il vit dans le vent sucré,
Des îles nacrées,
Et à sa nouvelle adresse,
Une fille s'amuse à rire,
De ses souvenirs.

3 mai 1989 : Budapest abolit le rideau de fer et retire le grillage électrifié à la frontière autrichienne. Une facture d'électricité comme ça en moins, ça doit vous changer l'équilibre du budget !...

04 mai

Saint Sylvain

Qui a dit qu'à la Saint-Sylvain,
Il n'est rien de meilleur que l'eau ?
Pour celui qui a goûté le vin,
C'est un dicton qui tombe à l'eau.

PHILIPPE LE BEL (1268-1314)

Philippe IV, dit le Bel, fut roi de France de 1285 jusqu'à sa mort en 1314. Philippe le Bel, monarque redouté et autoritaire, surtout avec sa gonzesse, fut à l'origine de deux grandes calamités nationales bien avant le hamburger et le Coca-Cola. Il dota son royaume d'une véritable administration ! Et comme un malheur n'arrive jamais seul, il fut de même le créateur de l'impôt royal ! Pour que ce dernier soit accepté par tous, les receveurs du roi invoquèrent une règle du droit féodal : « L'obligation de l'aide due au seigneur en cas de nécessité. » Gonflé, mais fallait y penser ! Il manquait pas de chou, Phiphi le Bel ! Pourtant, malgré cet impôt, les bas de soie de Philippe avaient mis la royale cassette à sec. Il était urgent de rebecqueter le trésor. Les impôts, c'est pas fait pour les chiens, les dévaluations non plus ! En convoquant les premiers états généraux (1302), le bon Philippe se mit l'opinion publique dans la fouille en faisant carrément emprisonner le pape qui ramenait trop sa mitre. « Phiphi la peste », qui avait toujours des sacs de nœuds pas possibles avec ses banquiers, histoire de se remettre à flot, taxa lourdement (en fait il les saigna littéralement) les Juifs et les Lombards. Il confisqua leurs canassons et leurs maisons de campagne, et, pour faire bon poids, mitonna une bonne dévaluation bien de chez nous !

En ce qui concerne la bagatelle, Philippe le Bel n'était pas une épée, si on en croit le journal des dames qui ont eu l'occasion de s'en servir ! Par contre, pour ce qui était de piquer leur osier aux braves gens, il avait pas son pareil. Finalement, hormis pour les Juifs, les Lombards, les Templiers, le clergé et les pauvres, Philippe le Bel fut un roi formidable !

CÔTÉ JARDIN

Vous pouvez encore semer sous abri melon, courgette et potiron, et, en pleine terre, carotte, betterave et chicorée sauvage.

CÔTÉ CUISINE

Lavez-vous les mimines avec du marc de café, l'odeur de l'ail ciselé disparaîtra.

Pour celle de l'oignon (encore plus tenace !), déchirez et froissez un petit bouquet de persil entre vos doigts et rincez-les à l'eau claire.

Éliminez l'odeur du poisson en vous frottant les mains avec du gros sel avant de les laver… ou aussi avec une rondelle de citron, ça marche !

Tant va la cruche à l'eau qu'à la fin on se met à aimer le bordeaux.

Mon chien, il ne lui manque que la parole…
Des fois, il me regarde avec un air de dire : *« Qu'est-ce que t'es con ! »*
« Et alors ?…
– Et alors, je change de pièce. »

Que te dicte belle Judith,
Ce beau mois de mai qui s'élance ?
De mes deux amants il me dit,
Qu'entre les deux mon cœur balance.

Sainte Judith

05 mai

JEUNES FÈVES EN SALADE

Gourmand, impatient, papa allait au jardin manger crus tant il les adorait les fèves et les pois chiches frais préparés ainsi. C'était l'un de ses plats préférés!

Pour précéder une épaule d'agneau au four, cela peut faire une bonne entrée.

Pour 4 à 6 convives :

1,5 kg de fèves jeunes (petites);
3 gousses d'ail pressées;
3 cuillerées à soupe d'huile d'olive;
1 cuillerée à soupe de vinaigre de vin;
1 cuillerée à café de jus de citron;
1 cuillerée à café de moutarde forte;
1 cuillerée à café de poudre de cumin;
1 pointe d'harissa ou de poudre de piment d'Espelette;
1 litre d'eau;
Sel.

Préparation :

Écossez les fèves. Mettez-les douze minutes à cuire sur la grille au-dessus d'1 litre d'eau dans le cuiseur-vapeur.

Faites fondre le sel dans le citron et le vinaigre au fond d'un saladier.

Ajoutez la moutarde, l'huile, l'harissa (ou le piment), l'ail pressé. Mélangez bien.

Ajoutez les fèves tièdes dans le saladier. Saupoudrez de poudre de cumin et mélangez de nouveau bien le tout avec des couverts en bois.

Ces délicieuses fèves se dégustent à peine tièdes ou froides sortant du réfrigérateur après trente minutes de macération, vous déciderez.

Facile, peu onéreux et appétissant!

Ses parents étaient très pessimistes sur son avenir :
« S'il continue, il mourra de faim sur l'échafaud! » (Alexandre Breffort)

LE SAVIEZ-VOUS ?

Les grammairiens appellent *contrepèterie* une espèce de plaisanterie qui consiste à échanger les initiales des mots d'une phrase. Rabelais en a mis quelques-unes aux chapitres XVI et XXI du livre II de *Pantagruel*. On ne peut pas les transcrire; mais voici deux exemples tirés du livre de Tabourot *(Bigarrures et touches du sieur des Accords)* :
Un sot pâle – Un pot sale.
Il le dit à deux femmes – Il le fit à deux dames.
Ces sortes d'altérations sont quelquefois faites involontairement, comme par cet acteur qui devait dire: « Sonnez, trompettes », et qui s'écria: « Sonnettes, trompez. » Un autre n'avait que cet hémistiche à prononcer: « C'est un fait, il est mort. » Mais, troublé par l'émotion inséparable d'un premier début, il ne manqua pas de dire: « C'est un mort, il est fait. » La langue a fourché à bien d'autres. Un témoin, en cour d'assises, dit avoir vu un homme « qui fumait *sa porte* sur le pas de *sa pipe* ».

06 mai

Sainte Prudence

PERRET

Début du mois de mai Prudence,
A tôt fait de manteau jeter,
Car les jeux d'amour et la danse,
L'occuperont tout un été.

CÔTÉ JARDIN

Quand vous avez semé votre gazon au printemps, recouvrez-le de feuilles de journaux (mais oui !). Maintenez-les au sol par de gros cailloux et arrosez-les. Les graines seront maintenues au frais et les piafs ne viendront plus les becqueter !

Mais ne faites pas cela si vous venez d'en semer sur un hectare !

La preuve qu'on n'est pas sexiste, Il y a des garde-fous… Mais pas de garde-folles !

(Grégoire Lacroix)

TRANCHE D'HISTOIRE

1954 Tenu par la troupe de paras français depuis le 20 novembre 1953, le camp de Diên Biên Phu est tombé en mai 1954 aux mains du Viêt-minh. Défendu par 16 000 hommes, le camp a été attaqué le 27 décembre par quatre divisions viêt-minh avec 75 000 porteurs. Dès le premier assaut du général Giap, la piste d'aviation était neutralisée. L'état-major français a sous-estimé la capacité de Giap à faire transporter toute son artillerie aux abords de cette cuvette. Pour Navarre, son pote Bigeard et les 16 000 bidasses morts de trouille qui restaient coincés là, les carottes étaient cuites ! Un jour, de retour de reportage, mon ami Frédéric Rossif, qui était parvenu à avoir un rendez-vous avec le général Giap après cette sinistre guerre, m'avait raconté une anecdote très émouvante, qui m'avait assez bouleversé. On l'avait fait pénétrer dans une grotte immense qui abritait Giap, son état-major ainsi qu'une cinquantaine d'enfants petits orphelins de guerre. (Ils étaient tous fils et filles d'officiers morts au combat.) Ces derniers, assis en cercle à même le sol, entonnèrent en le voyant ma chanson « La Cage aux oiseaux », dont ils avaient fait eux aussi leur symbole de liberté.

« J'étais aussi ému que si j'avais écrit moi-même ta chanson ! » avait ajouté l'ami Frédéric.

« LA CAGE AUX OISEAUX »

Après avoir entendu à la radio l'histoire d'un prisonnier américain fraîchement libéré qui avait ouvert toutes les cages des marchands d'oiseaux, j'ai rêvé ma chanson la nuit suivante. Tout m'est venu en dormant : musique et une partie des paroles. Je me suis forcé à tomber du lit à 5 heures du matin afin d'écrire tout cela pour ne pas le perdre.

Si vot'concierg' fait « cui-cui » sur son balcon,
Avec ses perruches importées du Japon,
Ses canaris jaunes et ses bengalis,
À vot'tour faites-leur « guili-guili ».
Sournois'ment exclamez-vous, Dieu quel plumage,
Mais chère madame on vous d'mande
au troisième étage,
Et dès qu'la bignole aura l'dos tourné,
Même si on n'doit pas vous l'pardonner :

Ouvrez, ouvrez la cage aux oiseaux,
Regardez-les s'envoler c'est beau,
Les enfants si vous voyez,
Des p'tits oiseaux prisonniers,
Ouvrez-leur la porte vers la liberté.

Dès qu'il voit rappliquer Gisèle,
Le froid s'envole à tire-d'aile,
Quand elle enfile son slibard,
Léger comme plume de canard.

Sainte Gisèle

07 mai

TRANCHES D'HISTOIRE

1937 Dans le journal *Le Matin* du 7 mai 1937, un journaliste pousse des cris de lamentation déchirants en constatant que 52 dimanches et lundis faisant déjà 104 jours de congés, et en y ajoutant le reste des jours fériés, Noël, Pâques, etc., le travail et les affaires s'arrêtent déjà près de quatre mois par an. Mais, coup de grâce, M. Jean Perrin, sous-secrétaire d'État aux recherches scientifiques, vient d'affirmer en démontrant par « a plus b » que si le temps du travail était encore abaissé à trois petits jours par semaine, la France serait sans doute plus heureuse et plus riche!... en restant près de sept mois dans l'année sans travailler. Il en avait des idées, ce Léon Blum! Il disait : « Nous obtiendrons la baisse des prix de revient français par l'accroissement du débit de l'appareil productif. »

Imbittable! Mais... si ça l'a rendu plus heureux!...

1904 Le 7 mai 1904, on pouvait lire dans le journal *La Libre Parole* un papier d'un éminent journaliste, A. de Boisandré, qui jugeait salutaire d'informer ses lecteurs des dangers qu'encourait la paisible ville de Saint-Pétersbourg. « Le numéro de *L'Univers israélite*, écrivait-il, publie une statistique de la population juive à Saint-Pétersbourg qui nous paraît bonne à reproduire. [...] La capitale de l'Empire russe compte aujourd'hui 191 229 israélites. 4 748 sont tailleurs ou dans la confection, 11 225 sont employés dans la lithographie ou la typographie, 1 655 travaillent les métaux ou la pierre, 380 sont médecins, 190 sont dentistes, 258 pharmaciens, 208 avocats, 423 se "livrent" aux lettres, sciences ou arts, 208 servent dans l'armée et la flotte, et enfin 3 dans la police. On voit que la persécution, ajoute-t-il, n'empêche pas les Juifs de prospérer en Russie ni surtout d'y pulluler! »

Pourrait-on lire encore ce genre de prose entre 2015 et 2020 dans nos journaux d'extrême droite? Assurément pas, puisqu'il paraît que l'extrême droite n'existe plus!

C'est une chose extraordinaire que toute la philosophie consiste en trois mots : « Je m'en fous ! » (Montesquieu)

Proverbes juifs

C'est seulement quand le Juif a raison qu'il reçoit des coups.

Dans l'amitié, ménage une petite place pour la brouille, et dans la brouille, une autre pour la réconciliation.

On ne peut avoir sa femme ivre et sa barrique pleine.

La tartine tombe toujours du côté du beurre.

Et enfin, provenant je présume des proverbes moyenâgeux de la communauté juive (on pourrait y inclure les Arabes!), cette perle de dicton qui en dit long sur le redoutable et éternel patriarcat: « Quand la fille ouvre sa bouche, elle ouvre sa vulve. »

CÔTÉ CUISINE

Pour que le riz ne colle pas, mettez un peu d'huile d'olive ou de jus de citron dans l'eau de cuisson. Passez-le au tamis sous l'eau froide quand la cuisson est terminée.

08 mai

Victoire 1945

PERRET

Le 8 est le seul jour du mois,
Pour cet armistice de mai,
Où ma femme ne me dit pas,
Je t'en supplie fous-moi la paix.

LES OURSINS BLANCS

Ma famille et moi adorons par-dessus tout les gros oursins blancs. En vacances aux îles Grenadines, à bord d'une petite chaloupe avec les enfants, nous étions partis vers un immense banc d'oursins au-dessus duquel nous nous étions arrêtés. Munis de gros gants de jardinier en peau, nous en avions cueilli plus d'une centaine. J'avais en effet promis la veille à l'ami Jacques Brel que je lui mitonnerais le lendemain un blaff d'oursins au montrachet.

Je ne raconte de nouveau cette histoire (déjà évoquée dans un autre ouvrage, pardon!) que pour montrer à quel point Jacques et moi étions proches, et pourtant loin d'avoir les mêmes rapports avec les poissons. Après son arrêt forcé – par la maladie –, il passait la moitié de son temps en mer sur son bateau, et l'autre à Hiva Oa, au bord des falaises des îles Marquises avec sa doudou Madly; il n'avait jamais, cependant, pêché un seul poisson de sa vie.

« Mais, lui avais-je demandé, à Hiva Oa ou sur ton bateau, tu ne pêches donc jamais? Ni la doudou?

– Jamais! avait-il confirmé. Je serais d'abord incapable d'accrocher un quelconque ver de terre à un hameçon, et encore moins capable de décrocher un poisson s'il était pris à ma ligne. Pauvre bête!

– Mais alors, vous ne mangez jamais de poisson frais à bord de ton bateau? En pleine mer?!

– Non, avait répondu Jacques.

– Il mange des sardines à l'huile, avait dit Madly... ou le thon. Il adore ça. Mais en boîte...

– Merde! s'était exclamé Jacques. C'est quand même bon, des oursins dans un blaff au montrachet. Putain! C'est la première fois que j'en mange, mais je m'en souviendrai! Sacré Pierrot! Pas vrai, doudou, qu'on s'en souviendra?! »

Et moi, mon vieux Jacques, je n'ai pas oublié et je n'oublierai jamais ces moments privilégiés que nous avons vécus ensemble!

Adieu, Jacques, on t'aimait bien, tu sais.

BUVEURS BAVARDS

Souvenir de ce dialogue entendu à la Libération, au comptoir du Café du Pont de mes parents :

« C'est grâce à la Résistance qu'on a été libérés.

– Grâce à la Résistance et grâce aux Américains.

– Moi, j'aime pas les Américains parce qu'ils aiment pas les communistes...

– Et moi, j'aime pas les communistes parce qu'ils aiment pas les Américains!... Et toi, mon pauvre Gégène, t'es vraiment un con de dire ça!...

– Sors dehors, si t'es un homme...

– Demain. Il pleut! »

CÔTÉ CUISINE

Pour qu'un gâteau dore bien au four, badigeonnez-le auparavant de jaune d'œuf. Ça marche aussi très bien si vous n'avez pas d'œuf sous la main avec deux ou trois cuillerées à soupe de lait que vous badigeonnerez également au pinceau.

Sainte Pacôme,
Si tu m'aimais tu me ferais,
Ce qu'une femme fait à un homme.
Elle m'a dit je t'embrasserais,
Mais je ne te dirais Pacôme.

Sainte Pacôme

PERRET

09 mai

CÔTÉ JARDIN

Il est grand temps de planter vos patates. Les hâtives et les tardives. Gardez sous châssis vos plants de tomate qui pourraient encore avoir froid aux ripatons. Ne les arrosez qu'avec parcimonie. Entrouvrez la serre ou les châssis, laissez-les respirer quand le soleil est là.

CONSEILS PRATIQUES

- Sur le marbre, de l'eau de lessive et quelques gouttes d'ammoniaque feront disparaître vos taches de café, de vin, de fruits ou de nicotine. Rincez deux ou trois fois à l'eau claire.
- Chez votre droguiste, achetez de l'acide oxalique en cristaux (appelé sel d'oseille), qui fera disparaître aussi les taches de rouille.
- L'essence ou la benzine se chargeront des taches de graisse (toujours sur le marbre !).

LA PALETTE

Les habitués du Café du Pont avaient tous de petites attentions pour mon frère Jeannot et pour moi. Ils nous rapportaient de l'usine de petits palets ronds de métal – que nous appelions des palettes – avec lesquels nous jouions aux billes. Ces dernières, placées dans un nid creusé dans la terre le plus souvent par nos talons de chaussures, devaient être délogées de ce bol improvisé par ces fameuses palettes au profit du plus adroit. Selon la mise, chacun plaçait une, deux ou trois billes dans le nid. À six pas de distance, le plus habile empochait toutes les billes qu'il avait réussi à chasser du « bol ». Nous jouions aussi avec des galets plats de la Garonne. Cependant, posséder une palette en acier de l'usine, aux bords plats bien arrondis, était véritablement le fin du fin. Papa, qui suivait en pointillé mon cheminement scolaire, m'avait formellement interdit d'aller jouer avant d'avoir terminé mes devoirs en rentrant de l'école. Il n'appréciait pas du tout non plus que je manque cette dernière sans avoir un prétexte en béton.

Celui qui dit : « Aux innocents les mains pleines », se garde bien de dire de quoi sont pleines les mains des innocents ! (Pierre Dac)

Il est prudent aujourd'hui de ne pas paraître trop heureux !

Pour survivre dans le monde que nous vivons, une absence totale de rigueur s'impose.
(Grégoire Lacroix)

Elle faisait baver les hommes comme trente-six crapauds devant une tarte aux moustiques.

Un jour d'audience, plusieurs conseillers dormaient, et d'autres parlaient entre eux trop haut ; M. de Harlay, premier président, dit : « *Si ces messieurs qui causent ne faisaient pas plus de bruit que ces messieurs qui dorment, cela accommoderait fort ces messieurs qui écoutent.* »

10 mai

Sainte Solange

Si pour Sainte-Solange il pleut,
Vous me voyez en grand émoi,
Les cerises tombent par la queue,
Et je ne sors plus de chez moi.

JEANNE D'ARC (LA PUCELLE… MON ŒIL !) (1412-1431)

Tout semble avoir été dit sur Jeanne d'Arc. Dans tous nos livres d'histoire, on nous raconte qu'un beau jour elle esgourda saint Michel tout en gardant ses moutons dans un pré de Vouthon-Haut. Le bon saint lui dit : « Ma Jeannette, tu vas aller me virer ces Rosbifs qui viennent jusque dans nos sillons égorger nos fils et nos compagnes… » Chiche ! lui dit-elle, et on apprend quelques pages plus loin qu'elle finit sa glorieuse carrière sur un bûcher, grillée comme une vulgaire saucisse. Mais halte-là ! Pour un certain nombre d'érudits, qui sont loin d'avoir du mou de veau dans la terrine, bien des points demeurent encore aussi obscurs que le calebar de Mussolini quand il apprit sa défaite. Jeannette entre à Orléans le 29 avril 1429. Les Rosbifs, saisis d'une crainte superstitieuse, ne tentent même pas d'arrêter les péniches de ravitaillement. Faut dire que la plupart d'entre eux nageaient comme des machines à coudre. Jeanne veut attaquer *illico*. Raoul de Gaucourt, une taupe de La Trémoille, allié secret du duc de Bourgogne (qui lui envoyait des caisses de romanée-conti chaque fois qu'il cafetait !), n'est pas d'accord. Elle offre alors la vie sauve à sir William Glansdale, s'il se rend. De l'autre côté du pont, l'autre la traite de « vachère », de « putain des Armagnac », et ses hommes de maquereaux ! (Ce qui n'est pas tout à fait faux, d'ailleurs, en ce qui concerne ces derniers !) Ce sera donc la bataille !

Le 7 mai 1429, Jeanne, comme son pote saint Michel le lui avait annoncé, morfle une flèche au-dessus du nibard gauche, qui lui ressort du côté de l'omoplate. Elle change aussitôt de soutif et soigne sa plaie avec un cataplasme d'œufs d'escargot écrasés dans l'huile d'olive. Le lendemain, elle est guérie.

Le 10 mai, Orléans, assiégée depuis sept mois, est libérée après neuf jours de castagne acharnée.

Lors de son procès, la naïve ironie de Jeanne d'Arc déconcertait et même irritait fort ses juges, dont ce Pierre Cauchon, l'évêque de Beauvais. C'est Jean de Luxembourg, comte de Ligny, qui l'avait vendue aux Anglais pour la modique somme de dix mille livres. Ces derniers décidèrent qu'elle serait jugée comme sorcière et hérétique. Ils la harcelèrent de sottes questions au sujet de la forme sous laquelle lui était apparu saint Michel. « Pourquoi une couronne ? » « Avait-il des habits ?… » « N'était-il pas tout nu ? » Jeanne leur répondit : « Pensez-vous que Dieu n'ait pas de quoi le vêtir ? »

Les femmes ont raison neuf fois sur dix. Mais pourquoi commencent-elles toujours par la dixième ? (Grégoire Lacroix)

LE PIRE DANS LA VIEILLESSE, C'EST QUAND TU TE PISSES SUR LES GODASSES ET QUE TU ÉTERNUES EN MÊME TEMPS !

La jeune fille chaste est celle à qui l'on a rien demandé.

Gare s'il gèle,
À la Sainte-Estelle.

Sainte Estelle

11 mai

« ESTELLE »

Je chante toujours dans un éclat de rire avec un petit sanglot dans la gorge. Comment oublier cette soirée de première à Bobino où j'ai chanté « Estelle » pour la première fois ?... Les gens riaient tout au long et lui firent un triomphe et la bissèrent tant que je ne pus y échapper.

Si vous voyez Estelle,
Dites-lui mes amis,
Combien je suis fou d'elle,
Comment je suis puni,
Que ça n'a rien de drôle,
De se la mett' sous l'bras,
En cherchant du pétrole,
Dans le Guatemala.

Si vous voyez Estelle,
Dites-lui mes amis,
Que je bande pour elle,
Que j'en perds l'appétit,
Qu'on se r'mettra ensemble,
Que je m'avoue vaincu,
Et qu'j'ai les mains qui tremblent,
Quand j'évoque son cul.

Dit's-lui qu'je suis lucide,
Depuis que j'lai quittée,
Qu'j'étais bien trop candide,
Qu'j'aurais dû l'écouter,
Et que cette fille superbe,
Qui m'emm'na en bateau,
Je n'ai su qu'à l'île d'Elbe,
Que c'était un trav'lo.

Qu'elle aura toute ma paye,
Pour sortir quand elle veut,
Qu'c'est fini la bouteille,
Que je triche plus au jeu,
Que ma vie est amère,
Qu'il faut que l'on renoue,
Dit's-lui même que sa mère,
Peut habiter chez nous.

« Il est tellement con que ça se voit sur son visage !
– Pourtant, j'ai vu que sa verrue !
– Mais toi aussi, on voit que ta verrue ! »

Un connard d'élite comme lui, ça mérite un diplôme.

CÔTÉ CUISINE

SI UN FAUX CUL T'EMBRASSE, COMPTE TES DENTS.

Si vous ne voulez pas vous faire étouffer par vos paupiettes, intercalez entre l'escalope et la tranche de jambon de Paris un hachis fin d'herbes fines (cerfeuil, ciboulette ou persil) en même temps qu'une fine tranche de gruyère. Moelleux, goûteux !

Je bois trop ; la dernière fois que j'ai dû donner un échantillon d'urine, il y avait une olive dans le bocal. (Rodney Dangerfield)

LE SAVIEZ-VOUS ?

La jeune fille qui mange trois graines de pivoine chaque jour pendant douze jours aura des joues rouges et fraîches comme cette fleur. La pivoine écarte les tempêtes, les convulsions et toutes sortes d'enchantements. Mais il faut pour cela la cueillir la nuit à trois heures du matin exactement en lune décroissante. Bien entendu, n'oubliez pas de régler votre réveil !

Un bel esprit avait adressé à Voltaire une tragédie pour la soumettre à son jugement. Celui-ci la lut, et, la posant ensuite sur la table : « La difficulté, dit-il, n'est pas de faire une tragédie comme celle-ci, mais de répondre à celui qui l'a faite. »
(Mis de Luchet, *Mémoires sur Voltaire*)

12 mai

Saint Achille

Jolies fleurs et riches épis,
S'en viennent au doux mois de mai,
Mais ils sont plus beaux que jamais,
Quand saint Achille a fait pipi.

LA MOUSSE AU CHOCOLAT ET AU CAFÉ

Cette mousse est l'une de celles que j'ai le plus souvent du plaisir à faire et à déguster. Sa légèreté et les saveurs de chocolat-café qui la caractérisent sont un bonheur total pour mon palais. Un « opéra » parfait en symbiose avec ma gourmandise… Et facile à faire, avec ça !

Pour 8 personnes :

300 g de chocolat noir amer ;
80 g de beurre ;
4 œufs ;
1 blanc d'œuf supplémentaire pour la rendre plus légère ;
50 g de sucre en poudre ;
1 petit sachet de sucre vanillé ;
½ tasse de café fort ;
⅓ de verre d'eau ;
1 pincée de sel.

Préparation :

Dans une casserole, mettez le chocolat en morceaux, l'eau, le café, et laissez fondre sur un feu doux en tournant. Ajoutez le sucre en poudre et le sucre vanillé, tournez constamment avec une cuillère en bois.

Ôtez la casserole du feu et mettez au fur et à mesure le beurre par petits morceaux que vous faites bien fondre en remuant.

La casserole hors du feu, ajoutez les quatre jaunes d'œuf que vous aurez séparés des blancs. Incorporez-les bien en tournant doucement. Battez bien tous les blancs avec une pincée de sel pour les monter en neige très ferme. Incorporez-les doucement au chocolat avec la cuillère en bois, en prenant soin de ne pas défaire la neige qui risque de devenir liquide.

Laissez refroidir deux heures et mettez la mousse au réfrigérateur. Elle est meilleure si on ne la déguste que le lendemain. On peut l'accompagner de biscuits ou de tuiles tièdes.

TRANCHE D'HISTOIRE

1938 Après cinquante millions de « *Ya* » qui ont plébiscité Hitler pour « la plus grande Allemagne », Adolf (et sa crotte de poils sous le pif) est allé à Rome rendre visite au copain Mussolini le 12 mai 1938. Ce dernier, très chaleureusement, lui a fait becqueter un plat de spaghettis à la tomate avec des anchois, puis, debout sur son balcon, il a fait acclamer son pote avec le bras tendu et tout. Vraiment classe. Après quoi, ils ont regagné le salon où ils ont tapé la belote jusqu'à l'heure du thé. C'est Hitler qui a gagné !

CÔTÉ JARDIN

Il est temps de semer le cerfeuil à la volée. Moi, je sème aussi ma coriandre. Arrosez, ça sort en quarante jours. Cette dernière, hachée sur une salade de tomates à la mozzarella, vinaigrette à l'huile d'olive… un régal !

Au mois de mai frileuse Rolande,
Tu peux ôter ta houppelande.

Sainte Rolande

13 mai

BÉLUGA

J'ai pêché en des centaines de lieux différents de par le monde. J'ai rencontré dans chacun d'eux des gens curieux et passionnés, toujours à l'affût de rivières, de méthodes et de lieux nouveaux. Chacun avait ses trucs. Nous ne parlions parfois pas la même langue. Trois choses, cependant, forgeaient une parfaite symbiose entre nous : la passion de la pêche, la beauté des lieux et la convivialité des casse-croûte au bord de l'eau, saupoudrée des anecdotes les plus savoureuses. Il manque un sixième sens au pêcheur, s'il n'est pas épicurien. Comment oublier ce grand gaillard rouquin que je rencontrai un jour sur la rivière Cong, en Irlande, à l'heure du pique-nique ?

Je venais d'installer le mien au bord de l'eau, sur l'herbe, après avoir ferré coup sur coup deux magnifiques *silvers*, dont mes efforts pour les sortir m'avaient mis en appétit. Ce fameux rouquin, emporté par l'obstination d'un vieux mâle qui lui avait pris cinquante mètres de fil, passa devant moi comme un diable affolé. Parvenir à ramener vers la rive ce « bécard » culotté, qui faisait des bonds de cinquante centimètres hors de l'eau, semblait être pour lui une entreprise désespérée. Ce saumon récalcitrant finit par rendre les armes cinq minutes plus tard, à quelques mètres de mon pique-nique. D'un coup qui fit soupirer d'aise mon « collègue » irlandais, j'emprisonnai le beau mâle au fond de l'épuisette. C'est donc tout naturellement que, l'heure venue, nous groupâmes nos déjeuners en un seul. Mon sympathique « rouquemoute » extirpa d'une miniglacière portative une boîte d'un sublimissime caviar béluga qu'il m'invita à partager avec lui sans ambages. Le saucisson maison, ainsi que la bouteille de montrachet fraîche sortie de mon gros sac isotherme, eurent tôt fait de le convaincre que nulle auberge à cent kilomètres à la ronde n'eût été en mesure de nous offrir de telles merveilles. C'est avec des sanglots dans la voix qu'il me remercia tout en terminant la boîte de camembert que j'avais rapportée de Paris.

CONSEIL BEAUTÉ

J'apprends que les Romains se plongeaient déjà dans les bains à la farine pour adoucir leur peau. Quand on sait que la moyenne d'âge de mortalité à cette époque se situait entre 40 et 50 piges (et encore !) alors... oubliez les Romains !

La gloire est une espèce de maladie que l'on prend pour avoir couché avec sa pensée. (Paul Valéry)

14 mai

Ascension (ex-Saint Matthias)

Quand il pleut à la Saint-Matthias,
Le blé n'est pas près d'être mûr,
Le fermier renverse sa tasse,
Les escargots rasent les murs.

Contrairement à ce que racontent ceux qui ne renvoient pas l'ascenseur, la fête de l'Ascension n'est pas celle des liftiers.

(Pierre Dac)

Pensées

Le vrai sage est celui qui se connaît soi-même et qui n'essaie pas de comprendre sa femme.

L'impuissant se glorifie du phallus de son père.

La nature humaine nous fait raisonner comme des sages et agir comme des crétins.

Le pigeon que l'on étouffe se met à danser pour remercier son assassin.

Celui qui vient au monde et meurt avec les poches pleines d'or va drôlement frustrer les asticots de son cercueil.

CÔTÉ JARDIN

Moi, dans pas longtemps, je vais semer mes haricots tarbais que je récolterai vers la fin août pour faire mon cassoulet. Na !

TRANCHE D'HISTOIRE

1948 Le 14 mai 1948, les journaux annoncent : « Cette nuit, en Palestine, fin du mandat britannique et proclamation de l'État juif. »

« Les États arabes se préparent à intervenir dès que l'Amérique tente les ultimes efforts pour sauver la paix. »

Après Treblinka et Dachau, cela aurait pu être une terre de paix. Hélas !... Trois fois hélas !

J'ai fait le calcul : la littérature peut nourrir un pinson et un moineau.

(Jules Renard)

Si tu veux perdre un ami, prête-lui. . .

LE PARLER DES MÉTIERS

Dans le jargon de leur métier, pour les pompiers de Paris, **« relever une tortue »** n'est autre que remettre debout une personne qui ne peut se relever.

Pour les hôtesses de l'air qui servent le déjeuner en vol et qui renversent la sauce d'un plat sur les vêtements d'un passager, cela s'appelle **« napper le client »** !... Elles vont aussi **« nourrir le hamster »** (le pilote), parce qu'il mange énormément.

Automédication

(Deuxième façon de stopper les maux de ventre.)

Dans un bon litre d'eau menée à ébullition, faites une décoction de deux bonnes cuillerées à soupe de myrtilles séchées. Filtrez-les à la passoire, sucrez d'une cuillerée à dessert de miel. Cette infusion est souveraine contre les coliques... et la salsa !

Jurons

Dans les jurons relativement nouveaux, on peut répertorier un « gros naze ». C'est ce qu'a répondu une politicienne très connue à qui on demandait si elle accepterait de siéger au gouvernement actuel si on lui proposait un ministère : « J'ai pas du tout envie de travailler avec ce gros naze ! »

Mi-mai l'amour vient pour Denise,
Avec les premières cerises,
Elle va folâtrer dans les prés,
Les ennuis n'arrivent qu'après.

Sainte Denise

15 mai

LE SOLEIL TRANSPERCE LA BISE,
QUAND ARRIVE LA SAINTE-DENISE,
LAISSANT LA PLACE À DOUCE BRISE,
PLUIE NEIGE ET FROID
FONT LEUR VALISE.

Le vieux garçon
a l'œil qui frise,
Quand il vient
retrouver Denise,
Culotte enlevée
et table mise.

LE CRIME D'ARREAU

« Bikini » avoue avoir dépecé le cadavre pour mille francs.

L'ouvrier agricole italien Angelo Bizzichini, dit « Bikini », a été arrêté la nuit dernière, à l'issue d'un interrogatoire subi, en fin de soirée, à la gendarmerie d'Arreau. Bizzichini a avoué avoir participé, avec Jean Fouraste, au dépeçage du cadavre de M. Pierre Larran. Cette arrestation a produit dans le village l'effet d'une bombe. Personnage pittoresque, « Bikini », bien qu'intempérant, n'en était pas moins considéré par tous comme un ouvrier travailleur et honnête. Malgré le mutisme observé par les enquêteurs sur les résultats de l'interrogatoire, on croit savoir que sa maîtresse, harcelée par les deux complices qui la faisaient boire depuis quelques jours plus que de raison, aurait finalement accepté de prêter son aide à Fouraste pour le découpage à la scie et à la hache du cadavre de M. Pierre Larran.

L'avis des bouchers : les enquêteurs ont, en outre, l'impression que Fouraste et sa maîtresse ne pouvaient songer à assurer seuls la rude besogne du dépeçage du cadavre. Selon l'avis des bouchers de Bagnères-de-Bigorre, un homme seul n'aurait pu venir à bout d'un tel travail dans un laps de temps assez bref, puisque le dépeçage du corps de M. Pierre Larran se place entre le retour de Fouraste du champ de Bacarisse et la fin de la matinée. Ainsi, le soir, il aurait pu faire sa belote tranquille!...

Espérons qu'au moins les outils étaient bien aiguisés!

TRANCHE D'HISTOIRE

1953 Le 15 mai 1953, au Massey Hall de Toronto, Charlie Parker et Dizzy Gillespie ont joué comme des archanges. C'est F. Marmande, journaliste au journal *Le Monde*, qui l'écrit : « Rien de changé sous le soleil. La musique vient (et le public!) ou ne vient pas. » Il y avait à peine 600 clampins dans une salle glaciale qui en aurait contenu 3 000! Dizzy et Charlie ne trouvaient plus leur pianiste. Bud Powel s'est pointé. « Pas le plus facile, mais le plus sidérant! » Mingus est venu pour enregistrer les ébats. Un ampexe d'emprunt, quelques élastiques de papier tue-mouches... Max Roach règne sur les tambours... Dans la salle, on ne voit que trois Noirs dignement égarés. « Trois musicos de chez Hampton qui jouent au Colonial Tavern encore ce soir. » Hélas! C'était ce soir-là que le match Walcott-Marciano a été retransmis à la télé dans le monde entier. Le premier a touché 250 000 dollars pour son K-O et Marciano n'en a perçu que 170 000 pour l'avoir battu. De son côté, à l'issue du concert, Charlie Mingus, qui n'a battu personne avec sa contrebasse, n'a eu que 150 dollars, Dizzy 450 et 200 dollars pour Charlie Parker qui en avait exigé 100 000! Quant aux 500 dollars promis à Bud Powel, il n'en a jamais vu la couleur!

Mais putain de moine, pourquoi je n'étais pas à Toronto le 15 mai 1953!

16 mai

Saint Honoré

PERRET

Saint Honoré tu es bien trop bon,
Avec un doux vin d'ambroisie,
Cœur et palais font le ronron,
C'est ainsi que l'on t'apprécie.

LUCRÈCE BORGIA

Elle eut, malgré tout, un peu plus de chance que son malheureux frangin (voir le 15 avril). Elle semble, hélas, avoir été victime d'une campagne de pub mensongère depuis cette époque. Honte à ce diable de Victor Hugo qui lui tailla, quelques siècles plus tard, un costard pas possible en la chargeant de tous les vices de la terre. On a dit, depuis, que Lucrèce empoisonnait un tant soit peu ses amants, entre autres… Mais, à vrai dire, en était-elle réellement capable? Elle était si douce… et d'apparence si innocente, que cela paraît impensable. Elle avait de doux yeux verts taillés en amande, les ailes du nez palpitantes lorsqu'elle récitait des poèmes (Lucrèce n'empoisonna jamais personne hormis peut-être ses invités lorsqu'elle leur récitait des poèmes), un cou si gracieux, une taille si bien faite, et des nibards si fermes et si ronds qui posaient tant de questions, qu'on avait forcément envie de leur trouver tout de suite une réponse. De plus, elle était blonde de partout. Elle se trimballait une paire de miches fermes et rebondies qui affolaient tous les passants quand elle allait acheter du beurre chez l'épicier. Ce dernier ne manquait d'ailleurs jamais de lui offrir une sucette, tant il était fasciné par la grâce de ses gestes lorsqu'elle lui ouvrait tout grand son porte-monnaie. Tout cela n'en fait pas pour autant une empoisonneuse. Elle avait, bien sûr, aux doigts, de jolies bagues creuses, avec de l'arsenic à l'intérieur. Du moins, c'est ce que l'on prétend. Ces bagues ne contenaient-elles pas plutôt de la poudre bleue pour ses paupières, de la rose pour ses joues ou de l'écarlate pour ses adorables lèvres? Vous me direz, bien sûr, qu'il était possible que ce tordu de César ou que son vieux bandeur de papa-pape échangeassent la nature de ses poudres sans qu'elle s'en aperçût… Là, je vous dis bravo, car ces vicelards en eussent été largement capables.

Qu'y a-t-il de meilleur pour un État que de constituer la plus belle élite possible? De femmes aussi bien que d'hommes? (Platon)

Le serpent est un animal rond et long qui a son venin au bout de la queue.
(P. Richelet)

CÔTÉ JARDIN

Le danger passé des « saints de glace », sortez vos plants de tomate de dessous les châssis et replantez-les dès à présent en pleine terre. Faites comme moi, arrosez leurs pieds chaque semaine avec une décoction de jus d'ortie (il en faut pas mal) que vous aurez broyée et laissé macérer avec de la fiente de poule, si vous voulez éviter le mildiou et avoir des tomates magnifiques.

Pensées

L'homme seul est toujours en mauvaise compagnie. (Paul Valéry)

Il n'est rien qui ait un goût plus amer que la vérité.

Le sage prend une femme laide. Mais si le laid ne peut pas avoir de sage-femme, il prend ce qu'il trouve!

Quand saint Pascal
Remplit sa hotte,
Quand viennent Pâques
Et la Pentecôte,
Baisse ton futal,
Trousse ta cotte.

Saint Pascal

PERRET

17 mai

GRATIN D'AUBERGINES

J'ai l'honneur et le grand avantage de vous présenter ici « le » gratin d'aubergines de mon épouse Rébecca. C'est le régal assuré de tous les convives, dont l'œil se met à friser lorsqu'on leur annonce la « merveille » au menu. Ne vous étonnez donc pas que j'en sois un tantinet jalmince.

Pour 6 convives :

2 kg d'aubergines ;
1 kg de tomates entières pelées et épépinées ;
½ litre d'huile d'arachide pour la friture ;
1 cuillerée à soupe d'huile d'olive ;
5 gousses d'ail pressées ;
150 g de gruyère râpé ;
Sel, poivre.

Je n'ai pas réussi à réparer vos freins, alors j'ai réglé votre klaxon plus fort.
(Steven Wright)

Préparation :

Lavez, essuyez et ôtez le pédoncule des aubergines. Coupez ces dernières dans le sens de la longueur en tranches d'un centimètre d'épaisseur.

Dans une poêle contenant de l'huile très chaude, faites-les saisir et dorer de chaque côté.

Égouttez-les ensuite trois à quatre heures (ou toute une nuit de préférence).

Faites réduire légèrement dans une casserole les tomates avec l'ail, le sel, le poivre et l'huile d'olive, de façon à obtenir une sauce un peu épaisse.

Dans un plat à four, disposez successivement aubergines, coulis et gruyère, qui constituera la dernière couche destinée à gratiner.

Mettez au four à feu doux, une heure et demie.

Réchauffé ou dégusté froid, ce gratin s'améliore à chaque fois.

Un chevreau rôti, une épaule ou un gigot d'agneau seront sublimes pour accompagner ce gratin.

Épitaphe d'un satisfait : « C'est la première cure d'amaigrissement que je réussis ! » (Des fins pour défunts, Philippe Héraclès)

CÔTÉ CUISINE

Les jeunes aubergines (sans graines) n'ont pas besoin d'être dégorgées trois heures dans l'eau salée, comme doivent l'être les vieilles qui sont un peu amères en fin de saison. Ah ! la jeunesse l'emporte toujours !

QUAND TU TE RÉVEILLES LE MATIN EN N'AYANT MAL NULLE PART, C'EST QUE TU ES MORT.

ABRACADABRA !

Les vieux disaient jadis que lorsqu'on court, que l'on a un point de côté et qu'il faut malgré tout continuer, il faut ramasser une pierre, cracher dessus et la remettre à sa place, le côté sur lequel on a craché contre terre. Si le mal persiste, il faut faire griller sept grains d'avoine puis les jeter dans la rivière. C'est pratique, quand on fait le marathon de Paris !

18 mai

Saint Éric

Si le jour de la Saint-Éric,
Tu perdais un amour unique,
Dis-toi bien en ce mois de mai,
Que chaque jour un autre naît.

« DOCTEUR »

En écrivant « Docteur », je ne pouvais m'empêcher de penser aux ouvriers de l'usine qui fumaient tous comme des pompiers au Café du Pont dans les années 1941 – et jusqu'à la Libération. Paradoxalement, c'est durant cette pénurie totale de tabac qu'ils fumèrent le plus. Ils « bombardaient » dans le café à qui mieux mieux des volutes d'ortie séchée, d'armoise, de pissenlit, menthe ou salsepareille, toutes les herbes sauvages que mémé m'avait enseignées, je leur ai fait fumer – car c'est moi qui leur procurais (séchées, hachées, toutes prêtes) – ces « saloperies », ainsi que les appelait maman !

Docteur quand j'm'ennuie je fum',
Quand je fum' je touss',
Quand je touss' je crach',
Quand je crach' j'ai soif,
Docteur quand j'ai soif je bois.
Mais j'ai peur qu'ça devienn' un' coutum',
Alors je fum',
Aussitôt j'ai la vue qui baiss',
Les nerfs qui lâch'nt l'œil qui tressaut',
Je sens mon sang qui tourne en graiss',
Et mes tabourets qui s'dépot'nt.

Docteur quand j'm'ennuie j'ai faim,
Quand j'ai faim je mang',
Quand je mang' j'ai soif,
Quand j'ai soif je bois.
Docteur quand j'bois j'me sens seul,
Quand j'suis seul j'm'ennuie comm' un' enclum',
Alors je fum',
Dès lors mes doigts d'pied sont brûlants,
Et j'ai l'fer à souder qui s'bouch',
Je sens nett'ment mes globul's blancs,
Qui s'font des toasts avec les roug's.

L'avocat, c'est bon, et le marron, délicieux. Hélas, l'association des deux...

Il vaut mieux sabler le champagne à Cayenne que casser des cailloux à Épernay.

BUVEURS BAVARDS

« Moi, j'aime bien les Italiens. Surtout les Italiennes, d'ailleurs ! Il y a de ces canons, je te dis pas, avec des outils pareils, moi, je suis prêt à faire la guerre.

– Oh toi, tu penses qu'à ça !... Je te signale tout de même qu'ils ont le pape, les Ritals... et la *Joconde* !

– Ah, la *Joconde*, elle est à nous !

– Bien sûr, parce qu'on leur a piquée ! Léonard de Vinci, tu vas quand même pas me dire que c'était un Breton !

– Ah, évidemment !...

– Et puis, les Italiens sont aussi de bons gastronomes, attentionnés, délicats... Regarde simplement dans les trains italiens, et même en France, ce qu'ils marquent en bas des vitres du train... pour l'hygiène...

– Eh ben, c'est quoi ?

– Ils te préviennent en inscrivant : *"È pericoloso sporgersi."* Tu l'as jamais lu ?

– Et alors, ça veut dire quoi ?

– Ça veut dire : "Il est périculeux de sporger !" »

– Ce qui veut dire ?...

– Oh, t'es trop con... ça m'étonne pas que ta femme te plante ! »

MON POTE YVES

Celui que j'avais connu à l'âge de 16 ans, l'un des tout premiers à qui j'ai chanté mes premières chansons, le premier qui m'encouragea, me soutint, qui fut le témoin de ma vie chaotique, qui fouilla le fond de ses poches pour y trouver les quelques sous qui me faisaient cruellement défaut en ce temps-là, le premier qui partagea vraiment mes premières galères, mes jubilations et mes grands éclats de rire, eh bien oui, c'était Yves Audebès.

Yves, mon cher et fidèle Yves, encore une fois était là pour m'aider à déménager. Pour aller du 16e au 14e arrondissement. J'avais loué le petit « charreton » de bougnat le moins cher. Bourré jusqu'à la gueule ! (Des bouquins, des fringues, des casseroles !)

Attelés à tour de rôle aux bricoles de cuir entre les brancards, l'un tirait, l'autre poussait – ou retenait dans les descentes –, quand il le pouvait ! Car, emportés par le poids et la vitesse de l'incontrôlable engin, nous nous envolâmes littéralement en passant à une vitesse foldingue sous le bras du poulet qui, faisant la circulation bras en croix, avait sans douter rêvé de nous arrêter. Mais nous, ventre à terre, arrivés à l'autre bout du pont, nous entendîmes encore les stridents roulements de sifflet rageurs du flic, qui déclenchèrent en nous le plus beau fou rire de notre vie. Cinquante ans après, il retentit encore dans ma mémoire… Et toi, Yves, tu nous manques cruellement.

VIGOUREUX CENTENAIRES

On se réjouit de nos jours du fait que, de plus en plus, l'homme vivra vieux, peut-être jusqu'à 120 ou 130 ans. Il restera pourtant toujours un gamin sous le marronnier qui vivra 600 ans, le lierre 400 ans au moins et le cèdre plus de 800 ans. Ces derniers verront défiler au moins quatre ou cinq générations de centenaires sans pour autant s'être agités autant qu'eux !

BUVEURS BAVARDS

« Moi, je me fais chier en vacances dans ma caravane !… Ma femme me file bien la vaisselle à faire, les courses, tout ça… Ça m'amuse une heure ou deux… Après, je recommence à me faire chier, c'est pas racontable ! À la téloche, l'été, ils repassent tous les vieux nanars… et même le Tourmalet, à présent, c'est décevant… On aime bien les coureurs, alors on va voir les coureurs… mais avant, dans le temps, les coureurs descendaient à tombeau ouvert !… Ils tombaient !… À présent, ils tombent plus. Ils foncent comme des malades, ils battent des records de vitesse… et ils tombent plus !… Ou alors, c'est très rare ! Quant aux morts, alors, il y a des années qu'il n'y en a pas eu !

Le Tour de France, je suis pas le seul à le dire, c'est plus ce que c'était. »

C'est ceux qui n'ont rien qui sont toujours prêts à partager.

20 mai

Saint Bernardin

Quand saint Bernardin fout le camp,
Tous les doigts sont sortis des gants.

MON POTAGER D'ENFANT

Un mois avant de partir en colo, j'avais bêché un carré de deux mètres sur deux dans le jardin de maman. J'avais soigneusement fait éclater les mottes, comme je l'avais vue souvent faire, avant de passer maints coups de râteau pour affiner la terre. Au quatrième quartier de la lune descendante, j'avais semé une volée de grains de maïs ainsi qu'une poignée de haricots tarbais. Il n'en est point de meilleurs pour confectionner un bon cassoulet. Puis trois pieds d'artichaut offerts généreusement par notre voisine Mme Munoz.

Presque trois mois plus tard, de retour de mes colos, je me précipitai vers mon jardin, qui ne pouvait être que magnifique, si maman, comme je le lui avais bien recommandé, l'avait régulièrement arrosé. Hélas, pour mon malheur, Attila était passé dans mon jardinet. Il ne restait quasiment rien, sinon quelques pieds de haricot lourdement chargés de cosses bien pleines qui avaient échappé on ne sait comment à la razzia opérée par maman. Car oui, c'était bien elle qui avait récolté mon maïs et mes artichauts ! Ces beaux culs d'artichaut qu'elle avait préparés « en sauce blanche aigre-douce », crut bon de préciser papa, les avaient bien régalés tous les deux. Mes pieds de maïs, superbes eux aussi, les lapins en avaient raffolé ! « Ça les a changés un peu de l'avoine », me dit ma pauvre mère, pour justifier son inqualifiable comportement qui m'avait précipité au bord des larmes. Ce maïs, ces artichauts, j'en avais rêvé durant mon séjour en colo ! J'imaginais à mon retour de belles panouilles que j'éplucherais comme des bananes, et dont je découvrirais les graines jaune pâle et odorantes. Je les aurais contemplées fièrement, peut-être même fait griller pour les déguster légèrement éclatées… La peine qu'elle m'avait faite, maman, sans s'en douter ! Seuls me consolèrent les haricots tarbais, qui donnèrent un sublime cassoulet, comme elle savait si bien le réussir.

CÔTÉ CUISINE

Il faut aimer ses ennemis. Ça les rend fous. (Lenny Bruce)

Pour faire une mayonnaise ou des meringues, par exemple, pour les œufs dont vous voulez séparer le blanc du jaune, vous les cassez au-dessus d'un entonnoir dans lequel le jaune restera, tandis que le blanc glissera dans le bol. Futé, non ?…

TRANCHE D'HISTOIRE

1960 C'est le 20 mai 1960 que le premier contraceptif oral a été mis en vente sur le marché américain. Oral ?… Ça se plaçait comment, exactement ?… Mais oui, suis-je bête !… Enfin ! Champagne pour tout le monde !

Pensées

La raison ne connaît pas les intérêts du cœur. (Vauvenargues)

Ma femme, c'est la sagesse même. Elle me laisse faire tout ce qu'elle veut.

La sagesse vint à lui, le jour où il sut qu'il ne savait rien.

Quand blé lève à Saint-Constantin,
Le paysan danse jusqu'au matin,
Le rock la java le reggae,
Et après il est fatigué.

Saint Constantin

21 mai

ANDOUILLETTES À MA FAÇON

Il est indispensable de se procurer des andouillettes de grande qualité. Hormis deux ou trois petits charcutiers de campagne dont je garde jalousement l'adresse, je peux tout de même vous conseiller les andouillettes AAAA, que l'on parvient à trouver chez les bons marchands.

Pour 6 convives :

6 belles andouillettes (ou plus si vous adorez ça) ;
200 g d'échalotes grises ;
250 g de rosés-des-prés (ou à défaut de champignons de Paris) ;
50 g de beurre ;
2 cuillerées à soupe d'huile d'arachide ;
1 petit verre de bon armagnac ;
3 grands verres à moutarde de vin blanc de Vouvray ;
1 feuille de papier d'alu ;
Sel, poivre au moulin.

LE SAVIEZ-VOUS ?

En Touraine, on dit que pour choisir un bon numéro à la loterie, il faut aller prier sous une branche d'aubépine.
Ensuite, il faut la couper et la déposer devant un calvaire à la croisée des chemins.
La Française des jeux n'est pas près d'être ruinée !

Préparation :

Dans un petit plat correspondant à leur volume, placez les andouillettes que vous piquez en deux ou trois endroits chacune.

Arrosez-les avec l'armagnac et 1 verre de vin blanc. Laissez macérer une dizaine d'heures en les retournant trois ou quatre fois si possible. Une heure et demie avant le repas, hachez les échalotes après les avoir pelées.

Nettoyez et hachez grossièrement les champignons, puis mélangez les deux hachis et disposez-les au fond d'un plat à four correspondant au volume des andouillettes.

Sur le lit de hachis, placez les andouillettes côte à côte après les avoir sorties de leur marinade.

Arrosez-les de beurre, d'huile, et mouillez avec le reste du vin blanc (2 grands verres).

Salez, poivrez de 8 tours de moulin.

Mettez le plat dans le four doux (préchauffé), laissez cuire doucement après avoir couvert d'un papier alu durant trois quarts d'heure en les retournant à mi-cuisson.

Si le lit d'échalotes et de champignons s'est un peu trop desséché, ajoutez ½ verre de vin blanc allongé d'un peu d'eau. (Ôtez le papier d'alu sept minutes avant la fin de la cuisson afin de bien laisser dorer.)

Vous pouvez servir ce plat délicieux accompagné de pommes de terre rosa ou rattes cuites à la vapeur dans leur peau et ensuite pelées, avant de les présenter toutes chaudes.

22 mai

Saint Émile

Pour le jour de la Saint-Émile,
Le facteur recharge ses piles,
Car l'amour dans les libellules,
L'a mis le soir sur les rotules.

Pitié

Dans une année d'indigence, un paysan se trouve au milieu de quatre petits enfants qui portent leurs mains à leur bouche, qui demandent du pain, et à qui il n'a rien à donner. La démence s'empare de lui ; il saisit un couteau, il égorge les trois aînés. Le plus jeune, qu'il allait frapper aussi, se jette à ses pieds et lui crie : « Ne me tuez pas, je n'ai plus faim. »

Conseil santé

Le phénomène est curieux, les punaises ne vont jamais dans le lit d'un moine. Les sangsues non plus, par ailleurs. Mais si l'on en a avalé une par mégarde en buvant de l'eau (il faut bien avouer qu'il y en a de moins en moins dans les bouteilles d'Évian), il faut boire immédiatement un verre de vinaigre dans lequel on a fait infuser... des punaises ! Il suffisait d'y penser.

J'ai déjeuné hier avec un champion d'échecs. Il a mis vingt minutes pour me passer le sel. (Eric Sykes)

VACANCES SOUS LA PLUIE

Et s'il pleut !? Eh bien, tant mieux !

Comment cela, tant mieux ?

Oui ! Et alors ? Pourquoi serait-ce une catastrophe nationale s'il pleuvait ?! La pluie, cela fait partie de la vie et de ses multiples charmes que l'on peut apprécier.

D'abord, voyons les choses de façon positive.

Si en arrivant à Erquy il pleut, il y a de grandes chances pour qu'on n'attrape pas de coup de soleil ! Parce qu'un coup de soleil, même en Bretagne, ça n'a l'air de rien comme ça, mais cela peut vous gâcher les vacances ! Pire que la pluie ! Parce que la pluie, cela donne un coup de fouet à la nature, elle ravive la couleur des fleurs, de l'herbe, la peau des jolies filles sur la plage. Après la pluie, le poisson qui se dévergonde dans la rivière devient soudain plus vorace, il mord goulûment à l'hameçon et, malheureusement pour lui, se fait prendre par le pêcheur plus chanceux. Se laissent récolter, eux aussi, les innocents escargots que la pluie invite à quitter les anfractuosités des murailles. Ils se retrouveront peut-être eux aussi, ainsi que la friture de petits poissons, sur le menu d'un restaurant étoilé qui – grâce à la pluie – pourra régaler ses gourmands clients. Et enfin, que seraient les salades, tomates, melons et vignobles sans la pluie ? Tandis qu'un coup de soleil qui te brûle la peau peut avoir des conséquences désastreuses ! Les sournois herpès, les galopants psoriasis et l'inéluctable vieillissement des cellules accéléré de manière vertigineuse par le brûlant Phébus ! Y as-tu pensé ?

As-tu réfléchi que les trois quarts des bronzés graves qui roulent leurs biceps quand tu les croises sur les plages auront des lymphomes, ou des tumeurs malignes dans le meilleur des cas ? As-tu songé en les voyant rouler les muscles cuivrés de leurs biceps que tu croisais des morts debout ?!

Allez, va, j'espère qu'il pleuvra pour nos prochaines vacances à Erquy ! Un bon parapluie remplacera avantageusement toutes les crèmes solaires dont tu t'apprêtais à tartiner ta jolie peau !

S'il pleut à la Saint-Émile,
Tu peux te faire de la bile,
Mais s'il grêle à la Saint-Didier,
Tu peux appeler les brancardiers.

Saint Didier

PERRET

23 mai

LOUIS XIV

Lorsque Louis XIV eut été opéré de la fistule, cette maladie devint à la mode. Plusieurs de ceux qui la cachaient avec soin avant ce temps n'ont plus eu honte de la rendre publique ; il y eut même des courtisans qui choisirent Versailles pour se soumettre à cette opération, parce que le roi s'informait de toutes les circonstances de cette maladie. Ceux qui avaient quelque petit suintement ou de simples hémorroïdes ne différaient pas à présenter leur derrière au chirurgien pour y faire des incisions. J'en ai vu plus de trente qui voulaient qu'on leur fît l'opération, et dont la folie était si grande, qu'ils paraissaient fâchés lorsqu'on les assurait qu'il n'y avait point nécessité de le faire.

(Dionis, mémoires cités par A. Le Roi)

Les vieux se répètent et les jeunes n'ont rien à dire. L'ennui est réciproque. (Jacques Bainville)

« Ma fille, si tu veux être bien accueillie parmi les riches, il te faut être polie, propre, bien te tenir, et ne plus sucer tes doigts lorsque tu mangeras un plat en sauce qui te plaît…
– Bien, maman…
– En revanche, tu pourras sucer un riche… Ils adorent ça !… »

Pensées

Un méchant poète demanda à Malherbe son sentiment sur *Ode au roi* qu'il venait de composer : « C'est fort bien, lui dit ce dernier ; il n'y a seulement qu'une petite observation à vous faire. – Laquelle ? – Quatre mots à ajouter. – Lesquels ? – Après *Ode au roi*, mettez *pour torcher son c…* »

Une jeune comédienne qui venait d'acheter un livre demande un jour à Henri Jeanson : « J'ai lu sur la couverture : "Les Derniers Jours de Pompéi". De quoi est-il mort, exactement ? » Jeanson répondit : « Des suites d'une éruption, mademoiselle ! »

(D'après *Le Petit Livre de l'humour noir*, Philippe Héraclès)

L'opinion est la reine du monde parce que la sottise est la reine des sots. (Chamfort)

Ne songer qu'à soi et au présent, source d'erreur dans la politique. (La Bruyère)

À peu près tout ce que vous pourrez dire aura l'air amusant si vous le dites à quatre pattes. (P.J. O'Rourke)

BON À SAVOIR

Dans les Ardennes, pour trouver beaucoup de champignons, il faut mettre sa veste à l'envers. Moi, je pense qu'il vaut mieux connaître un bon coin, c'est plus sûr !

24 mai

Saint Donatien & Pentecôte

PERRET

Pour des bonnes œuvres j'ai souhaité
Quelque très beau tableau ancien,
Mais c'est en vain que j'ai cherché,
Et Donatien m'a donné le sien.

EN AVRIL NE TE DÉCOUVRE PAS D'UN FIL, MAIS DE GRÂCE N'ATTENDS PAS PENTECÔTE, SI TU DOIS CHANGER DE CULOTTE.

Le pape est mort,
Le pope est marre !

LE PARLER DES MÉTIERS

Il existe bel et bien un jargon chez les prêtres et les religieuses. Peu répandu, certes, et toujours utilisé *intra-muros* et jamais **« en public »**.

D'un fidèle très religieux, on dit qu'il est **« bâti avec du bois d'église »**.

Du curé qui célébrait l'ancienne messe en tournant le dos aux fidèles, on disait qu'il officiait **« fesses au peuple »**.

Celui qui va célébrer un mariage ou une communion dans une autre paroisse que la sienne sans être invité à manger ensuite dit : **« Aujourd'hui, je suis de chapelet mais pas de fourchette. »**

Le curé qui va confesser va **« faire la lessive »**, ou, pour des religieuses, il va **« épousseter les anges »**.

Pour les curés, la nonne est une **« curette »**.

On dit du curé nommé protonotaire apostolique (il portera une barrette noire à pompon rouge) qu'il vient d'**« entrer dans la marine »**.

De celui qui prie souvent, qu'il a le **« genou religieux »**.

Le curé qui va célébrer l'office quitte la sacristie pour **« aller en piste »**.

Le curé appelle l'ensemble des évêques la **« ménagerie »**. Sa pipe ou son bréviaire **« ma femme »**, l'enfant de chœur (à cause du surplis blanc qu'il porte) est appelé le **« morceau de sucre »**.

Le surplis qui descend à mi-jambe sous la soutane est sa **« minijupe »**. Et enfin, quand il parle de sa servante, il dit **« mon gouvernement »**.

« Sacré mille dieux de nom de Dieu d'cochon de jean-foutre ! » juron de premier communiant qui vient de tacher sa cravate !

Pensée

Le problème profond de la société française, ce n'est pas l'emploi, ce n'est pas la paix sociale, c'est l'abandon de l'esprit rentier. Si nous voulons survivre, il faut jouer l'avenir, c'est-à-dire l'esprit d'entreprise. (M. Crozier)
... C'est pas le plus bête du village, ce M. Crozier, autrement dit : « Bougez-vous le cul ! »... et arrêtez de geindre !

LE SAVIEZ-VOUS ?

Il y a sept planètes.
Le Soleil gouverne la tête, la Lune le bras droit, Vénus le bras gauche et les reins, Jupiter l'estomac, Mars les parties génitales, Mercure le pied droit et les poumons, Saturne le pied gauche.
Selon les affections que l'on peut avoir à ces différentes parties du corps, il faut, pour être soulagé, porter sur soi l'effigie de la planète correspondante.
Le problème, c'est qu'on n'est pas sûr de trouver ces effigies à Leader Price !

C'est quand tourne le lait
De Sophie,
Que les maigrelets laids,
Se moquent des bouffis.

Sainte Sophie

PERRET

25 mai

« LA MÈRE DES CONS »

« C'était une journaliste, ou qui se prétendait telle, qui avait écrit des tas d'immondices sur des auteurs talentueux tout au long de sa médiocre carrière d'écrivain raté. Avec un peu de chance, elle pourrait se distinguer à l'article de la mort. » Tiens, c'est marrant, ça me rappelle quelqu'un !...

Chacun a droit à ses cons,
Moi j'ai les miens c'est des bons,
Ils sont constants ils sont profonds,
C'est des experts ils ont un don,
Mais les cons les plus heureux,
Sont ceux qui baisent entre eux,
Une fois par an pour êt' féconds,
En somme ils bais' comm' des cons.

Si la race des cons,
N'est jamais éteinte,
C'est qu'la mère des cons,
Est toujours enceinte,
Au fil des saisons,
La garce prolifère,
Elle pond des p'tits cons,
Dans tout l'univers.

Si elle s'en était doutée,
Elle se s'rait fait avorter,
Mais eût-elle su par un scanner,
S'il vient Jeanne d'Arc ou bien Hitler,
Qui peut penser pondre un con,
Même si tant d'autres le font,
Y a pas marqué sur le fœtus,
S'il s'ra coté à l'argus.

Sur la toile de simples cons,
Se transforment en méchants cons,
Là ils balancent leurs vomissures,
Sur le talent ça les rassure,
Car c'est leur médiocrité,
Qui rend teigneux les ratés,
Un grand auteur a écrit ça,
Les ratés vous rat'ront pas.

Si la race des cons,
N'est jamais éteinte,
C'est qu'la mère des cons,
Est toujours enceinte,
Au fil des saisons,
La garce prolifère,
C'est pourquoi les cons,
Remplissent l'univers.

CÔTÉ JARDIN

(Prodigué par mon ami cévenol Bernard Gaillard : ça marche !)

Pour éviter dès à présent que les feuilles de vos arbres fruitiers ne cloquent, surtout les pêchers, abricotiers ou jeunes pruniers, gardez au frigo une dizaine de coquilles d'œuf à chaque fois que vous pourrez. Écrasez-les et emprisonnez-les dans une large bande de gaze (à pansement). Vous les suspendrez dans les branches de vos arbres (deux ou trois par arbre suffisent). Succès garanti, vos pêchers ne seront plus en cloque !

Pensées

On ne jette la pierre qu'à l'arbre chargé de fruits.

Quand on ne peut pas mordre, à quoi sert de montrer les dents ?

Le miel se fait lécher, le fiel se fait cracher.

26 mai

Saint Béranger

L'amour vient visiter cet homme,
Tous les ans à Saint-Béranger,
Mais le sport fatigue le bonhomme,
Après son coup il veut manger.

HORS DU VENT DE FACE GLAÇANT, CHAUD ENCORE ÉTAIT SON DERRIÈRE, MAIS LE MARI DE BÉRANGÈRE, LE CHAUFFAIT DERRIÈRE ET DEVANT.

ABRACADABRA !

Ne jamais brûler le cordon ombilical d'un enfant à sa naissance. Plus tard, il risquerait de périr par le feu. Il ne faut pas le jeter à l'eau, car il aurait de grandes probabilités de se noyer. Il faut cependant l'enterrer sous un rosier blanc si l'on veut qu'il ait le teint mat, rose pour qu'il ait des couleurs fraîches, ou rouge pour des couleurs vives. Vous pouvez de même l'enterrer quelques heures sous un cep de vigne pour qu'il aime boire dans sa vie. Mais surtout, « ne tirez jamais le cordon après dix heures » ! (Pancarte affichée à la porte de la loge des concierges, jadis.)

Il l'a dit

Henri Jeanson, auteur de dialogues d'une belle brochette de films mythiques, refusa un jour de se battre en duel, disant à son adversaire : « Vous n'allez pas tuer un lâche ! »

LE SAVIEZ-VOUS ?

Le cordon Saint-Joseph, vendu chez H. Briquet, en Haute-Marne, est garanti conforme aux dernières décisions de Rome. Il assure une parfaite chasteté et ne coûte que 50 francs le mille en coton et 90 francs en fil. Heureusement qu'il a existé de tels commerçants « religieux ». Sans eux, nous copulerions sans doute encore comme des bêtes du matin au soir !

On dit d'un accusé qu'il est cuit quand son avocat n'est pas cru.
(Pierre Dac)

Elle était si mignonne que nous sommes allés nous promener, et au bout d'un quart d'heure, j'étais tellement sous le charme que je voulais l'épouser, mais, après une demi-heure, j'ai complètement abandonné cette idée et je lui ai volé son portefeuille. (Woody Allen)

À l'une des soirées de Rossini, une dame, invitée à chanter, faisait beaucoup de manières pour s'y décider. Elle devait chanter un air de la *Semiramide*.
« Ah ! cher maître, que j'ai peur ! s'écriait-elle.
– Et moi donc ! »
dit Rossini.

CÔTÉ JARDIN

Pour neutraliser les chenilles à bon marché, attachez autour des branches de vos arbres fruitiers des lanières de vos vieilles chaussettes en laine. Les chenilles y feront leur nid dedans, à l'abri… et foutront la paix à vos arbres. C'est mon copain Michel Lis (le jardinier) qui m'avait jadis donné ce conseil. Son almanach incontournable, *Michel le jardinier,* n'est-il pas une merveille ?! Merci, ami Michel !

Saint Augustin l'oiseau,
Qu'il souvent recueillit,
Pour ce printemps nouveau,
Fait sortir le petit.

Saint Augustin de Cantorbéry

PERRET

27 mai

MON PREMIER OLYMPIA

J'ai connu « le » trac, le monstrueux, le vertigineux, celui qui vous paralyse tant qu'il vous statufie déjà en coulisses, vous lamine totalement. Celui qui glace votre sang jusqu'au bord de la perte de connaissance. Ce fut le cas cette première fois, où je subis un douloureux et inoubliable « dépucelage » sur une grande scène, celle de l'Olympia !

Et pourtant, un triomphe jaillit ce soir-là de cette salle mythique où les spectateurs hurlaient : « Une autre ! », tous à l'unisson au terme de ma chanson. Le pari était gagné. Pourquoi le public avait-il réagi ainsi ? C'est là un mystère insondable que nul artiste n'a sans doute été en mesure d'élucider au fil des succès ou des échecs qui ont été les siens !

Dire qu'il faudra partir un jour alors que tant de gens continueront à faire l'amour.

(Paul Léautaud)

Le sexe n'est pas tout. On ne peut pas remplacer les sentiments par des centimètres.

(Grégoire Lacroix)

La star qui en était à son sixième ravalement ne pouvait plus sucer une pince de crabe tellement ça lui tirait sur les cloisons.

INFOS CAPITALES

Pas moins de trois informations capitales me semblent avoir été communiquées dans le journal :

L'Yonne républicaine, paru les 14 et 15 mai 1958. D'abord, on apprend qu'on vient de capturer – tout près de mon pays natal – un esturgeon d'1,90 mètre ! Au prix du caviar (même en ce temps-là !), le pêcheur a dû pouvoir s'acheter un magasin entier d'hameçons !

La deuxième info qui me parle – comme dit l'autre – (vous remarquerez que « l'autre », on ne sait jamais son nom !) c'est qu'en Seine-et-Marne, près de La Ferté-Gaucher – non loin d'où je réside depuis plus de quarante ans –, on a découvert dans une forêt « une morille pesant le poids sensationnel de 800 grammes ». De quoi faire un sacré coq au vin jaune, avec un engin pareil, non ?

Et enfin, je vous raconte celle-là juste parce que l'« accessoire » m'a rappelé qu'elle, ma pauvre maman – hélas pour elle –, n'a jamais eu de bijoux ! « Une passagère du paquebot *Président Wilson* venant du Japon a déclaré à son arrivée à Honolulu qu'elle avait jeté par mégarde durant la traversée un corset dans lequel elle avait dissimulé des bijoux d'une valeur de 40 000 dollars (31 600 euros, environ). Ayant jeté son corset dans la corbeille à papier, le steward qui faisait la chambre a précipité le contenu de la corbeille par-dessus bord ! »

On ne se méfie jamais assez de l'insouciance des stewards et… des corbeilles à papier !

28 mai

Saint Germain

PERRET

Pour le jour de la Saint-Germain,
Tu feras des pieds et des mains,
Mais comme disait Bernard l'ermite,
Tu n'avanceras pas plus vite.

Pensées

Les Nations unies ont approuvé la levée des sanctions en Irak. Enfin les Irakiens vont pouvoir bénéficier des choses qui leur faisaient cruellement défaut, telles que des médicaments ou des armes de destruction massive. *(Bush à oreille)*

Nous avons généralement en France un gouvernement d'hommes – et de femmes – qui savent ce qu'ils veulent. Ils veulent y rester. (A. Frossard)

Mlle Miré, de l'Opéra, plus célèbre courtisane que bonne danseuse, vient d'enterrer son amant (sept. 1764). Les plaisants de Paris lui ont fait l'épitaphe suivante, que l'on suppose gravée en musique sur son tombeau: Mi ré la mi la. (Bachaumont, *Mémoires secrets*)

Le bon repas est celui qui est aussi agréable à la dégustation que léger à la digestion.

De l'amour, j'en veux trop... ou pas du tout.

Je n'ai pas l'intention de vieillir avec dignité. J'ai l'intention de faire des liftings jusqu'à ce que mes oreilles se rejoignent. (Rita Rudner)

Dicton

Dès que le blé en fleur roucoule,
Il faut mettre à couver les poules,
Et attaquer les radis beurre,
Ça peut vous remonter les boules.

CÔTÉ JARDIN

Si vous n'avez pas encore semé vos haricots verts, il est encore temps ; de même pour les haricots en grains que vous récolterez de fin août à mi-septembre.

Épitaphe :
Je ne pensais pas qu'un jour je serais descendu si bas.
(Philippe Héraclès)

C'est entre 30 et 31 ans que les femmes vivent les dix meilleures années de leur vie.
(Sacha Guitry)

ABRACADABRA !

Au XVIe siècle, la balance était un instrument de justice sur lequel on pesait l'accusé avant et après son interrogatoire. S'il pesait plus lourd après, il était déclaré coupable.
En astrologie, porter sur soi le signe de la Balance, qui gouverne les reins, vous guérira des lumbagos.
En revanche, même s'il est né sous le signe de la Balance, le forgeron qui charrie des enclumes ne verra pas disparaître le sien !

Si vous êtes un homme et souhaitez vous éloigner de la concupiscence, il faut porter sur vous un cœur de caille mâle enveloppé dans une peau de loup. Bien évidemment, il vous faudra un cœur de caille femelle si vous êtes une femme, cela vous fera sans doute passer l'envie de niquer à tort et à travers !...

De l'hiver le dernier frisson,
Viendra le jour de l'Ascension,
Quand tu verras venir Suzon,
Ouvre tes bras, sors ton caleçon !

Saint Aymard

29 mai

CABILLAUD EN RISOTTO

J'aime certes beaucoup le cabillaud quand, juste cuit, bien frais et bien ferme, il s'effeuille facilement du bout de la fourchette, mais, dans ce plat, c'est encore le risotto que je préfère, préparé ainsi. Bon app' !

Pour 6 convives :

6 à 8 belles tranches de cabillaud (morue fraîche) ;
300 g de riz camarguais ;
2 tomates pelées et épépinées ;
1 bon verre de fumet de poisson du commerce ;
1 verre de vin blanc sec ;
3 échalotes hachées menu ;
2 gousses d'ail hachées menu ;
1 bouquet garni ;
3 cuillerées à soupe d'huile d'olive
+ 2 cuillerées à soupe d'huile de tournesol mélangées ;
1 cuillerée à café de piment d'Espelette en poudre ;
Sel, poivre au moulin.

Préparation :

Chauffez la moitié des huiles mélangées dans une sauteuse.

Mettez le riz à frire cinq minutes dans une partie des huiles mélangées.

Ajoutez les tomates coupées en cubes, l'ail et les échalotes hachés. Mélangez bien.

Au bout de dix minutes, mouillez le tout avec le fumet de poisson et le vin blanc. Ajoutez le bouquet garni, le sel et le piment d'Espelette.

Couvrez la sauteuse et surveillez la cuisson de temps en temps (feu doux à moyen). Goûtez et rectifiez l'assaisonnement.

Le riz doit avoir absorbé tout le liquide au bout de dix à quinze minutes. Sinon, mettez le couvercle en biais pour permettre l'évaporation. Ôtez le bouquet garni en fin de cuisson.

Lorsque le riz est cuit, faites revenir les tranches de cabillaud (très légèrement farinées) dans l'huile de la poêle chaude. Trois minutes sur chaque face suffiront.

Salez légèrement et poivrez au moulin.

Dressez le riz en dôme sur un plat creux et chaud, et disposez autour les tranches de cabillaud.

Pensées

Rien n'est plus semblable à l'identique que ce qui est pareil à la même chose.

Si tu veux vivre décemment, il te faut bosser. Si tu veux devenir très riche, effectivement, c'est un problème.

Un concentré n'est pas forcément un imbécile en état de siège, pas plus qu'un concubin n'est obligatoirement un abruti de nationalité cubaine. (Pierre Dac)

Quelque mal qu'un homme puisse penser des femmes, il n'y a pas de femme qui n'en pense encore plus de mal que lui. (Chamfort)

CÔTÉ CUISINE

Du gros sel répandu sur la plaque du four (sous le moule à gâteaux) l'empêchera de brûler.

30 mai

Saint Ferdinand

PERRET

À Saint-Ferdinand les morpions,
S'en vont à la Visitation.

« FERDINAND »

Le désenchantement à propos des œuvres de Céline fut soudain, chez moi ; à la lecture de *Rigodon* et de *Bagatelles pour un massacre*, Louis-Ferdinand n'était plus rien à mes yeux qu'un sombre cloporte. Oublié *Le Voyage*, enterré, du balai *Mort à crédit* ! Du vent !... Lorca, Conrad et Morrison me suffiront !...

J'ai cru découvrir un grand écrivain,
J'avais dix-huit ans quand j'ai lu « l'Voyage »,
Puis « Mort à crédit » et après plus rien,
Que des mots fascistes j'ai tourné la page,
Il aidait les pauvres autant qu'les chatons,
C'est c'qu'il prétendait mais il n'aimait guère,
Tout c'qui était négro judéo-saxon,
D'la grain' de racaille et de rastaquouère.

Oui c'est toi qui as écrit ça,
Sois fier car c'est grâce à toi,
Que tous les mal blanchis n'ont pas fini,
Leur voyage au bout d'la nuit.

As-tu gagné le ciel Ferdinand,
Est-ce que Dieu n'aime que le sang bleu,
Le racisme chez toi polluait le talent,
Tu étais pas un bien joli monsieur,

Racisme d'abord racisme avant tout,
Racisme suprême et désinfection,
C'est c'que tu écrivais dans « Je suis partout »,
Pour toi Buchenwald fut « la solution »,
Tu disais la race doit être épurée,
Des Juifs des bougnoules et pour illustrer,
L'invention verbale dont tu étais si fier,
Tu affirmais je m'sens très ami d'Hitler.

Tu écrivis un jour pour ta grande gloire,
Que l'union impure qui rapproche la
Femm' de ménag' blanche et le facteur noir,
C'est sang dominé et sang dominant,
Ton ami Hitler Louis-Ferdinand,
Aurait pu te dire tant il est notoire,
Que l'sang dominé et l'sang dominant,
Ont la mêm' couleur au four crématoire.

Mais ce ne sont là qu'épin's d'acacia,
D'un p'tit chansonnier d'agaçants propos,
Qui f'ront ricaner l'intelligentsia,
Et les nostalgiqu's de la Gestapo.

Oui c'est toi qui as écrit ça,
Sois fier car c'est grâce à toi,
Que tous les mal blanchis n'ont pas fini,
Leur voyage au bout d'la nuit.

As-tu gagné le ciel Ferdinand,
Auquel cas tu dois pas être heureux,
Car si c'est vrai ce que l'Évangile nous apprend,
Les Négros vont aussi dans les cieux.

TRANCHE D'HISTOIRE

1985 Le 30 mai 1985, *France-Soir* affiche : « 42 morts à Bruxelles », lors du match Juventus-Liverpool et titre : « Les Démons du football ». Sous-titre : « Des voyous anglais attaquent des spectateurs italiens, puis un mur s'effondre »...

C'est con, un mur !

CÔTÉ JARDIN

L'acide salicylique que recèlent les fraises guérit rhumatismes et goutte.
Alors... ne restez plus un vieux « goutteux » !

S'il pleut à la Sainte-Pétronille,
La saison tombe en guenille,
Le paysan qui ne s'en méfie pas,
N'en sort pas en meilleur état.
À la Sainte-Pétronille,
Les grillons vont jouer aux billes.

Trinité &
Fête des Mères &
Sainte Pétronille

PERRET

31
mai

« LEÏLA »

« Leïla », c'est sans doute « la » chanson fétiche – sinon la préférée (ou l'une d'elles) de ma femme. Si je la lui chante le jour de son anniversaire, cela peut représenter un « cadeau » ! Enfin… si elle a un cadeau en plus, elle ne le refuse pas !… La petite histoire de cette chanson, c'est que, quelques mois après la sortie de cet album, j'ai reçu un petit colis avec une lettre disant : « Cher Pierre Perret, je m'appelle Leïla, j'ai un bar à l'île de Java, à Denpasar. Avec les clients, marins de passage, nous écoutons votre chanson à longueur de journée sur le juke-box. Connaissiez-vous mon bar ?… Je vous dirai simplement que je ne travaille pas dans la dentelle… » Comme vous le dites.

Cette surprenante « bafouille » un peu sibylline était accompagnée d'un chapeau blanc de marin à pompon rouge, signé au feutre noir par une bonne vingtaine de « Popeye » !

Quand j'passe à l'île de Java,
Je vais chez Leïla,
Elle a un p'tit commerce à elle,
Elle travaille que dans la dentelle,
Les Chinois les Portoricains,
Viennent pour son p'tit coup de reins,
Moi c'est en ami qu'elle me traite,
J'ai toujours table et cuisses ouvertes,
La nuit au son d'l'harmonica,
Les yeux noyés dans la vodka,
Elle nous débite un peu gouailleuse,
Des tranches de sa vie fabuleuse.

On l'appelle Leïla,
Synonyme d'amour,
Ceux qui l'ont eue un jour
Vous diront chapeau bas.

Elle me dit dans mon grand lit c'est le paradis,
C'est les jardins de Babylone,
J'y vois les tours de Carcassonne,
J'y vois des Grecs des Espagnols,
Des assassins des pleins d'alcool,
Qui viennent frotter leur crinière,
Contre mes hanches hospitalières,
Le port pavoisé est si beau,
On en reçoit de pleins bateaux,
Les journées sont pas assez longues,
Pour faire plaisir à tout l'monde.

Et chacun m'aide autant qu'il peut,
Celui qui part refait le pieu,
Pour l'autre veinard qui va suivre,
Ils sont bourrés de savoir-vivre,
Et quand le soleil redescend,
J'en ai déjà fait plus de cent,
À cette heure-là l'envie me brûle,
D'aller enfin r'trouver mon jules,
Tous les jours dans mon grand lit,
C'est le paradis,
Ève en pommes était spécialiste,
Moi je serais plutôt grossiste.

Quand j'passe à l'île de Java,
Je vais chez Leïla,
Elle a un p'tit commerc' à elle,
Elle travaille que dans la dentelle.

CÔTÉ CUISINE

Attendez que votre crème caramel soit complètement refroidie dans le moule avant de la renverser dans le plat. Vous éviterez la cata et vos invités applaudiront si ce ne sont pas des goujats.

JUIN

Demain,
je le laisse payer au restaurant où il m'a invitée.
C'est pas normal que je casque à chaque fois !

Si Saint-Justin froid est pluvieux,
C'est tout l'an qui sera grincheux,
Les filles pour ne pas être en reste,
Redeviendront petites pestes.

Saint Justin

PERRET

01 juin

ABRACADABRA !

D'une manière générale, on peut facilement éviter les sorciers en portant une chaussette bleue et une chaussette noire. Pour éviter qu'ils n'entrent dans la maison, il suffit de poser le balai à l'envers près de la porte. Pendu à un clou, un sous-vêtement féminin usagé sera aussi dissuasif.

Lorsqu'on évoque les sorciers, pendant la conversation, il faut prononcer le nom du jour de la semaine dans lequel on se trouve si l'on veut éviter des représailles. Mais quelle que soit la situation, il est plus prudent d'avoir toujours un bénitier à portée de la main.

Bon à savoir ! Un bénitier de voyage, cela doit exister, non ?

Une rivière qui se respecte doit tous les ans avoir son noyé. C'est principalement le jour de la Saint-Jean qu'il faut s'en souvenir. Ne vous baignez pas ce jour-là, ne pêchez pas le goujon, et s'il vous prend l'envie de faire des galipettes avec une jeune bergère peu farouche, éloignez-vous de la rive.

Pour supprimer la mauvaise humeur de votre partenaire, mettez dans une assiette du gros sel avec une paire de ciseaux ouverts, à l'extérieur de votre maison ou sur votre balcon.

LE SAVIEZ-VOUS ?

L'incontinence urinaire et le catarrhe chez les enfants ne se guérissent qu'en mangeant des souris rôties. Par ailleurs, si l'on a des enfants en bonne santé et que l'on veut chasser les souris de la maison, il suffit d'y placer à l'intérieur un cruchon contenant un crapaud vivant. On peut aussi faire brûler la corne du pied droit d'un cheval dans une bassine. Encore faut-il avoir un pied (droit !) de cheval sous la main !
Il vaut toujours mieux faire ça que de dire du mal de son voisin !

En amour, tout est vrai, tout est faux : c'est la seule chose sur laquelle on ne peut pas dire une absurdité.

(Chamfort)

langage des fleurs

Jasmin jaune : grâce et élégance.
Jasmin blanc : impatience amoureuse.
Jasmin d'Espagne : sensualité.

Henri VII, roi d'Angleterre, demanda à un astrologue s'il savait où il passerait les fêtes de Noël. L'astrologue répondit qu'il n'en savait rien. *« Je suis donc plus habile que toi, lui dit le roi, car je sais que toi, tu les passeras dans la Tour de Londres… »* Et il l'y fit conduire sur-le-champ.

Un jour qu'on parlait devant Talleyrand d'un rhume de M. de Sémonville : *« Quel intérêt a donc M. de Sémonville à être enrhumé ? »* demanda Talleyrand.

02 juin

Sainte Blandine

C'est quand sainte Blandine dîne,
Que le lion pourlèche ses babines.

PETITS MÉTIERS

Ramasseuse de mégots. En plus de sa vocation de marchande de journaux et d'émérite « ramasseuse de crottin », la vaillante et économe Jeanne exerçait aussi la profession de « ramasseuse de mégots ». Elle venait souvent chez nous au café pour y vendre ses journaux, bien sûr, acheter le vin « pour son homme », précisait-elle (elle buvait largement sa part !), mais aussi pour collecter les centaines de mégots que les clients jetaient le plus souvent par terre, négligeant les cendriers. Elle vendait ainsi ses mégots au rosiériste Antonin. Après les avoir fait bouillir dans une grosse marmite d'eau, il faisait infuser ce tabac toute une nuit. Sur les milliers de pucerons qui pullulaient sur ses rosiers, Antonin pulvérisait ce jus mortel qui éradiquait totalement ces nuisibles insectes. Et tout cela, grâce à la Jeanne !

TRANCHE D'HISTOIRE

1953 Le 2 juin 1953, Élisabeth II, à Londres, s'est dit : « Tiens, je vais me faire couronner reine. Y a un sacré paquet de copines qui vont être vertes de jalousie, sans compter les mectons qui vont tomber comme des mouches. » Et c'est exactement ce qui arriva, cela tombait bien, car, pour la première fois, la RTF allait retransmettre le show en direct de Londres, et ce durant six heures d'affilée. Ne possédant encore que rarement un téléviseur, les Parigots ont passé des heures le pif écrasé contre les vitrines des Champs-Élysées à mater l'événement. Faut bien admettre qu'une *queen* qui se fait poser une couronne de trois kilos de diamants sur la théière, ça se voit pas tous les matins à la devanture du Fouquet's !

Anecdotes

Mardi, avant-veille de la mort de Richelieu, le roi Louis XIII vint le voir et, lui témoignant plus de tendresse qu'il n'en avait, lui fit avaler lui-même deux jaunes d'œuf. Après qu'il fut sorti de sa chambre, il entra dans sa galerie, et l'on remarqua que, en se promenant et en regardant les tableaux qui y étaient, il n'avait pu s'empêcher de rire plusieurs fois.
(Montrésor, *Mémoires*)

Un jour que Fontenelle était allé le voir aux Pères de l'Oratoire de la rue Saint-Honoré, une grosse chienne de la maison, qui était pleine, entrant dans la salle où ils se promenaient, vint caresser le père Malebranche et se rouler à ses pieds. Les yeux du vieux grognon étincelèrent de plaisir.

Profitant de son jour de congé, pour se détendre, il s'est pendu dans le grenier. Je reste veuve avec trois petits cantonniers.

J'habite la montagne, et l'accouchement de ma femme m'a occasionné de nombreux frais car il a fallu un chasse-neige pour ouvrir le passage.

(Pierre Ferran, *Perles du courrier administratif*)

ABRACADABRA !

Voulez-vous empêcher votre ennemi de dormir ? Placez l'œil d'une hirondelle sous son oreiller et il ne fermera pas les siens de la nuit. De même, si toute sa famille s'est liguée contre vous, suspendez les plumes de l'aile droite d'un merle au bout d'un fil rouge derrière une poutre de salon, et personne après cela ne pourra plus trouver le sommeil dans la maison.

Il suffisait de le savoir.

Mon mari est le modèle des maris ; il ne voit rien et il n'entend rien.

(Comtesse de Castiglione)

Pauvreté n'est pas vice ?... Parbleu ! Un vice est agréable !

(Paul Léautaud)

LE PARLER DES MÉTIERS

Dans le jargon des infirmiers et infirmières, un malade réduit à l'état végétatif n'est plus qu'une « **plante verte** », un « **végétal** » ou… une « **glaire** » !

Pour les vétérinaires, l'enfermement en cage pour un animal souffrant d'une pathologie invalidante est une « **cageothérapie** ».

Un animal près du trépas est « **entre le pin et le cèdre** », et un « **TPC** » un client râleur que l'on fait payer plus cher, il est donc « **Taxé Pour Connerie** » !

Fermer les maisons closes, c'est plus qu'un crime, c'est un pléonasme.

(Arletty)

Au premier temps du monde
où tout était commun,
Deux frères comme vous
avaient deux champs en un,
Comme l'un prenait moins
et l'autre d'avantage,
Ils vinrent un matin
borner leur héritage.

(Alphonse de Lamartine)

Il y a des gens qui ont toujours le mot pourrir !

(Grégoire Lacroix)

Mots d'esprit

Un humaniste, c'est quelqu'un qui ne sait pas où se range le riz dans sa cuisine, mais qui va trouver des tonnes de sacs pour les petits affamés du monde.
(Michèle Bernier)

Comment peut-on aimer un intellectuel ? Ils ont une balance à la place du cœur et une petite cervelle au bout de la queue.
(Simone de Beauvoir)

Il faut avec les mots de tout le monde écrire comme personne.
(Colette)

Pendant les raids d'avions ennemis sur la capitale, le compositeur Erik Satie allait frapper à chaque alerte à la porte d'un de ses voisins et disait d'une voix lugubre : « Je viens mourir avec vous. »
(Philippe Héraclès)

On vint un jour avertir Budé, qui était à travailler dans son cabinet, que le feu était à la maison : « Avertissez madame, dit-il, je ne me mêle pas des affaires du ménage. »

04 juin

Sainte Clotilde

Quand il pleut sur les pyramides,
La Clotilde devient frigide.

TRANCHE D'HISTOIRE

1989 Le 4 juin 1989, « Massacre du printemps de Pékin ». L'envoyé spécial du *Figaro*, Thierry Desjardins, écrit : « J'ai vu à Tian'anmen les chars de l'armée populaire broyer sous leurs chenilles des manifestants aux mains nues. » Les mille quatre cents morts, ainsi que les dix mille blessés, ont cependant laissé M. Deng (le nouveau Grand Timonier après Mao) plutôt impavide. Il n'aime pas la contradiction, cet homme-là, faut le comprendre. Déjà, il avait été vraiment gentil avec un contestataire qu'il n'avait fait condamner en 1979 qu'à quinze ans de prison. Pourquoi? Eh bien, parce que ce M. Gingsheng avait osé affirmer que les quatre modernisations désormais nécessaires à la Chine (agriculture, industrie, sciences et techniques, défense) n'aboutiraient que si cette dernière en adoptait une dernière : « la démocratisation »! Le seul qui en chinois peut se traduire par chienlit, mot si cher à de Gaulle dont il se servit pour ne pas dire « bordel ». Mais les bordels sont interdits en Chine. Pas de bol!

CÔTÉ CUISINE

Vous récoltez, dès le mois de mai et juin, des carottes, du céleri en branches, salade, etc. Sachez que si vous avez laissé faner votre céleri, vous pourrez le «ravoir» en le faisant tremper deux heures dans l'eau froide avec un demi-citron et des morceaux d'une grosse patate crue.

Pensées

C'est un devoir de la société que d'offrir à tous les moyens d'acquérir les connaissances auxquelles la force de leur intelligence et le temps qu'ils peuvent employer à s'instruire leur permettent d'atteindre.
(Nicolas de Condorcet)

Il est souvent plus difficile de se débarrasser d'une maîtresse que de l'acquérir.
(Ninon de Lenclos)

J'ai épousé un Allemand. Tous les soirs, je me déguise en Pologne et il m'envahit.
(Bette Midler)

Un homme avec un képi sur la tête est-il forcément un imbécile?... Non, pas forcément, mais...

Un homme ayant été condamné à être pendu, comme il était monté sur l'estrade, quantité de jeunes vauriens l'agaçaient, lui enfonçaient leur bâton dans les côtes, l'insultaient en lui jetant des pierres.
Sur quoi, une femme pleine de compassion s'approcha et leur dit : *« Tirez-vous d'ici, sales petites canailles ! »* Et, prenant la foule à témoin, elle ajouta : *« Ils tourmentent tant ce pauvre homme, je crois qu'ils vont le faire devenir fou ! »*

Pour la Saint-Igor,
Il faut t'allonger,
Tu peux bouger le corps,
Ça va la changer.

Saint Igor

PERRET

PARFUMS D'ENFANCE

Sous les arcades des halles de Montauban, de mère en fille, aussi loin que la mémoire des membres de la famille Ambayrac pouvait s'aventurer, les femmes avaient toujours été poissonnières. Ma cousine Angèle était la dernière en date à proposer, dès six heures tous les matins à ses premiers clients, des soles, limandes, cabillauds, grondins, merlus, sardines fraîches et salées dites « de baril », colins, et même huîtres et moules dont la fraîcheur ne pouvait être mise en cause.

« Ma sardine est frétillante et la moule est accueillante », clamait Angèle haut et fort afin de dérider les bourgeois exigeants qui faisaient leur marché.

Plus gentille, plus douce et généreuse qu'Angèle, il eût fallu chercher longtemps avant d'en rencontrer une comme elle. Lorsque papa m'emmenait avec lui la voir à Montauban – leur pays natal –, cette dernière ne savait que trouver pour me faire plaisir :

« Est-ce que des chocolats te feraient envie, par hasard? me disait-elle d'un ton enjoué. Mon petit doigt me dit que oui. »

Abandonnant alors son étalage quelques secondes, elle me rapportait une jolie boîte en forme de cœur remplie de truffes au chocolat praliné, auxquelles elle savait que je ne pouvais résister.

« Merci, tante Angèle, disais-je avant de l'embrasser sur les deux joues. Tu sais, je ne mangerai pas tout. J'en garderai pour maman…

– C'est très généreux de ta part, mon petit Pierrot… Et du poisson? poursuivait-elle, qu'est-ce que tu aimes, comme poisson?… Celui qui te ferait le plus plaisir à rapporter à maman?…

– Le hareng, tante Angèle…

– Le hareng? s'exclamait-elle en riant!… Mais le hareng frais ou séché?… Salé?… Le hareng saur?

– Oui, tante Angèle, c'est celui-là que je préfère. Papa m'a appris à le manger comme pour les sardines de baril, avec une grappe de chasselas et du pain frais.

– Eh bien! Maurice, il ira loin ton petit, il sait ce qu'il veut! »

Pas besoin d'être artilleur pour savoir que les filles canon deviennent rapidement des boulets. (Grégoire Lacroix)

La philosophie, c'est l'art de se compliquer la vie, en cherchant à se convaincre de sa simplicité. (Frédéric Dard)

ABRACADABRA !

Pour écarter les maléfices et les engelures, il est primordial que les premiers souliers d'un enfant soient en peau de loup. Si cet enfant renverse du vin sur ces chaussures, ce sera là un bien mauvais présage.

Mais s'il lèche ses pompes, il verra la vie en rose?…

06 juin

Saint Norbert

Ce sacré Norbert,
Qui a un bol d'enfer,
A un camembert,
Et une fille au pair !

TIAN PROVENÇAL

C'est un plat à déguster surtout l'été. Si l'on peut, dans une bonne auberge en Provence sous un pin parasol, avec le chant des cigales en stéréo. Sinon, mitonnez-le chez vous en écoutant un CD de chants de cigales.

Pour 6 convives :

2 aubergines ;
3 courgettes ;
5 tomates ;
3 oignons ;
3 gousses d'ail ;
2 cuillerées à soupe de basilic haché grossièrement ;
2 branches de thym frais ;
3 cuillerées à soupe d'huile d'olive + 1 de colza ;
Sel, poivre au moulin.

Préparation :

Préchauffez le four à 180 °C.

Découpez les aubergines, les courgettes et les tomates.

Émincez les oignons et l'ail.

Faites revenir et blondir les oignons dans 2 cuillerées à soupe d'huile d'olive et colza mélangées.

Dans le fond d'un plat à gratin huilé, disposez, en alternance, les oignons cuits, les tomates, les courgettes et les aubergines.

Salez, poivrez.

Ajoutez l'ail haché, le basilic et le thym émietté.

Arrosez de 2 cuillerées à soupe d'huile d'olive.

Enfournez et laissez cuire une heure (la première demi-heure à four moyen, la deuxième à four doux).

LE PARLER DES MÉTIERS

Dans le jargon des policiers, un parasite entretenu, un proxénète, est un **« cinq doigts six bagues »** ! (Comprenne qui peut !)

Un client, un **« gros poisson »**, on est obligé de le remettre en liberté avant l'expiration de la garde à vue si on ne veut pas avoir d'ennui avec son **« bavard »** (l'avocat). Cela s'appelle **« larguer avant le passage à niveau »**.

Une fabrique de faux papiers s'appelle la **« cimenterie »**.

Dans le jargon raciste de certains policiers, un individu métissé appréhendé n'est autre qu'un **« cochon d'Inde »**.

L'indemnité versée aux inspecteurs pour faire incognito des contrôles dans les maisons de passe s'appelle un **« bon de saillie »**.

S'il n'y avait pas les pickpockets, je n'aurais aucune vie sexuelle.
(Rodney Dangerfield)

CÔTÉ CUISINE

Pour faire monter plus facilement une crème fouettée, placez votre pot de crème au frigo deux ou trois jours avant. De plus, si vous la souhaitez plus légère et plus abondante, ajoutez-y un blanc d'œuf avant de la battre. Mais... vous le saviez sans doute !...

Si elle perd ses bas,
À la Saint-Gilbert,
Ne les cherche pas,
Ils sont chez Bébert.

P

Saint Gilbert

PERRET

« PARFOIS »

C'est dans une position des plus inconfortables que je parvins à noter, un après-midi, cet adverbe et sa musique. Ils me sont venus d'un coup en pêchant le saumon. J'étais en cuissardes au beau milieu de la Cong River, en Irlande. Un saumon s'est pris, tirant soudain comme un forcené. Et cela juste au moment où je cherchais d'une main le stylo et le petit carnet dans une poche de mon gilet de pêche. Mais laquelle ?... Il y en a trente !!!

Parfois,
Quand elle s'éloigne,
Ma rêveuse compagne,
S'envole avec le vent,
De noroît.
Parfois,
Un vol de mouettes,
Ou la mer en goguette,
La ramènent dans mes bras,
Et ça m'va.
Parfois,
Elle est rieuse,
Elle m'offre lumineuse,
Des soleils tissés d'or,
Et de soie.
Parfois,
Elle est menteuse,
Boudeuse et coléreuse,
Et tout vole en éclats,
Et ça m'va.

Sachez qu'si quelqu'un la
touche il a tort,
C'est comme s'il était mort.

Parfois,
Elle est lubrique,
Sensuelle volcanique,
Dans un lit c'est la femme,
D'Attila.
Parfois,
Elle est pudique,
Elle ferme sa boutique,
Terminé le Sabbat,
Et ça m'va.
Parfois,
Elle est mystique,
Méthodiste ou bouddhiste,
Ça dépend de c'qu'elle lit,
Ce jour-là.
Parfois,
On fait drastiques,
La gym la diététique,
J'suis au bord du coma,
Et ça m'va.

Parfois,
Elle est duchesse,
Elle emprisonne ses fesses,
Dans des flots de dentelles,
Et de soie.
Parfois,
Sous sa casquette,
En rollers et socquettes,
Elle écoute les rastas,
Et ça m'va.
Parfois,
Y a un pauv' type,
Qui lui envoie des tulipes,
Ils vont voir Carmen,
À l'Opéra.
Parfois,
Elle est jalouse,
Elle me dit je t'épouse,
Le lendemain c'est plus moi,
Et ça m'va.

Parfois,
Elle est fragile,
Quand elle va à la ville,
Elle revient toute cassée,
Dans mes bras.
Parfois,
Dans un poème,
J'y déclare que je l'aime,
Elle répond qu'elle s'en bat,
Et ça m'va.
Parfois,
Quand elle s'éloigne,
Ma rêveuse compagne,
S'envole avec le vent,
De noroît.
Parfois,
Un vol de mouettes,
Ou la mer en goguette,
La ramènent dans mes bras,
Et ça m'va.

CÔTÉ CUISINE

Quelle que soit leur utilisation, il ne vous faut râper ou moudre vos épices : poivre, cannelle, noix de muscade, etc., qu'au moment de les utiliser. Les arômes n'en seront que meilleurs !

08 juin

Saint Médard

Gare aux chaleurs de la Pentecôte,
Ou celles de Saint-Médard hélas,
Et gare aussi à la Jacotte,
Qui bave tant quand elle embrasse.

LE PARLER DES MÉTIERS

Lorsqu'on arbore une denture en très mauvais état, on a une **« grille d'égout »**.

Celui qui est affublé de grandes dents a des **« ratiches comme des pelles à sel »**.

On appelle le patient qui perd une à une toutes ses dents la **« mine d'or »** !

Le **« cochonome »** est une tumeur maligne.

Le rôle de l'aide-soignant, qui doit vérifier ce que le malade ingère et ce qu'il élimine, s'appelle **« contrôler les entrées et les sorties »** !

Le **cercueil**... n'est que l'appareil pour bains de vapeur (par analogie de forme).

IL BACIO

Baiser ! Rose trémière au jardin des caresses,
Vif accompagnement sur le clavier des dents,
Des doux refrains qu'amour chante en les cœurs ardents,
Avec sa voix d'archange aux longueurs charmeresses,
Moi, je ne puis, chétif trouvère de Paris,
T'offrir que ce bouquet de strophes enfantines :
Sois bénin et, pour prix, sur les lèvres mutines,
D'une que je connais, baiser, descends, et ris.

(Paul Verlaine)

La richesse des sociétés se traduit par l'empoisonnement des fleuves. (M. Mességué)

Le duc de Candale, qui aspirait au titre de prince à cause de sa mère qui était fille naturelle d'Henri IV, parlant un jour de ses parents devant le Grand Condé, disait : « Monsieur mon père, madame ma mère », etc. Monsieur le prince, que ce ridicule ennuyait, se mit à crier aussitôt : *« Monsieur mon écuyer, allez dire à monsieur mon cocher qu'il mette messieurs mes chevaux à mon carrosse… »*

Il est presque impossible de rendre heureux son propre mari ; c'est infiniment plus facile avec le mari d'une autre.
(Zsa Zsa Gabor)

À Hollywood, un mariage est réussi quand il dépasse la date de péremption du lait.
(Rita Rudner)

Le mariage, c'est comme le menu des restaurants. Il faut attendre la digestion pour savoir si on a fait le bon choix.
(Elizabeth Taylor)

CROYANCE

À la Pentecôte, l'eau bénite répandue aux quatre coins de la maison fera fuir les orages.
Je n'étais pas sûr du tout que vous vous en souveniez…

LA PIPERADE

C'est la recette de mon ami basque José Bidegain, qui me l'a confiée un jour comme un « secret de famille ». Il n'en existe guère de meilleure à ma connaissance.

Je l'adore. Froide ou chaude.

Pour 6 convives :

300 g de piments verts doux (d'Espelette) ;
2 tranches fines de jambon de Bayonne (gras et maigre) ;
3 cuillerées à soupe d'huile d'olive ;
3 oignons finement hachés ;
800 g de tomates ;
3 gousses d'ail ;
6 à 8 œufs ;
1 pointe de paprika ;
Sel, poivre.

Rembrandt a peint environ sept cents tableaux. Il en reste à peu près trois mille dans le monde.
(Wilhelm Bode)

Dicton cuisine

Vous le chercheriez par monts et vaux, si vous saviez ce que l'ail vaut.

Préparation :

Mettez les piments à griller trente minutes sur la plaque du four réglé doux, laissez-les refroidir car ils se pèlent ensuite facilement.

Pelez et écrasez l'ail dans un presse-ail.

Pelez les tomates. Ôtez le plus gros des pépins. Concassez la chair.

Coupez le jambon en dés d'1 cm.

Dans un poêlon en fonte, sur un feu doux, faites revenir pendant quinze à vingt minutes le jambon et les oignons dans un peu d'huile en les tournant de temps en temps à la cuillère en bois. La cuisson doit s'effectuer à l'étouffée, c'est-à-dire le couvercle fermé.

Pendant ce temps, pelez les piments pour les rendre plus digestes, ôtez les graines et la queue, coupez-les en lanières et faites-les revenir doucement à la poêle dans le restant d'huile d'olive, dix minutes environ.

Dans le poêlon qui contient oignons et jambon, ajoutez alors les piments en lanières, la tomate, l'ail et le paprika. Couvrez de nouveau et laissez cuire un quart d'heure à petit feu. Surveillez la cuisson.

Versez ensuite le tout dans une grande poêle légèrement huilée, cassez et battez les œufs dans une terrine et incorporez-les à la purée de légumes. Après avoir salé légèrement et poivré, attendez qu'ils soient pris. Stoppez le feu bien avant que les œufs soient trop cuits.

Cette piperade doit se déguster « onctueuse ».

CÔTÉ CUISINE

Pour préserver le goût de vos poissons de mer, lavez-les à l'eau froide fortement salée.

Pour alléger une purée de pommes de terre, ajoutez au dernier moment un blanc d'œuf battu en neige.

10 juin

Saint Landry

De la farouche Valérie,
L'amour fleurit tout attendri,
Pour se transformer en furie,
Entre les bras du beau Landry.

ABRACADABRA !

Si vous souhaitez dormir profondément, il vous suffit de manger quelques graines de chanvre qui ont macéré dans du cidre du Poitou. Vous pouvez aussi vous frotter les tempes avec de la graisse de chat noir ou fumer du tabac auquel on a mélangé un os de crapaud moulu.

C'est toujours ce genre de détails qu'on a tendance à oublier !

langage des fleurs

L'œillet change de signification selon sa couleur : il exprime le refus quand il est panaché, le dédain quand il est jaune et le mal d'amour quand il est rouge.

Un célibataire est un homme qui a raté l'occasion de rendre une femme malheureuse.
(Jasmine Birtles)

Et j'ai fidèlement aimé ta belle tête sous des cheveux châtains et sous des cheveux gris. (François Maynard)

CÔTÉ CUISINE

Si vous avez fait cuire de la terrine de pâté, laissez-la refroidir et placez-la au moins vingt-quatre heures au réfrigérateur si vous souhaitez la démouler et la trancher facilement.

Trempez l'ail dans de l'eau, il s'épluchera plus facilement.

Après une bataille, un fossoyeur enterrait les morts.
« *Mais, malheureux,* lui dit l'un des officiers qui surveillaient cette sinistre besogne, *tu viens de pousser dans la fosse un homme qui respirait encore !*
– *Ah, monsieur,* répliqua le fossoyeur, *on voit bien que vous n'avez pas comme moi l'habitude… Si on les écoutait, il n'y en aurait jamais un de mort !…* »

Elle : Arthur…
Lui : Oui, mon amour ?…
Elle : Je crois que je voudrais être incinérée…
Lui : D'accord… mets ton manteau…
(Jerry Dennis)

Pensées

Agrippine, héroïne adolescente de Claire Bretécher, commente le film *Amadeus*, de Milos Forman, sur Mozart, en 1984 : « Mozart, c'est nul, sauf la musique du film. »

Les femmes préfèrent être belles plutôt qu'intelligentes, parce que, chez les hommes, il y a plus d'idiots que d'aveugles.
(Yvonne Printemps)

À la Saint-Landry saint Médard,
Lève la patte sur les canards,
Pour quarante jours si Barnabé,
Ne lui coupe avant le sifflet.

Saint Barnabé

PERRET

11 juin

PARFUMS D'ENFANCE

Mes plus beaux souvenirs, de plage de sable fin, de baignades, de promenades sur la jetée, c'est des Sables-d'Olonne que je les ai rapportés. Là aussi, j'y étais en colo. C'est là que j'ai vraiment adoré la mer pour la première fois. C'est là aussi que j'ai bu mes premières tasses. Salées. Faut aimer ! Il y avait deux affiches (les mêmes) punaisées sur deux panneaux posés ensemble en accent circonflexe sur le trottoir devant le casino : « Ce soir : Édith Piaf et Les Compagnons de la chanson ». Les seuls chanteurs dont j'avais entendu les voix à la radio, en ce temps-là, étaient Rina Ketty, Tino Rossi, Charles Trenet et Édith Piaf. Cette dernière chantait souvent « Les Trois Cloches » avec Les Compagnons de la chanson, précisément. Cela me plaisait beaucoup. Ainsi, d'ailleurs, que Rina Ketty quand elle chantait « Sombreros et mantilles » à Radio Andorre, ou Charles Trenet lorsqu'il entonnait son fameux « Y a d'la joie », et aussi « Je chante ». Je le trouvais déjà tout à fait amusant quand il arrivait au passage où il dit : « … Elle n'a laissé qu'un peu d'riz pour moi, me dit un laquais chinois… »

J'adorais déjà les chansons.

Je ne sais pourquoi, j'ai rapporté en souvenir des Sables à papa et maman le Mont-Saint-Michel dans une boule en verre. Il neigeait dessus quand on le retournait. Ils ont beaucoup aimé.

Deux étions et n'avions
qu'un seul cœur.

(François Villon)

CÔTÉ CUISINE

Un magret de canard laqué est enfantin à réussir. Le secret, c'est de préparer la veille votre mélange de miel d'acacia et d'une excellente sauce de soja.
Poêlez le magret cinq minutes sur la peau et une minute sur l'autre face.
Enduisez-le ensuite avec votre mixture, 3 tours de moulin à poivre, et placez-le dix minutes dans le four préchauffé à 120 °C.
Avec une purée de céleri-rave et de patates rosa, régalez-vous.

LE SAVIEZ-VOUS ?

En 1953, deux jeunes chercheurs ont découvert la nature chimique de l'hérédité. James D. Watson, 24 ans, Américain et biologiste, Francis H. Crick, 36 ans, Anglais et physicien, disent avoir mis au jour la structure de l'acide désoxyribonucléique (ADN). Dans la revue britannique *Nature*, ils proposent pour l'ADN un modèle qui, selon eux, « suggère immédiatement un mécanisme possible pour la réplication du matériel génétique ». Ainsi serait élucidé le secret le mieux gardé de la biologie moléculaire, la structure des gènes. Et serait un jour possible la création de nouvelles espèces par manipulations génétiques.
(Journal *Le Monde*)
Ainsi, on pourrait dorénavant modifier la nature humaine ?… En mieux ?… Est-ce bien raisonnable ? ! ! !

12 juin

Saint Guy & Sacré-Cœur

Si tu prends femme à la Saint-Guy,
Elle aura la danse de Saint-Guy,
Et c'est jusqu'à la Saint-Médard,
Qu'elle fera trembler ton plumard.

ABRACADABRA !

Un ventre de femme rond annonce une fille.

Un ventre pointu, un garçon. Si la mère est mélancolique et pâle et lourde du côté gauche : fille. Si elle est lourde du côté droit : garçon. Si elle termine (par hasard) une bouteille de vin, si elle trouve une aiguille sur son chemin : fille. Si c'est une épingle : garçon. Garçon de même si la conception ou l'accouchement ont lieu en lune croissante. Mais fille s'il y a des mouches dans la pièce de l'accouchée.

Par ailleurs, posez un chat noir sur le ventre d'une femme enceinte : s'il baisse les paupières, ce sera un garçon. En Normandie, on glisse une pièce d'argent entre les seins de la future mère. Si la pièce tombe du côté droit, ce sera un garçon, du côté gauche : une fille.

Je vous dis cela parce que je ne le savais pas non plus !

TRANCHE D'HISTOIRE

1992 On n'a su qu'en 1992 qu'un phénomène de déportation antérieure dans un archipel pénitentiaire identique au goulag soviétique existait en Chine : le Loguai (réforme pour le travail), qui peut être assimilé à un bagne à perpétuité. Le Sino-Américain Harry Wu – « pensionnaire » du système répressif chinois pendant dix-neuf ans – estime à cinquante millions au moins le nombre de personnes condamnées aux camps de travail, en Chine. Une vingtaine de millions sont à présent en détention. **(Journal *Le Monde*)**

On n'y pense jamais, mais, parfois, la démocratie, ça a un drôle de parfum.

CÔTÉ CUISINE

Pour choisir un bon melon, il faut qu'il pèse lourd et que son cul sente bon.

Pensées

La « liberté », c'est un mot qui a fait le tour du monde, et qui n'en est pas revenu. (Coluche)

La vraie liberté, c'est quand personne ne vous attend.

La vraie solitude, c'est quand vous attendez n'importe qui.

(Grégoire Lacroix)

« Le docteur m'a dit qu'il était mort parce qu'il avait de l'eau dans les poumons.
– Ça m'étonnerait, vu qu'il n'en avait jamais bu une goutte !… »

Le docteur a dit que c'était la fin parce qu'elle était victime d'une conclusion intestinale.

Mon mari, qui avait un simple mal de gorge, a fini par s'étouffer en avalant une brouette de médicaments. Il en reste encore beaucoup.
Que vais-je en faire avant qu'ils ne soient périmés ?…

Saint Antoine

Saint Antoine est un brave type,
Mais d'où vient-il ?... On sait Padoue !

13 juin

BÊTE DE CONCOURS

J'ai assisté en spectateur à quelques concours de pêche, notamment en Irlande. Michael, mon *guilie* irlandais le plus fou – et son fils Jeff, excellent pêcheur lui aussi –, a gagné le fameux concours de pêche à la truite sur le lac Corrieb, dans le Connemara. Au beau milieu d'une cinquantaine de spécialistes des plus aguerris, finir vainqueur relève de la gageure pure. Mais voici de quelle manière il y est parvenu.

Presque arrivé au terme du temps imparti pour pêcher la truite la plus grosse, l'organisateur du concours annonça : « Si dans vingt minutes il n'est pas capturé de truite plus grosse que la neuf livres et demie de Steve O'Connel, il sera déclaré vainqueur. » Michael, entendant cette terrible annonce, accrocha encore une fois au bout de son peson la belle fario qu'il avait prise une demi-heure plus tôt : à peine neuf livres. Qu'à cela ne tienne ! Ne venaient-ils pas de pêcher une perche frisant le kilo que, pour une fois, ils n'avaient pas rejetée à l'eau ? « Elle pourra peut-être nous servir », avait dit Michael. L'occasion était trop belle ! Ne reculant devant rien, il dit à son fils :

« Enfourne vite la perche dans la gueule de la truite, bien jusqu'au fond... que surtout on ne voie rien !

– Ça ne peut pas tout entrer dans la gorge, gémissait Jeff.

– Ne reste pas comme un empoté, se fâcha soudain Michael, prends le manche de l'épuisette pour pousser. Tout doit rentrer ! Tu m'entends ?... Tout ! »

La truite de Michael pesait à présent ses dix livres deux cents, il remporta donc le premier prix de ce concours. Le pêcheur qui eut le deuxième prix (le malheureux n'avait pas eu, lui, de perche sous la main pour augmenter le poids de son poisson !) félicita chaleureusement Michael. Ce dernier, prenant un air modeste, l'invita à prendre une pinte de bière et lui dit :

« Tu sais, Bill, à cinq cents grammes près, c'est toi qui aurais pu gagner la superbe canne à moulinet ! Allez, ce sera pour la prochaine fois ! »

Ces deux mots « patrie » et « citoyen » doivent être effacés des langues modernes. (J. J. Rousseau)

Ah, l'amour !...

Le vieux d'Harnoncourt avait fait un contrat de douze cents livres de rente à une fille pour tout le temps qu'il en serait aimé. Elle se sépara de lui étourdiment et se lia avec un jeune homme qui, ayant lu ce contrat, se mit en tête de le faire revivre. Elle réclama donc en conséquence les quartiers échus depuis le dernier jugement, en faisant signifier à son vieil ex-amant sur papier timbré qu'elle l'aimait toujours...

ABRACADABRA !

En Écosse, les pêcheurs qui gagnent le port avant l'aube et qui rencontrent une femme aux pieds nus aux orteils longs et larges renoncent à appareiller.
... Mais s'ils n'ont pas appareillé, ils l'ont trouvée où, leur femme aux orteils larges et longs ?...

14 juin

Sainte Élisée

PERRET

Élisée vira ce puceau,
Qui de surcroît était fort sot,
Car les amants qu'elle s'attacha,
Savaient tous faire miauler son chat.

Un amour débordant, c'est un torrent qui sort de son lit pour entrer dans un autre. (Pierre Dac)

La nuit dernière, ma femme a prononcé mon nom pendant l'amour. Je me suis immédiatement précipité dans notre chambre pour savoir ce qu'elle voulait. (Karl McDermott)

Le cœur, la langue et le pénis sont trois muscles dont il ne faut pas abuser. Surtout des deux premiers.

La fortune vient en dormant... avec un mec riche !

ABRACADABRA !

La fiente de chien est souveraine contre la dysenterie. Celle du loup contre les coliques ; celle du porc contre les crachements de sang ; celle de la chèvre contre les humeurs malignes ; celle de la brebis contre les furoncles et les verrues ; celle de pigeon contre les fluxions (en la mélangeant à de la graine de cresson d'eau). Toutes ces fientes sont à absorber en infusion, évidemment.

À votre santé !

Louis XVI, chassant aux environs de Versailles, demanda à des paysans pourquoi les foins qui lui paraissaient mûrs étaient encore sur pied.
« Sire, les officiers de chasse ont défendu de faucher avant la Saint-Pierre, à cause des nids de perdrix.
– Et moi, répliqua le roi, *je veux que vous fauchiez dès aujourd'hui, si vous désirez le faire. Il n'est pas juste que, pour conserver mon gibier, vous perdiez vos propriétés. »*

L'orgueil des petits consiste à parler toujours de soi : l'orgueil des grands est de n'en parler jamais. (Voltaire)

Une ville prise d'assaut était livrée à la fureur des soldats. Un officier entra dans la chambre d'une jeune fille éblouissante. Elle essaya en vain de l'arrêter par ses supplications. Elle allait succomber, quand, s'arrachant par un violent effort à ses brutales étreintes, elle s'élança vers la fenêtre ouverte, puis, jetant sur le vainqueur un regard de mépris et d'ironie : *« Qui m'aime me suive »*, s'écria-t-elle en se précipitant dans le vide.

J'allais consulter pour une opération de chirurgie esthétique quand j'ai remarqué que le cabinet du docteur était plein de tableaux de Picasso. (Rita Rudner)

Au début de juin se déchaînent,
Les amours de la prétentaine,
Et un orgasme de Germaine,
Peut durer toute une semaine.

Sainte Germaine

PERRET

15 juin

« GERMAINE »

La jubilation ressentie par les spectateurs dans une salle à l'écoute de cette chanson rebondit jusque sur la scène. Elle décuple amplement la malice que je mets à la chanter.

Oh putain d'Germaine,
La garce m'a fadé,
Elle s'est foutue d'ma poire,
Elle m'a bien baladé,
Elle disait pourquoi même,
À jamais s'apparier,
Suffit-il pas qu'on s'aime,
À quoi bon se marier,
Je saurai ménager,
Ton cœur et ta prostate,
Au lit aucun danger,
Qu'on fasse les acrobates,
Mais tu aimes tant faire l'amour,
Que parfois d'la menteuse,
Je f'rai des allers-retours,
Sur ta belle vigoureuse.

Oh putain d'Germaine,
Elle m'a pris pour un con,
J'ai plus qu'ma guitare,
Et sa photomaton,
Cet enfant bien-aimé,
Que j'lui avais tricoté,
E'm'dit sans déconner,
C'est le gosse de René,
Je n'peux pas t'le laisser,
Car il y tient beaucoup,
Comme il bandait que d'une,
On a tiré qu'un coup,
Je m'en vais pour ton bien,
Je n'te laisse rien du tout,
Qui puisse te rapp'ler,
Des souvenirs de nous.

Oh putain d'Germaine,
Elle a flingué ma vie,
Mais y a pas qu'la mienne,
Celle de René aussi,
Elle l'a quitté pour Gus,
Un musicien de Pau,
Qui a fait un infarctus,
En lui jouant du pipeau,
Puis vint le tour d'Armand,
Et sa bite d'écureuil,
Qui tomba d'épuis'ment,
À pieds joints dans l'cercueil,
Maint'nant elle vit en tongs,
Chez un bonze au Tibet,
Et elle lui astique le gong,
En él'vant not'bébé.

Oh putain d'Germaine,
Elle nous a tous niqués !

« Le drame de Bébert, c'est que sa femme a un trop beau cul !…
– Et pourquoi tu dis ça ?…
– Parce qu'il n'est pas le seul à en profiter, parbleu !!…
– Mais pourquoi tu dis ça ?…
– Eh bien, parce que je suis bien placé pour le savoir ! »

POUR SAINT-GERMAIN, PRENDS-LUI LA MAIN, POUR SAINTE-MARCELLE, ROULE-LUI UNE PELLE, POUR SAINT-ALBAN, FOUS-LA DEVANT, POUR SAINTE-XAVIÈRE, OÙ TU POURRAS !

Pensées

Que faire après l'amour ? Il y a trois options : fumer une cigarette, s'endormir ou revenir à l'avant de l'autocar.
(Joan Rivers)

On ne peut pas dire d'un homme qui possède une mine d'or et trois Rolls qu'il a un physique ingrat.

Quand j'étais jeune, j'avais le visage lisse et des jupes plissées. Maintenant, c'est le contraire.
(Pauline Carton)

Si l'on veut qu'un couple fonctionne sans arrière-pensées, une certaine dose de mauvaise foi de part et d'autre est indispensable.
(Grégoire Lacroix)

16 juin

Saint Jean-François & Régis

PERRET

Quand on change les draps,
À la Saint-Régis,
Les hommes ouvrent les bras,
Et les femmes leurs cuisses.

GENGIS KHAN

Contrairement au vœu de sa maman qui souhaitait avoir une fille, Gengis Khan naquit vers 1167 dans une famille honnête mais un peu agitée. Le futur Gengis avait un caillot de sang dans son petit poing fermé lorsqu'il vint au monde sur une peau de bouc. Ce qui signifie dans le clan mongol des Gorjigin qu'on est un sacré veinard qui n'a pas fini d'emmerder le monde. Lorsqu'il eut 9 ans, son papa, Yesugeï, partit sur la colline d'en face lui choisir une épouse. Il lui dégotta une vieille de 10 ans bien sonnés, mais d'une époustouflante beauté. Il la fit réserver pour son fiston, en échange d'un cheval qui lui aussi ne manquait pas d'attraits. Hélas, en retournant à la maison, Yesugeï rencontra des Tatars en train de becqueter un ragoût de chauves-souris. Ils l'invitèrent selon l'usage mongol. Mais ce n'était là qu'une sombre fourberie... Sa petite taille l'inquiétait un peu. Vers l'âge de 12 ans, il était obligé de monter sur un tabouret pour cueillir les tomates, et ça l'énervait beaucoup. Il décida que ça changerait, et il commença à ingurgiter des tonnes de soupe.

Selon la coutume, son cadavre fut enterré au fond d'une grande fosse, assis à une table garnie d'un plat de viande et d'une tasse de lait de jument. Il y avait, de plus, à sa gauche, une jument et son poulain vivants, ainsi qu'à sa droite un cheval sellé et harnaché pour qu'il puisse aller voir ailleurs s'il lui en prenait l'envie. Son fils ne pleura pas. Il jura, en crachant à huit mètres, que désormais lorsqu'on demanderait un « Tartare » au restaurant, on le servirait haché dans une assiette avec des câpres, de la sauce anglaise, et un œuf par-dessus. Il a tenu parole. Car huit siècles plus tard, on le sert toujours de cette façon au Fouquet's des Champs-Élysées !

« Tu sais que monsieur Maurice, le chef d'atelier, c'est un bel enculé !...
– Ah bon ?... Mais pourquoi tu dis ça ?...
– Il est venu hier matin me dire que ma pièce était mal ajustée.
– Et alors ?...
– Alors, j'y ai dit :"Va te faire enculer !"
– Et alors ?
– Il m'a dit :"Si c'est par vous, d'accord !"
– Oh ! L'enculé ! »

ABRACADABRA !

Il paraît qu'il ne faut jamais coudre le jeudi ni le samedi, cela ferait pleurer la Sainte Vierge... Ni lors du carême, car les souris mangeraient toutes les provisions... Et le dimanche, alors ?... Le « jour du Seigneur », on n'a sûrement pas le droit non plus !... Avec la moitié du pays au chômedu, est-ce bien raisonnable ?!...

Les vieux Bretons appellent « enterreuse » leur petite-fille, dont la venue au monde est pour eux le présage de leur propre mort.

Ne faites jamais un enterrement un vendredi, cela porte malheur... au mort !

Là, dans ta poche, c'est ton revolver ou t'es juste content de me voir ? (Mae West)

À la Saint-Glinglin,
On se lave les mains,
Pour la Saint-Hervé,
On se lave les pieds.

Saint Hervé

PERRET

17 juin

TRANCHE D'HISTOIRE

Le maréchal Pétain est prêt à signer l'armistice avec le chancelier Hitler

1940 Chargé de former un nouveau gouvernement après la démission de Paul Reynaud, dans la nuit du 16 au 17 juin 1940, le maréchal Pétain a demandé aux autorités allemandes de préciser leurs conditions de paix. À Londres, le général de Gaulle appelle à la résistance.

À 12 h 20, lundi 17 juin, une automobile militaire s'immobilise rue Ernest-Renan, à Bordeaux. Philippe Pétain en descend. Il est coiffé d'un feutre sombre et porte un costume civil clair. Des ouvriers, massés devant l'hospice de vieillards voisin, crient : « Vive le maréchal ! » Il les salue de la main, paternellement, avant de pénétrer dans l'immeuble où la radiodiffusion nationale a installé des studios de fortune dans la ville où l'exode a conduit le gouvernement.

Dix minutes plus tard, il s'adresse aux Français. « À l'appel de monsieur le président de la République, j'assume à partir d'aujourd'hui la direction du gouvernement de la France », commence-t-il d'une voix que l'âge et l'émotion font trembler. Puis, tout est dit en peu de mots : « Je fais à la France le don de ma personne pour atténuer son malheur [...]. C'est le cœur serré que je vous dis qu'il faut cesser le combat. Je me suis adressé, cette nuit, à l'adversaire pour lui demander s'il est prêt à rechercher avec moi, entre soldats, après la lutte et dans l'honneur, les moyens de mettre un terme aux hostilités. » Dans le studio, certains ne peuvent retenir leurs larmes.

(***Le Monde*, G. C.**)

La cata a commencé là.

LE SAVIEZ-VOUS ?

Les Hervé sont des êtres généreux, disponibles, astucieux, bricoleurs de génie, artistes, marins rêveurs, ils suivent volontiers les étoiles d'un œil émerveillé d'Amsterdam à Valparaíso... ou bien le long de la Sky Road. Ils aiment le bon saucisson, le pâté Hénaff et le vieux chasse-spleen. Ils oublient parfois leurs clés, un rendez-vous, un déjeuner.
Ils sont pudiques, naïfs, têtus, susceptibles parfois... mais ils ont le cœur sur la main, et cette main pour leur ami est toujours tendue.
Enfin... moi, j'en connais un qui ressemble à ce portrait comme deux gouttes d'eau.

Au mois de juin
le gland se forme,
Remarquait la femme à Lucien,
Qui pendant
qu'il arrosait l'orme,
Reluquait goulûment le sien.

CÔTÉ JARDIN

Beaucoup, beaucoup de travail au jardin en ce moment. Les plantes grimpantes doivent être attachées. Supprimez les « gourmands » aux encoignures des feuilles de tomate. Repiquez vos jeunes plants de fraisier semés en mai. Arrosez modérément. Protégez-les des oiseaux voraces. Écourtez les tiges de l'ail, il grossira plus vite et mieux. Courage !

18 juin

Saint Léonce

Dès que le beau temps s'annonce,
Quand sa femme gémit dans les ronces,
Le vieux Léonce se défonce,
En lisant les petites annonces.

ADIEU, M. LÉAUTAUD

Je ne parviens pas à me souvenir du nom de celui, ou de celle, qui m'obtint un jour un rendez-vous avec Raymond Queneau chez Gallimard. On lui avait parlé d'un jeune homme qui venait d'écrire un petit ouvrage sur Léautaud, et il avait souhaité que je le lui apporte. Il me questionna sur la manière dont j'avais connu le vieux misanthrope, et mon récit eut l'air de l'amuser. Deux jours plus tard, il me téléphona : « J'ai lu *Adieu, monsieur Léautaud*. Je trouve votre témoignage très vivant et très sympathique, mais Gallimard n'est pas, je crois, la maison qu'il vous faut pour publier un tel ouvrage. Allez voir chez Julliard, que cela intéressera sûrement, me conseilla-t-il gentiment. Je vais leur téléphoner. » Il le fit. Les membres du comité de lecture de Julliard décidèrent à l'unanimité d'éditer mon petit livre. Ils furent très charmants avec moi, mais, malgré les quelques émissions promotionnelles que je fis, je dus n'en vendre à peine que quatre ou cinq milliers d'exemplaires, une misère ! Ces tirages, à l'évidence, correspondaient au caractère « élitiste » de mon livre. Il est vrai que, dans le grand public, qui connaissait Léautaud ?

Ça ne s'invente pas

Le président Bush a déclaré qu'il était absolument convaincu qu'il y avait des armes de destruction massive cachées quelque part en Irak. On rappelle qu'il était aussi absolument convaincu d'avoir gagné loyalement les élections en 2000 ! *(Bush à oreille)*

La liberté que j'aime est née avec notre âme. Le jour où le plus juste a bravé le plus fort.

(Lamartine)

LE SAVIEZ-VOUS ?

Le pissenlit est un symbole d'oracle et de divination. Si l'on fait un vœu et que l'on souffle sur sa boule plumeuse et que les graines s'envolent en une seule fois, ce vœu sera exaucé ! Selon les régions, on l'appelle « couronne de moine » ou « salade de chiens », ou encore « salade de taupes ». Dégustés en salade, les jeunes pissenlits avec des lardons sont délicieux.

DÉCLARATION

Je ne t'aime pas seulement pour ce que tu es mais pour ce que je suis quand je suis avec toi.

Je ne t'aime pas seulement pour ce que tu es devenue mais aussi pour ce que tu as fait de moi.

Je t'aime parce que tu m'as rendu meilleur que ne l'aurait fait aucun credo et plus heureux qu'aucun destin n'aurait pu le faire.

Tu l'as fait sans avoir l'air d'y toucher, sans un mot, sans un geste.

Tu l'as fait en restant toi-même.

Saint Romuald et saint Gervais,
Nous les fêtons le même jour,
Mais s'il pleut sachons bien qu'après,
Ça dégoulinera quarante jours.

Saint Romuald

PERRET

19 juin

SACRÉ APPÉTIT

J'ai vu un homme manger à lui seul une longe de veau, un chapon et deux bécasses avec beaucoup de pain. La baladine Aglaïs, qui vivait il y a deux siècles av. J.-C., était si gourmande qu'elle mangeait à son souper dix livres de viande avec douze pains et buvait six pintes de vin… L'empereur Maximin, lui, devint si gras que les bracelets de sa femme lui servaient de bagues.

LE SAVIEZ-VOUS ?

Les mouches arrivent avec la chaleur de l'été. Si vous voulez vous en débarrasser, placez trois ou quatre moitiés de citron piquées de trois clous de girofle dans une soucoupe, elles ne tarderont pas à se barrer chez le voisin !

CÔTÉ CUISINE

Pour vérifier la fraîcheur d'un œuf, placez-le dans un bocal d'eau fraîche salée. S'il reste au fond sur le flanc, il a au maximum trois jours. Entre huit et quinze jours, il se placera en biais dans le bocal. Entre trois semaines et un mois, il sera debout au fond. Plus d'un mois, il remontera à la surface.
N'attendez pas jusque-là !

Les femmes ne donnent à l'amitié que ce qu'elles empruntent à l'amour.
(Chamfort)

Pensées

Quand un homme dit des obscénités à une femme, c'est du harcèlement sexuel. Quand c'est une femme qui dit des obscénités à un homme, c'est 3,95 dollars la minute.
(Steven Wright)

Ras le bol des tâches ménagères, tous les jours, passer le plumeau, passer l'aspirateur, passer la serpillière, passer à la casserole !…

ABRACADABRA !

Pour guérir une hernie, il faut enlacer fortement un chêne. Ou – si l'on n'est pas cul-de-jatte – tenter de sauter par-dessus trois feux de la Saint-Jean.

Ou la hernie sera guérie, ou vous finirez aux grands brûlés.

Vous pouvez aussi fendre un jeune chêne vigoureux durant la nuit de la Saint-Jean, élargir la fente et y faire passer le corps de l'enfant victime de la hernie.

Refermer alors avec une forte ligature. Si la fente disparaît, l'enfant est guéri. Vous pouvez aussi creuser une sorte de souterrain sous la plus grosse racine d'un noyer et y faire passer l'enfant.

Il n'aura plus de hernie, mais sa maman sera obligée de nettoyer ses vêtements.

20 juin

Saint Silvère

Pluie d'orage à la Saint-Silvère,
Pour un an remplira ton verre,
Mais il vient souvent en même temps,
Toute une pluie d'emmerdements.

SPLATCH !

Le décor est champêtre et grandiose à la fois : une carte postale du Connemara. L'eau de cette rivière sinueuse et étroite est d'une telle clarté qu'on y voit parfois le dos des saumons qui remontent le courant. Il y a ici à peine soixante-dix centimètres d'eau. Le courant, en revanche, y est vif. C'est à une *purple shrimp* que mord le saumon, à une vingtaine de mètres en aval du pont. Il s'agit d'un gros d'après la traction terrible qu'il impose et qui dévide mon moulinet à une allure vertigineuse. « *Slowly !* » se met à crier mon *guilie*, de l'autre rive.

Il en a de bonnes, lui! Le saumon, pas fou, au lieu de remonter le courant – et de s'épuiser comme ses congénères la plupart du temps –, se laisse machiavéliquement emporter, interdisant à mon moulinet de stopper sa « fuite en arrière ». Au risque de tout casser, je freine le dévidage et stoppe le fil complètement. Le guerrier, se sentant bloqué, se met alors à faire des *jumps* de forcené. Mon cœur bat la chamade, il tire comme un bœuf devant sa charrue et continue de dérouler le peu de fil qu'il me reste.

Me voyant impuissant à gérer une telle situation, Michael court jusque sur le petit pont sous lequel ce satané bestiau est en train de passer en faisant des bonds diaboliques. Il cherche des yeux à le localiser. C'est alors que, le voyant prendre du champ de l'autre côté du pont, sans faire ni une ni deux, tout habillé, son épuisette à la main, mon Michael saute et fait un « splatch ! » sur le dos en plein sur le mastard.

Comment fait-il pour se relever dans le courant? Pourquoi donne-t-il comme un fou des coups d'épuisette dans l'eau? Et surtout, comment réussit-il à faire entrer la tête du saumon dans l'épuisette? Se sentant en mauvaise posture, le *king* réunit ses dernières forces et se libère en un ultime *jump*! Ce dernier saut lui permet de casser l'hameçon du trident qui le retenait et... de filer comme un beau diable!

Je n'ai jamais revu depuis un *guilie*, trempé jusqu'aux os, déambuler pieds nus sur un pont en égrenant un tel interminable chapelet de jurons!

TRANCHES D'HISTOIRE

1792 Dans son *Histoire des Girondins*, Lamartine disait qu'au milieu de l'insurrection du 20 juin 1792 qui avait envahi les Tuileries, Louis XVI, invincible dans sa résistance constitutionnelle, éluda ou refusa toujours d'acquiescer aux injonctions des séditieux.

« N'ayez pas peur, sire, lui dit un grenadier de la garde nationale.

– Mon ami, lui répondit le roi en lui prenant le bras et en l'approchant de sa poitrine, mets ta main là, et vois si mon cœur bat plus vite qu'à l'ordinaire. »

Ce geste, ces paroles de confiance intrépides, vus et entendus de la foule, retournèrent le cœur des séditieux.

1936 C'est le 20 juin 1936 que le *Journal officiel* publie la loi instituant quinze jours de congés payés annuels. Cette année-là, six cent mille personnes partent en vacances. Léo Lagrange négocie alors avec la compagnie de chemin de fer un billet populaire de congés annuels à tarif réduit.

C'est l'été dit-elle convaincue,
Qu'on fait prendre l'air à son cocu,
Et d'ajouter pour badiner,
Mon chéri viens-tu te promener ?...

Fête des Pères
ÉTÉ

AMOUR, LIBERTÉ, VÉRITÉ

Je me souviens des nombreux copains qui me téléphonèrent le soir où Mitterrand fut élu président. « Nous sommes place de la Bastille, la foule chante ta chanson. C'est très émouvant. »

Ce matin ma plume est alerte,
Elle redor' le blason des mots,
Un peu usés galvaudés certes,
Mais qui ont pas dit leur dernier mot.
Elle va sublimer les mots libres,
La subversion et l'irrespect,
Contester la moral' des livres,
Innocenter les mots suspects.

Amour Liberté Vérité,
Il faudra choisir,
Amour Liberté Vérité,
Plutôt qu'obéir.

Été doux,
Hiver en
courroux.

Ce matin ma plume est au centre,
En plein dans le cœur du sujet,
La folle se frotte le ventre,
Aux quadrillés d'un premier jet.
Réhabilitant la mâtine,
Les mots traqués qui en ont bavé,
Qu'elle va quérir dans les épines,
Voire même sous quelque pavé.

Amour Liberté Vérité,
Il faudra choisir,
Amour Liberté Vérité,
Plutôt qu'obéir.

Elle va livrer sans rectitude,
Ses solécismes en un bagout,
Que d'aucuns trouvent d'habitude,
Tout persillé de mauvais goût.
Certes le goût des dithyrambes,
Qu'un futur académicien,
Accompagne de ronds de jambe,
N'a rien à voir avec le mien.

Amour Liberté Vérité,
Il faudra choisir,
Amour Liberté Vérité,
Plutôt qu'obéir.

Été : fantaisie
d'herbes chaudes,
de ciel d'outremer,
De mer outreciel,
et de coccinelles
aux seins nus.
(Jacques Dor)

Léautaud chrétien détestable,
Confiait en ricanant tout bas,
Qu'avant tout une chos' conv'nable,
C'est bien sûr cell' qui n'convient pas.
Que not' première patrie sur terre,
Mes chers ministres c'est la vie,
J'vous dis ça avant qu'y ait un' guerre,
Et qu'vous n'soyez dans vos abris.

Amour Liberté Vérité,
Il faudra choisir,
Amour Liberté Vérité,
Plutôt qu'obéir.

LABOUR D'ÉTÉ
VAUT FUMIER.

Sacrifice et patriotisme,
Gloire et honneurs fumisteries,
Ces mots ne sont que des sophismes,
Qui envoient les hommes à la bouch'rie.
Aujourd'hui ironie suprême,
Hiroshima boit du Coca,
Les Français et les All'mands s'aiment,
Le commerce a repris ses droits.

Amour Liberté Vérité,
Il faudra choisir,
Amour Liberté Vérité,
Ça n'veut plus rien dir'.

Quand l'été proclame,
Le beau et le bien,
La nonne s'enflamme,
Le moine se retient.
(Pas toujours !)

22 juin

Saint Alban

Quand il neige à la Saint-Alban,
C'est que tu as bu trop de vin blanc.

CHIPIRONS AU SAFRAN

Ce sont mes chipirons préférés après les *chipirones en su tinta* (cuits dans leur encre), qu'on déguste en Andalousie !

Pour 4 convives :

1 kg de chipirons, ou à défaut de jeunes poulpes, nettoyés et coupés en petits morceaux ;
1 bulbe de fenouil émincé ;
1 blanc de poireau haché ;
2 oignons hachés ;
2 branches de cœur de céleri hachées ;
6 tomates moyennes pelées, épépinées et hachées (fraîches ou entières en boîte) ;
1 grosse gousse d'ail écrasée (ôtez le germe) ;
3 cuillerées à soupe d'huile d'olive
+ 2 cuillerées d'huile de tournesol ;
2 pincées de safran ;
1 pointe de piment d'Espelette en poudre ;
200 g de riz long rincé et égoutté ;
2 tablettes d'extrait de fond de poule ;
1 litre d'eau ;
Sel, poivre au moulin.

Préparation :

Dans une casserole, faites fondre les tablettes d'extrait de fond de poule dans un bon litre d'eau.

Dans une cocotte, faites chauffer les huiles ensemble sur un feu moyen.

Faites revenir vivement dedans les chipirons ou les morceaux de poulpe durant trois à quatre minutes au maximum. Salez, poivrez.

Quand ils ont pris leur couleur, diminuez le feu et ajoutez les hachis de poireau, fenouil émincé, oignons, céleri, les tomates, le safran, l'ail et le piment d'Espelette.

Laissez cuire doucement cinq minutes à feu doux, couvercle fermé, en mélangeant deux ou trois fois à la cuillère en bois.

Continuez ainsi la cuisson douce durant une heure en ayant soin de toujours ajouter une louche de bouillon qui doit à peine recouvrir les poulpes.

Une demi-heure avant de servir, versez le riz dans la sauteuse et recouvrez-le de quelques louches de bouillon (à fleur du riz) jusqu'à ce qu'il ait tout absorbé et qu'il soit cuit *al dente*.

Mélangez bien avant de servir très chaud.

ABRACADABRA !

En Champagne, un serment n'a aucune valeur si on ne crache pas en le faisant. Si l'on a des quintes de toux récurrentes, il faut attraper une grenouille, lui cracher dans la gueule et la laisser partir en emportant votre mal. Dis donc ! Ils font forts, en Champagne !...

Si tu es amoureux d'une belle fille, tu dois cueillir à l'aube un brin de marjolaine le jour de la Saint-Jean. Il te faudra y ajouter de la verveine, du myrte, trois feuilles et trois racines de fenouil. Fais sécher le tout à l'ombre. Une fois sec, réduis le tout en fine poudre et tamise-le avec une étoffe de soie. Tu souffleras cette poudre dans la direction de cette fille à laquelle tu penses si fort. La nuit suivante, elle viendra danser en chemise sous ta fenêtre.

Bonne nuit !

drey d'humeur changeante et bucolique,
Peut être espiègle et romantique,
Elle ne vous fait jamais la bise,
Sans que les poils de son cul frisent.

Sainte Audrey

PERRET

23 juin

LE BILLARD

Au Café du Pont, sur la pointe des pieds – car j'étais trop petit –, j'apprenais aussi à jouer au billard avec les clients, que ce jeu passionnait. Pour marquer les points sur le boulier, on le faisait de loin, du bout de la longue queue incrustée de nacre. Il fallait graisser de temps en temps la pastille de cuir collée à l'extrémité de la queue : le « procédé », ça s'appelle. D'un geste tournant appliqué de professionnel, on le frottait de craie bleue, afin d'éviter de faire, en jouant, la fausse queue tant redoutée. L'accroc dans le tapis eût été, évidemment, la totale catastrophe, remplacer ce dernier étant bien sûr impossible en cette époque de restrictions. Je progressais chaque jour en appliquant de mon mieux les conseils des vrais joueurs. Je réussissais parfois de petites séries de cinq à dix points. Ridicule, bien sûr, comparé aux vingt, trente ou même cinquante points d'affilée qu'alignaient les plus grands des champions qui jouaient chez nous. Cela dans le seul but de montrer leur talent, cela va de soi, mais aussi pour se faire offrir par l'adversaire ou les spectateurs admiratifs les tournées de Martini ou de pastis qui s'ensuivaient. J'ai toujours aimé ce jeu, qui exige beaucoup de finesse, d'observation et de préparation. Trente ans plus tard, je m'offris un billard en même temps que ma première maison, lui consacrant la plus grande et la plus belle des pièces : ma bibliothèque. Il me reste une boîte de douze véritables « craies bleues de Saint-Martin » – héritée de papa –, avec lesquelles je graisse toujours le procédé de ma queue de billard.

« Qu'est-ce donc que cette petite monstresse ? disait inconsidérément une femme à une autre en désignant une enfant.
– Madame, c'est ma fille.
– Ah ! Félicitations. Elle est bien jolie !… »

« Quel salaud, ce Maurice ! Deux ne lui suffisaient pas, à présent, il a trois maîtresses !…
– Mais pourquoi tu dis que c'est un salaud ?…
– Parce qu'une des trois, c'est ma femme ! »

LE SAVIEZ-VOUS ?

L'arbre du mois de juin est le hêtre.
La fleur : la balsamine.
L'animal : le chien,
et l'oiseau : l'ibis.
Les enfants nés ce mois seront de caractères faibles, versatiles mais intelligents.

Le caca ne pique pas, mais il fait boiter les gens si on marche dessus.
(Proverbe créole)

Je n'ai jamais pu faire un concours de beauté : on me colle toujours dans le jury. (Pauline Carton)

CÔTÉ JARDIN

Protégez vos fruits en tendant des filets au-dessus des fraisiers, ménagez ainsi vos futurs cassis, groseilles, framboises, etc. Traitez en pulvérisant du jus d'ortie macérée. Arrosez, mais seulement le soir, si le temps s'y prête.

24 juin

Saint Jean-Baptiste

PERRET

C'est quand l'époux d'Hélène est triste
Que Jean-Baptiste entre en piste.
Saint Jean doit une averse,
S'il ne la paie saint Pierre la verse.

PETITES NATURES

Jean II, Czar de Moscovie, s'évanouissait à la vue d'une femme.

Quand on faisait sentir des pommes à Duchesne, secrétaire de François Ier, il lui sortait des flots de sang par le nez.

Scaliger frémissait de tout son corps en voyant du cresson !

Le maréchal d'Albret se trouvait mal dans un repas où l'on servait du cochon de lait.

Le duc d'Épernon s'évanouissait à la vue d'un levraut.

Marie de Médicis ne pouvait souffrir la vue d'une rose, pas même en peinture, alors qu'elle aimait toute autre sorte de fleurs.

Grandeur et faiblesse s'accordent parfois très bien.

Une dame grecque répondit au roi Philippe, qui lui faisait une injustice, en quittant la table :
« J'en appelle au jugement suprême, dit-elle.
– Et à qui donc ?... dit le roi, amusé.
– Au roi Philippe, quand il sera sobre. »
Ce mot le fit rentrer en lui-même et l'obligea à réparer le tort qu'il avait fait à cette dame.

S'IL PLEUT À LA SAINT-JEAN, IL FERA BEAU À LA SAINT-PIERRE.

JEAN ET JEAN, PARTAGENT L'AN.

(Saint-Jean-Baptiste se fête le 24 juin et Saint-Jean-l'Évangéliste le 27 décembre.)

CÔTÉ CUISINE

À cette saison, faites dans un saladier une soupe de fraises ou de melon (en y ajoutant une feuille de menthe). Délices !

LE SAVIEZ-VOUS ?

La nuit de la Saint-Jean,
Est la plus courte de l'an.

ABRACADABRA !

Pour avoir une bonne vue, il faut porter un anneau d'or à l'oreille gauche et se laver les yeux souvent à l'eau de bleuet dite « casse-lunettes ». Il faut aussi les frotter avec le premier linge mouillé d'un nouveau-né. Enfin, il est recommandé de porter sur soi... une émeraude !

Je ne suis pas certain que tout cela vaille une bonne paire de lunettes !...

Cuit sous la cendre durant la nuit de la Saint-Jean et mangé le lendemain, ce pain vous préservera toute l'année des fièvres, des maladies, des maléfices... et du percepteur ! Enfin, de ce dernier, c'est moins sûr !

Elle dit partout que son Prosper,
Le vigneron est bon amant,
Car il a les raisins pendants,
Mais le sarment toujours en l'air.

Saint Prosper

PERRET

25 juin

ALIÉNOR D'AQUITAINE (1122-1204)

Aliénor ou Éléonore, duchesse d'Aquitaine, puis tour à tour reine de France et reine d'Angleterre, fut une femme magnifique. « La nana »! Elle n'obéit toute sa vie qu'à son génial instinct et aux pulsions éprouvées par son royal petit calfouette en pilou. Elle passa sa vie à aimer les mecs passionnément sans pour autant les ficeler en un sac et les faire balancer dans la flotte après s'en être servie, comme cela se pratiquait beaucoup à une époque dans le métier de reine. Non. La môme Aliénor s'assumait pleinement. Les faux culs la faisaient gerber ainsi que les cagots, les culs-bénits, les mielleux, les bien-pensants... Bref, les irréprochables. Elle est née en Languedoc, terre d'artistes, de parfums, de soleil, d'amour... Pour ne pas désobéir aux volontés de son papa le duc Guillaume d'Aquitaine, qui avait calenché lors d'un pèlerinage à Saint-Jacques-de-Compostelle, la petite princesse (elle n'a que 15 piges) épouse Louis, l'héritier du roi de France, en 1137. Elle lui file une dot pas dégueu dans sa corbeille de mariage : l'Aquitaine. Mais son royal époux reste aussi froid que des balloches d'Esquimau dans le blizzard de l'Alaska. C'est en arrivant à Antioche qu'elle annonça au clerc royal son intention d'envoyer son époux aux fraises. Le divorce, elle voulait. Rien que ça! L'austère Louis en resta sur le fion. « J'ai cru épouser un homme, non un moine. » Voilà ce qu'elle osa balancer. Finalement, toute féminine et gracieuse qu'elle était, c'était elle qui « en avait »! Louis refusa le divorce. Il ne voulait pas l'« abandonner », disait-il, pas plus qu'il ne voulait perdre... l'Aquitaine, le gros malin. Après avoir fait constater qu'il existait un lien de consanguinité au sixième degré entre elle et son époux Louis de France, Aliénor obtint du concile de Beaugency l'annulation de leur mariage le dimanche des Rameaux 1152. Aliénor était libre de sauter... à autre chose!

ABRACADABRA !

Dans le pays limousin, la salive de l'homme fait mourir les vipères sous réserve que l'on crache à jeun. Pas de contestation possible, c'est Aristote qui le disait.

La vue d'une simple émeraude que l'on porte sur soi crève les yeux d'une vipère... ou tout du moins la rend inoffensive. On ne se méfie jamais assez des émeraudes!

L'enfant à qui l'on coupe les ongles avant l'âge de 1 an deviendra un voleur. Mais une couronne d'armoise pendue dans la maison empêchera les voleurs d'entrer.

... Mais s'il est déjà dedans, le morveux voleur à qui on a coupé les ongles, on fait quoi?...

CÔTÉ CUISINE

En ce moment, le dessert de saison idéal est une fondue de rhubarbe et fraises du jardin. Une cuillerée à café de miel ajoutée et passez-les au moins deux heures au réfrigérateur.
Au moment de servir, cassez des morceaux de meringue et mélangez-les. Régal garanti !

26 juin

Saint Anthelme

Anthelme n'ose plus grimper,
Par pluie et vent sur son prunier,
Car on dit que pluie de Saint-Jean,
Fait tomber les noix et les glands.

LOUIS XV LE BIEN-AIMÉ (1710-1774)

Louis XV fut sans aucun doute le premier « gringo » qui adora le café. Le café et les femmes, puisque ce sont les femmes qui lui faisaient le café. Et elles qui le comprenaient. La première qui le mit bien au chaud entre ses bras fut Mme de Ventadour, qui lui servit de gouvernante. C'est qu'il était petit, le Louis, à l'époque. À 5 ans, il n'avait pas de papa, il n'avait pas de maman, et il se sentait plus perdu qu'une bonne sœur dans les toilettes des hommes. Mme de Ventadour, elle, lui mit la tête entre ses grosses doudounes maternelles et lui dit : « Réchauffe-toi ici, mon Loulou, les femmes, c'est fait pour réchauffer les hommes. » Et il s'en est souvenu toute sa vie. Car, en dehors des femmes et du café, il est vrai que pas grand-chose ne l'intéressa. Aussi, c'est que tout est allé trop vite pour notre petit Loulou. On l'a fiancé, bombardé majeur à 13 ans et on l'a marié à 15. Vous vous rendez compte? C'est qu'il faut avoir un drôle de répondant sous la barboteuse, à cet âge-là, pour assumer un rôle pareil!

Avant de conclure ce marida, il n'y eut pas moins de dix-sept gonzesses à se saccager la guêpière avant de savoir laquelle d'entre elles serait choisie par le jeune monarque. C'est finalement Marie qui avait emporté le morceau, vu qu'il y en avait pas deux comme elle pour lui réussir le râble de lapin à la vodka. Les vertus aphrodisiaques de ce plat ne font d'ailleurs aucun doute, car Louis ne tricota pas moins de huit pisseuses à Marie, sans compter le Dauphin qui ne régnera jamais, vu qu'après 1765 il était beaucoup trop mort pour ça. C'est simple, dès qu'il fut tenu de gouverner, les affaires de l'État déprimèrent Louis encore bien plus qu'une journée de pluie sans compagnie féminine.

J'ai failli devenir athée… mais ils n'ont pas assez de jours fériés.
(Henny Youngman)

CÔTÉ CUISINE

Une grosse cuillerée à soupe de gros sel dans l'eau bouillante d'un bain-marie accélère la cuisson du plat.

Ah, l'amour !…

« Je viens de quitter une femme à qui je venais de dire "je t'aime".
– Et alors ?
– Eh bien justement, c'est ça qu'elle m'a dit. »

Un type marié passe son existence à se demander s'il n'aurait pas mieux fait de se contenter des plaisirs solitaires.

langage des fleurs

Les myosotis aux fleurs bleues me disent: « Ne m'oubliez pas. » Les libellules de leurs queues m'égratignent dans leurs ébats.
(Théophile Gautier)

Petite pluie de Saint-Fernand,
Éteint les feux de la Saint-Jean.

Saint Fernand

PERRET

27 juin

30 MILLIONS D'AMIS

Le museau en l'air, la crinière lissée, l'esprit en éveil, notre ami le chien jappe de plaisir pendant les vacances. Muni d'une laisse inversement proportionnelle à sa taille, il tire son maître plus qu'il ne le promène. Les petits saucissons cavalent vingt mètres devant, et les bouledogues se cramponnent à leur collier étrangleur. Leur point commun : susciter l'intérêt des autres. Renifler le derrière de la petite chienne d'à côté, piquer l'os du molosse attaché près de la caravane des voisins, disparaître à toute vitesse sur la plage dès que l'on s'est débarrassé de toute entrave, exprimer le plus bruyamment possible son bonheur d'être là. Les maîtres prévoyants ont fait le plein de boîtes avant le départ, mais rien ne vaut un bon déballage des poubelles du camping. Les vacances, c'est le pied !

Pensées

Les femmes vivent plus longtemps que les hommes, surtout quand elles sont veuves.
(Georges Clemenceau)

L'ami de tous n'a aucun ami. L'amante de tous n'a aucun amour.

Ci-gît un enfant trouvé. Tué d'une balle perdue.

Le père André étant au confessionnal, il s'y présenta une jeune fille, laquelle, demeurant à ses pieds sans rien dire, obligea le père à lui demander ce qu'elle avait fait. À quoi cette jeune fille niaise répondit plusieurs fois qu'elle n'avait rien fait : « *Eh bien !* répliqua-t-il brusquement, *allez donc faire quelque chose, et puis vous me le viendrez dire.* » (Bouhier, *Souvenirs*)

CÔTÉ CUISINE

Quand vous cuisez des pâtes, ne salez l'eau qu'à partir de l'ébullition, sinon elles mettront plus de temps à cuire.

Nettoyez chaque semaine votre réfrigérateur à l'eau chaude et vinaigre blanc mélangés (2/3 + 1/3). Les bactéries se verront forcées d'abréger leurs vacances.

Je ne comprends pas pourquoi les gens en veulent au gouvernement : il n'a pourtant rien fait ! (Bob Hope)

« La planète Mars gouverne la tête et particulièrement les narines. De plus, la chicorée cueillie à l'heure de Mars est excellente pour soigner les maladies du foie et de la rate. Porter sur soi l'effigie de Mars est assuré d'avoir du courage et d'être victorieux dans les combats. » J'ai essayé avec ma femme, ça ne marche pas du tout.

En Gironde, on dit qu'à la pêche, cracher sur l'hameçon incite le poisson à mordre aussitôt. J'ai essayé, et, en rentrant le soir, on a mangé des côtes de veau.

28 juin

Saint Irénée

PERRET

Saint Irénée fourre son nez,
Au cul des gros melons sucrés,
Partant de là il s'imagine,
En faire autant avec Sandrine.

SALADE DE TOMATES D'ÉTÉ

Pour les privilégiés qui ont des tomates dans leur jardin… et pour ceux qui n'ont qu'un petit mais honnête maraîcher. Cette salade, dès la première tomate apparue dans le jardin, est presque quotidienne sur notre table à la maison durant tout l'été.

Pour 6 convives :

8 belles tomates charnues et fermes ;
2 petits oignons blancs jeunes (cébette) hachés ;
2 petits anchois salés découpés en tout petits bouts ;
3 branches de basilic frais haché au dernier moment ;
1 morceau de 30 à 40 g de parmesan râpé ;
3 cuillerées à soupe d'huile d'olive ;
1 cuillerée à soupe de bon vinaigre de vin rouge ou de vinaigre balsamique ;
1 cuillerée à café de moutarde forte ;
Sel, poivre au moulin.

Préparation :

Découpez vos tomates en gros quartiers (5 ou 6). Mettez-les dans un égouttoir. Réservez-les.

Dans un bol, mettez le vinaigre et le sel à fondre en le mélangeant avec la cuillère en bois.

Ajoutez la moutarde, mélangez bien.

Après avoir ajouté l'huile, mettez vos tomates découpées dans un saladier.

Répandez par-dessus le basilic, le parmesan, les anchois et la vinaigrette moutardée.

Poivrez de 6 tours de moulin.

Mélangez bien et dégustez tel quel.

Conseils :

Tomates : évitez de les passer au réfrigérateur, elles perdent leur goût naturel.

Les anchois (dessalage) : après une nuit d'amour dans du lait cru, ils seront parfaitement dessalés.

Le surhomme ?… Peut-être fabriquerons-nous un jour ce qui nous comprendra. (Jean Rostand)

Aller à la selle trois fois n'use pas l'anus !

(Proverbe créole, Guadeloupe)

La Rochefoucauld s'était lancé dans la Fronde par amour pour la duchesse de Longueville. Il écrivit, au bas d'un portrait de cette dame, ces deux vers de l'*Alcionée*, de du Ryer : « *Pour mériter son cœur, pour plaire à ses beaux yeux, j'ai fait la guerre aux rois, je l'aurais faite aux dieux.* »
Mais plus tard, blessé au combat par un coup de mousquet qui lui fit perdre quelque temps la vue – et s'étant brouillé avec sa maîtresse –, il parodia ainsi ces vers : « *Pour ce cœur inconstant qu'enfin je connais mieux, j'ai fait la guerre aux rois, j'en ai perdu les yeux.* »

CÔTÉ JARDIN

C'est l'ultime limite si vous voulez planter l'aubergine, le céleri en branches, la chicorée frisée, la scarole, le chou et le poireau.

Buttez les pommes de terre, les haricots et les pois… et allez faire la sieste !

À la Saint-Pierre à la Saint-Paul,
L'été est entré dans le rang,
Ne le dites pas à Pierre ou Paul,
Ils répètent tout à leurs parents.

Saint Pierre & Paul

PERRET

29 juin

« MON PIERROT »

Ce type d'histoire « déjantée » a toujours été pour moi un « poumon » indispensable, un facteur d'équilibre, face à l'écriture pour un même album de chansons telles que « Mon p'tit loup », « L'Hôpital », ou « La Bête est revenue ».

C'était par une scintillante nuit de givre,
Le long du pensionnat d'jeun's filles « Les Lys blancs »,
Qu'un' jeune pisseuse me dit laissant tomber ses livres,
Salut je devine qu'vous êt's mon correspondant,
Je lui réponds mignonne je crois qu'il y a méprise,
Mollissez pas dit-ell' c'est tell'ment exciting,
Avec l'homm' de sa vie d'pouvoir s'faire la valise,
Déjà sur ma nuque ses mimin's font du karting.

Je me suis dit mon Pierrot,
Y vaudrait mieux app'ler Zorro mon Pierrot,
Ou bien foutre une baffe à Mao mon Pierrot,
Que d't'occuper de cett' volaille,
Tu t'ta-ailles.

Ça fait des s'main's dit-elle que j'attends qu'on s'embrasse,
Ell' m'offrit un d'ces toits ouvrant sur le zénith,
Que j'voyais jusqu'au fond la s'melle de ses godasses,
Et c'est comm' ça qu'j'ai su qu'ell' chaussait du trente-huit,
Je tremblais j'ai pas hont' de dir' qu'j'avais la tête,
D'un Écossais pris dans un' quête pour le cancer,
Je d'vins fiévreux comme un vampire à la Villette,
Quand ell' murmur' moi un p'tit viol ça m'fait pas peur.

En m'dégonflant je m'suis fait traiter d'grande coquette,
Mais manqu' de bol y avait sa p'tit' copine dans l'coup,
Pendant qu'la monstresse me roulait ses crêp's Suzette,
L'aut' mitraillait avec son flash derrière mon cou,
J'étais refait par ce chantage à l'eau d'vaisselle,
Comme un douanier qui vient d'lire les Pensées d'Pascal,
Et ça s'est terminé à la mairie d'Sarcelles,
Devant ses vieux qui avaient des tronches de sortie d'bal.

« Vous êtes libres.
Et la liberté est belle. »

CÔTÉ CUISINE

Le persil plat lavé à l'eau chaude se coupe plus facilement. Parfumez bien un poulet en y mettant 4 à 5 brins de persil à l'intérieur durant la cuisson, plus 2 ou 3 gousses d'ail légèrement écrasées.

Si vous toussez, buvez à jeun un verre de jus de persil (passé au mixeur) mélangé à une tasse de lait chaud. Efficace !

Ça ne s'invente pas

et cela demandera du temps pour restaurer le chaos et l'ordre. l'ordre dans le chaos. mais nous nous y attellerons.

Tu l'as dit, bouffi !

(George W. Bush, 13 avril 2003, *Bush à oreille*)

ANCOLIE

Je vous rends la fleur d'ancolie,
Je suis en grand mélancolie,
Amie que vous n'aiez changée,
Car vous m'avez trop estrangée.
Dites m'en le vrai sans ruser,
Sans plus m'en faire
en vain muser.

(Christine de Pisan, 1365-1430)

30 juin

Saint Martial

C'est un gros sot que ce Martial,
Le beau temps lui semble vilain,
Pour maigre avoine il fait du foin,
Et il a toujours les pieds sales.

MÉNAGEZ VOTRE EMBONPOINT

La pâtisserie est un art tout à la fois agréable et utile dans lequel les jolies femmes feraient bien de s'exercer. Elles y trouveraient une occupation, un plaisir, et des moyens sûrs de recouvrer ou de conserver leur embonpoint et leur fraîcheur. Qu'on nous permette de citer à ce sujet quelques lignes d'un écrivain recommandable en cuisine et en pâtisserie : « Un art capable de chasser l'ennui de tous les états, d'offrir des amusements variés, de donner un exercice doux et salutaire à toute notre machine, d'en dissiper tous les engorgements qui sont la source de tant de maladies cruelles, qui nous rend de l'appétit, la force et la gaieté... »

Femmes aimables et charmantes que l'ennui ou les douleurs dévorent, sortez du fauteuil meurtrier qui consume le printemps de vos jours. Que ces moules destinés à former tant de friandises recherchées cessent d'être maniés par des mains souvent dégoûtantes ; que le sucre, le jasmin et les roses soient désormais mariés par la main des grâces.

(Almanach des gourmands)

C'est beau comme du Verlaine ! En tout cas, femmes, si vous voulez conserver votre embonpoint...

SOYEZ SOURCILLEUX

Les sourcils épais sont une marque d'impiété et d'obstination. Lorsqu'ils sont clairs, ils révèlent les poltrons, mais épais et bien coiffés, ils sont l'apanage des sages et des gens droits. Il est de bon augure de ressentir un tressaillement dans le sourcil droit. En revanche, dans le sourcil gauche, c'est très inquiétant.

Voilà, je préférais vous le dire.

Dicton

Quand la pluie
grossit la rivière,
Il y a du lait dans les tétons
de la fermière.

Amour par les plantes

La sauge est une souveraine bienfaitrice qui guérit tout. Les maux physiques aussi bien que les peines de cœur. Offrez-en un bouquet au jeune homme qui vient de perdre sa fiancée, il s'en remettra... surtout si vous lui en trouvez une autre.

Le « bon sens », ça ne l'intéressait pas vraiment. Elle n'avait jamais suivi la flèche.

POUR ÉVITER LA CHUTE DES CHEVEUX ?...
JE FAIS UN PAS DE CÔTÉ.
(Groucho Marx)

Je sais nager juste assez pour me retenir de sauver les autres.
(Jules Renard)

Il est plus facile de séduire mille femmes que de séduire mille fois la même. (Grégoire Lacroix)

JUILLET

Demain,
je lui expliquerai une fois pour toutes
que les tirs au but,
c'est pas qu'au foot.

01 juillet

Saint Thierry

PERRET

Quand Thierry rit,
Sa femme pleure sans raison,
Et inversement,
Selon les saisons.

TRANCHE D'HISTOIRE

1967 Samedi soir 1er juillet 1967, peu avant minuit, au dernier jour de la session parlementaire, l'Assemblée nationale a adopté en première lecture la proposition de loi sur la régulation des naissances présentée par le député (UNR-UDT) de la Loire, Lucien Neuwirth, au nom de la commission des affaires culturelles, familiales et sociales. Les débats, d'une violence verbale inouïe, ont clairement tracé une ligne de démarcation entre deux France : une France morale et catholique d'un côté, une France progressive et laïque de l'autre.

Au Palais-Bourbon, on a entendu d'honorables représentants du peuple français évoquer « l'avilissement de l'idéal de bonheur familial et de la moralité de la jeunesse » (Joseph Fontanet, Savoie, centre démocrate), redouter « une flambée d'érotisme, attisée par la propagande politique » (docteur Jacques Hébert, Manche, apparenté UNR), ou prédire que « les femmes détiendront, seules, le pouvoir absolu d'avoir ou de ne pas avoir des enfants », que « les hommes perdront leur fierté de leur virilité féconde » et que « les amours illicites seront favorisées » **(docteur Jean Coumaros, Moselle, UNR).**

« La loi sera adoptée, même si selon Paul VI "elle ouvre la voie à l'abaissement général de la moralité". » **(*Le Monde*, juillet 1967.)**

J'aurais volontiers voulu voir la tête des mêmes « honorables représentants du peuple français » en 2014, lors de l'adoption de la loi du mariage pour tous.

On pouvait espérer qu'elle s'arrêterait de parler quand le soir venait. Mais non, la nuit, elle rêvait tout haut !

Chaque fois qu'elle raisonnait, elle n'avait que des idées reçues en recommandé.

Elle a passé sa vie à reculer pour mieux sauter sur le premier qui passait.

J'ai amené mes parents à l'aéroport. Ils partent demain.
(Margaret Smith)

Quand j'ai été kidnappé, mes parents ont tout de suite agi. Ils ont loué ma chambre. (Woody Allen)

ABRACADABRA !

En toute période d'incertitude de votre destin, au moindre doute de malheur approchant, jetez vite du sel dans le feu. De plus, cela éloigne les orages, les fièvres et le Malin. Faites porter aux enfants un sachet de sel suspendu à leur cou, ils seront préservés des poux, des rhumes et des mauvaises notes à l'école. Il faut en mettre dans la poche des nouveaux mariés et en répandre aux quatre coins du pré où paissent vos brebis. Il éloignera les loups, les éclairs et les voisins. Le sel est principe de vie et purificateur de toute chose. Dans la main d'un malade, si le sel fond, il n'y a plus d'espoir de guérison. Du moins entre Brest et Quimper.

MA RATATOUILLE PRÉFÉRÉE

Ma première indigestion de ratatouille, je l'ai eue en « colonie de vacances » située dans un hameau, Le Castéron. J'avais 7 ans. C'était un an avant l'occupation allemande, mais c'étaient déjà les restrictions. Et j'avais toujours faim! Je ne me souviens « que » du goût des aubergines, mais je les aimais tant que je m'en rendis malade, et je continue de les adorer. Des ratatouilles, il en existe des quantités. C'est avant tout un plat d'été. Celle-ci, ne comportant pas les ingrédients classiques, se distingue à mon goût par la saveur exquise du céleri (que j'adore) marié à la tomate et à l'aubergine. Elle est aussi délicieuse froide que chaude.

Pour 6 convives :

300 g d'aubergines;
4 tiges de céleri très tendres, lavées et épluchées, sans les fils;
1 oignon moyen haché;
4 échalotes hachées;
4 tomates fraîches;
3 gousses d'ail pressées;
1 bouquet garni;
2 cuillerées à soupe d'huile d'olive vierge;
3 cuillerées à soupe d'huile de tournesol;
1 morceau de sucre roux;
1 pointe de piment de Cayenne en poudre;
Sel, poivre.

Préparation :

Lavez et découpez (sans les peler) les aubergines en petits dés de 2 cm de côté environ.

Dans une poêle, faites frire les aubergines pendant dix minutes dans la moitié des huiles mélangées. Lorsqu'elles ont commencé à prendre couleur, mettez-les dans un égouttoir sur du papier absorbant.

Découpez les branches de céleri en petits bâtonnets. Pochez-les cinq à six minutes dans l'eau bouillante salée. Égouttez-les. Réservez-les.

Plongez les tomates dans l'eau bouillante (du céleri) pendant trois minutes, puis pelez-les. Ôtez le maximum de pépins et découpez la chair en dés.

Dans une cocotte, remettez le restant d'huile à chauffer (sans laisser fumer).

Faites-y revenir à feu doux les oignons et les échalotes pendant trois minutes en mélangeant à la cuillère en bois. Ajoutez ensuite les tomates en morceaux, le bouquet garni, l'ail, le céleri et les aubergines.

Salez. Poivrez légèrement. Ajoutez la pointe de Cayenne (très peu) et laissez cuire quarante-cinq minutes à feu doux.

J'ajoute à ce plat un morceau de sucre roux, qui enlève une certaine acidité des oignons et des tomates. C'est selon votre goût.

TRANCHE D'HISTOIRE

1961 Le 2 juillet 1961, Ernest Hemingway, l'écrivain américain, s'est donné la mort à Ketchum (Idaho). Il était âgé de 62 ans. Chauffeur d'ambulance pour la Croix-Rouge, correspondant de guerre, chasseur et pêcheur, aimant la corrida, cette légende vivante de la littérature américaine avait reçu le prix Nobel en 1954. « Le glas a sonné » pour « le vieil homme et la mer ».

03 juillet

Saint Thomas

PERRET

Pour le jour de la Saint-Thomas,
Cuis ton pain et lave tes draps,
Car quand la nuit va s'épaissir,
À coup sûr tu vas les salir.

LE SAVIEZ-VOUS ?

La duchesse de Bourgogne et dauphine de France était horriblement sale. Parfois, elle se faisait donner un clystère (un lavement) dans le cabinet du roi où il y avait beaucoup de monde. Elle se tenait debout devant le feu, derrière un petit écran, et la femme qui le lui donnait se tenait, elle, à genoux, après s'être avancée au plus près sur les mains et les genoux. Cela passait pour une gentillesse. (Madame la duchesse d'Orléans, *Correspondance*)

BONNES MANIÈRES

Tout amphitryon qui sait vivre offre jusqu'à trois fois, à chacun des convives, du même plat. Son premier devoir est de venir au secours des appétits timides, de les rassurer, de les provoquer et de ne rien épargner pour les satisfaire.

La plus grande peine que l'on puisse faire à un gourmand, c'est de l'interrompre dans l'exercice de ses mâchoires. C'est donc manquer d'usage et de savoir-vivre que de rendre visite à des gens qui mangent. C'est troubler leur jouissance, les empêcher de raisonner leurs morceaux et leur causer des distractions fâcheuses. Il n'est guère moins impoli d'arriver comme convive à un dîner commencé ; ainsi, lorsque les gens sont à table, les convives survenant doivent s'abstenir d'entrer, dussent-ils jeûner tout le reste du jour en punition de leur inexactitude.

Un véritable gourmand ne se fait jamais attendre.

La méthode de servir plat à plat est la rocambole de l'art de bien vivre. C'est le moyen de manger chaud, longtemps et beaucoup. Chaque plat étant alors un centre auquel viennent aboutir tous les appétits.

(***Almanach des gourmands*, 1805**)

Il ne faut pas s'offenser que les autres nous cachent la vérité, puisque nous nous la cachons si souvent à nous-mêmes.

(La Rochefoucauld)

À LA SAINT-THOMAS, MAMAN CROIT PAS, CE QUE LUI FAIT PAPA.

SAINT THOMAS NE CROIT QUE CE QU'IL VOIT, MAIS COMME SA VUE EST VACHEMENT BASSE, FINALEMENT IL NE CROIT PAS À GRAND-CHOSE !

Il l'a dit !

Au moment où il était question de nommer Papillon intendant des « menus plaisirs », un courtisan fit observer à Louis XV que ce personnage était un sot. « Raison de plus ! dit le roi. Les sots sont ici-bas pour nos menus plaisirs. » (J.-B. Louis Gresset)

CÔTÉ CUISINE-SANTÉ

La chicorée est pectorale, le persil échauffant… et la laitue rafraîchissante et laxative.

Le lait dissout les huîtres, attire les serpents et blanchit la peau. Michael Jackson en buvait des bonbonnes !

Si tu prêtes de l'argent,
À Florent il te le rend,
Mais si tu ne lui en prêtes pas,
Le soir il ne sera plus soûl,
Et t'auras pas perdu tes sous !

Saint Florent

04 juillet

« LES JOLIES COLONIES DE VACANCES »

Un soir, en retrouvant ma femme, je lui proposai de lui chanter une chanson que j'avais commencée le matin après mon bol de café. Mais en la prévenant que c'était une « déconnante », plutôt écrite pour faire marrer les copains. Je ne pensais pas que je la chanterais jamais dans les grandes salles. J'entamai alors les deux premiers couplets et le refrain des « Jolies Colonies de vacances ». La voilà écroulée de rire.

« Mais c'est extra! Tu crois que tu pourras la terminer bientôt?

– Ce n'est pas un problème! Il y a tellement longtemps que j'y pense! Je connais si bien le sujet que je peux très bien la terminer demain, s'il le faut! Et puis, j'ai déjà la musique, tu as bien vu, elle m'est venue toute seule. Je l'ai écrite, comme cette première partie du texte, d'ailleurs, dans l'après-midi! »

Le lendemain, « Les Jolies Colonies de vacances » était achevée. Elle n'avait nécessité que deux après-midi d'écriture! Rébecca, folle de joie, rit d'un bout à l'autre. Elle en fut la première auditrice. De toute ma vie, je n'ai jamais mis moins de temps à écrire une chanson.

Les jolies colonies de vacances,
Merci maman, Merci papa,
Tous les ans, je voudrais qu'ça r'commence,
You kaïdi aï-di aï-da.

J'vous écris une petite bafouille,
Pour pas qu'vous vous fassiez d'mouron,
Ici on est aux p'tits oignons,
J'ai que huit ans mais je m'débrouille,
J'tousse un peu à cause qu'on avale,
La fumée d'l'usine d'à côté,
Mais c'est en face qu'on va jouer,
Dans la décharge municipale.

Pour becqu'ter on nous met à l'aise,
C'est vraiment comme à la maison,
Les fayots c'est du vrai béton,
J'ai l'estomac comme une falaise,
L'matin on va faire les poubelles,
Les surveillants sont pas méchants,
Y ronflent les trois quarts du temps,
Vu qu'y sont ronds comme des queues d'pelles.

ABRACADABRA !

Pour connaître le sorcier qui a jeté un mauvais sort, il faut acheter une poignée de clous sans les compter et les payer sans discuter. Rentrer chez soi, mettre les clous dans une casserole neuve et la remplir d'eau claire que l'on fera bouillir. Le sorcier arrivera alors sans tarder, mourant de soif, et l'on pourra discuter. C'est un sorcier soûl qui m'a dit ça!

05 juillet

Saint(e) Antoine & Marie

PERRET

Saint Antoine aime son âne,
Plus que sa femme,
Qui bien qu'elle avance et recule,
Est une sacrée tête de mule.

LE CORBEAU

Un corbeau, qui paraissait assez jeune, avait pris l'habitude de venir me voir à la place où je revenais souvent appâter et pêcher carpes, gardons ou tanches, au bord de cette Garonne que j'aimais tant. À l'heure du casse-croûte, il venait se percher non loin, sur une branche basse d'un peuplier, et me « reluquait », à l'évidence pas effarouché du tout. Il faisait celui qui n'entendait pas lorsque je lui parlais. Il ne caquetait pas, ne répondait jamais. Il ne me quittait cependant pas des yeux, tournant sa fine tête dans tous les sens en faisant luire les billes noires de ses yeux. Le pain, aussi bien que les peaux de saucisson ou les croûtes de fromage que je lançais sous sa branche, à quatre mètres de là, le laissaient totalement indifférent. C'est le ver, le gros ver de terre avec lequel je pêchais la tanche qui le faisait changer d'avis. Celui que je lançais vers lui avait à peine touché terre qu'il était déjà englouti. Il ne me quittait plus, désormais. Après en avoir voracement avalé une douzaine, il semblait ne plus vouloir s'éloigner de moi. Il caquetait, ou plutôt croassait, de façon véhémente, pour me prévenir, sans doute, mais de quoi ? Eh bien, son babil furieux me signalait qu'un gros rat culotté était en train de se goinfrer des grosses boules de son qui me servaient à appâter. Oui, ce fameux corbeau était une infaillible vigie et un compagnon occasionnel si curieux que je ne l'ai toujours pas oublié.

Mots d'esprit

Lorsque le centurion envoyé pour assassiner Agrippine lui eut donné par ordre de l'empereur un grand coup de bâton sur la tête, elle trouva la force de lui dire, en se découvrant : « Frappe au sein, puisqu'il a eu le malheur de donner la vie à un monstre tel que Néron. » (Dion Cassius)

Un mahométan prétendait qu'il était Dieu, on lui dit : « Il y a un an que l'on fit exécuter un homme qui se disait prophète. Ne craignez-vous pas que l'on vous fasse subir le même traitement ? » Il répondit : « On a eu bien raison de le faire mourir, car je ne l'avais pas envoyé. »

Le crabe ne donne pas le cancer. (Yvan Audouard)

CÔTÉ JARDIN

Au pied de vos géraniums, hortensias, rosiers, versez un peu de magnésie, qui rendra vos fleurs encore plus superbes. (Chez les Jardiland et autres !)

TRANCHE D'HISTOIRE

1987 En juillet 1987, le sinistrement célèbre Klaus Barbie qui se délecta tant, des années durant, de faire mourir des gens qui ne lui avaient rien fait, à l'issue de son procès, se voit condamné à vivre… Et pour le restant de ses jours ? Pauvre Barbie, qui aimait tant les couchers de soleil sur la Bolivie !… Mais aussi, c'est à cause de ce satané Klarsfeld qui l'a pourchassé durant des années sans lui laisser de répit… et qui jusqu'au bout l'a même empêché de finir sa bière… Ah, salaud de Klarsfeld ! Encore un Juif ? On n'en finira jamais.

Les Marietta font la fête,
Cœur fermé mais bouche ouverte.

Sainte Marietta

06 juillet

CONVERSATION

Deux amis se rencontrent :

« Comment te portes-tu ? dit l'un.

– Pas trop bien, dit l'autre. Je me suis marié !

– Bonne nouvelle !

– Pas tout à fait, car j'ai épousé une méchante femme.

– Eh bien, tant pis !

– Pas trop, pourtant, car sa dot était de deux mille louis.

– Cela console, bien sûr !

– Pas vraiment, car j'ai employé l'argent en moutons qui sont tous morts de maladie.

– C'est très fâcheux !

– Pas si fâcheux, car la vente de leur peau m'a rapporté au-delà du prix des moutons !

– Te voilà donc indemnisé !

– Pas tout à fait, car ma maison où j'avais déposé mon argent vient de se consumer entièrement.

– Voilà un grand malheur !

– Pas si grand non plus, car ma femme était dans la maison… »

Un kilo de plomb est nettement plus lourd qu'un kilo de plumes. Si quelqu'un vous dit le contraire, frappez-le alternativement à poids égal avec l'une ou l'autre de ces matières ; il ne devrait pas tarder à vous donner raison. (Pierre Dac)

ABRACADABRA !

La sueur est un poison. Si l'on fait manger à un chien un croûton de pain que l'on a placé un certain moment sous sa propre aisselle, le chien devient enragé… et le pain est gâché. Mais l'aisselle est propre !…

La sueur d'Alexandre le Grand sentait bon, paraît-il, la violette. Mais on sait qu'Alex avait les moyens.

CÔTÉ CUISINE

Lorsque vous faites des crêpes, jetez toujours la première, qui aura absorbé les goûts et les odeurs de la poêle.
Pour graisser votre poêle entre deux crêpes, l'idéal est de piquer un petit carré de lard au bout d'une fourchette. Vous pouvez aussi peler une patate, piquer le bout rond au bout de la fourchette et, après l'avoir trempé dans le bol d'huile, passer le côté plat tout au fond de la poêle.

Malgré ma mine tranquille, j'ai toujours préféré la folie des passions à la sagesse de l'indifférence. (Anatole France)

Côté santé

Laitue : tendre, pommée, crêpelue, friande, cabusse, salladière, entassée, fraîche. De toutes les herbes des jardins, la laitue est la plus connue et la meilleure, parce qu'il n'y en a point qui fasse meilleur sang : elle est bonne à l'estomac, lâche le ventre et fait venir le lait. Vrai est qu'étant cuite, elle est plus nutritive.

07 juillet

Saint Raoul

Quand Raoul est soûl,
Sa femme l'engueule,
Et quand Raoul gueule,
Sa femme se soûle.

LE TOUR DE FRANCE

Assurément, le Tour de France est l'un des événements les plus populaires de l'année. Depuis sa création en 1903, il attire chaque année, au mois de juillet, curieux, sportifs et familles en vacances, qui se pressent le long des routes pour admirer les coureurs ou profiter de la caravane. Tout le monde garde en mémoire la popularité inégalée de Raymond Poulidor, notre « Poupou », éternel et attachant second, mais détenteur du record des podiums. Longtemps commenté par la presse écrite, le Tour est suivi ensuite par la radio et enfin par la télévision à la fin des années 1960. Le chroniqueur du Tour le plus célèbre reste Léon Zitrone, qui l'a accompagné six fois, racontant à l'envi anecdotes et exploits des uns et des autres, avec une mémoire infaillible des noms et des dates.

Pensée

Affirmer tout ce qu'on dit, c'est le moyen d'insinuer aux autres qu'on ne mérite pas d'être cru sur sa parole. Le trop d'attention à vouloir tout confirmer rend la conversation ennuyeuse et fatigante.
(Gabriel Girard, 1736)

Pourquoi les gens de mon âge ont-ils toujours vingt ans de plus que moi ?...

L'âge a ses glaçons, ils se sentent sur les genoux, sur les coudes... sur tous nos nœuds !
(J. Joubert)

À la caserne Dupleix, à Paris, un sergent qui adorait plaisanter disait aux soldats qui sortaient de la douche : *« Essuyez votre quart et vos douilles. »*

Elle l'a dit

Avant de monter à l'échafaud, Anne Boleyn, épouse du roi Henri VIII qui l'avait fait condamner sur les rapports des gens à ses gages lui écrivit : « Vous avez toujours pris soin de mon élévation et vous ne perdez pas aujourd'hui cet objet de vue : de simple demoiselle, vous m'avez faite marquise de Pimbroëck ; de marquise, reine, et de reine, vous m'élevez en ce moment au rang de sainte. » Elle monta sur l'échafaud magnifiquement vêtue, avec une fermeté intrépide, et, s'étant aperçue que quelques dames souriaient avec malignité : « Je meurs reine malgré vous », leur dit-elle.

CANCER

En grec, *Karkinos*, qui signifie aussi : écrevisse. Ce mal a grand rapport avec cette sorte de poisson, en ce que quand une fois qu'il a pris pied dans un corps, il est presque impossible de l'en chasser, de même qu'il est difficile d'arracher des pinces de l'écrevisse ce qu'elle a une fois attrapé.

(Antoine Furetière, *Dictionnaire universel*, 1690)

Le Thibaut est beau,
Sauf quand il est laid,
Mais à toutes les femmes il plaît,
Car bien sûr le gros malin sait,
Comment on soigne leurs bobos.

Saint Thibaut

PERRET

08 juillet

CAVIAR D'AUBERGINES À MA FAÇON

Encore des aubergines ! Mais préparées ainsi en « caviar », c'est encore tout autre chose. Pour mon palais, « irrésistible » ! C'est une entrée froide qui aiguise l'appétit de vos invités pendant les mois d'été. L'aubergine en caviar classique me paraissant un peu fade, j'ai transformé ce plat à mon goût, voici comment.

Pour 6 convives :

4 ou 5 aubergines pas trop grosses (les grosses ont souvent trop de graines) ;
6 belles gousses d'ail ;
3 filets d'anchois à l'huile ;
1 douzaine d'olives noires dénoyautées ;
2 jaunes d'œuf ;
1 cuillerée à soupe de moutarde forte de Dijon ;
1 verre d'huile d'olive ;
1 pointe de couteau de piment de Cayenne en poudre ;
½ cuillerée à café de sel de mer fin ;
Poivre.

MA FEMME ET MOI AVONS ENVISAGÉ LE DIVORCE. MAIS APRÈS AVOIR DEMANDÉ DES DEVIS AUX AVOCATS, ON A PRÉFÉRÉ S'ACHETER UNE NOUVELLE VOITURE.

(Henny Youngman)

Préparation :

Lavez les aubergines sans les peler. Essuyez-les.

Nettoyez l'ail mais ne le pelez pas.

Mettez les aubergines et l'ail (entier) à cuire quarante minutes à la vapeur.

Pendant ce temps, dénoyautez les olives noires.

À la fin de la cuisson vapeur, pelez les aubergines et l'ail. Coupez les aubergines en morceaux grossiers.

Mettez-les dans le mixeur avec les olives, l'ail, les anchois, le sel, le poivre et le piment de Cayenne.

Versez cette purée dans une terrine ou un saladier et ajoutez les jaunes d'œuf et la moutarde.

Mélangez à la cuillère en bois puis versez doucement l'huile d'olive en l'incorporant progressivement à la purée de la même façon que pour une mayonnaise.

Lorsque le mélange est bien homogène, laissez-le au frigo en attendant de le déguster avec du pain grillé tout chaud, légèrement coloré.

Un plus :

Les aubergines qui n'ont pas de graines au milieu n'ont pas besoin de dégorger dans du sel la veille.

GROS MOTS

Il est certains jurons peu usités qui engendrent chez moi une sorte de jubilation proportionnelle à la rareté de l'apostrophe. J'ai entendu une fois une femme d'à peine 30 ans « ramoner » vertement l'homme qui logiquement eût dû lui servir de mari. Elle lui lança, folle de rage : « Non mais, tu sais pas qu'il n'y a pas que le foot dans la vie, tu crois pas qu'on pourrait s'envoyer en l'air de temps en temps ! Espèce de trépané des burettes ! » Du bonbon !

09 juillet

Sainte Amandine

Content est le cœur d'Amandine,
Quand avec elle son amant dîne,
Ne font-ils pas après le dessert,
Quelques parties de jambes en l'air ?

PREMIERS EXPLOITS

Je suis né le 9 juillet, avec la première poussée de cèpes. Mon enfance ainsi qu'une partie de mon adolescence furent colorées et traversées de mille émotions aussi enrichissantes qu'inattendues. Je me rappelle très clairement la grande maison que bâtirent mes parents à la sortie du pays. Isolée au milieu des champs, elle me paraissait immense. C'est dans cette maison de l'avenue de Courbieu que j'ai réalisé mon premier « exploit » quelques mois seulement après avoir vu le jour. J'ai avalé une broche en jouant dans mon berceau. Oui, j'ai bien avalé la broche qui tenait ma bavette. Ouverte, qui plus est! Voulais-je démontrer que la gastronomie m'intéressait déjà? Lorsque maman constata, affolée, l'absence de ce divin cadeau en argent orné d'un médaillon émaillé de bleu figurant le portrait authentique de la Vierge Marie elle-même, elle poussa des cris dans toute la maison. On fouilla mes langes, on mit le berceau à sac et on dut se rendre à l'évidence : je ne pouvais qu'avoir avalé cette sacrée broche pourtant bénie à Lourdes, d'où ma tata Blanche l'avait rapportée de son pèlerinage.

« Il faut lui faire passer une radio », décida papa, et le doute s'envola, laissant place à l'espoir. De fait, on repéra l'intruse, ouverte certes, mais, heureusement, pointe vers le haut. En vingt-quatre heures, elle serait évacuée « sans dommage » de mon intestin, affirma le docteur. C'est ainsi que bien avant le débarquement des Alliés, mes parents vécurent ce jour-là leur jour le plus long.

Le sexe n'est pas une réponse. Le sexe est une question. Et la réponse est « oui »!
(Steve Martin)

NAPOLÉON ET JOSÉPHINE

En 1798, Bonaparte avait chez lui à dîner à son petit hôtel de la rue Chantereine Collin d'Harleville, Bernardin de Saint-Pierre et quelques autres... Le général, tant occupé à raconter ses campagnes d'Italie, ne se levait pas de table. Quoiqu'on eût pris le café. Mme Bonaparte avait beau lui faire des signes, il ne les voyait pas, ou, préoccupé par d'autres choses, ne les comprenait pas. Enfin, Joséphine, impatiente, se leva et frappa doucement sur l'épaule de son mari.

« Messieurs, dit Napoléon, je vous prends à témoin que ma femme me bat.

– Tout le monde sait, répondit Collin d'Harleville, qu'elle seule a ce privilège. »

LE SAVIEZ-VOUS ?

Les enfants nés au mois de juillet sont actifs, combatifs et généreux. Leur arbre est le chêne. La fleur: la pâquerette. L'oiseau: l'aigle. Les bijoux: le rubis et la cornaline, pierres d'amitié qui assurent l'oubli des chagrins d'amour.

Tous les Ulrich aiment les quiches,
Et ils sont fréquemment très riches,
s messieurs bichent quand ils trichent,
Car ils jouent souvent de l'artiche.

Saint Ulrich

PERRET

CHÂTEAU-MARGAUX 1945

Pendant la tournée des Platters, dont j'assurais ma petite prestation durant la première partie, l'un d'eux, Roby, m'avait prié de dénicher un « grand restaurant étoilé » dans lequel il souhaitait m'inviter. Entre Rouen et Bordeaux, je jetai donc un jour mon dévolu sur un magnifique établissement, à La Rochelle, pourvu de deux macarons sur le guide Michelin. Le somptueux plat de belons triple zéro gratinées précédant les homards thermidor époustouflèrent mon copain. Il apprécia par-dessus tout le grand montrachet 1947 que j'avais choisi pour accompagner ces mets de roi. Ne m'avait-il pas donné carte blanche sans me soucier du coût? L'agneau de Pauillac qui suivit, lui, était accompagné d'un infiniment rare château-margaux 1945. C'était l'apothéose. Derrière son tablier noir, le rubicond sommelier avait l'air heureux et fier d'avoir de tels connaisseurs à sa table. Après avoir délicatement décanté ce nectar hors de prix dans une carafe de cristal, il en servit deux doigts dans mon verre tulipe, attendant mon jugement d'un œil mi-confiant, mi-inquiet. D'une légère rotation du poignet, je fis tourner ce noble cru au fond de mon verre, comme il se doit, tout en évaluant sa robe. Je le humai, en savourai une gorgée qui s'avéra divine avant de déclarer solennellement au maître du vin : « Parfait. » Un sourire était venu ponctuer l'orgueil satisfait du sommelier, qui emplit alors d'un bon tiers nos verres de cristal fin. Nous trinquions à l'amitié, Roby et moi, tout en prenant notre temps pour savourer la première gorgée de margaux après en avoir humé les parfums. Mon copain émit alors à ce moment-là un petit claquement de langue appréciatif qui me combla d'aise. Hélas! Avant même que je n'eusse le temps de réagir, il avait saisi nonchalamment deux glaçons dans le seau qui avait rafraîchi le montrachet pour les laisser choir au fond de son verre de château-margaux. J'aurais du mal à croire que notre pauvre sommelier ait pu arborer une mine aussi stupéfaite une deuxième fois dans sa vie!

« Le pain n'a jamais raison contre le couteau. »
(Proverbe créole)

La poésie, c'est un des plus utiles surnoms de la vie. (Jacques Prévert)

LE SAVIEZ-VOUS ?

Le chocolat, le thé et le café sont extrêmement à la mode, mais le café est le préféré aux deux autres comme étant un remède souverain contre la tristesse. Aussi, dernièrement, une dame, apprenant que son mari avait été tué dans une bataille, s'écria : « Ah ! Malheureuse que je suis ! Vite, qu'on m'apporte du café. » Et elle fut consolée sur-le-champ.
(D'après *Saint-Evremoniana*)

CÔTÉ JARDIN

Il est temps de récolter l'ail. Laissez-le sécher sur place au soleil durant trois ou quatre jours (sans pluie !). Pendez-le ensuite en bottes, queues en l'air, dans un appentis aéré où il finira de mûrir. Vous pouvez encore faire un semis de carottes hâtives (à récolter en octobre et novembre). Même chose pour les haricots nains hâtifs, la salade romaine ou l'oseille !

11 juillet

Saint Benoît

Les Benoît mènent vie benoîte,
Ils tiennent leurs pieds bien au sec,
Ils mettent caviar en leur bec,
Et gardent leur cul dans la ouate.

Il pleuvra trente-sept jours plus trois,
S'il pleut le jour de Saint-Benoît.

VIVE LE QUINZE

Il fut un temps où nous fréquentions les rugbymans. Gamin, mon sport préféré était le rugby. Jean-Michel Cabanier, Pierre Albaladejo, Benoît Dauga, tous grands joueurs sélectionnés maintes fois, jouaient en Irlande, Écosse, Afrique du Sud, etc. Ils demeuraient très amis avec leurs adversaires, avec lesquels pourtant ils ne se faisaient guère de cadeaux lors des mêlées parfois sanglantes.

Dialogue de mêlée avec l'adversaire qui vous avait fait un coup tordu le match précédent : « Elle le sait, ta mère, qu'elle est cocue ? » Ce à quoi l'autre répliquait :

« Espèce d'enculé !

– Non, ça, c'est ton père, tu confonds !... »

Des arcades sourcilières et des nez éclatés à coups de pointure 45, on ne les comptait pas, précisait Benoît... Et nul ne s'est jamais plaint !

Sacré Benoît !

Quand la partie a commencé,
On a vu qu'ils étaient pressés,
Y a le trois-quarts aile qui est parti,
Comme un qui a envie d'fair' pipi,
En face il y avait du danger,
Y z'avaient mis qu'des étrangers,
Qui avaient pas l'air très aguichants,
On sentait qu'ils étaient méchants,
Y avait déjà le grand Benoît,
Qui s'était fait mordre les noix,
Par un salopard d'Écossais,
Qui voulait monter à l'essai,
Mais le Benoît vous l'connaissez,
Il l'a tendrement enlacé,
Et le Rosbif tout étonné,
Crachait son foie comm' du pâté.

Viv' le quinze,
Viv' le quinze,
On est les champions de l'oval',
C'est nous les rois de la baball',
Viv' le quinze,
Viv' le quinze,
Borgnes ou manchots marquons l'essai,
On est français... !

L'capitain' a vraiment pas d'bol,
Y z'y ont mis l'pif comm' un' giroll',
Et sur la touch' les infirmiers,
Rafistol'nt son fer à souder,
Y a un futé qui tent' le drop,
Quand subit'ment quelqu'un le chop',
Et d'un' fourchett' dans les carreaux,
Lui fait gicler ses bigarreaux,
Ça déclench' un' vach' de mêlée,
Où y a plus de sang que de lait,
Un Écossais s'enfuit hurlant,
Tout en réclamant sa maman,
Pendant qu'y s'massait l'gros orteil,
On lui a chouravé ses oreilles,
Quand il les r'trouv' tout écrasées,
Rest' plus que deux endiv's braisées.

Viv' le quinze,
Viv' le quinze,
On est les champions de l'oval',
C'est nous les rois de la baball',
Viv' le quinze,
Viv' le quinze,
Borgnes ou manchots marquons l'essai,
On est français... !

Du matin au soir sans se lasser,
Et pour son mari délasser,
Quand il pleut à Saint-Olivier,
Sa femme s'occupe de son levier.

Saint Olivier

PERRET

12 juillet

Pensées

Un acteur modeste, c'est aussi courant qu'un escargot qui ne bave pas.

« Enseignez-moi donc, disait un pauvre diable à un philosophe, le chemin qu'il faut suivre pour arriver à la fortune.
– Rien de plus facile : prenez à droite, prenez à gauche, prenez de tous les côtés… voilà tout. »

Chez nous, quand les Anglais débarquent, Jeannine m'envoie besogner sa frangine… Au moins, ça sort pas de la famille et on reste soudés !

WALTER SCOTT

Les enfants des montagnes seront tels qu'étaient leurs pères jusqu'à ce que les montagnes elles-mêmes soient mises de niveau avec les vallées.

Ces Highlands d'Écosse sont une sorte de monde sauvage, de cavernes, de bois, de lacs, de rivières, de montagnes si élevées que les ailes du diable lui-même seraient fatiguées s'il voulait voler jusqu'en haut.

La trahison s'assied à nos banquets, elle brille dans nos coupes, elle porte la barbe de nos conseillers ; elle affecte le sourire de nos courtisans et la gaieté maligne de nos bouffons. Par-dessus tout, elle se cache sous l'air amical d'un ennemi réconcilié.

Louis d'Orléans se fia à Jean de Bourgogne ; il fut assassiné ; Jean de Bourgogne se fia au parti d'Orléans, il fut assassiné sur le pont de Montereau. Je ne me fierai à personne.

(Louis XI dans *Quentin Durward*, Walter Scott, 1771-1832, traduction : de Fauconpret)

Aller en vacances avec sa femme, c'est comme aller au restaurant avec ses tartines. (Groucho Marx)

Les chevaux ont un bon sens qui les dissuade d'engager des paris sur les humains. (W. C. Fields)

Quand on prend un acide, il y a deux effets secondaires ; d'abord, on perd la mémoire, et… j'ai oublié l'autre !
(Timothy Leary)

LE SAVIEZ-VOUS ?

Dans le Dauphiné, on recommande de manger des lézards pour guérir les maladies de peau. On ne précise pas si la guérison implique de se retrouver avec une peau semblable à celle de ce sympathique animal.

langage des fleurs

La fleur digitale est symbole de fausseté. On l'appelait aussi jadis « doigtier », « gants de notre dame » ou « gantelée ». Les enfants s'amusent à la cueillir pour en faire des gants magnifiques.

« D'un gradin d'or parmi les cordons de soie, les gazes grises, les velours verts et les disques de cristal qui noircissent comme du bronze au soleil. Je vois la digitale s'ouvrir sur un tapis de filigrane d'argent, d'yeux et de chevelure. » (Arthur Rimbaud)

13 juillet

Saint Henri & Joël

À la Saint-Henri,
La figue mûrit,
À la Saint-Joël,
Elle est comme du miel.

HENRI IV (1553-1610)

Enfin le voilà ! Henri, quatrième de la lignée des Henri. Le plus célèbre ! Le plus populaire des rois de France. « Le Vert-Galant », on l'avait surnommé. Parlant un jour de son formidable « joujou des demoiselles », il prétendit sans rire que jusqu'à l'âge de 40 ans il avait toujours cru que c'était un os ! Fils d'Antoine de Bourbon, qui adorait le bénitier de calcif, et de Jeanne d'Albret, reine de Navarre et protestante jusqu'en haut des jarretières, Riton fut roi de France de 1589 à 1610. Mais n'anticipons pas. Le Béarnais, à sa naissance, ne ressemblait en rien aux fils d'Henri II. De petits avortons incapables de soulever eux-mêmes leur biberon ! Le papa de sa maman Jeanne, son papy, bouffi d'orgueil d'avoir un petit-fils futé comme les mouches, se serait écrié : « Ma brebis a enfanté un lion ! » En guise de biberon, il lui avait passé une gousse d'ail sur les labiales et fait goûter un gorgeon de jurançon. Le petit, alors, en tendant sa coupe, proféra pour la première fois cette courte supplique qu'il adressa si souvent par la suite à ses maîtresses lorsqu'elles lui chatouillaient l'arquebuse : « Encore ! » Il saccagea, dit-on, les tétons de huit nourrices avant d'en trouver enfin une paire à son goût. Son étonnante carrière amoureuse le prouva assez : c'était un sacré goûteur de tétons !

Il pouvait passer aisément dix-huit heures d'affilée sur son cheval sans en descendre pour aller s'acheter des clopes. L'ennui, c'est qu'il faisait souvent la même chose avec ses maîtresses. Il n'était pas rare d'ailleurs que ces dernières, lassées, partissent en quête de jules plus reposants qui ne les obligeaient pas à jouer sans arrêt au bilboquet béarnais à changement de vitesse.

Des idées, tout le monde en a. Souvent les mêmes. Ce qu'il faut, c'est savoir s'en servir. (Coluche)

TRANCHE D'HISTOIRE

1905 Le 13 juillet 1905, le capitaine Alfred Dreyfus a été proclamé officiellement innocent. La cour a annulé le jugement qui, le 9 septembre 1899, l'avait condamné à dix ans de détention, dégradation militaire, etc. « C'est par erreur que cette condamnation a été prononcée. » Le Conseil des ministres, sous la présidence de monsieur Fallières, s'est occupé des « sanctions qu'il y aurait lieu de prendre à l'encontre des officiers accusateurs et notamment vis-à-vis du général Mercier ». Ou bien, opposé à toute mesure de représailles, et dans un but d'apaisement, le « Conseil » a décidé de « ne pas déférer le général Mercier au conseil de l'ordre de la Légion d'honneur ». Ce monsieur Fallières s'est vraiment battu toute sa vie pour sauver la morale en danger. Presque autant que Dreyfus pour défendre la vérité !

CÔTÉ JARDIN

Semez les navets et les radis à la lune descendante, c'est le moment. Recouvrez-les de journaux mouillés. Si vous n'avez pas chaulé vos poiriers, pêchers, abricotiers, il est encore temps de le faire, ou refaire… mais cela mettra les araignées rouges de mauvaise humeur !

Au 14 juillet,
Exhibe ton œillet,
Si une femme t'invite,
Montre-lui ta joie.

Fête nationale

PERRET

14 juillet

MON PREMIER CONCERT

En 1945, sous la forte impulsion de papa, applaudi des deux mains par mon professeur, j'entrepris d'apprendre par cœur mon premier morceau de musique classique. J'aurais en principe l'honneur de l'interpréter lors de la grande fête d'été sous le kiosque à musique de la promenade du Château, entre un chansonnier de Paris et une chanteuse d'opérette. Les mois d'études studieuses se succédèrent jusqu'au 14 juillet, date fatidique de mon premier pas – tout seul – sur une vraie scène. Je devais interpréter un morceau de Jacques Ibert devant un bon millier de spectateurs. Le fameux jour, c'est livide et d'un pas incertain que j'atteignis le centre de la scène, mon saxophone déjà en position. À ce moment précis, mes tentatives répétées de tirer un son de cet instrument de malheur demeurèrent vaines. Elles se révélèrent même totalement inutiles au bout de deux minutes d'efforts surhumains qui me parurent durer un siècle. J'avais beau souffler à m'en faire éclater les poumons, aucun son ne sortait. Le suspense était à couper au couteau. Le public, mal à l'aise et cependant dépourvu d'hostilité, m'observait à présent avec, me semblait-il, un soupçon de pitié. Cela déclencha sans doute la crise de larmes qui me précipita dans les coulisses. Ce qui ne m'empêcha pas pourtant de voir la grosse tomate qu'un plaisantin de mauvais goût avait glissée tout au fond du pavillon de mon saxo. Obstrué par ce satané légume, même les poumons de Charlie Parker n'eussent pu sortir un son de ce biniou ! Les pleurs séchés, je quittai dignement la promenade du Château, en ruminant sans aucun doute de sombres pensées sur le fait que la vie n'était pas une partie de rigolade. Après m'avoir cherché aux quatre coins du pays, mes parents, en allant déclarer ma disparition à la gendarmerie, me retrouvèrent dans un fossé, endormi, la tête sur le boîtier de mon saxophone. Ma première expérience de « concertiste » n'avait pas été un succès, c'est le moins qu'on puisse dire.

LA CRÉATIVITÉ EST GRANDE.
LE PLAGIAT PLUS RAPIDE. (Jim Grunler)

Pensées

Seule la femme procure le bon heurt.

Elle s'était fait tirer le cou pour que ses amants continuent d'en faire autant.

C'est la marmite qui dit au chaudron : « Tu as le cul noir ! »

langage des fleurs

Le bleuet est symbole de la délicatesse. Il est, d'apparence, fragile et léger. Son bleu lumineux inonde d'azur les prunelles des jolies blondes et diffuse de délicates petites taches qui éclairent les champs de blé. L'eau de bleuet a des vertus médicinales lorsqu'on en fait des « bains » ophtalmologiques.

15 juillet

Saint Donald

Quand Théobald rencontre Donald,
La seule chose qu'ils trouvent à se dire
C'est qu'en prénom original,
Ils n'auraient pas pu trouver pire.

LE PARLER DES MÉTIERS

Si on devait attribuer une note sur l'imagerie du folklore linguistique qui illustre le jargon des métiers, c'est sans doute aux prostituées, proxénètes, travestis et autres fées du bitume que reviendrait la meilleure note. Ce sont eux-mêmes qui parlent d'eux ainsi. La prostituée, par exemple, pratiquant l'abattage aux heures de sortie de bureaux est la **« cocotte-minute »**. Elle propose au client potentiel qui passe de venir **« goûter à son cœur fendu »**. Elle peut même lui promettre d'un œil concupiscent une **« compote de choux de Bruxelles »** (testicules).

Elle peut même lui proposer, l'apothéose du nirvana, un **« complet saucisse »** (coït anal, buccal et vaginal). Le souteneur de ces dames est leur **« ambassadeur »** (parfois un policier, souvent, même). Les attributs sexuels d'un client sont les **« abats »**.

Si un client au cours des ébats veut aller plus loin que ce qui a été convenu, la prostituée lui demande d'**« allonger le tir »** (rajouter de l'argent). Si par exemple elle lui fait – exercice non prévu – un **« aller-retour sur la veine bleue »** (une fellation).

Oublier de prendre sa pilule contraceptive serait à l'évidence désastreux pour elle, auquel cas elle serait obligée de toute urgence de **« décrocher la pizza »** (avorter) !

Chaque fois qu'il y a un type qui meurt, ce n'est jamais le même.

(Louis Scutenaire)

Pensée

Examinons ce point et disons : « Dieu est ou il n'est pas. » Mais de quel côté pencherons-nous ? La raison ne peut rien déterminer : il y a un chaos infini qui nous sépare [...]. Il faut parier [...]. Si vous gagnez, vous gagnez tout ; si vous perdez, vous ne perdez rien. Gagez donc qu'il est sans hésiter.

(Blaise Pascal, *Pensées*, 1669)

CÔTÉ JARDIN

Traitez, traitez !... toujours en pulvérisant du « bio » sur les altises, ces coléoptères sauteurs un peu argentés qui sont en train de dévorer les légumes de votre potager !

C'EST BON SIGNE : CANCER (je suis du 9)

Donc, celui qui est né entre le 21 juin et le 21 juillet est assimilé à la mobilité, l'instabilité. C'est un médium. Il n'a pas une personnalité « distincte ». Il en a une quantité qu'il s'approprie suivant ses besoins, mais qui ne lui appartiennent pas en propre. Impressionnabilité excessive, sans contrôle. Caractère changeant, capricieux, fluide, sans circonstance… Il donne perpétuellement une illusion aux autres comme à lui-même. Il est poète. La Fontaine est Cancer, lui aussi. Je suis en bonne compagnie ! (Même si nous sommes « fringués » pour l'hiver !)

Quand sa mère disait à Carmel,
Voyons Carmel, de quoi je me mêle ?
Carmel répondait à sa mère,
Oh, toi la vieille, camembert !

Notre-Dame-du-Mont-Carmel

PERRET

16 juillet

BONNES ET MAUVAISES LANGUES

Tant qu'il y aura des langues, elles continueront à échanger leurs mots sans craindre de perdre leur âme, car une langue qui vit est une langue qui donne et qui reçoit.

(Henriette Walter)

Je prouverai à la barbe de je ne sais quels centonifiques botteleurs de matières cent et cent fois gabelées, rapetasseurs de vieilles ferailles latines, revendeurs de vieux mots latins tout moisis et incertains, que notre langue vulgaire n'est pas si vile ou inepte, si indigente…

(*Pantagruel*, François Rabelais, 1532)

« Le lexique impur, le goût des algorithmes, la métonymie dévorante, la plage du texte, la courbe folle de l'imago, l'oblicité du signifiant, le cercle des fragments, l'anaphore du "filmique", la colle du lisible, la nudité du textuel, la herse métaphysique…

Le langage est une peau, mettre un code ventre à l'air, le vomissement du stéréotype, le langage fait boule, je baigne dans une vive contradiction… »

(*Le Roland-Barthes sans peine*, Burnier/Rambaud)

BUVEURS BAVARDS

J'ai rejoint les Alcooliques anonymes. Je bois toujours, mais sous un autre nom… **(Jerry Dennis)**

Faut pas rigoler avec la cirrhose. Si tu appuies un peu sur le Ricard, elle peut se pointer comme ça d'une seconde à l'autre… comme une entorse !

Ma femme, c'est pas un cadeau. Si je bosse, c'est elle qui est fatiguée, si je picole, c'est elle qui est bourrée, et si elle voit George Clooney au cinoche, elle tombe en cloque !

LE PARLER DES MÉTIERS

Dans le jargon des pâtissiers, le **« brûleur de beurre »** est le cuisinier. Dans celui des cuisiniers, le pâtissier s'appelle la **« brioche »**, parce qu'elle est toujours sans reproche, mais surtout pas sans beurre !

Pour cuisiniers et serveurs, la moutarde s'appelle la **« chiasse »**, et la poudreuse à sucre, une **« branlette »**.

Il est toujours bon de se cultiver.

CÔTÉ JARDIN

Il existe des traitements « bio » à pulvériser sur les chenilles et leurs œufs. N'hésitez pas, car vous en serez envahi !

Épitaphe

Je ne dois rien à personne,
Tout ce que j'ai c'est moi qui,
Me le suis offert.
Même la mort c'est moi,
Qui me la suis donnée.

(*Des fins pour défunts*, Philippe Héraclès)

17 juillet

Sainte Charlotte

Quand Charlotte grimpe,
La côte à vélo,
Son nez est à Dieppe,
Son cul à Bordeaux.

GASPACHO ANDALOU

Pour moi, ce plat est idéal l'été lorsqu'on n'a pas trop d'appétit et que l'on a besoin de se rafraîchir le palais. Pas de juste milieu pour ce gaspacho ! On ne peut que le négliger ou l'adorer. Devinez !

Pour 8 convives :

1,5 kg de tomates bien mûres (retirez la peau) ;
400 g de concombres ;
1 poivron rouge (grillé, épépiné et pelé) ;
2 ou 3 oignons blancs ;
2 gousses d'ail dégermées ;
3 cuillerées à soupe d'huile d'olive ;
8 cl de vinaigre de xérès ;
200 g de mie de pain dure ;
1 pointe de piment d'Espelette ;
15 feuilles de basilic frais ;
Sel, poivre au moulin.

Préparation :

Mettez le poivron au four à 170 °C. Puis, quand la peau est ramollie, pelez-le et découpez-le en morceaux. Ébouillantez les tomates, pelez-les et découpez-les en morceaux, les concombres en rondelles, hachez les oignons et l'ail. Dans un grand saladier, mettez poivrons, tomates, concombre, oignons, ail, basilic haché, sel et poivre.

Mettez la mie de pain à gonfler dans très, très peu d'eau, puis pressez-la pour retirer l'eau.

Ajoutez-la aux légumes avec le vinaigre et le piment d'Espelette.

Mixez la préparation en ajoutant au fur et à mesure l'huile d'olive en filet.

Passez le gaspacho trois heures au moins au réfrigérateur avant de le déguster avec des petits croûtons frottés à l'ail et frits dans un peu d'huile d'olive (mélangée) au dernier moment.

La superstition sied bien au paysage. Triste dans les cités, elle est gaie au village. (L'abbé Delille)

ABRACADABRA !

La « dame blanche » est une très belle fée que le voyageur rencontre parfois en plein travail dans les marais du Poitou. Elle lui demande de l'aider à tordre son linge qu'elle vient de rincer. S'il accepte, il meurt étranglé... Il vaut mieux laver son linge sale en famille !...

LE PARLER DES MÉTIERS

Dans le jargon des employés des pompes funèbres, l'opération qui consiste à sortir un corps du cercueil s'appelle un **« dépotage »**.

Procéder à l'incinération d'un corps, c'est le **« passer au four »**.

Le porteur supplémentaire dans une équipe s'appelle l'**« homme de deuil »**.

Le menuisier fabriquant le cercueil demande toujours aux pompes funèbres s'il faut le livrer avec ou sans l'**« acrobate »** (le Christ sur la croix) sur le couvercle.

Quand Frédéric s'amène,
L'impôt revient funeste,
Et pour la Saint-Arsène,
Sa femme lui pique le reste.

Saint Frédéric

18 juillet

LA COLONIE DE VACANCES DE MONTJOIE

Oui, cette colonie de vacances à Montjoie était réellement jolie. De plus, les abbés, les moniteurs, la cuisinière, tout le monde était infiniment attentionné pour les enfants. Et le cadre n'était-il pas enchanteur ? La vieille pierre blanche dont était bâtie chaque maison donnait une impression de paix que, de plus, rien ne semblait jamais venir troubler. « Les » maisons en question, après tout, n'étaient que deux, toutes deux coiffées d'un toit en tuiles romaines. Une baptisée « dortoir » et l'autre « réfectoire » étaient de superbes demeures plus que bicentenaires. Le dortoir, à dix mètres du réfectoire, abritait une trentaine de lits. Les occupants de ces lits dévoraient deux fois par jour tous les appétissants ragoûts de mouton, blanquettes ou autres pot-au-feu que Marie avait cuisinés elle-même chaque matin. Dès potron-minet, nous partions en courant jusqu'en bas du pré nous débarbouiller le museau dans le bassin de la claire fontaine. Chocolat au lait et tartines englouties, nous allions jouer aux osselets sous le tilleul centenaire dont les fleurs embaumaient déjà. Sans souci de le blesser, on jouait à plante-couteau dans le gigantesque tronc d'arbre durant des heures entières sans jamais nous lasser.

La religion est le soupir de la créature accablée, le cœur d'un monde sans cœur, comme elle est l'esprit d'une époque sans esprit. Elle est l'opium du peuple. (Karl Marx)

Le plus grave reproche que je puisse faire à une femme qui me quitte, c'est de ne pas me manquer.
(Grégoire Lacroix)

LE PARLER DES MÉTIERS

Dans le jargon pratiqué dans les transports (taxis, bus, routiers, etc.), la concentration de taxis en attente est un **« champ de poireaux »**.

Pour les pilotes d'avion, dans n'importe quelle compagnie, un voyageur en classe économique, appelée **« favela »** par les hôtesses de l'air, est un **« Pakistanais »**.

La reconstitution plaisante du sigle RATP se traduit chez les agents eux-mêmes par : **« Reste Assis T'es Payé »** !

ABRACADABRA !

Lorsqu'un homme agonise dans une maison, ce n'est pas une partie de plaisir. L'âme soudain libérée est alors incontrôlable. Elle peut se cogner aux meubles maladroitement ou se noyer dans l'aquarium qui abrite les poissons rouges. Il est donc prudent de vider l'aquarium avant que la pauvre âme ne vienne s'y noyer et rendre enfin leur liberté aux poissons rouges. Les enfants de la maison en seront sans doute contrariés, mais l'âme, elle, pourra s'envoler à tire-d'aile vers le ciel qui l'attend.

N'est-ce pas là l'essentiel ?

19 juillet

Saint Arsène

Quand du boulot rentra Arsène,
Sa femme couchait avec Étienne,
Cette situation le peina,
Même lorsqu'il l'assassina !

LES BALANCES À ÉCREVISSES

Les balances dans lesquelles se laissent prendre les écrevisses ressemblent à une petite épuisette dont le filet est moins profond. Reliées par trois cordelettes, elles sont prolongées par une ficelle de quatre à cinq mètres. À l'aide d'une longue perche d'au moins trois mètres qui se termine en « y », on fait coulisser la corde de la balance que l'on dépose dans un trou le plus plat possible du ruisseau. La balance recèle, attachés au centre du filet, des tripes de poulet ou de lapin, des morceaux de boyau ou de panse de bœuf, copieusement arrosés de « riquiqui ». Un pastis fort qui attire irrésistiblement les gourmandes. Les ruisseaux à écrevisses n'ayant généralement pas plus de cinquante à soixante-dix centimètres de profondeur, on voit très bien se déplacer les gloutonnes jusqu'à l'épicentre de leur perte. Papa et moi déposions ainsi une quarantaine de balances sur deux à trois cents mètres de ruisseau. Après quoi, nous revenions au point de départ entamer le processus de « relevage des balances ». C'était bien sûr ma phase préférée. Faisant coulisser la ficelle, je soulevais d'un coup la balance et, au terme d'une rapide rotation, la posais sur l'herbe, grouillante d'écrevisses. Nous poussions à chaque fois de petits cris de joie qui en disaient long sur notre jubilation. Avant de parvenir à la hauteur du pré, il en tombait à chaque fois une ou deux qui regagnaient ainsi leur milieu naturel, nous arrachant quelques soupirs de frustration – surtout lorsqu'elles étaient grosses ! Il y en avait jusqu'à une dizaine dans chaque balance, dont souvent une moitié de trop petites pour être gardées et que nous rejetions aussitôt à l'eau. Les plus grosses, jusqu'à dix bons centimètres de long, étaient placées dans un sac en jute mouillé de l'eau fraîche du ruisseau, que nous garnissions ensuite copieusement de feuilles de noisetier et de menthe sauvage. À l'ombre d'un chêne, les belles « tiendraient » ainsi au frais, vivantes jusqu'au soir.

Dans les crises politiques, le plus difficile pour un honnête homme n'est pas de faire son devoir, mais de le connaître. (Louis de Bonald)

CÔTÉ JARDIN

C'est le moment de récolter vos patates. Ne les remisez dans l'obscurité, au frais, que deux jours après l'arrachage. Laissez-les sur le sol en attendant. Gardez aussi sur la terre les futures semences qui verdiront au bout d'une semaine.

Placez des bandes adhésives (ou renouvelez-les) autour des troncs d'arbres. Elles neutraliseront les fourmis noires, rouges, et toutes sortes d'insectes.

TRANCHE D'HISTOIRE

1900 Jeudi 19 juillet 1900, a été ouverte au public la première station du métro parisien reliant la porte Maillot à la porte de Vincennes. Huit des dix-huit stations sont à présent achevées. Les dix dernières devraient l'être avant l'Exposition universelle, le 12 novembre.

Marina,
C'est ma nana,
Vous les p'tits gars,
Vous n'en aurez pas,
Na !

Sainte Marina

20 juillet

FAITS DIVERS

Dans la rubrique « faits divers », on apprend que le même jour, à Nanterre, « un ivrogne ayant trop fêté les succès scolaires de ses cinq enfants est tué par sa femme à coups de hache ».

Revenant du bistrot où il avait copieusement arrosé les succès scolaires de ses enfants, Noël Bazola, manœuvre, injuria sa femme Louise venue lui ouvrir la porte et voulut la prendre dans ses bras. La malheureuse révoltée le repoussa et le laissa aller seul dans la chambre à coucher où il s'endormit bientôt d'un pesant sommeil d'ivrogne. Quand il fut profondément endormi, elle prit une hachette qu'elle avait achetée cinq jours avant et cachée sous le matelas, et de toutes ses forces, par trois fois, elle asséna des coups terribles sur la tête du dormeur. Le crâne ouvert, le visage complètement écrasé, celui-ci mourut sans une plainte. Avec un sang-froid déconcertant, la meurtrière, assise auprès du mort, entreprit de plumer sur ses genoux un canard qui devait être mangé par la famille au repas du soir !

Il avait si mauvaise haleine qu'en mangeant du poulet il croyait que c'était de la bécasse !

(Aurélien Scholl)

LE PARLER DES MÉTIERS

Dans le jargon des musiciens, on appelle celui qui ne joue qu'une note par mesure tout au long d'une partition musicale le **« poseur de sangsues »**.

Le joueur d'orgue de Barbarie est pour les musiciens un **« rémouleur de buffet »**.

Le concertiste qui a commis, lui, une médiocre prestation, a fait un **« concert à l'estomac »** !

CÔTÉ CUISINE

Dégustez du chou-fleur. En salade, c'est là qu'il est le meilleur. Si vous le cuisez à la vapeur, il n'aura aucune odeur.

Pour que vos légumes conservent une bonne couleur en cuisant dans l'eau, ajoutez-y une feuille de laitue.

Par ailleurs, sachez qu'une cuillerée à café de sucre en poudre dans l'eau de cuisson de vos carottes les rendra bien meilleures. Mais avec un gigot d'agneau au milieu, c'est pas mal non plus !

ÉPITAPHE

« ADJUDANT LOIRET.
– PRÉSENT, MON GÉNÉRAL.
– REPOS.
– À VOS ORDRES, MON GÉNÉRAL. »

TRANCHE D'HISTOIRE

1936 Le 20 juillet 1936, le journal *La Dépêche de l'Ouest* titre : « La guerre civile de l'Espagne. Républicains et fascistes se livrent de durs combats dans le protectorat marocain, aux Canaries et sur le territoire espagnol. »

« Un nouveau ministère constitué en hâte fait appel au prolétariat et se déclare "maître de la situation", spécialement à Barcelone, Séville et Málaga, qui étaient les principaux centres de rébellion. » Malheureusement, aidé par Hitler et Mussolini, Franco n'avait pas dit son dernier mot.

21 juillet

Saint Victor

Victor a tort,
De sans arrêt changer de bord,
Cela lui enlève tout ressort,
Et ça lui donne aux pieds des cors.

À LA TRAPPE !

Madame de Montbazon mourut de la petite vérole dans une maison de campagne. L'abbé, son amant, qui était parti de Paris à la nouvelle de sa maladie, arriva dans cette maison. Ne trouvant personne à l'entrée, il monta dans l'appartement de la duchesse par un escalier dérobé qu'il connaissait, et le premier objet qui se présenta à sa vue fut la tête de madame de Montbazon, qu'on avait coupée pour pouvoir la mettre dans un cercueil de plomb qui s'avéra trop court. Cela fit une impression si vive sur lui qu'il renonça au monde pour entrer à La Trappe. **(Saint-Évremond)**

La légende du génie méconnu a été créée et soigneusement entretenue par les écrivains médiocres qui, de tout temps, ont langui dans l'ombre et la pauvreté. (Marcel Pagnol)

Côté santé

Si la peau de votre visage a tendance à s'irriter facilement, appliquez des compresses imbibées d'infusion de tilleul ou de camomille. Deux ou trois fois par semaine, ça marche.

LE PARLER DES MÉTIERS

Jo le Moustique, en allant continuellement d'un bord à l'autre du ring, n'arrêtait pas de **« tricoter avec les douze ficelles »**, ce qui rendait fou son partenaire. (Jargon des boxeurs.)

De même, en jargon de boxeur, la main et les cinq doigts enfermés dans le gant de boxe s'appellent la **« grappe à cinq grains »**.

C'est elle qui, projetée violemment à la face de l'adversaire, va lui **« peindre les hublots »** !

LE SAVIEZ-VOUS ?

Trois siècles avant que les « Femen » ne fassent leur apparition, la loi exigeait que les femmes adultères soient enfermées entre quatre murailles.
... Et il n'y avait même pas un anneau fixé au mur pour les enchaîner ? !...

CÔTÉ CUISINE

Les rognons de veau seront plus tendres s'ils sont cuits à feu vif puis moyen durant vingt-cinq secondes en tout sur chaque face et salés en fin de cuisson pour les empêcher de durcir.

Pour empêcher les pommes de terre de noircir et de s'éclater, ajoutez une cuillerée à soupe de vinaigre à l'eau de cuisson.

Vous avez la bouche en feu après avoir croqué un piment, mâchez une boule de mie de pain ou mordez dans une banane.

Pour que le fromage « file » bien dans un gratin, râpez-le gros ou même émincez-le avant de le parsemer dans la préparation chaude.

Un gratin de bettes avec un jus de viande, crème fraîche, muscade râpée et fromage râpé. Vous y avez pensé ?

Quand la sainte Marie-Madeleine,
Partait pour s'envoyer en l'air,
Jésus qui en avait de la peine,
Lui disait si tu veux me plaire,
Ne me répète pas ma vieille,
Que c'est encore le Saint-Esprit,
Je sais que ce salaud te paye,
Alors arrête là tes conneries !

Sainte Marie-Madeleine

PERRET

22 juillet

« BERCY MADELEINE »

J'ai transpiré plus de trois années avant d'« avoir la peau » de cette chanson ! Le nez en permanence au-dessus du plan de Paris des stations de métro, j'ai bien cru devenir barjo avant de l'avoir terminée !

La p'tite Madeleine que j'ai connue à Saint-Lazare,
Je l'ai Choisy pour son superbe Corvisart,
Elle avait le Saint-Placide et un sacré Buzenval,
Elle avait tout un Arsenal,
Je craignais que ce fût une Fille-du-Calvaire,
Auquel cas faut s'méfier du Chardon-Lagache,
Et pour pas garder Lamarck l'eût fallu qu'j'aille à Pasteur,
Moi pour Suffren non Bercy.

Elle me répond qu'elle s'en tamponne le Froissart,
Vu qu'elle avait plusieurs amants qui la Courcelles,
Le Père-Lachaise Louis-Blanc Bolivar Richard-Lenoir,
Ce qui fait avec George-Cinq,
J'suis Censier avoir un beau Ménilmontant,
Et comment Obligado son Beaugrenelle,
J'y propose la Botzaris elle se porte Volontaires,
Et précise-t-elle j'ai Sablons.

C'est la Gaîté nous Levallois dans son Dupleix,
E'm'dit Issy je vois avec Étienne-Marcel,
Que tu m'Défense le Sentier que tu m'prenn' La Chapelle,
De toute façon, Marcel-Sembat,
Elle se met Sully présente la Tour-Maubourg,
Mais je descends aussitôt à Poissonnière,
Là le nez me Chatillon ça sentait le Caulaincourt,
Bref j'étais pas à Bel-Air,
Prêts au Combat enfin nous nous dé-Mabillon,
Mais Passy vite qu'elle me dit vous Pernety,
Avant d'éteind' la Laumière laisse-moi ôter mon Pantin,
Espèce de pauvre Gambetta,
Pour montrer que je n'suis pas un Invalides,
Je lui Saint-Philippe-du-Roule une Pelletier monstre,
Et d'un vieux coup d'Rambuteau je lui arrache
un cri Denfert,
Ah quel Sulpice mes amis !

Par malheur elle avait l'Goncourt sa Motte-Picquet,
Avouez qu'Saint-Cloud à s'Dugommier le Jules-Joffrin,
Son p'tit Chaligny-Faidherbe était bien trop Billancourt,
Elle demeurait une vraie Glacière,
Elle Opéra un chang'ment la Réaumur,
L'en Brochant en Chevaleret entre La Fourche,
Et La Muette à l'Anvers aussitôt j'lui Bourg-la-Reine,
Jusqu'à temps qu'elle en Picpus.

Vingt dieux qu'Ségur t'as un Jourdain mais c'est Duroc,
Que c'est Plaisance dit-elle en saisissant Montreuil,
Elle me Monge les Boulets elle me Pompe le Boucicaut,
Et bien sûr quelques mois plus tard,
Elle me Télégraphe un jour la Bonne-Nouvelle,
Elle avait oublié de prend' sa Bastille,
Elle attendait ses Ranelagh elle a eu la Buttes-Chaumont,
Et c'est le p'tit Edgar-Quinet.

Si ma femme doit être veuve un jour, j'aime mieux que ce soit de mon vivant.

(Georges Courteline)

CÔTÉ JARDIN

Le meilleur fertilisant pour vos narcisses, géraniums et autres plantes d'intérieur, c'est une goutte d'huile d'olive à ajouter chaque semaine dans leur pot. Ils seront resplendissants.

Proverbe

Celui qui parle entre ses dents mais à cœur ouvert est souvent invité à fermer sa gueule.

23 juillet

Sainte Brigitte

Sainte Brigitte aime les grosses frites,
Et quand elle rencontre un garçon,
Qui lui en présente une petite,
Elle ne lui ouvre pas sa maison.

TARTE AUX FRAISES DES BOIS

L'idéal, c'est d'avoir des fraises des bois dans son jardin. Sinon, chez le bon maraîcher, il faut acheter « au cul du camion » et les préparer aussi fraîches que possible, tant ce divin fruit est fragile. C'est un dessert pour lequel je craque immanquablement.

Mais la gourmandise, est-ce vraiment un… défaut ?

Pour 6 convives d'appétit :

250 g de pâte sablée (voir la recette) ;
500 g de fraises des bois ;
2 à 3 cuillerées à soupe de confiture de fraises (facultatif) ;
1 cuillerée à dessert de beurre ;
1 cuillerée à dessert de farine.

Préparation :

Mettez le four à chauffer thermostat 6.

Sur la planche à pâtisserie, aplatissez la boule de pâte sablée et passez-la sous le rouleau jusqu'à l'abaisser à 2 ou 3 mm.

Il faut qu'elle soit partout de la même épaisseur et qu'elle ait une forme ronde de 25 à 30 cm.

Beurrez un moule à tarte et enfarinez-le légèrement (fond et côtés).

Posez délicatement la pâte dans le moule sans faire de plis et rognez les bordures qui dépassent. Garnissez bien les coins du moule.

Appuyez sur le fond et les côtés du bout des doigts pour bien faire adhérer la pâte.

Mettez la pâte au réfrigérateur pendant dix minutes.

Pendant ce temps, dans un bol, écrasez bien la confiture de fraises avec une fourchette. Mettez-la dans une casserole en ajoutant 1 cuillerée à dessert d'eau si elle vous paraît trop épaisse, et laissez-la chauffer doucement jusqu'au premier frémissement en la diluant le plus possible à la cuillère en bois (il faut qu'elle ne soit ni trop épaisse ni trop liquide).

Sortez du frigo le moule contenant la pâte, piquez le fond de 20 coups de fourchette afin d'éviter les bulles d'air et mettez-le douze minutes dans le four à thermostat 5.

Ôtez du four et laissez refroidir complètement.

À l'aide d'un pinceau, nappez le fond de tarte refroidi de la moitié de la confiture de fraises.

Disposez les fraises des bois avec la pointe en haut sur toute la surface de la tarte.

Nappez de nouveau les fraises très légèrement au pinceau avec la confiture qui vous reste avant de servir.

CÔTÉ CUISINE

Les dessous féminins ne sont que des effets secondaires. (Grégoire Lacroix)

Si vous les cuisez à l'eau bouillante avec une grosse cuillerée à soupe de gros sel, sans les couvrir, les haricots, l'oseille, et les épinards resteront bien verts.

Pour nettoyer une carafe à vin tapissée de tanin, remplissez-la de morceaux de patates crues. Ajoutez de l'eau, laissez macérer une nuit. Secouez ensuite vigoureusement et rincez-la bien.

Christine va faire la s...pe,
Pour son mari qui prend les sous,
Ils pourront se payer des clopes,
Et au bistrot quelques bons coups !

Sainte Christine

24 juillet

TRANCHE D'HISTOIRE

1936 L'athlète américain Jesse Owens revient des jeux Olympiques de Berlin avec quatre médailles d'or (100 mètres, 200 mètres, 4 x 100 mètres, saut en longueur). Lors du concours de saut en longueur, Jesse, l'enfant noir de l'Alabama, s'est imposé devant l'Allemand Luz Long avec un record olympique de 8 m 06, au grand désespoir de Hitler et des défenseurs de la « pure race aryenne » présents dans les tribunes. **(Dépêche du journal *Le Monde*)**

L'importance d'une ordonnance médicale se mesure à sa longueur ainsi qu'au nombre de médicaments prescrits. Elle est plus ou moins suivie à la lettre selon que l'écriture du médecin qui l'a rédigée est plus ou moins lisible.

(Pierre Dac)

Bombe

Grosse boule de fer qu'on remplit de feux d'artifice et de clous et qu'on jette dans les places assiégées pour les ruiner. Bombe foudroyante : c'est une bombe qui tue, fracasse et brise tout.
(Pierre Richelet, *Dictionnaire françois*, 1643)

CÔTÉ CUISINE

Faut-il manger les asperges avec les doigts ? Oui ! C'est bien meilleur !

Une friture de poissons est plus croustillante et légère quand on utilise de la fécule de pomme de terre à la place de la farine (avec les doigts aussi !).

Ne mettez jamais de basilic dans une préparation à cuire pour la parfumer. La chaleur lui enlève tous ses arômes. Le basilic, c'est haché grossièrement, cru et au dernier moment !

LE SAVIEZ-VOUS ?

Pour être infatigable à la marche à pied, il est judicieux de se confectionner des jarretières avec deux lanières de peau de lièvre entre lesquelles on aura cousu deux brins d'absinthe. Après cela, on peut partir à Saint-Jacques-de-Compostelle en courant... comme un lièvre !... On en apprend tous les jours !

Ah, l'amour !...

Elle : « Moi, je t'emmerde, espèce de trou du cul !... Tu m'as épousée que pour mes sous ! »
Lui : « Et pour ta distinction ! »

Une lady, encore assez jeune mais très belle, se regardant avec complaisance devant un miroir, disait à sa fille :
« Que donneriez-vous, ma fille, pour avoir ma beauté ?
– Maman, lui répondit la jeune personne, *ce que vous donneriez pour n'avoir que mon âge ! »*

25 juillet

Saint Jacques le Majeur

PERRET

De sa fiancée Jacques a la claque,
Car ses rendez-vous le détraquent,
Certes elle choisit Pierre Paul ou Jacq
Mais le lendemain elle le plaque.

PARFUMS D'ENFANCE À MONTJOIE

Et puis il y avait le boulanger, au village... Ses grosses miches de pain de cinq kilos fleuraient si bon qu'on en sentait les effluves plus de cent mètres avant d'arriver à l'église près de laquelle était sa boulangerie. Enfin, j'exagère sans doute un peu...

Celle que j'appelle ainsi n'était guère qu'une petite pièce de vingt mètres carrés tout au plus, au milieu de laquelle trônait un antique pétrin. Le long du mur gauche, s'alignaient les sacs de farine. À droite, trois étagères de bois supportaient une trentaine de grosses miches rondes n'attendant que les clients qui les avaient commandées. Je passais souvent le voir, ce boulanger, qui était toujours si gentil. Près de la balance où il pesait ses grosses boules de pain, s'accumulaient souvent d'énormes tranches prélevées sur une autre miche, qui servaient d'appoint aux cinq kilos auxquels il manquait parfois deux ou trois cents grammes.

« Tiens, me disait-il en me tendant une énorme tranche, prends celle-ci, puisque tu l'aimes bien, mon pain ! Moi, j'en aurai sûrement assez pour mes surpoids. Je n'attends plus qu'un client... »

L'unique épicière du village était aussi douce, et tout aussi pétrie de générosité que l'était le boulanger. Depuis qu'un jour je lui avais rapporté cinq billes neuves comptées en trop (par elle) sur les vingt que je lui avais achetées, elle m'offrait toujours quelque chose à chaque fois que je faisais des emplettes dans son magasin : du Zan, des bâtons de réglisse que j'adorais, de grosses billes en verre aux nervures colorées d'orange et de bleu. À chaque fois, elle avait un évident plaisir à m'offrir quelque chose et à me poser un baiser sur le front. Comment aurais-je pu ne pas aimer une si aimable personne ?

Le célèbre Crillon écrivit un jour à Henri IV :
« Sire, trois mots : argent ou congé ?
– Crillon, répondit le roi, *quatre mots : ni l'un ni l'autre. »*

Il n'y a que les imbéciles qui ne sont pas gourmands.
(Guy de Maupassant)

LE SAVIEZ-VOUS ?

L'aîné des enfants d'un monsieur de Villette s'était trouvé à l'âge de 9 ans au combat de Messine, où le fameux Ruyter fut tué. Cet enfant fut blessé. En voyant couler son sang, il dit avec autant de sang-froid que d'ingénuité : « Si ma bonne voyait cela, que dirait-elle ? » La singularité de la réflexion et l'intrépidité de l'enfant le firent nommer enseigne après le combat. (J. Hetzel)

CÔTÉ JARDIN

Vous pouvez encore semer la roquette, mais ne le faites qu'en lune descendante, sinon elle montera en graines. Tout comme le persil, du reste. N'arrosez que par temps sec pour éviter une trop rapide montée en graines.

Quand Anne retrouve Joachim,
Il lui raconte son dernier crime,
Pendant qu'effrayée la pauvre Anne,
En tremblant lui fait sa tisane.

Saint(e) Anne & Joachim

PERRET

26 juillet

LOUIS XIV (1638-1715)

Né à Saint-Germain-en-Laye en 1638 pour faire plaisir à ses parents et mort à Versailles en 1715 parce qu'il lui était difficile de faire autrement, Louis XIV fut incontestablement la plus grande pointure de la brochette des rois Louis. Son papa Louis XIII et sa maman Anne d'Autriche étaient mariés depuis plus de vingt piges et n'avaient jamais pu arriver à ficeler à tous les deux un enfant présentable. Était-ce dû au fait qu'ils passaient parfois des années sans se voir ? Évidemment, cela peut jouer. Ils accomplirent tout de même une bonne douzaine de fois leur devoir conjugal en vingt-deux ans, avant que Loulou XIV ne daignât pointer son royal tarin. Il était grand temps. Malheureusement pour lui, à l'âge de 5 ans, il perd son papa, qui avait les éponges poreuses à force d'avoir passé sa vie à repousser l'ennemi dans l'humidité. Cela peut paraître cruel, mais même chez les rois, ça arrive. C'est donc la maman de Loulou, Anne d'Autriche, qui va se farcir la régence, à défaut de s'occuper de l'éducation de son mouflet. Très négligée, elle fera l'éducation du futur Roi-Soleil. Sa vieille, qui joue au bridge tous les après-midi avec ses copines, le confie à des gouvernantes, qui, elles, jouent déjà au poker. Elles le refilent donc à leurs servantes qui, déjà occupées elles aussi à astiquer la hallebarde des valets de la reine, laissent faire à Loulou-doré toutes les conneries qui lui traversent le caberlot. Sa maman, entre deux parties, s'aperçoit de la cata. Elle confie alors Louis à Mazarin. Ce dernier, qui a d'autres chattes à fouetter, lui achète une toupie, une religieuse au chocolat et le confie au maréchal de Villeroy. Ce dernier apprend au jeune Louis à gagner au flipper et à fumer sa première clope. Après quoi, il le laisse aux mains de sa gouvernante, qui le refile à sa servante, etc. L'éducation de celui qui allait devenir le plus grand roi de l'histoire fut, sinon négligée, du moins un chouia rudimentaire !

Elle lui disait : *« Allez, ne fais pas l'enfant !… Il est temps d'en mettre un coup ! »* Les femmes ne savent pas toujours ce qu'elles veulent !

Pensées

Alphonse d'Este était plus snob qu'un pou dans la moumoute de Louis XIV.

Les lapins sont contents, ils baisent, ils font ripaille. Chez eux, rien ne travaille, que la bite et les dents.

CÔTÉ CUISINE

C'est le plein été. Dégustez des pêches, ce fruit merveilleux passe toujours trop vite. D'abord, il est fragile. Si vous ne les avez pas cueillies mûres dans votre jardin, protégez-les au réfrigérateur. Pour les peler plus facilement, mettez-les dans une passoire et plongez-les une minute dans l'eau bouillante. Pour les dénoyauter, fendez-les avec un couteau aiguisé le long du sillon central. Si vous voulez les congeler, arrosez-les de jus de citron et répandez dessus du sucre en poudre avant de les enfermer dans des sacs de congélation. Au mois de janvier, elles seront délicieuses !

27 juillet

Sainte Nathalie

Nathalie fait pipi au lit,
Dès qu'il pleut sur les pissenlits,
Et puis quand la lune est dans l'eau,
Elle offre la sienne à Charlot.

MALATO

Je me souviens de cet après-midi à Fontenay-aux-Roses, où j'avais parlé de Malato à Paul Léautaud. J'ai retrouvé récemment dans ma bibliothèque cet ouvrage « rouge », où l'anarchiste évoque des « prévisions » qu'il fait sur l'avenir des religions. C'est le seul point sur lequel Léautaud était « à peu près » d'accord avec ce monsieur, le « reste » lui paraissant totalement irréaliste et farfelu. En tout cas, à propos des religions, et entre autres sur l'islam, le « farfelu » s'est lourdement planté.

Voici un aperçu :

« La pensée a tué la foi, toutes les religions sont irrévocablement condamnées. Le christianisme se meurt : né dans l'Orient, il n'a jamais pu y prendre racine ; l'islamisme lui fait échec en Afrique ; en Europe et en Amérique, il perd du terrain de jour en jour. Il ne lui reste à recruter que les peuplades primitives de l'Océanie ; condamnées à la disparition dans un bref délai.

L'islamisme, d'autre part, ne peut convenir aux nations civilisées. Il a encore de longs jours en Afrique et dans l'Inde, mais le moment viendra où l'industrie et la science auront pris définitivement possession du pays des Mille et Une Nuits : ce jour-là, l'islamisme aura vécu.

Une religion plus terre à terre, celle de la patrie, s'est, depuis un siècle surtout, substituée à la vieille foi, tombant peu à peu en désuétude. On a vivement reproché aux anarchistes de s'attaquer à l'une comme à l'autre ; avant d'aller plus loin, il est nécessaire de s'entendre. Tout d'abord, il est évident que rien n'est plus absurde que de haïr un homme parce qu'il est né sur la rive droite de tel fleuve plutôt que sur la rive gauche. Prétendre qu'un habitant de Paris sente son cœur se dilater à Bayonne et se resserrer à Saint-Sébastien est le comble de l'absurde, et l'on se demande comment une pareille folie peut encore trouver des adeptes. La nature humaine, non moins que la logique, proteste contre un raisonnement aussi barbare : qu'un individu tombe dans la Seine, les courageux citoyens qui risqueront leur vie pour sauver la sienne n'iront pas s'enquérir s'il est français ou allemand, ils ne verront en lui qu'un *homme*. »

(Charles Malato, *Philosophie de l'anarchie*, 1888-1897)

À la demande de monsieur le curé, ma femme – qui lui sert de bonne à tout faire – soulage aussi les paroissiens quand elle a fini de s'occuper de lui. Est-ce normal que pour le même salaire elle soit obligée de prendre en main tous ces hommes aussi ?…
J'attends votre réponse, cher monsieur le maire, avec l'impatience d'un mari angoissé qui se pose des questions…
Avec mes profonds respects.

CÔTÉ JARDIN

Traitez vos pommes de terre contre le mildiou.

Arrosez une fois par semaine vos pieds de tomate de jus de purée d'ortie et fiente de poule.

est pour ôter ses forces à l'hercule Samson,
ue Dalila sa femme un jour mit le pacson,
S'offrant à lui elle fit miauler son angora,
Puis quand il s'endormit ses tifs lui sucra.

Saint Samson

PERRET

28 juillet

Elle tient la beauté de son père. Il est chirurgien esthétique.

(Groucho Marx)

L'important, pour un acteur, c'est de savoir rire et pleurer. Pour pleurer, je pense à ma vie sexuelle, et pour rire, je pense à ma vie sexuelle.

(Glenda Jackson)

PETITE SALADE RIGOLOTE

Pour 6 convives :

4 tomates ;
1 avocat ;
1 boule de mozzarella ;
2 tranches de bresaola ;
Quelques feuilles de basilic.

Pour faire la sauce :

3 cuillerées à soupe d'huile d'olive ;
1 petite cuillerée à soupe de vinaigre de framboise ;
Sel, poivre au moulin.

Préparation :

Découpez les tomates, l'avocat et la mozzarella en rondelles.

Découpez les tranches de bresaola en deux dans un grand plat.

Disposez tous ces ingrédients en rosace en intercalant : tomates, mozzarella, avocat et bresaola.

Répandez la sauce par-dessus et décorez avec le basilic.

PIERRE DORIS

Même les soirs où je n'y chantais pas, j'aimais aller en haut de la rue Saint-Jacques voir Boby Lapointe qui chantait au Port du Salut, chez Jacques Masseboeuf. Maurice Fanon, Pierre Doris, entre autres, s'y produisaient aussi. Ce cabaret avait une propension à mettre en avant les auteurs les plus insolites, dérangeants, tels précisément Boby ou Doris. Ce dernier, dont les histoires d'un humour noir décapant enchantaient le public, prenait en revanche des bides spectaculaires lorsque des spectateurs provinciaux qui s'étaient trompés de spectacle avaient abouti là par hasard. C'est nous, ses sadiques copains, que cela faisait rire sous cape de voir le malheureux ramasser une douloureuse gamelle devant ce public d'« extraterrestres » qui ne comprenaient goutte à ce qu'ils entendaient. L'humour de Doris a grandement fait école, depuis. De Coluche à Ruquier, tous ont avoué devoir quelque chose à Pierre !

Pierre Doris, mon ami, qui se produisait dans les mêmes cabarets que moi dans les années 1960, fut sans aucun doute, dans l'humour noir, celui qui m'a le plus influencé. Il évoquait souvent « sa femme » dans ses sketches. Il disait :

« Ah, ma femme, si vous saviez, c'est un ange !...

– Félicitations, la mienne est encore en vie. »

« Ah, les femmes, elles sont si différentes les unes des autres. Tenez, prenez la mienne... S'il vous plaît !... »

Le public du Port du Salut hurlait de rire lorsqu'il disait, enjoué : « Aux dernières étrennes, j'ai offert une chaise à ma belle-mère. Aux prochaines, je la ferai électrifier ! »

Sacré Pierre !

29 juillet

Sainte Marthe

Au four à la hâte,
Même si tu la rates,
Pour la Sainte-Marthe,
N'oublie pas ta tarte.

LA PÊCHE AU THON

En vacances en Polynésie, j'accompagne des copains tahitiens pêcher le thon. Assis sur un petit siège rudimentaire, j'ai les pieds bien calés sur un rebord de trente centimètres de hauteur qui tient lieu de « bastingage ». Le bout des quatre-vingts mètres de fil plombé que nous avons laissé couler sur les fonds doit présenter l'hameçon « gavé de friandises » au ras des moustaches du thon, selon Jimmy, mon « nouveau » copain. De son irrésistible accent tahitien, « Maria la Balèze » me dit en roulant les r :

« Si tu prends un gros, accroche-toi bien à ton bâton.

– À mon bâton ?

– Oui, dit Jimmy en rigolant. Cramponne-toi à ta canne, sinon, elle va partir chez les mérous. »

Justement, ma canne se tend soudain avec une surprenante violence. Mes deux mains y sont bien « cramponnées ». Je pose alors mes deux talons sur le retour de bois qui me paraît à présent bien frêle. La tension du fil est telle qu'à chaque seconde je redoute de partir au jus.

Mon gros moulinet, au lieu de rembobiner dans le bon sens, se dévide inexorablement, faisant fi de la résistance du frein que je tente de déclencher. À peine dix minutes après cette attaque, je suis déjà épuisé. De grosses gouttes de sueur coulent sur mes joues. Jimmy prend ma place. Il ne reste que cinquante mètres de fil... Un quart d'heure plus tard, je reprends la canne. Le mastard tire dix mètres d'un seul coup à une vitesse vertigineuse. Les mollets tendus comme des cordes à violon, les muscles des bras plus durs que des fers à repasser, il m'oblige à pousser si fort sur mes talons que le bord du vieux rafiot craque tout à coup sous mes tongs. Et voilà mes jambes happées par le vide et mes tongs au jus ! Ne tenant plus ma canne que d'une main, je tente désespérément avec l'autre de m'accrocher à quelque chose quand Maria me ceinture d'un coup, fermement, me sauvant *in extremis* du plongeon dans la grande piscine ! Écrasant littéralement mon dos contre ses gros seins, elle me dit : « Tu sais que tu as une veine de cocu, toi ? »

Je me suis toujours demandé si les gauchers passaient l'arme à droite. (Alphonse Allais)

Si l'administration était bien faite, il n'y aurait pas de soldat inconnu. (Louis Jouvet)

La pudeur leur va si bien quand elles en ont, si bien quand elles n'en ont plus, que je ne conçois guère de femmes qui ne désirent pas en avoir. (Paul Morand)

Amitié trop soudaine engendre souvent de la peine.

LE SAVIEZ-VOUS ?

En Moldavie, un lutin ne se distingue en rien d'un homme ordinaire. Mais si on l'observe bien, lorsqu'il sourit, on s'aperçoit qu'il a les dents vertes et deux touffes de poils dans les narines. Mais il est doux comme un agneau et il joue très bien au billard à trois boules.

Quand Juliette,
Se gratte la tête,
Va sur ton balcon,
Cueillir le houblon.
Bon fermier à Sainte-Juliette,
Choisira déjà sa poulette.

Sainte Juliette

30 juillet

PETITS MÉTIERS

Tondeur de chiens-coupeur de chats. Il étalait sur une serviette blanche, posée à même le sol, une paire de tenailles ainsi qu'une paire de longs ciseaux nickelés et trois tondeuses de calibres différents. La brosse en corne était munie de pointes de métal enchâssées dans un solide coussinet bombé en caoutchouc. La fine tondeuse n'était d'aucune utilité pour les chiens, car elle servait uniquement à tondre le crâne des enfants dont la tignasse était envahie par les poux. Si la deuxième tondeuse était réservée à ceux qui décidaient subitement de supprimer leur grande barbe, la dernière débarrassait de leurs poils tous les caniches de la ville à l'approche de l'été. Poète à ses heures, il criait de temps en temps sur le trottoir de la rue de la Liberté, où il s'installait d'habitude :

Il tond les caniches,
Il traque les poux,
Le tondeur de chiens,
Est près de chez vous.

Si tondre les chiens n'était somme toute pas plus désagréable pour les toutous que pour le praticien, « couper les chats », en revanche, engendrait une tout autre musique. Les cris du pauvre animal maintenu à qui ce supplice était infligé « à cru », sans la moindre anesthésie, terrifiaient littéralement les badauds qui s'enfuyaient épouvantés. C'est à cela que servaient les redoutables tenailles que le « chirurgien » allait rincer de leur sang à la fontaine voisine au terme de l'opération.

Certains jours, bien sûr, il n'y avait que peu de chiens à tondre et peu de chats à couper. Pour la modique somme d'un franc par bête, le « tondeur » acceptait de promener teckels et caniches à travers la ville pour leurs propriétaires qui n'en avaient pas le temps. Il était toujours très doux avec eux. Son comportement n'avait rien de commun avec celui des employés municipaux lorsqu'ils capturaient les chiens errants à travers la ville. D'une camionnette pourvue de cages grillagées jaillissaient soudain trois ou quatre employés municipaux que, dans le pays, tout le monde connaissait. Munis chacun d'un long fouet à nœud coulant, ils fondaient sur les pauvres bêtes terrorisées afin de les capturer sans ménagement. Le pauvre chien, pris dans ce lasso, se voyait ensuite sauvagement coiffer par une sorte d'épuisette, avant d'être enlevé telle une laitue au fond d'un filet à provisions. L'encager et l'emmener à la fourrière n'étaient ensuite qu'un jeu

d'enfant. Là, il serait probablement piqué si personne, au bout de trois jours, n'était venu le réclamer. Je détestais les brutes qui effectuaient ce travail.

Un proche collaborateur de Clemenceau venant de mourir, un candidat à la succession lui dit :
« Je suis prêt à prendre sa place.
– Entendu, dit Clemenceau, *vous n'avez qu'à vous arranger avec les pompes funèbres ! »*
(*Le Petit Livre de l'humour noir,* Philippe Héraclès)

31 juillet

Saint Ignace de Loyola

Le bon saint Ignace se lasse,
Que son épouse ait des galants,
Qui lui renversent la culasse,
Et la lui laissent sur le flanc.

1 050 KILOMÈTRES

La plus folle distance entre deux villes où je chantais fut parcourue en une nuit et un jour, entre Sallanches et Soustons, du mont Blanc au Pays basque : mille cinquante kilomètres. Le pire était que nous étions un 31 juillet. Je devais chanter en plein air, dans la cour pleine à craquer du couvent de Sallanches. Les bonnes sœurs écoutaient le spectacle de leur chambre et fermaient précipitamment les volets quand les chansons devenaient scabreuses, ce qui faisait bien rire les spectateurs ! Nous prîmes la route à une heure du matin, sans avoir eu même le temps de manger un morceau. Je devais chanter le lendemain soir aux arènes de Soustons, près d'Hossegor. Nous décidâmes de nous relayer tous les deux cents kilomètres. Monette prit le volant au départ et je m'assoupis. Au bout d'une demi-heure, je m'éveillai en sursaut.

« Où vas-tu ? dis-je à Monette. Ce n'est pas la route, il faut rebrousser chemin !

– Repose-toi, protesta-t-elle. Comment sais-tu que ce n'est pas la route ?

– Eh bien, je l'ai déjà sillonnée tant de fois. Je sais que ce n'est pas la bonne ! »

Effectivement, à l'approche d'une déviation, elle avait hélas repris la route des Alpes… Nous fîmes demi-tour. Je repris le volant, puis, morts de faim, nous avalâmes un sandwich à Lyon et décidâmes – grossière erreur ! – de dormir trois heures dans un hôtel. Nous repartîmes à six heures du matin dans l'enfer des lacets traversant latéralement la France, à travers un Massif central encombré de voitures d'aoûtiens. Nous roulâmes plus de quinze heures en nous relayant jusqu'à Soustons, où nous nous garâmes à dix heures du soir au pied des arènes. Ma femme n'était pas fraîche, et moi je sortis en lambeaux de la Mercedes.

« C'est à vous dans trois minutes ! me dit l'organisateur.

– Mais… il faut bien que je me change. Je ne vais pas chanter en jean !

– Vous n'avez plus le temps !

– Il faut au moins que j'accorde ma guitare… »

Je n'ai jamais plus, de ma vie, réussi à accorder ma guitare en moins de trois minutes !

Il est une grosse pierre branlante à Pontivy, dans le Morbihan, qu'un seul enfant peut faire bouger. On affirme là-bas que si un homme n'y parvient pas, c'est qu'il est cocu.

Il lui avait dit : « Si tu me trompes, je te tue. » Elle l'a trompé quand même. Elle lui a dit : « Tu vois, je t'ai fait cocu, et je n'en suis pas morte. » Il lui a balancé un grand coup de marteau sur le crâne et lui a dit : « Maintenant, si ! »

La nuit pensait-elle,
Il est beau tout nu,
Mais hélas pour elle,
Le jour est venu.

AOÛT

Demain,
s'il me dit encore de ne plus le tromper
je lui demanderai d'arrêter de fumer.

01 août

Saint Alphonse

PERRET

Le jour de la Saint-Alphonse,
Cueille donc la fleur de la ronce,
De bourrache fais-lui tisane,
Si pour mari tu as un âne.

« Y A CINQUANTE GOSSES DANS L'ESCALIER »

C'est à Gennevilliers, dans la HLM que nous habitions dans les années 1960, que j'écrivis – non sans mal – « Y a cinquante gosses dans l'escalier ». (Ils y étaient tous, quand il pleuvait, au retour de l'école, leurs parents n'étant pas chez eux!)

Y a cinquant' goss's dans l'escalier,
D'une HLM de Genn'villiers,
Et sur les murs,
Ils ont dessiné des chevaux,
Et des poissons dans les ruisseaux,
Des p'tit's maisons illuminées,
Qui ont plein d'fumée dans les trous d'nez.

Y a cinquant' goss's dans l'escalier,
Et sous l'néon des plafonniers,
Ils font du bruit,
Pour plus entend' le gai folklor',
Des quint's de toux des transistors,
Et tout l'boucan de cett' cité,
Qui n'en peut plus de s'supporter.

Y a cinquant' goss's dans l'escalier,
Derrière les port's de chaqu' palier,
Y a des pauvr's gens,
Qui n'iront jamais voir la mer,
Qui n'connaiss'nt qu'le RER,
Et au boulot la triste gueul',
D'un p'tit sous-chef qui les engueul'.

DE LANGUE DE FEMME ET CUL DE POULE,
EN AOÛT L'ACTIVITÉ S'ÉCROULE,
LES OREILLES À L'ENTOUR SONT QUIÈTES,
CAR AUCUN DES DEUX NE CAQUETTE.

Un homme d'esprit serait souvent bien embarrassé sans la compagnie des sots.
(La Rochefoucauld)

Chaque fois qu'il y a un type qui meurt, ce n'est jamais le même. (Louis Scutenaire)

TRANCHE D'HISTOIRE

1932 Le 1er août 1932, le journal *L'Ami du peuple* titre : « Élections allemandes : les hitlériens gagnent des sièges au nouveau Reichstag. »

Le parti qui comptera le plus de députés après les racistes sera probablement le Parti socialiste. Les communistes font des gains importants.

L'article débute ainsi : « Berlin 31 juillet : les élections au Reichstag se sont déroulées dans le calme... » et se termine ainsi : « À Essen, une bagarre sanglante s'est produite entre communistes et nationaux-socialistes. Un communiste a été tué, un hitlérien et deux policiers gravement blessés. Dans la banlieue de Hambourg, entre extrémistes de droite et de gauche, un nazi a été tué et deux autres blessés. »

Malheureusement, il en restait encore beaucoup trop!

Si la nuit saint Julien transpire,
Il abandonne le lit d'Elvire,
Pour la couche d'Alexandra,
Et il se met dans de beaux draps.

Saint Julien

02 août

« C'EST AU MOIS D'AOÛT »

C'est au mois d'août qu'on met les bouts,
Qu'on fait les fous les gros matous les sapajous,
C'est l'été les vacances le soleil doux, doux, doux, doux.

On partit le premier août vers Saint-Tropez à l'aventure,
À peine douze heures plus tard on voyait déjà Montargis,
On eut des croissants chauds bien avant l'heure de l'ouverture
Grâce à un vingt-cinq tonnes qui venait de se faire une pâtisserie.
Il faisait beau on chantait faux,
Mon pote Marcel était tout fier de sa deux-chevaux,
Quand un salaud sur son vélo,
Nous a foutu la trottinette en mille morceaux.

LE MARIAGE POUR UNE FEMME D'AUJOURD'HUI, C'EST BIEN DÉLICAT. TANDIS QU'UNE LIAISON, UNE BONNE LIAISON AVEC UN HOMME MARIÉ, ÇA, C'EST LA SÉCURITÉ ! (Alfred Capus)

SOUVENIRS DE PROVENCE

« Blaise Pascal est le seul Auvergnat de ma connaissance qui ait tout misé sur un pari. » **(Yvan Audouard)**

Yvan Audouard était un ami chez qui nous allions, à Fontvieille, en Provence, maintes fois durant les étés qui se suivaient, souvent en fonction des concerts que je faisais dans le coin. Françoise, son épouse, nous recevait royalement, et nous dégustions rituellement « la daube » sous le généreux figuier chargé de fruits dont l'ombre s'étirait jusqu'au-dessus de la piscine. Nous allions y faire quelques brasses pour nous rafraîchir après l'incontournable sieste sacrée d'Yvan le Sage. J'avais chanté aux arènes d'Arles avec tous ses copains artistes provençaux (célèbres ! Andrex, entre autres !), afin de récolter quelques sous pour des œuvres de bienfaisance dont il s'occupait. Je garde un souvenir ému du spectacle ainsi que du chaleureux « souper » dont nous nous régalâmes tous ensemble après le spectacle, tous heureux !

LE SAVIEZ-VOUS ?

Les enfants du mois d'août sont sensibles, créatifs et très doux. Leur arbre est le pommier, leur oiseau le moineau. Leur fleur est le laurier-rose. Leur bijou est la silice translucide cristallisée : la calcédoine rouge orangé aussi appelée cornaline. Ils aiment encore la brune sardoine ou la verte chrysoprase et l'héliotrope (verte à taches rouges), ou encore l'agate et l'onyx qui sont emblèmes du bonheur conjugal.

CÔTÉ JARDIN

Les fourmis détestent les rondelles de citron. Placez-en sur leur chemin si vous n'aimez pas les fourmis.

Cerclez de ficelle vos scaroles et vos chicorées frisées afin que les feuilles blanchissent au cœur. C'est le moment.

03 août

Sainte Lydie

Cette Lydie m'avait bien dit,
Que c'était d'accord pour mardi,
Mais je fus interdit pardi,
De la voir dans les bras d'Eddy.

GÂTEAU AUX PÊCHES

Choisissez des blanches encore un peu fermes. Si vous vous procurez des pêches de vigne, c'est encore mieux. J'ai vu un jour mon pauvre papa au bord de l'évanouissement après avoir touché une pêche sans le savoir, au fond d'une musette. Un client du café qui connaissait cette allergie de papa lui avait dit : « Tiens, Maurice, tâte le lièvre qui est au fond du havresac. » Crétin ! Les bonnes pêches ne durent pas longtemps… Profitez-en.

Pour 6 convives :

8 à 10 pêches selon la grosseur ;
125 g de farine ;
2 œufs ;
150 g de cassonade ;
1 citron non traité ;
80 g de beurre ;
1 pincée de sel ;
½ cuillerée à café de levure alsacienne.

Les femmes fidèles sont toutes les mêmes. Elles ne pensent qu'à leur fidélité et jamais à leurs maris.
(Jean Giraudoux)

Préparation :

Préchauffez le four à 170 °C.

Épluchez les pêches et découpez-les en lamelles d'au moins 3 cm. Faites fondre très doucement le beurre dans une petite casserole. Clarifiez-le en le filtrant à travers une fine passoire.

Dans un moule rond allant au four, déposez les morceaux de pêche, nappez-les avec la moitié du beurre fondu. Pressez le jus du citron sur les pêches.

Dans un saladier, mélangez la farine, le sucre, la levure et le sel. Ajoutez les œufs et le reste de beurre fondu. Mélangez bien et versez enfin cette préparation sur les pêches.

Faites cuire le gâteau au four durant trente minutes. Laissez refroidir et placez le moule une bonne heure au réfrigérateur.

Servez avec une boule de glace à la vanille.

Le bonheur ? Une bonne bouffe, un bon cigare, une très belle femme… ou une femme très moche, ça dépend de la quantité de bonheur que vous pouvez supporter. (George Burns)

Les murs de mon appartement sont si minces que, chaque fois que mes voisins font l'amour, j'ai un orgasme.
(Linda Herskovic)

Dialogue

« … Et il te bat tous les jours ?…
– Non, il y a des jours où il se repose. »

Lui : « Va te faire soigner, espèce de mal baisée !… »
Elle : « Si c'est toi qui t'en charges, je ne suis pas près de guérir !… ».

CÔTÉ JARDIN

Il est temps de semer en pépinière vos laitues de printemps, que vous repiquerez en temps voulu.

De même les pensées, la sauge ou la verveine se sèment en pleine terre ou abritées, selon les régions.

Par ailleurs, n'oubliez pas le petit lit de paille à mettre sous vos melons, citrouilles, etc., qui mûriront mieux.

C'est le jour où Vianney venait,
Qu'au septième ciel elle grimpait,
Le bel été se promenait,
Dans ses yeux qui étincelaient.

Saint Jean-Marie & Vianney

PERRET

04 août

MA PREMIÈRE CHANSON

Je me retrouvai seul, en plein mois d'août, dans mon pigeonnier du sixième étage avenue de Villiers, à Paris. À l'heure où la première fraîcheur de la soirée se faufilait enfin à travers les tabatières grandes ouvertes, je commis les premiers vers d'une chanson… La musique s'imposa d'elle-même. Je n'eus pas le moindre effort à faire, sinon celui de coucher vite les notes qui trottaient dans ma tête sur une portée musicale tracée à la hâte au sommet de ma feuille blanche. Cinquante ans après, les chansons s'imposent neuf fois sur dix de façon semblable. Je fredonne intérieurement la musique en même temps que les premiers vers me viennent. Il est très rare que je la remette en question. Je la travaille certes beaucoup ensuite, avant d'aller au bout de la mélodie définitive, mais le premier jet est toujours demeuré intact. Il est souvent l'essentiel du cheminement musical, tel le refrain entier de « La Cage aux oiseaux », par exemple, ou celui du « Zizi », ou encore toute la première moitié de la musique de « Lily », ainsi que le refrain de « Mon p'tit loup », pour ne citer que celles-ci… En tout cas, le « courage » d'écrire ma première chanson, je l'ai eu. Savoir si j'en avais aussi le talent était une autre histoire. Il m'a bien fallu attendre la sentence !

Les jours se suivent…
et ma femme est toujours aussi chiante.

AU CAFÉ DU PONT

Au comptoir du Café du Pont de mes parents, tous les soirs à l'heure de l'apéro, c'était un concert de perles verbales qui souvent me reviennent en mémoire. Devant leur verre de blanc sec, la Jeanne, la marchande ambulante de journaux, disait à son Louis : « Tu sais, faut pas t'en faire, je sais pourquoi tu me tapes dessus… C'est plus fort que toi !… Alors, mon pauvre Louis, ne te fais pas de souci pour ça… Arrête de culpabiliser !… »

TRANCHE D'HISTOIRE

1934 Le vendredi 3 août 1934, le journaliste René Bazin écrit dans le journal *La Croix* : « Il faut être fier d'appartenir à une nation de vieille civilisation et de vieux renom qui a donné tant d'exemples de sainteté, de courage militaire, de travail, de génie dans les arts et dans les sciences, de charité dans la vie. » On nous apprend ce même jour que « le président Hindenburg est mort et que c'est l'excellent Adolf Hitler qui devient dès lors le président du Reich et le chancelier de l'Allemagne ». Hou, là, là ! Oui, là, ça sent le pâté dans le journal *La Croix* !

CÔTÉ CUISINE

Pour ne pas vous peler le jonc à éplucher les raisins (surtout les gros), trempez-les dix petites secondes dans l'eau bouillante. *Idem* pour les tomates ou les pêches, dont la peau est récalcitrante. Après ça, vous les mettrez à poil en trois secondes… On dit merci qui ?

05 août

Saint Abel

PERRET

Un jour Abel dit à Caïn,
Depuis que maman est partie,
Ça manque de gonzesses dans le coin
Y a plus que des chèvres et des brebis

CERVELLES D'AGNEAU ET AUBERGINES FRITES

La symbiose qui se produit entre cet abat et ce légume lorsqu'ils sont frits tous les deux est un grand moment d'émotion pour le palais. Du moins le mien.

Pour 4 convives :

6 petites cervelles d'agneau ;
3 belles aubergines ;
50 g de beurre ;
3 cuillerées à soupe d'huile d'arachide ;
3 cuillerées à soupe d'huile d'olive ;
2 jaunes d'œuf ;
1 cuillerée à soupe de farine ;
Citron ou vinaigre ;
Eau ;
Sel, poivre.

Préparation :

Quelques heures avant, faites dégorger les cervelles de leur sang dans un saladier d'eau froide.

Pelez les aubergines, coupez-les en 3 lamelles dans le sens de la longueur et mettez-les dans un grand plat à dégorger en les salant légèrement de sel fin sur chaque face. Cela une heure avant de faire le plat.

Débarrassez les cervelles de leur membrane et des filets de sang coagulé qui les entourent et remettez-les quinze minutes dans un saladier d'eau claire citronnée.

Quand les aubergines ont dégorgé, frottez-les et séchez-les bien dans du papier absorbant ou au torchon. Faites-en des cubes d'1,5 cm de côté environ.

Pochez les cervelles durant trois minutes dans une casserole contenant 1 litre d'eau et le jus d'½ citron ou 1 cuillerée à soupe de vinaigre, ajoutez 1 pincée de gros sel. Ôtez les cervelles avec une écumoire. Mettez-les dans un égouttoir.

Dans une poêle, mettez les 2 huiles à chauffer et n'y ajouter les aubergines que lorsque l'huile est très chaude afin de bien les saisir. Elles doivent cuire ensuite à feu moyen jusqu'à ce qu'elles soient bien dorées.

Séchez les cervelles sur un torchon, puis découpez-les en 4.

Cassez les œufs et ne gardez que les jaunes dans une terrine. Ajoutez la farine, un peu de sel et un peu d'eau tiède, jusqu'à obtenir une pâte à beignets pas trop liquide. Mettez les morceaux de cervelle dans la terrine de pâte à beignets.

Dans une sauteuse, faites chauffer le beurre jusqu'à la couleur noisette et jetez-y un par un les morceaux de cervelle enrobés.

Laissez-les bien dorer sur tous les côtés.

Retirez les aubergines de la poêle et posez-les dans un égouttoir sur une triple couche de papier absorbant. Mettez-les ensuite dans un plat chaud.

Avec la même écumoire, ôtez les cervelles lorsqu'elles sont également bien dorées.

Salez les aubergines tant qu'elles sont bien chaudes. Salez légèrement les cervelles.

Poivrez bien le tout et servez dans des plats séparés bien chauds.

Le plaisir que l'on a de savourer ce plat compense largement le temps qu'on y a consacré !

Gagner le jackpot au loto,
Bouleversa notre situation,
D'autant qu'arriva ce gros lot,
Jour de la Transfiguration.

Transfiguration

PERRET

06 août

FASCINATION

Harley était un petit homme maigre à visage en losange, le nez grand et aquilin, des yeux de vautour qui semblaient dévorer les objets et percer les murailles… un air respectueux, mais à travers lequel pétillaient l'audace et l'insolence. Son esprit, toujours géomètre, l'égarait par règle, dès qu'il partait d'un principe faux, et, comme il avait une facilité extrême et beaucoup de grâce naturelle à s'exprimer, il éblouissait et emportait lors même qu'il s'égarait le plus, après s'être ébloui lui-même et persuadé qu'il avait raison. Il fallait effort pour cesser de le regarder. **(Saint-Simon, *Mémoires*)**

Pensées

J'aime me promener dans les cimetières après la messe, je suis en quelque sorte en posthume du dimanche. (Piem)

Un homme amoureux est un homme qui veut être plus aimable qu'il ne peut. Et voilà pourquoi presque tous les amoureux sont ridicules. (Nicolas de Chamfort)

« Vos parents vont bien ?
– Oui, très bien.
Et les vôtres ?
– Très bien aussi, merci. »
Ils se regardent.
Ils entrevoient très légèrement où peut vous mener la connerie du genre humain. (Raymond Queneau)

Votre conscience et la voix du cœur vous diront la limite où commence la lâcheté des flatteries, où finit la grâce de la conversation.

(Honoré de Balzac, *Le Lys dans la vallée*, 1836)

LE PARLER DES MÉTIERS

Dans le jargon du cyclisme, s'installer confortablement dans le peloton s'appelle **« fumer la pipe »**.

Absorber sa dose de testostérone (se doper) s'appelle **« monter une côte »**. Et… rouler en ayant absorbé les produits dopants nommés Ritaline et Méthédrine, c'est **« partir avec Riri et Mémé »**.

LE SAVIEZ-VOUS ?

Les Gauloises avaient l'habitude d'aller aux portes du village pour soulager la misère sexuelle du pèlerin de passage qui ne savait jamais où planter son bâton. Elles arrivaient par paquets entiers et ne rechignaient jamais pour se laisser allumer, sachant elles-mêmes manier adroitement le briquet si nécessaire.

(Journal d'une gitane filtre)

07 août

Saint Gaétan

Cherchant des bolets Gaétan,
Rencontre au bois la femme à Jean,
Et c'est son joli cul mignon,
Qu'il cueillit pour un champignon.

LA PÊCHE « AU TOC »

C'est à Reykjavík, sous le ciel islandais, que j'atterris en plein mois d'août pour découvrir torrents et rivières de ce singulier pays, et aussi pour y pêcher... le saumon. Je me fais expliquer par un guide le principe de la pêche « au toc », que je n'ai jamais pratiquée. Il suffit de repérer au bord de la rivière un remous dans un « trou » de deux à quatre mètres de profondeur, il est presque sûr qu'un ou plusieurs saumons habitent là. Un gros ver doit être maintenu au fond par une plombée creuse en forme d'olive qui permet au fil de coulisser. Grâce à cette olive placée trente centimètres avant l'hameçon et arrêtée par un petit plomb, le poisson ne perçoit pas de résistance quand il avale le ver : il doit pouvoir avaler profondément le ver avant d'être ferré par le pêcheur. Cela demande du temps, et le guide vous déconseille le ferrage de votre saumon avant d'avoir compté lentement jusqu'à trente. Le suspense semble très long. Seul votre fil se déplaçant à peine entre vos doigts indique que le saumon avale lentement votre ver. Tel un boa avalant un ouistiti, il faut lui laisser le temps. Tout comme moi, mon copain Pivot a eu du mal avec ce type de pêche.

LE SAVIEZ-VOUS ?

L'araignée du matin apporte un petit chagrin, celle du midi un petit profit, et celle du soir un peu d'espoir. Généralement, voir surgir une araignée peut être jugé comme un présage positif, sauf pour elle car elle doit être écrasée sur-le-champ.
Il ne faut par ailleurs jamais supprimer les grandes toiles d'araignées qui, dans les écuries, relient les poutres les unes aux autres, empêchant ainsi la poussière de tomber dans les yeux des chevaux. Ce qui les dispense de porter des lunettes.

Qu'est-ce qui m'a foutu un con pareil ?
Il est allé dire à ma bourgeoise
que je m'étais soûlé tellement
j'étais triste qu'elle soit partie !
Du coup, elle est revenue !

CÔTÉ CUISINE

Si vous faites un petit régime durant quelques jours... et si vous avez envie d'une mayonnaise avec des crevettes, du crabe ou une langouste, faites-en une « fausse », et néanmoins délicieuse.
Je vous donne le truc : mettez un yaourt nature, un jaune d'œuf dur, une cuillerée de moutarde forte, un peu de jus de citron, du sel et du poivre, de la ciboulette, du cerfeuil, du persil simple au mixeur. Vous la baptiserez mayonnaise, et vous verrez, c'est excellent !
Bon appétit !

CÔTÉ JARDIN

Semez dès à présent : cerfeuil, épinard, fenouil, mâche, navet, radis d'été et d'hiver, chou chinois, et encore de la roquette.

Dominique nique nique,
Comme dit si bien la chanson,
Mais même si la morale abdique,
Tout le monde pense qu'elle a raison.

Saint(e) Dominique

PERRET

08 août

ABRACADABRA !

On dit dans certaines régions qu'il ne faut pas se marier au mois de mai... ni un mercredi, ni un vendredi, ni pendant le carême. En fait, rien ni personne ne dit qu'il est bon de se marier. Alors vous savez ce que l'on dit aussi : « Dans le doute... »

Demander à un écrivain ce qu'il pense d'un critique, c'est comme demander à un réverbère ce qu'il pense des chiens. (John Osborne)

Pensées

Les hommes naissent égaux. Dès le lendemain, ils ne le sont plus.
(Jules Renard)

Que celui qui ne s'est jamais soûlé me jette la première bière !

ABATS LES PRÉJUGÉS

Bon nombre de gens ont « peur » des abats ! La simple évocation de tripes, foies, pieds de veau ou de porc, gésiers, joues ou cervelles, les met mal à l'aise. Je crois que ce n'est qu'une question d'« éducation ».

Les générations d'aujourd'hui, tout de même plus « gâtées » que les enfants des années 1940, ont des habitudes « gastronomiques » plutôt « nazebroques », se contentant depuis toujours du poulet rôti acheté dans une grande surface, du jambon-purée ou du sempiternel steak (haché, bien sûr !) avec des frites ! Ils ont passé et passeront sans doute le restant de leurs jours à côté d'une pléthore de plats savoureux (les abats !) dont ils n'auront jamais soupçonné l'existence !...

Nécessité fait loi : les abats ne sont autres que les bas morceaux abandonnés depuis toujours par les vainqueurs aux vaincus.

Ces derniers, l'ingéniosité et la gourmandise aidant, en ont fait parfois de petits chefs-d'œuvre tels les « pieds paquets » provençaux si appétissants, les andouillettes au vin blanc ou les foies frais aux raisins...

Laissons donc aux impécunieux imaginatifs et gourmands le privilège de préparer et de déguster ces modestes plats si riches de saveurs.

TOUJOURS JEUNE !

Cet extrait d'un critique du *Provençal* retrouvé aujourd'hui, plus de quarante ans après, ne peut que m'amuser : « Il va avoir 29 ans dans quelques jours, mais c'est un garçon qui restera jeune toute sa vie et qui, lorsqu'il sera sexagénaire, désappointera et amusera en toute simplicité des messieurs très graves... » Est-ce le cas aujourd'hui ? En tout cas, pour le moment, je ne parviens encore pas à me sentir vraiment « vieux ». Par ailleurs, voir des « sexagénaires graves et désappointés » m'amuse toujours, moi qui ai débarqué depuis peu au pays des « octogénaires » !

09 août

Saint Amour

PERRET

Saint Amour, lui, peut faire l'amour,
À contre-jour ou dans la brume,
Dans le nid des blondes et des brunes
Pourvu qu'il y ait du poil autour.

L'HISTOIRE DE « BLANCHE »

L'été 1966, celui des « Jolies colonies de vacances », au cours de ma tournée avec Charles Aznavour, je suis venu un jour à bout de l'écriture de « Blanche ». Je pris ma guitare et, à sa demande, la lui fis écouter dans la loge des arènes de Nîmes.

« C'est toi qui as écrit ça ? me dit-il d'un air un peu trop éberlué à mon goût.

– Eh bien oui, c'est moi ! Qui veux-tu que ce soit ? »

Le ton de sa question frisant l'incrédulité m'avait désarçonné, et même un peu vexé, je l'avoue.

« Tu sais, lui confirmai-je, c'est bien moi qui l'ai écrite, mais il n'est pas dit pour autant que je la chanterai !

– Et pourquoi donc ?

– Tu vois bien la tête que j'ai... Le public a quand même plus l'habitude de rire de mes chansons. J'aurais trop peur qu'il se foute de moi dans la salle en chantant celle-ci.

– Je t'annonce, mon grand, que c'est à toi de la chanter, cette chanson. Elle est d'abord pour toi ! Ensuite, tu la donneras "aux autres", s'ils te la demandent et si cela te fait plaisir. Mais c'est à toi de l'interpréter sur scène. Simplement avec ta guitare, comme tu viens de le faire à l'instant. Je te garantis, bonhomme, que le succès est assuré. Fais-moi confiance. »

Il n'avait pas vraiment tort. Cela fait à présent plus de quarante ans que le public me réclame « Blanche » dans les salles.

Voici exactement voici messieurs mesdames,
Comment l'amour creva mon horizon sans joie,
Elle s'appelait Blanche et c'était une flamme,
Mais oserai-je un jour chanter ce refrain-là.
En entrant dans le lit je l'ai sentie nerveuse,
Sur le drap de couleur sa chair devint rosée,
Sa peau me criait viens et sa bouche fiévreuse,
Murmurait pas encore refusant mes baisers.

Blanche oh ! ma Blanche,
Sauvage au rouge cœur,
La courbe de tes hanches,
Je m'en souviens par cœur.

Blanche était un volcan c'était plus qu'une flamme,
Un brasier que nul homme n'avait pu allumer,
Moi j'ignorais ses dons je ne sais rien des femmes,
Et je n'ai su qu'après que j'étais le premier.
Que ma plume aille droit s'il faut que je l'écrive,
Tandis que ses seins ronds échappaient à mes mains,
Que ses cuisses fuyaient comme deux truites vives,
Moi fou déconcerté je n'y comprenais rien.

Blanche oh ! ma Blanche,
Ton regard suppliant,
D'animal pris au piège,
Je le revois souvent.

TRANCHE D'HISTOIRE

1945 Le 9 août 1945, le journal *France-Soir* titre : « 76 % des Français souhaitent la condamnation de Pétain... alors qu'au lendemain de la Libération, 58 % se prononçaient pour son acquittement ! »

« Les Français ont la mémoire courte », cela, c'est Pétain lui-même qui l'a dit.

Saint Laurent le dix août précis,
Coupe l'été par le milieu,
Ce jour-là le saint homme aussi,
Partage sa femme avec les vieux.

Saint Laurent

PERRET

10 août

LA PÊCHE INTERDITE

Chaque année, le canal était vidé aux neuf dixièmes de son eau afin d'y effectuer des travaux de soutènement des berges : dans les cinquante centimètres qui restaient dans le lit du canal, grouillaient des quantités incroyables de poissons… De cette miraculeuse pêche à l'épuisette – la plus facile, mais évidemment la moins glorieuse –, Laurent et moi, qui habitions depuis toujours au bord de ce canal, nous en rêvions toute l'année. Le seul risque, qui ajoutait quelque piment à l'aventure, était de rencontrer les gendarmes. Et les pandores mettaient plutôt du cœur à leur mission. Je persuadai Laurent de s'échapper du café après le coup de feu du retour des ouvriers à l'usine ; munis d'épuisettes et d'un grand sac à patates en jute, nous commençâmes par vider consciencieusement le fameux déversoir qui servait de résidence principale à une colonie d'énormes carpes et anguilles. Nous traînions tant bien que mal de place en place notre sac de jute déjà presque plein, quand j'entendis soudain Laurent s'exclamer : « Putain, ça y est, on est cuits ! »

Sur la berge, deux souriants représentants de la maréchaussée nous observaient tranquillement depuis l'entrée du bassin. Nous avaient-ils reconnus ? Pas sûr ! Leur tournant délibérément le dos, nous nous éloignâmes d'eux en pataugeant le plus vite qu'on pouvait dans le lit vaseux du canal. Abandonnant à regret notre pêche miraculeuse, nous regagnâmes penauds le café à toutes jambes en traversant par le jardin sans nous faire remarquer. Rincer nos pieds dans le lavoir, changer de short et de chemisette nous prirent deux minutes. De l'air le plus innocent du monde, nous regagnâmes alors la cuisine. Stupeur et calamité ! Papa y était déjà, en conférence avec les gendarmes. Maman, elle, fulminait. De son air le plus fâché, papa nous dit : « Eh bien, Pierrot, et toi Laurent, quel effet cela va vous faire de vous retrouver en prison à votre âge ? » Les jambes flageolantes, je ne trouvai rien à répondre. Laurent et moi, effondrés, jurâmes sur les grands dieux à papa, à maman et aux gendarmes qui arboraient (à la requête de papa) un air des plus menaçants, que c'était vraiment la dernière fois ! Nous n'avons pas vraiment tenu notre parole. Dès le lendemain, nous repartîmes de plus belle au canal, mais cette fois-ci accompagnés… de papa, qui se chargea lui-même de faire le guet !

Dans l'onde fraîche du torrent,
Sous le soleil brûlant Laurent,
Au creux de ses mains raffermit,
Les jolis seins de Noémie.

Poème

Il s'agit de mon cœur
je vous le dis tout de suite.
Sans doute ce vieil abat
vous passionne à demi,
Mais apprenez docteur
que ce nigaud palpite,
En comptant les secondes
depuis qu'elle est partie.

LE SAVIEZ-VOUS ?

Une jeune fille qui, avant de s'endormir, place un lambeau de pelure de saule sous son oreiller ou une simple feuille de laurier-sauce verra, dès le lendemain matin, arriver son futur mari : s'il ne vient pas, c'est qu'il a raté son train, ce qui peut arriver tous les jours même à des gens prêts à ce type de sacrifice.

11
août

Sainte Claire & Suzette

Quand elle frise, la toison de Claire,
Dans sa culotte emprisonnée,
Repousse si loin les frontières,
Que le persil sort du panier.

ANDALOUSIE, DES VACANCES INOUBLIABLES !

Après avoir passé sans encombre la frontière espagnole, ce n'est qu'à cinq ou six kilomètres avant d'arriver à Burgos, deux heures plus tard, que nous vîmes un tantinet ébahis le moteur en train de bouillir sous le capot. Oui, la fumée, les fines bulles qui s'échappaient et qui donnaient à notre capot une allure de cocotte-minute prête à exploser, m'incitèrent à me ranger sagement au bord de la route et à laisser « refroidir la marmite » sans oser toucher à rien. Remorqués une heure plus tard jusqu'au premier garage important de Burgos, nous attendîmes inquiets, Rébecca et moi, le diagnostic du garagiste qui venait de soulever le capot en ouvrant, lui, des yeux exorbités.

Après dix petites minutes d'examen du chef mécanicien, un touriste français qui voulut bien servir d'interprète nous dit que notre moteur était « foutu ». « Comment ça, foutu ?!... Veuillez dire à ce monsieur que la voiture étant quasiment neuve, le moteur ne peut pas être foutu ! »

L'accablement dut se lire dans mon regard tandis que, croisant celui de mon épouse, je voyais nettement nos vacances s'éloigner au fond de ses prunelles résignées. « Pouvez-vous lui demander s'il propose une solution ? »

Notre aimable interprète, après une longue digression du garagiste concernant nos vicissitudes, nous apprit en deux mots que, premièrement, il fallait commander un moteur neuf chez Mercedes à Paris. Deuxièmement, que même s'ils en avaient un de disponible, ils le feraient sans doute livrer par avion et que cela prendrait trois ou quatre jours dans le meilleur des cas. Troisièmement, qu'il voulait bien se charger de démonter le « fondu » et remonter le neuf, mais qu'il ne nous fallait surtout pas imaginer que nous serions repartis avant une bonne semaine, en étant réalistes.

Nous étions au bord des sanglots.

- Celui qui travaille au noir pour se faire une place au soleil se prépare un avenir des plus sombres.
- Il vaut mieux l'opinion d'un type qui n'en a pas que celle de celui qui en a plein dont tout le monde se fout.
- Il paraît que la nature a été condamnée avec sursis, mais que les écolos ont fait appel. Alors, elle est foutue !

SI TU TÈTES À LA SAINTE-SUZETTE, CHOISIS LES NIBARDS DE FRANCETTE, DANS LA BOUCHE ILS SE CABRENT BIEN, ET ILS REMPLISSENT BIEN LES MAINS.

En août après les fenaisons,
Clarisse dans le foin s'allongeait,
Et respirait à pleins poumons,
L'odeur d'Henri qui l'enivrait.

Sainte Clarisse & J. F. de Chantal

PERRET

12 août

LE CUL-DE-JATTE

L'autre jour, un cul-de-jatte demandait l'aumône à une femme passant près de lui. Elle lui jeta une pièce et il la pria de la lui ramasser compte tenu de son impuissance à le faire lui-même. Tandis que la brave femme se baissait, il lui asséna un grand coup de marteau sur la tête et l'acheva en lui coupant le cou de son grand couteau avant de la voler. La police, qui avait tout vu, saisit le cul-de-jatte et le mit en prison. Goguenard, l'effronté en plaisanta en ricanant, dit qu'il pratiquait son métier de voleur depuis vingt ans. « J'espère, ajouta-t-il à l'intention du bourreau, que tu ne toucheras que la moitié de ton salaire puisque tu ne pourras même pas me briser les jambes ! »

LE SAVIEZ-VOUS ?

Il est à peu près certain que le foie de lapin déclenche des rêves érotiques, et que la cervelle d'aigle rend fou furieux celui qui la mange. Cet état extrême ne dure heureusement que le temps de la digestion. C'est sans doute pour cette raison qu'on ne croise pas souvent des aigles dans la rue, et qu'il y a de moins en moins souvent de foie de lapin sur la carte des restaurants trois étoiles !

langage des fleurs

Le lys, symbole de pureté, se retrouve toujours dans le bouquet de la mariée. Alors que Héra, déesse de la lune, repoussait Héraclès enfant, refusant à Zeus de le nourrir, deux gouttes de lait s'échappant de son sein donnèrent la Voie lactée et… le lys.

Le poète Florian écrivit magnifiquement une ode à cette belle fleur :

« Ô lys combien j'aime ta fleur :
Simple et modeste avec noblesse,
Elle convient à la jeunesse,
Elle couronne la pudeur. »

Il y a une chaîne météo, maintenant, c'est une chaîne qui donne le temps vingt-quatre heures sur vingt-quatre. Quand j'étais gamin, il existait un truc dans ce genre-là, ça s'appelait la fenêtre.
(Dan Spencer)

CÔTÉ JARDIN

Plantez, dès à présent, les chicorées frisées, les scaroles, les choux-fleurs et les fraisiers et… semez les engrais verts sur les parcelles libérées.

Tous les poissons mangent les hommes, mais c'est le requin qu'on accuse.
(Proverbe créole)

Dicton

Un incorruptible est souvent quelqu'un qui n'a pas trouvé le chèque assez important.

Bon ! Je vous l'accorde, de nos jours, la pudeur, c'est pas un sentiment bien répandu ni très « comestible » !

Elle aurait très bien pu faire bergère, car elle gardait très bien les moutons sous le lit de ses patrons.

13 août

Saint Hippolyte

PERRET

Hippolyte qui a une petite bite,
Ne choisit que des petits cons,
Ce qui lui confère le mérite,
D'avoir la plus belle du canton.

Dès la Saint-Hippolyte,
L'hiver te fait raidir la peau.

« DONNEZ-NOUS DES JARDINS »

Toujours à Gennevilliers, dans la HLM que nous habitions dans les années 1960, j'écrivis aussi « Cuisse de mouche, fleur de banlieue » (j'en croisais tous les jours !), et aussi bien sûr « Donnez-nous des jardins », auxquels ces « enfants du béton » ne pouvaient que rêver. Elle est apprise dans bon nombre d'écoles aujourd'hui.

Donnez-nous donnez-nous des jardins,
Des jardins pour y faire des bêtises,
D'où on r'vient des p'tit's fleurs à la main,
Quand on a déchiré sa chemise,
Des jardins d'où l'on est si contents,
De rentrer les genoux tout en sang.

C'est pas qu'on s'embête,
En bas des HLM,
Mais les galipett's,
Sur le ciment c'est pas d'la crème,
Et pour trouver d'l'herbe,
Accrochez-vous bien,
Comme disait un lézard vert,
Qui était pas daltonien.
Si on casse les vitres,
Quand on joue au football,
Qu'on vous cass' les pieds,
Aussitôt qu'on revient d'l'école,
C'est qu'on manque d'espace,
De piafs et de feuilles,
Y a plus qu'à la Caiss' d'épargne,
Qu'on trouve des écureuils.

Donnez-nous donnez-nous des jardins,
Des jardins aux odeurs sauvageonnes,
Ça vaut celles des oxydes de carbone.

Celui qui peut écrire une chanson sans sangloter doit très bien pouvoir parler sans réfléchir.

Perle fine

J'habite au nord du village, à dix mètres du boulanger. Il y a deux tilleuls dans la cour et des religieuses à cinq cents mètres.
(Pierre Ferran, *Perles du courrier administratif*)

AFFAIRE DE FAMILLE

Frédo supportait mal de se retrouver en garde à vue pour une peccadille. Un « vol de portable à l'arraché » ! Pris en flag comme un débutant. Ses parents le lui avaient répété combien de fois, pourtant : « Quand tu étrangles un type, fais-le proprement. Ne vole que si ça vaut vraiment le coup. Et surtout, ne te fais jamais prendre ! »
Et voilà… Pourtant, il avait été à bonne école !…

Blanchette désespérait de se faire caramboler un jour par ce type qui, certes lui déclarait sans arrêt son amour, mais hélas s'en tenait là car il était émotif comme une poire à douche.

Évrard voulait qu'en plein été,
Son corps connût l'austérité,
Il disait juin juillet août,
Ni huître ni femme ni chou.

Saint Évrard

PERRET

14 août

SALADE DE POIS CHICHES

C'est au Maroc que Rébecca, mon épouse, native de là-bas (Casablanca), m'a fait découvrir ce délicieux plat dans les années 1970. Je fus évidemment séduit par les « keftas », la « pastilla » ou le « tajine d'agneau aux amandes », mais ce type de salades typiquement marocaines, tomates, carottes au cumin, pois chiches au safran, etc., fut une vraie révélation pour moi en ce temps-là. Goûtez celle-ci, vous allez craquer !

Pour 4 à 6 convives gourmands :

1 grande boîte de pois chiches au naturel ;
2 fonds de gros artichauts de Macau (en bocal, en boîte ou... frais !) ;
4 oignons blancs moyens émincés ;
3 branches jaunes de tendre céleri ;
5 œufs ;
1 dizaine de petits radis roses ;
3 tomates moyennes fermes ;
1 boîte de thon blanc à l'huile ;
12 à 15 feuilles de menthe fraîche.

Pour la citronnette :

Le jus d'1 citron ;
5 larges cuillerées à soupe d'huile d'olive ;
1 cuillerée à soupe de moutarde forte ;
1 pointe de paprika ;
Sel, poivre au moulin.

Préparation :

Rincez bien les pois chiches à l'eau claire. Laissez-les égoutter quinze minutes.

Mettez vos œufs dans l'eau froide et portez à ébullition durant dix minutes. Ôtez-les, laissez refroidir. Écalez-les. Réservez-les.

Découpez les tomates en 5 ou 6 quartiers.

Tronçonnez les branches de céleri en bâtonnets de 3 à 4 cm.

Lavez les radis et coupez-les en lamelles. Hachez grossièrement les feuilles de menthe.

Découpez les culs d'artichaut en deux, puis en bâtonnets de 2 à 3 cm d'épaisseur.

Émincez les oignons blancs.

Au fond d'un saladier (grand !), faites fondre le sel dans le jus de citron avec une cuillère en bois. Ajoutez la moutarde, le paprika, le poivre, mélangez bien.

Ajoutez l'huile d'olive et battez au fouet jusqu'à obtenir une émulsion.

Mettez à présent tous les ingrédients dans le saladier, y compris le thon à l'huile émietté (réservez uniquement les œufs durs et la menthe).

Mélangez délicatement le tout 7 ou 8 fois avec les couverts à salade.

Ajoutez les œufs durs découpés en quatre et la menthe par-dessus.

Placez ce saladier quinze à vingt minutes au réfrigérateur. Mélangez avant de servir, c'est encore meilleur.

Conseil :

Le céleri-rave ne noircira pas si, sitôt râpé ou découpé, vous l'arrosez d'un jus de citron.

> J'aimerais mieux aller hériter à la poste que d'aller à la postérité.
> (Jean Commerson)
>
> Il s'est donné un mal de chien pour caresser son chat.

15 août

Sainte Marie & Assomption

Quand Marie,
Quitta son mari,
Ce jour-là c'est fou ce que j'ai ri,
Mais le lendemain quel embarras,
Quand elle m'a dit : Épouse-moi !

MARIE DE MÉDICIS (Florence 1573 - Cologne 1642)

Bien qu'ayant toute sa vie magnifiquement réussi les spaghettis à la carbonara, Marie de Médicis fut néanmoins une reine à chier. Elle a eu tout faux d'un bout à l'autre. Mais personnellement, je l'adore, parce que c'est tout de même la première reine de France qui ait eu l'idée de rapporter les fayots dans sa corbeille de mariage. Sans cette géniale mémère, on n'aurait jamais connu le cassoulmoute au confit d'oie.

Deux jours après le couronnement de son mari Henri IV, Marie s'est retrouvée veuve après l'intervention de Ravaillac, qui passait dans le coinceteau pour se morfaler une glace à la pistache. Y a-t-il eu un lien de cause à effet entre le couronnement et l'assassinat? Les chroniqueurs de l'époque prétendent en tout cas que « rien n'autorise à dire que la reine fut plus qu'un instrument »! Entravez ce que vous voulez. Quoi qu'il en soit, malgré les larmichettes de crocodile qu'elle a versées quand on lui apprit que son mecton avait morflé deux coups de saccagne dans le battant, tout en reniflant, elle demanda, inquiète : « On est sûr qu'il est vraiment mort? »

LE PARLER DES MÉTIERS

Dans le jargon des prostituées et prostitués, **« se faire couper le téléphone »**, c'est se faire opérer, pour un travesti.

« Être bien noitée », c'est avoir de belles fesses (noix). Surtout chez une **« fleur de tunnel »** (une Africaine).

« Mouiller la compresse », c'est être aux petits soins – et même plus – pour un client généreux.

Le client qui n'a qu'un petit pénis est affublé d'un **« vermicelle de contrebande »**.

Il avait échoué à son permis de conduire. Le permis d'inhumer lui a été accordé au premier coup de volant. (Yvan Audouard)

Ce qu'il y a de bien dans la masturbation, c'est qu'on n'est pas obligé de s'habiller pour ça. (Truman Capote)

La seule fois où Rifkin et sa femme avaient connu l'orgasme simultané, c'est quand ils avaient divorcé. (Woody Allen)

LE SAVIEZ-VOUS ?

En Normandie, on dit que le nombre de taches que l'on a sur les ongles depuis sa dernière confession indique la quantité de mensonges que l'on a proférés depuis.
Le mieux, c'est de ne pas se confesser, pardi !

Pensée

Au Moyen Âge, on se sortait moins facilement d'un sac à patates bien ficelé qui coulait à pic dans la Seine qu'aujourd'hui d'un scandale avec des fausses factures !

Sur sa femme d'un gros tabouret,
Il abattit un coup mortel,
Tant il eut marre que sans arrêt,
Elle dise Armel de quoi je me mêle.

Saint Armel

PERRET

16 août

INJURES SALUTAIRES

L'injure doit être bien évidemment non seulement spontanée, mais aussi joyeuse, tonique et inattendue dans sa formulation. Bien lancé à l'adversaire, « bougre de crème d'andouille » sera sans aucun doute plus apprécié qu'un fade « pauvre imbécile ! », au lieu du conventionnel « sale connard ! », adressé à votre « ennemi éphémère ». Une injure bien construite du type « sacré putain de moine de bordel à cul ! » ne peut qu'engendrer soudain chez lui une crainte qui peut frôler l'admiration. Alors, de grâce, ne vous laissez plus « casser les burnes » par le premier « locquedu » qui passe.

Libérez sans complexe vos pulsions vengeresses. Vous pouvez lui lancer d'un air goguenard, ou menaçant, selon votre humeur : « Arrête de me les briser ou je te pète la gueule ! », ou, soulignant sa faiblesse supposée au sein de son ménage, dites-lui : « Casse-toi, couille molle ! Ta gonzesse, elle, au moins, elle a du poil au cul ! » Vous pouvez continuer de le traiter pour varier la coloration des injures de « face à piler le riz » ou d'« excrément de la terre », ou encore, plus déstabilisateur, d'« étron fumant » ! Peu d'individus, par ailleurs, demeurent impavides en s'entendant traiter de « faux cul », de « face de rat », de « tête de nœud », de « fils de pute », de « gueule de pourri », d'« ignoble porc », de « reliquat de chiure de mouche », de « résidu de fausse couche », de « sous-merde » ou de « suce debout » ! L'une des plus virulentes injures que l'on puisse adresser à un ennemi est sans doute « espèce de châtré » ! La virilité masculine s'en accommodant fort mal, vous pouvez vous faire traiter en retour de « manche à couilles » ou de « mouche à merde », ce qui, disons-le, n'est pas des plus déshonorant.

LE SAVIEZ-VOUS ?

« Celui qui traite son voisin d'âne est souvent inconsciemment jaloux de ses attributs sexuels. » C'était monsieur Freud qui disait ça. Il savait de quoi il parlait. Le vrai but de Sigmund, en fait, c'était de trouver une raison à tout. Pourtant, avant tout, chacun sait qu'une injure est d'abord « libératrice ». Neuf fois sur dix, le juron lancé n'a d'autre mission que celle d'énerver, de titiller l'amour-propre du vis-à-vis que l'on insulte. Le laisser « sans voix » est véritablement le but recherché.

CÔTÉ JARDIN

La teigne est un petit ver qui se niche dans le poireau. Vous pouvez vous en débarrasser en coupant le haut des feuilles vertes, en les écrasant ou en les traitant en bio. Cela existe.

Il n'y avait pas un esquimau qui n'eût rêvé d'être sucé par Messaline.

Sous le règne de Louis XV, les caisses de l'État étaient aussi vides que le cerveau d'un CRS !

Devenue veuve, madame de Boufflers déclara de son mari qui était volage : « Je vais enfin savoir où il passe ses nuits ! »

17 août

Saint(e) Hyacinthe

La pure eau de pluie que Hyacinthe,
Récupérait en son logis,
Lui servait à mouiller l'absinthe,
C'était pas pour l'écologie !

FOIE DE VEAU À MA FAÇON

Le foie de veau, à mes yeux… et à mon palais, est un plat royal. Peu de restaurants vous le servent en respectant la qualité et la cuisson. Neuf chefs sur dix se croient obligés de vous le faire déguster aux trois quarts cru ou trop vieux (qui se délite). À Paris, il est souvent de qualité parfaite Au Père Claude, ou excellent aussi et cuit à la perfection chez Serge, à L'Opportun, que toutes les « fines gueules » connaissent bien. Chez vous, j'en suis sûr, il sera… encore mieux!

Pour 4 convives :

1 beau foie de veau d'environ 500 à 600 g;
3 belles gousses d'ail;
1 cuillerée à soupe d'huile d'arachide;
1 cuillerée à soupe de beurre;
1 cuillerée à soupe de bon madère;
1 cuillerée à soupe de bon vinaigre de vin;
1 petite cuillerée à soupe de miel;
1 pointe de piment de Cayenne en poudre;
1 bouquet de persil simple haché;
Sel de mer moulu, poivre.

Un jour, le président Lincoln, qui était en tournée, avisa un vieillard qui pleurait devant la porte d'une ferme, et un autre vieillard qui paraissait le morigéner.
« Pourquoi pleures-tu ? demanda le président à celui qui larmoyait.
- *Parce que papa que voilà m'a donné un soufflet.*
- *Certainement ! Je lui ai donné un soufflet,* dit le second vieillard, *et il le méritait.*
- *Qu'a-t-il donc fait ?*
- *Il a manqué de respect à son grand-père. »*

Préparation :

Faites chauffer doucement au four le plat de service.

Découpez le foie en 4 tranches égales qui seront plutôt épaisses (1,5 à 2 cm).

Dans une grande sauteuse ou une grande poêle (la sauteuse est préférable), faites chauffer à feu moyen l'huile et le beurre jusqu'à ce qu'ils grésillent sans fumer.

Saisissez les tranches de foie dans le beurre chaud, puis baissez le feu et laissez cuire à feu doux quatre à cinq minutes sur chaque face. Il faut stopper le feu lorsque le foie est rosé mais non cru.

Ôtez les tranches de la sauteuse, salez-les partout et mettez-les dans le plat chaud au four, éteignez le four.

Dans le même beurre de la sauteuse, faites revenir l'ail que vous aurez coupé en deux lamelles dans le sens de la largeur (important), cela durant deux minutes à feu doux, puis jetez en pluie le persil. Ajoutez le vinaigre et déglacez le jus des foies au pinceau.

Ajoutez le miel et le madère, salez légèrement. Mettez le piment en poudre.

Laissez réduire (sans bouillir) durant cinq minutes à petit feu.

Ôtez le plat du four et versez la sauce sur les tranches de foie.

Ce plat s'accompagne très bien de cœurs de céleri cuits cinq minutes à la vapeur, sautés au beurre, salés, poivrés et arrosés d'un filet de citron.

Jamais qu'il m'en souvienne,
Ne vis d'amour si fou,
Ni l'abricot d'Hélène,
Aussi mûr qu'au mois d'août.

Sainte Hélène

PERRET

MA FEMME

La nuit porte conseil et ma femme du Shalimar.

C'était le 18 août 1962 que nous nous mariâmes, Simone (future Rébecca) et moi, à la mairie de Castelsarrasin, mon pays natal. Papa était découragé, car, depuis quelques mois, il nous attendait. Trois fois les bans furent publiés, et, à chaque fois, nous avions « remis ça à plus tard » (tant j'avais du boulot !). À la fin, Simone établit un « compte à rebours » sur mon agenda. Écrivant en lettres majuscules « DANS UNE SEMAINE TU TE MARIES » !... « DANS TROIS JOURS »... jusqu'à « DEMAIN TU TE MARIES » ! Les femmes savent toujours obtenir ce qu'elles veulent !

Oh toi ma femme aux paupières de cèdre bleu,
Au regard fabuleux des enfants étonnés,
Aux grands yeux prophétiques où l'on voit se baigner,
Des elfes mystérieux en paillettes dorées,
Tes longs cils font des trilles en fumée de gitane,
Tes longs cils sont des rames aux vagues de la mer,
Des ponts-levis fermés par ma bouche salée,
Tes longs cils font des trilles en fumée de gitane.

Oh toi ma femme aux paupières de cèdre bleu,
Tes baisers ont le suc des tortillas indiennes,
Des fleurs d'acacia roses de gâteaux de Noël,
De pâte feuilletée fourrée d'orties au miel,
Ma femme aux pieds de lune aux empreintes de fleurs,
Aux vérités poignards qui déchirent les nues,
Ma femme au rire nu aux sanglots retenus,
Ma femme aux pieds de lune aux empreintes de fleurs.

Oh toi ma femme aux paupières de cèdre bleu,
Aux cris d'oiseaux plaintifs dans ton sommeil d'enfant,
Aux étreintes jalouses en mâchoires de tigre,
Aux étreintes jalouses en pointes de diamant,
Au ventre palpitant de caille ensanglantée,
À la bouche tendue comme un quartier d'orange,
Ma femme aux seins secrets aux lèvres de vendanges,
Au ventre palpitant de caille ensanglantée.

Et je suis là moi, je suis là sans rien te dire,
Retenant les oiseaux dans ma bouche fermée,
Et j'étrangle ma muse et j'étouffe ma lyre,
Retenant les oiseaux dans ma bouche fermée,
Oh toi ma femme aux paupières de cèdre bleu,
Aux longs doigts de corail dans mes cheveux de laine,
Aux longs doigts qui s'attardent aux bouches des fontaines,
Oh toi ma femme aux paupières de cèdre bleu,
Je t'aime.

Ce qui me gêne chez les surdoués, c'est qu'ils veulent montrer leur QI à tous les passants !
(Grégoire Lacroix)

Un bourreau, conduisant au gibet un pauvre diable, lui dit : *« Je ferai certainement de mon mieux, mais je dois pourtant vous prévenir que je n'ai jamais pendu.*
– *Ma foi,* répondit le condamné, *je n'ai jamais été pendu non plus, nous y mettrons chacun du nôtre, et nous nous en tirerons comme nous pourrons. »*
Et devant tant de gentillesse et de bonne volonté, le bourreau fondit en larmes.

CÔTÉ JARDIN

Dans votre jardin potager, arrosez le soir, binez, ajoutez un peu d'azote à la terre. Coupez les fleurs fanées (surtout les roses !), supprimez les gourmands qui épuisent la plante. Entourez de raphia autour du tuteur les pieds de tomate hauts, et, là aussi, ôtez les gourmands.

19 août

Saint Jean-Eudes

Quand Jean le goujon pêchera,
Bouchon flottant il attendra,
Et sa femme non loin de là,
Au lit d'Albert se pâmera.

LE FROMENT

Rien n'est digne de pitié comme le froment lorsque, par la mégarde du semeur, il a été exilé sur le chemin ou dans la haie. Épis semés sans intention, seuls devant l'ouragan. Ils sont demeurés verts longtemps, comme si quelque espoir immense les eût animés, et les derniers soleils les ont desséchés. Ils étaient de bonne sorte, et ils ont vécu parmi les herbes folles. Ils ont cherché le sillon et n'ont pu l'atteindre. Ils sont restés méconnus des passants, de ceux qui s'imaginent que la grandeur noble des midis vient du silence des blés immobiles, de la détresse humblement consentie par chaque épi surchargé.

Le froment dans la bouchure, c'étaient ces belles figures d'habitants de campagne dont les mains étaient des mains de laboureurs et qui n'avaient pas de terre à eux. Toute leur vie a été un désir et un regret. Ils étaient nombreux dans la petite ville. C'était ce coiffeur qui soignait son jardin avec amour et suivait anxieusement les cours de foires où il n'aurait jamais rien à vendre. C'était cette vieille qui habitait dans une maison basse louée au bord de la route, devant le pont de l'étendoir. Elle gardait ses moutons noirs et ses deux bourriques dans les petits chemins des vignes, vers la Chaume aux lièvres, en contemplant avec regret, par-dessus la barrière, les grands herbages interdits. C'était une fille de noblesse ruinée qui avait tout fait pour conserver la propriété de sa famille et qui pleurait en quittant le vieux domaine au lendemain de la vente, la maison d'ardoises et le salon aux mille reflets de son enfance. C'était cette ancienne servante qui allait glaner au long des beaux dimanches, qui ramassait dans le verger les angéliques sous la neige des cerisiers, qui aimait tant ses lapins jaunes aux oreilles pendantes. C'était surtout le braconnier.

(*Terroir*, Jean Gaulmier)

Pensée

Un idiot dans la famille est un porte-bonheur, la preuve tangible que la bénédiction de Dieu est sur la maison (en Écosse !). En France, un village sans idiot est un village où il vaut mieux ne pas habiter. Du persil semé par un idiot pousse beaucoup mieux. Au fait, ils font pousser du persil, à l'Assemblée nationale ?....

MOINEAU

Le moineau est l'oiseau du mois d'août. On dit en Bretagne que les moineaux portent des nouvelles d'un arbre à l'autre, et lorsque l'on tue un moineau, un arbre meurt aussi.

(*Dico des superstitions*)

MOINE GRIS

Démon parisien qui se répand en injures grossières, dans les rues, la nuit, et jette ainsi le discrédit sur la religion.

MOINE ROUGE

Rêver d'un moine rouge en train de se faire raser la tête annonce que l'on aura bientôt une grande joie.

Si tu chantes à la Saint-Bernard,
Il pourrait tomber des grêlons.
Et qui tire à Saint-Odillon,
Perd sa chemise et son bénard.

Saint Bernard

20 août

« BERNARD PIVOT »

C'est Michel Drucker, au téléphone, qui m'avait demandé de « faire la surprise » à Bernard Pivot en venant fêter son anniversaire avec lui à Europe 1. « Si tu peux, si tu en as le temps, écris-lui un « quatrain » que tu lui chanteras à l'antenne, il sera sûrement ravi… » C'est en écrivant en Normandie les chansons de mon futur album que je me suis offert un petit entracte en essayant de trouver quatre vers qui tenaient debout pour Bernard… Emporté par mon élan, j'ai terminé la chanson… avant l'émission, qui avait lieu une semaine plus tard… ! Bernard en fut bien sûr très surpris et, je crois, même plutôt… amusé !

J'ai eu envie de faire en m'amusant,
Une petit' chanson,
À propos d'un monsieur qui vient souvent,
Dans notre maison.
Il s'agit pas du facteur du plombier,
D'un représentant cass'-pieds,
Il rend intelligent mêm' les plus sots,
C'est Bernard Pivot.

Un homme illustre disaient des Français,
Ce sont tous des veaux,
On a depuis fait de nombreux essais,
Pour changer de peau.
Mais c'est pas avec le loto ou Dallas,
Que nos cellul's se décrass',
Un homme est v'nu rehausser le niveau,
C'est Bernard Pivot.

La ménagèr' qui n'avait lu avant,
Que la r'cett' du cake,
Apprit boul'versée que Chateaubriand,
N'était pas qu'un steak.
Son époux n'ayant lu que des cantates,
Sur les boît's de camembert,
Se mit soudain à citer Roland Barthes,
Nietzsche et La Bruyère.

Le vendredi les Français rent' chez eux,
Bâclant leur dîner,
Quelques sardines un yaourt ou des œufs,
Devant la télé.
Où la nourritur' audiovisuelle,
S'ra d'abord spirituelle,
Car un seul homme à ce moment prévaut,
C'est Bernard Pivot.

Car le soir de diffusion d'Apostroph's,
Plus un chat dehors,
Pour les prolos commerçants philosoph's,
L'émission d'abord.
Et mêm' ceux qui font l'amour sur la table,
Arrêt' leurs ébats coupables,
Y prenn' le pied en regardant le show,
De Bernard Pivot.

On se souvient du valeureux Hercul',
Et de ses travaux,
Roland mourut ignorant le recul,
Au col de Ronc'vaux.
De Charlemagne qui s'est entêté,
À nous fair' fair' des dictées,
On a aujourd'hui le petit nouveau,
C'est Bernard Pivot.

Car c'est un art que de faire jacter,
Un auteur timide,
De couper çui qui veut pas s'arrêter,
Ou qui prend le bide.
Est-ce que l'talent qui émoustill' son cerveau,
Vient du beaujolais nouveau,
Je laisse encor' un' fois le dernier mot,
À Bernard Pivot.

Dieu m'a donné la vie,
Dieu m'a repris la vie,
Eh bien ! Ça va durer
Longtemps cette comédie ?

(*Des fins pour défunts*, Philippe Héraclès)

21 août

Saint Christophe

Quand saint Christophe perd ses clés
En même temps que sa mémoire,
Ses potes le traitent de fêlé,
Et sa femme se fout de sa poire.

« TONTON CRISTOBAL »

« Tonton Cristobal » fit partie d'un « lot » de chansons écrites (quasiment contraint et forcé !) pendant les trois semaines de vacances que je pensais (naïvement) prendre en plein mois d'août sur une plage en Andalousie. Nous avions loué une maison « les pieds dans l'eau ». Le problème, c'est que je devais chanter le mois suivant à Bobino (proposition de dernière minute de Félix Vitry, qui m'avait dit : « Avec cinq ou six chansons nouvelles, ce serait parfait ! »)

J'ai écrit dix chansons sous le patio de la maison, à cinquante mètres de la plage. De sept heures du matin à huit heures du soir, en trois semaines. « Tonton Cristobal » ne fut que la peinture fidèle de José Corral, qui nous avait loué la maison. Non, je n'ai rien regretté.

Tonton Cristobal est revenu,
Des pesos, des lingots il en a l'cul cousu,
La famille hypocrite crie vive le barbu,
Tonton Cristobal est revenu.

Je vais maint'nant vous le décrire,
il est petit, mignon,
Il a le tuyau d'échapp'ment plutôt près du gazon,
Des pieds au blair
il est plein d'cicatrices,
Truffé d'valdas dans l'tiroir à saucisses.
Avec ses escalopes
il sait toujours d'où vient le vent,
Il lui reste une dent en or juste sur le devant,
Cristobal vous sentez un peu la chèvre,
Disait ma mère en lui tendant ses lèvres.

Si ma peau est sombre, ça n'empêchera pas mon cœur d'être clair. (Bessie Smith)

Plus l'homme en pouvoir est petit, plus il convient à toutes les petitesses.
(François-René de Chateaubriand)

Le secret de longévité de notre couple ? Une fois par semaine, dîner aux chandelles, musique douce, etc. Elle, le mardi, moi, le vendredi.
(Henny Youngman)

LE VIN

« Il y a trop de vin dans ce monde pour dire la messe. Il n'y en a point assez pour faire tourner les moulins : donc, il faut le boire. » C'est ainsi que s'exprimait le procureur d'une abbaye de chanoines réguliers, qui, pour leur gourmandise, étaient dignes d'être bernardins. Plus on y réfléchit, et plus on voit combien cette réflexion profonde et lumineuse cache un grand sens sous des paroles simples. C'est un véritable apophtegme. Le vin est, selon beaucoup d'auteurs, le meilleur ami de l'homme lorsqu'on en use avec modération, et son plus grand ennemi si on le prend avec excès. C'est le compagnon de notre vie, le consolateur de nos chagrins, l'ornement de notre prospérité, la principale source de nos vraies sensations. Il est le lait des vieillards, le baume des adultes et le véhicule des gourmands. Le meilleur repas sans vin est comme un bal sans orchestre ou un paris-brest sans beurre !

Fabrice au ruisseau en septembre,
Va braconner les écrevisses,
Tandis que sa femme en sa chambre,
Va gauler les noix de Clovis.

Saint Fabrice

LE BAR SUBLIME D'ANNE-MARIE

Il le faut bien sûr extrêmement frais. Notre gentille amie Anne-Marie nous en régalait, à Sette Cama, au Gabon. À peine sorti de l'eau, il était dans le four, et elle nous tançait vertement lorsque le « bestiau » que nous venions de pêcher dépassait les trois livres, car au-delà de ce poids, ni le poisson ni le plat ni le four ne s'accommodaient de ces dimensions saugrenues ! Voici comment il atteint les sommets « divins » dans sa préparation.

Pour 6 convives :

1 bar de 1,2 kg à 1,5 kg environ ;
1 cuillerée à soupe d'huile d'olive ;
50 g de beurre (1 belle noix environ) ;
1 douzaine de feuilles d'estragon hachées menu ;
3 brins de persil simple hachés ;
2 échalotes ;
½ cuillerée à café de farine ;
Sel de mer (sel de Guérande) moulu ;
Poivre rose moulu (ou gris à défaut) ;
1 grande feuille de papier sulfurisé ou de papier d'alu pour faire la papillote.

Préparation :

Faites chauffer le four à thermostat 7.

Nettoyez et videz le poisson. Sur le dos du bar, avec un couteau, faites une incision de 3 à 4 cm de profondeur, dans la partie la plus charnue, sur 15 cm de long à peu près en partant de la tête.

Coupez le beurre en petits cubes.

Mettez-le dans un bol avec la farine.

Coupez les échalotes en deux. Mettez-les dans un presse-ail et pressez-les sur la farine et le beurre.

Ajoutez l'estragon et le persil.

Malaxez bien le tout avec vos doigts après avoir salé et poivré le mélange.

Garnissez les entailles du dos avec ce beurre « manié ».

Badigeonnez le poisson d'huile d'olive avec le pinceau, salez et poivrez légèrement à l'intérieur.

Placez-le dans le centre du papier sulfurisé (ou d'alu) sur son ventre ouvert et refermez bien la papillote sur le haut.

Mettez le bar en papillote sur un plat légèrement huilé au pinceau.

Mettez le plat dans le four déjà bien chaud. Quinze à vingt minutes suffisent à four doux.

Quand on boit trop le soir, on s'en sent le lendemain. Le mariage est aussi une affaire dont on se repent quelquefois le lendemain.
(Antoine Furetière)

Pensées

Nos prêtres ne sont pas ce qu'un vain peuple pense. Notre crédulité fait toute leur science. (Voltaire)

CÔTÉ JARDIN

Il n'est pas superflu de rappeler que les semis doivent toujours s'effectuer en lune montante.

23 août

Sainte Rose

PERRET

L'été brûlant a ses grasses moissons,
Le riche automne a ses treilles enclose
L'hiver frileux son manteau de glaçons
Mais le printemps a l'amour et les rose
(Gérard de Nerval)

« AU CAFÉ DU CANAL »

Cette chanson n'est pour moi qu'une transition du Café du Pont de mes parents. Après la Libération, papa fit bâtir « une salle pour faire danser les gens ». Ils sont venus en foule. L'été, cependant, sous la « tonnelle (verte) ombragée du café » (il y faisait meilleur), les ouvriers et les militaires de la caserne voisine venaient « en suer une » avec les belles filles du coin. Le « Café du Canal » est née là.

Chez la jolie Rosette au café du Canal,
Sur le tronc du tilleul qui ombrageait le bal,
On pouvait lire sous deux cœurs entrelacés,
« Ici on peut apporter ses baisers ».
Moi mes baisers je les avais perdus,
Et je croyais déjà avoir tout embrassé,
Mais je ne savais pas que tu étais venue,
Et que ta bouche neuve en était tapissée.

La chance jusqu'ici ne m'avait pas souri,
Sur mon berceau les fées se penchaient pas beaucoup,
Et chaque fois que j'tombais dans un carré d'orties,
Y avait une guêpe qui me piquait dans l'cou.
Pourtant ma chance aujourd'hui elle est là,
Sous la tonnelle verte de tes cils courbés,
Quand tu m'as regardé pour la première fois,
Ma vieille liberté s'est mise à tituber.

On était seuls au monde en ce bal populeux,
Et dans une seul' main j'emprisonnais ta taille,
Tes seins poussaient les plis de ton corsage bleu,
Ils ont bien failli gagner la bataille.
J'aime le ciel parce qu'il est dans tes yeux,
J'aime l'oiseau parce qu'il sait ton nom,
J'aime ton rire et tous ces mots curieux,
Que tu viens murmurer au col de mon veston.

Et je revois tes mains croisées sur ta poitrine,
Tes habits jetés sur une chaise au pied du lit,
Ton pauvre cœur faisait des p'tits bonds de sardine,
Quand j'ai posé ma tête contre lui.
Dieu tu remercies Dieu ça c'est bien de toi,
Mais mon amour pour toi est autrement plus fort,
Est-ce que Dieu aurait pu dormir auprès de toi,
Pendant toute une nuit sans toucher à ton corps.

Chez la jolie Rosette au café du Canal,
Sur le tronc du tilleul qui ombrageait le bal,
On pouvait lire sous deux cœurs entrelacés,
« Ici on peut apporter ses baisers ».

Comme on voit sur
la branche au mois de mai la rose,
En sa belle jeunesse
en sa première fleur,
Rendre le ciel jaloux
de sa vive couleur,
Quand l'aube de ses pleurs
au point du jour l'arrose…
(Pierre de Ronsard)

Cette pluie de baisers qui tous les jours l'arrose,
Fait sortir le bouton du jardinet de Rose.

langage des fleurs

De cette rose ai-je fait mon profit,
Vous étrennant, car plus qu'à autre chose,
Votre visage en douceur tout confit,
Semble à la fraîche et vermeillette rose.
(Clément Marot)

ABRACADABRA !

Pour savoir si vous êtes aimé, faites claquer des pétales de rose entre vos doigts. L'intensité du bruit est proportionnelle au sentiment que l'être aimé vous porte.

pieux Barthélemy jugea inconvenant,
e son épouse osât présenter son amant,
Aux épouses de leurs amis,
Que dans son lit elle avait mis.

Saint Barthélemy

PERRET

24 août

LES CABÉCOUS

Albertine et Ernest étaient chevriers de leur état. Ils possédaient une bonne centaine de biquettes et un bouc, le couillu, tous rassemblés dans une étable voisine de chez mémé. Évidemment, là-dedans, cela ne sentait pas le Cheramy, comme disait mémé !

Les chevriers, qui trayaient quotidiennement à la main toutes ces biquettes, s'occupaient aussi de leurs cabris. Ils confectionnaient de délicieux fromages, les cabécous, petits, tout blancs, tout ronds et tout frais, que papa leur achetait régulièrement. Nous nous en régalions au Café du Pont quasiment tout au long de l'année. Albertine en offrait à mémé – *per lou Pierril* (pour le Pierrot) – des « frais du jour », que j'emportais le jeudi soir au moment de regagner le café. Mémé, qui adorait ces cabécous, les écrasait avec une fourchette et les saupoudrait d'un peu de cassonade sur le cul de l'assiette qu'elle retournait pour le dessert à la fin du repas. À la maison, papa faisait la même chose, en ajoutant au cabécou, creusé en son milieu, une demi-cuillerée à café de rhum – juste pour parfumer ! Cette saveur-là non plus, je ne l'ai pas oubliée, pas plus que le rituel de l'assiette retournée au terme du repas afin d'économiser la vaisselle.

Quand on passe l'éponge, est-ce qu'on éponge la mémoire ?

CÔTÉ JARDIN

Protégez les semis et les jeunes plants sous des cagettes renversées qui faciliteront leur enracinement et leur croissance à l'abri du soleil. Arrosez-les légèrement le matin ou le soir tous les trois ou quatre jours.

LE SAVIEZ-VOUS ?

La « tyromancie », science oubliée dont les Grecs possédaient le secret, permettait de « lire l'avenir » à partir de la couleur des croûtes de fromage, de leur fermentation et des différents aspects de leurs yeux. Savoir que son destin dépend d'une boîte de camembert, c'est tout de même pas ordinaire !...

Dans un bon plat, le sourire est la meilleure épice.

LE PARLER DES MÉTIERS

Le jargon du personnel des grands magasins est souvent fort drôle, et bien entendu inconnu et incompréhensible par les clients.

« La journée a été bonne ?
– Penses-tu, j'ai vendu de la broche ! » (Je n'ai rien vendu !)

« Ils ont livré de la marchandise ce matin, je ne pourrai jamais fourguer ça. C'est tout **"des cercueils à deux places"**. » (Tout invendable !)

Pour prévenir un ou une collègue, devant un client, que ce dernier est un mauvais coucheur – sans qu'il comprenne –, on dit : **« Oh, là, là ! On craint la césarienne ! »**

La repasseuse... est la cliente indécise qui dit toujours : **« Je repasserai. »**

25

août

Saint Louis

PERRET

Louis partait au champ comme chaque matin
Avec son casse-croûte et sa gourde à la main
Elle attendait à l'ombre qu'il finisse sa moiss
Et dès qu'il revenait, lui sortait le saucisson.

LOUIS IX DIT SAINT LOUIS (Poissy 1214-Tunis 1270)

Louis IX est devenu saint parce qu'il ne s'est jamais marré une seule fois dans sa vie. Fils de Blanche de Castille et de Louis VIII, il était suffisamment modeste pour devenir tout simplement Louis IX. Plus tard, compte tenu de l'extrême sainteté de son comportement, on l'appellera Saint Louis.

Le petit Louis n'avait que 12 piges lorsque l'info tomba sur les téléscripteurs : « Fiston, ça y est, tu es roi. » C'est sa maman, Blanche de Castille, qui lui apprit la nouvelle. Papa Louis, disait-elle dans son message, vient de se viander dans un platane, vu qu'il n'avait pas respecté la priorité, et le voilà soudain plus mort qu'un regard d'académicien. Cela peina beaucoup le futur saint Loulou. Il balança *illico* vers les cieux une rafale de prières de compétition qui ne pouvaient qu'assurer le salut de l'âme paternelle. Car il priait déjà beaucoup, le petit Louis (à l'âge de 10 ans, il avait déjà mis K-O une bonne douzaine de chapelets). Maman Blanche y veillait attentivement. Durant la régence qu'elle exerça jusqu'en 1235, elle apprit aussi à son fiston le dur métier de roi, qui n'était consigné dans aucun « catalogue des Trois Suisses ». Elle lui fit apprendre à tenir correctement son épée de la main droite tout en lui précisant que ça ne l'empêchait pas de faire des moulinets avec sa hache dans la main gauche. Il devint vite le top-modèle du chevalier chrétien. Il se révéla capable de discuter théologie avec un évêque et priait toujours quotidiennement à s'en faire péter les rotules. Il apprit à conduire une armée (il obtint son permis du premier coup) et imposa sa volonté aux barons qui ne voulaient pas paumer leurs allocations vieillesse. Tous les soirs, il lavait les nougats bordés d'astrakan des pauvres, ce qui n'était pas un mince mérite, compte tenu des odeurs et de la couleur. Pendant ce temps, Blanche de Castille, énergique et autoritaire, se chicorait à grands coups d'épée et de goupillon contre les révoltes aristocratiques mises au point par Pierre Maucler avec l'appui du roi d'Angleterre Henri III (ces Rosbifs, dès qu'on a le dos tourné!...). Elle dézingua si bien tous ces loquedus, que lorsque son « bail » prit fin, Blanche de Castille laissa à son têtard un royaume entièrement pacifié et propre comme un bidet au George V.

Dicton

C'est quand la charrette est embourbée que l'on se souvient du nom des bœufs.

ABRACADABRA !

On ne doit jamais, sous aucun prétexte, prendre une femme enceinte comme marraine.
Ni pour un enfant, ni pour un bateau. Son filleul, ou l'enfant qu'elle porte, mourrait dans l'année et le bateau ferait naufrage. Sa maison pourrait également prendre feu, mais cela, on n'en est pas absolument sûr.

JE NE M'ENNUIE JAMAIS À LA PÊCHE

Contrairement à l'idée reçue qui veut que le pêcheur passe son temps à bâiller au bord de l'eau assis sur sa caisse à pêche, il a au contraire toujours quelque chose à faire. Il doit étudier son coin de pêche, évaluer la profondeur de l'eau, observer attentivement les endroits où se tient le poisson, ceux où la truite vient « moucher » à la surface, ceux où les saumons font des *jumps* (sauts). Suivant le mode de pêche, il doit repérer les endroits de chasse du brochet ou les fonds sableux d'eau claire où les goujons jouent dans le courant. Il doit minutieusement vérifier la solidité de son fil, qui a tendance à s'user en frottant continuellement contre les anneaux de la canne qui le canalisent jusqu'au moulinet. Il faut régulièrement vérifier si la manivelle, les vis et le tambour de cette dernière sont bien lubrifiés. Tout cela, bien sûr, si vous ne voulez pas qu'il se coince un jour au milieu d'un rembobinage au bout duquel un poisson de 10 livres fait des bonds d'1 mètre de hauteur !

Il est préférable de ne pas s'énerver si le fil de votre moulinet s'emmêle et fait ce qu'on appelle une « perruque ». Là, si on perd son calme, on a du souci à se faire. Cela demandera un temps fou pour démêler tout cela. Il y a aussi la solution, sans doute la plus rapide, de casser le fil au-dessus de la pelote emmêlée et de repartir à zéro. Il faut bien sûr nouer un fil en bas de ligne et y fixer au bout une mouche soigneusement choisie – seulement si l'on pêche la truite ou le saumon, ça va de soi ! Le trou dans l'épuisette à travers lequel le saumon de 15 livres que vous venez de ferrer finit par retrouver sa liberté doit impérativement être rapiécé. Que de choses l'on regrette de ne pas avoir vérifiées, à la pêche !

L'avantage de se trouver en un lieu isolé est que l'on peut hurler tous ses jurons favoris lorsqu'on vient – en plus – d'accrocher sa mouche dans les branches d'un arbre qui ne vous a rien fait d'autre que de vous prodiguer son ombre.

Freud est le père de la psychanalyse. Elle n'a pas de mère.
(Germaine Greer)

Pensées

Dans la bouche de l'homme, l'épithète « femelle » sonne comme une insulte. Pourtant, il n'a pas de honte de son amabilité, il est fier au contraire si l'on dit de lui : « C'est un mâle ! » (Simone de Beauvoir, *Le Deuxième Sexe*)

En général, les hommes savent ce qu'ils veulent, et les femmes, ce qu'elles ne veulent pas. (Marie Valyère)

L'homme qui jure à tout bout de champ, celui qui est somnambule ou épileptique, n'est qu'un pauvre diable qui a été mal baptisé. Il faut refaire son baptême et le faire changer de chemise et tout ira pour le mieux. C'est un bègue qui a mis un quart d'heure à me le dire.

Mon mari est représentant en tronçonneuses. Ça l'oblige à se déplacer au fur et à mesure que les forêts s'éloignent.

27 août

Sainte Monique

Quand la Monique prend le train,
Et va bosser chez son patron,
Les gars qui lui filent le train,
Se retrouvent tous au boxon.

Pensée

Le patriotisme a au moins ceci de bien : le héros ne sait jamais qu'il est mort pour rien.

ABRACADABRA !

On affirme dans le Berry qu'un frisson qui traverse subitement vos cheveux annonce le passage d'un démon. Ne jetez pas, dit-on, les cheveux que vous perdez en vous peignant car les sorciers peuvent les récupérer. En Lorraine, le sorcier qui récolte votre chevelure s'en fait une perruque. S'il la trempe ensuite dans le sang d'un hibou, il sera à l'abri désormais de tout danger. En Italie, certains prétendent qu'en soufflant des cheveux en l'air ils se transforment en animaux. Mais on sait bien que les Italiens parfois peuvent exagérer !

LA MAISON DE VACANCES EN ESPAGNE

Cette maison de vacances, à laquelle nous rêvions depuis quelques mois déjà, était, quand enfin nous la découvrîmes, bien au-delà de ce que nous avions imaginé ! En mieux, cela va sans dire.

Il s'agissait d'une villa d'au moins cinq grandes pièces, dont un immense salon de plain-pied donnant sur la mer, tout près de Fuengirola, en Andalousie. José Corral, le sympathique bandit qui servait d'intermédiaire dans la location de cette merveille, nous montra dans la belle demeure tout ce qu'il était utile et opportun de savoir quant à son fonctionnement. Il nous montra les arrivées d'eau, de gaz, les interrupteurs et les prises de courant. Il prit congé de nous deux heures plus tard en nous souhaitant *buena suerte* (bonne chance) !

Cela ne voulait-il pas signifier qu'il était de tout cœur avec nous ? C'est le plombier qui vint le premier nous rendre visite, « *el fontanero* ». Nous dûmes l'appeler d'urgence un quart d'heure plus tard. Il n'arriva que le lendemain, certes, mais il vint. Il inspecta minutieusement toutes les tuyauteries de la maison avant de nous expliquer en rigolant dans un charabia franco-espagnol que le tuyau principal d'alimentation avait tout bêtement éclaté parce qu'il était usé jusqu'à la corde ! « Voilà donc pourquoi depuis hier vous n'avez pas eu d'eau pour vous doucher, pour laver vos légumes, et c'est pour cela bien sûr que vous avez tiré dix fois la chasse d'eau… en vain ! »…

Néanmoins, ma femme osa lui demander : « Vous pensez que vous aurez terminé la réparation ce soir ? – Hélas, *señora*, répondit-il poliment, je ne remplacerai ce tuyau que demain en fin d'après-midi si tout va bien, parce que, avant, je serai obligé d'aller le chercher à Málaga, au magasin central de fournitures. » Nous étions bienheureux d'avoir un tel plombier si dévoué.

Pâmée six fois d'affilée,
Sous les assauts d'Augustin,
Ce dernier lui dit cool bébé,
Demain t'en auras plus que cinq.

Saint Augustin

28 août

À LA SAINTE-AUGUSTINE,
T'AURAS LE NEZ
DANS LA FARINE,
LE SOIR DE LA SAINT-AUGUSTIN,
T'AURAS DU VENT
DANS L'INTESTIN.

LE PARLER DES MÉTIERS

Le jargon des agriculteurs est tout aussi fleuri que celui des musiciens, des chauffeurs de taxi ou que celui des prostituées :

Les **« œufs de taupe »** ne sont autres que les pierres ou les cailloux que le laboureur trouve et entasse dans son champ avant de les emporter.

La **« neige de coucou »** est celle qui tombe en avril dès que le coucou se met à chanter. Elle est redoutable pour les plantes !

« **Orpheliner la ruche »**, pour un apiculteur, consiste à tuer la reine des abeilles afin d'en introduire de nouveau une plus jeune et plus productive. C'est la vie !

Le bûcheron, lui, qui aura scié des arbres à dix centimètres du sol, fera attention en rentrant chez lui de ne pas trébucher sur tous ces « **crânes de belles-mères »** !

SI, SI, IL L'A DIT

En l'année 2003, George Bush prononça bon nombre d'allocutions et de discours plus gratinés les uns que les autres : « Comme je l'ai dit lors de ma déclaration d'investiture : une voiture née aujourd'hui devra conduire... Non, un enfant né aujourd'hui devra, un jour, conduire une voiture, sa première voiture, fonctionnant à l'hydrogène et non polluante. » (février 2003)

Il avait dit aussi en janvier 2003 en présentant Alma Powell, la femme de Colin Powell : « Le plus important, c'est qu'Alma Powell, la secrétaire de Colin Powell, soit avec nous ! »

Il est toujours en liberté, paraît-il.

CÔTÉ CUISINE

Le melon est un cadeau de la nature. Il doit se déguster froid, sans jambon, sans porto, sans rien qui le dénature. Les papilles doivent exulter à chacune des bouchées de ce fruit divin.

Pensées

Le courage consiste à ne pas craindre la mort. Or, comme la mort est la séparation de l'âme d'avec le corps, cette séparation ne saurait effrayer celui qui aime à être seul.

L'intelligence, c'est la pensée qui se détourne des choses inférieures pour élever l'âme vers ce qui est supérieur.

Les maux sont donc nécessaires dans l'univers puisqu'ils sont la conséquence des êtres supérieurs ? Oui, s'ils n'étaient pas, l'univers serait imparfait. Le vice lui-même rend bien des services ; il produit beaucoup de belles choses, par exemple ce luxe de beaux objets fabriqués, il nous pousse à la prudence et ne nous permet pas de nous endormir dans la sécurité.

Mourir, c'est changer de corps comme l'acteur change d'habit.

(Plotin, *Ennéades*)

29 août

Sainte Sabine

Sabine la jolie brune,
S'en allant cueillir des prunes,
Rencontra le bel Arsène,
Qui lui fit cueillir les siennes.

Dialogues

Lui : « Hé, fesses d'ablette, ils sont à toi, ces nibards ?... »
Elle : « Et ta connerie, elle est à qui ?... »

« Quand je vois un pacifiste qui étrangle un non-violent, je doute pas que Dieu existe, Mais il a trop de clients. »

TRANCHE DE VIE

« Un jour, ma mère a réussi à me faire parvenir un colis. Nous nous sommes empiffrées. La gardienne enrageait. Ce colis contenait une jupe dont je n'expliquais pas la présence. Puis j'ai compris et j'ai défait l'ourlet. S'y trouvait un petit mot. Elle avait remué le ciel, la terre et un avocat pour finir par apprendre que j'allais être déportée. Tout de suite, j'ai pensé : "Je vais retrouver Douce", ce qui montre l'ignorance où nous étions des réalités de la déportation. »

(**Françoise Giroud, *Leçons particulières***)

LOUIS XVI (1754-1793)

Louis XVI fut un piètre roi, mais un bon serrurier. Son rossignol en pogne, il était toujours prêt à rendre service. Le moindre cadenas nazebroque, la moindre serrure coincée lui mettaient les nougats en bouquet de violettes. Dès qu'un voisin se pointait en disant poliment : « M'sieur Louis, j'ai un p'tit problo avec ma serrure », la frite du bon Louis s'éclairait comme le grand salon du palais de Versailles. Il sortait sa burette, sa lime, ses tournevis, et, dans son bel atelier, sur son petit étau, te refoutait tout ça en route en deux coups les gros. Il était plutôt bien sous tous rapports, sauf qu'il était le petit-fils de Louis XV, et ça, ça le gonflait quelque part. Son obsédé de grand-père qui se shootait au café Grand-Mère avec sa Pompadour qui avait toujours eu le feu au tambour, ça lui plaisait pas tellement d'être l'héritier d'une famille pareille.

Enfin, le sort l'avait pas gâté. Fils du Dauphin Louis de France et de Marie-Josèphe de Saxe, il naît duc de Berry. Jusque-là, tout baigne. Mais voilà t'y pas que son frelot, son aîné, le duc de Bourgogne, casse sa pipe en jouant à la main chaude avec une dame qui avait pas froid aux yeux. Bon, ça va encore. Mais le jour où son dabe met, lui aussi, les volets à la boutique, alors là, ça va plus du tout. Remarquez, son vieux, il le connaissait un peu par ouï-dire… il lui avait bien demandé l'heure une fois ou deux dans les couloirs du Louvre, mais leurs élans affectifs s'étaient arrêtés là. Quoi qu'il en soit, il n'a que 11 piges et il se retrouve Dauphin, c'est-à-dire presque roi de France. Tudieu ! Lui qui rêvait déjà de chasse, de gueuletons (car il était gourmand comme une vieille chatte !) et de serrures compliquées, il avait bien besoin de cette tuile sur la tête !

La vertueuse Élisabeth, sœur de Louis XVI, était dans la fatale charrette qui la conduisait au supplice, son fichu vint à tomber. Exposée en cet état aux regards de la multitude, elle adressa au bourreau ces mots mémorables : *« Au nom de la pudeur, ramassez ce mouchoir, et couvrez-moi le sein. »*

Fiacre trouve un peu âcre,
D'avoir pu avoir,
Toute cette gloire,
Par tant de massacres.

Saint Fiacre

30 août

GAMBAS EN SALADE AVEC POURPIER ET FEUILLES DE MENTHE FRAÎCHE

Des gambas fraîches, c'est génial, comme dit mon neveu David ! Oui, mais voilà, on trouve plus facilement du surgelé que du bien frais aujourd'hui, bonnes gens !... Enfin, sur les côtes... l'été au bord de la mer, dans les petits marchés, vous arriverez bien à en dénicher quelque part. Il y en a même parfois... à Paris ! Je les préfère avant tout « à la plancha », telles que savent les préparer les Espagnols. Ce n'est pas difficile. Il faut des gambas bien fraîches, de la bonne huile d'olive, et les griller doucement en les enduisant d'huile, de sel, de poivre, et ainsi, c'est un pur délice. Mais... tout le monde connaît !... Voici une autre façon dont je les accommode parfois, « pour changer ». L'été ou l'automne, c'est une salade croquante et très parfumée. La voici :

Pour 6 convives :

3 douzaines de gambas ;
300 g de pourpier ;
1 belle petite botte de ciboulette hachée menu ;
8 feuilles de menthe fraîche ;
5 cuillerées à soupe d'huile d'olive ;
2 cuillerées à soupe de vinaigre de vin dont une de xérès ;
1 pointe de couteau de Cayenne ;
1 litre d'eau ;
Sel, poivre.

Préparation :

Mettez vos gambas sur la grille de votre cuiseur-vapeur avec 1 litre d'eau en dessous et faites-les cuire dix minutes à la vapeur.

Décortiquez-les. Ne gardez que les queues.

(Le reste, pilé, peut vous faire un délicieux fumet de poisson, avec 2 carottes, 1 oignon piqué et 1 poireau.)

Nettoyez la salade. Lavez-la et surtout essorez-la bien.

Coupez les tiges en 2 ou 3 morceaux.

Dans le saladier, faites une bonne vinaigrette avec les proportions données. Assaisonnez.

Ajoutez le pourpier et les gambas par-dessus.

Répandez la ciboulette et les feuilles de menthe hachées grossièrement.

Tournez et mélangez consciencieusement la salade.

Dans de grandes assiettes blanches, servez le pourpier au milieu avec les gambas autour.

Les historiens se grattent encore furieusement la calebasse pour savoir si Godefroi de Bouillon fut un vrai héros ou s'il portait des bas résille sous son armure. Pour ma part, je me demande certains jours avec angoisse ce qu'on peut bien en avoir à glander ?...

Épitaphe

Ni Dieu ni mettre,
... Sauf en terre !

31 août

Saint Aristide

PERRET

Pour posséder terres et bastide,
Ce qu'avait compris Aristide,
C'est que pour avoir ces parcelles,
Fallait prendre aussi la pucelle.

« FEMMES BATTUES »

Le poids de chaque mot dans cette sorte de chanson revêt une importance capitale pour sa réussite, sa rondeur, sa « vérité ». Que de soin pris avant d'attribuer sa place définitive à un mot dans la composition d'un vers. L'échafaudage de cette rhétorique est si précaire que le moindre mot douteux ou incongru peut à coup sûr mettre tout l'édifice à bas. Dans des chansons telles que « Lily » ou « La Femme grillagée », pour ne citer que celles-là, ils m'ont posé le même problème, suscité la même angoisse de « passer à côté ».

Tabassée à mort par amour,
Paraît qu'c'est courant de nos jours,
Le métier d'épouse n'est pas sûr,
Quand on est la femme d'un vrai dur.
Mais celle qu'il appelle sa traînée,
D'infidélité soupçonnée,
A pourtant aimé ce débris,
Qui la frappe à bras raccourcis.

Oui c'est à toutes les femmes battues,
Qui jusqu'à présent se sont tues,
Frappées à mort par un sale con,
Que je dédie cette chanson.

Au commissariat du quartier,
La femme tuméfiée et l'époux,
Sont debout devant l'brigadier,
Qui soupire et dit encore vous.
Vot' mari présent chère madame,
Prétend qu'vous l'avez bien cherché,
Pourquoi faire alors tout un drame,
Vous n'êt's pas tell'ment amochée.

Il prétend qu'vous êtes économe,
Du tissu qui cache vos rondeurs,
En vous corrigeant c'est en somme,
Qu'il apaise un peu sa rancœur.
Rentrez tous les deux vous coucher,
Ça va s'régler sur l'oreiller,
Les voisins n'vont pas protester,
En d'vinant pourquoi vous criez.

Tant qu'les voies de fait sont bénignes,
Des blessures ouvertes ou des bleus,
Pour nous policiers la consigne,
C'est de n'pas sévir pour si peu.
S'il vous étouffait sous la couette,
S'il vous étranglait de ses mains,
Nous pourrions ouvrir une enquête,
Vous n'seriez pas morte pour rien.

Conseils
CUISINE :

Pour ôter l'acidité d'un vin dans une sauce, ajoutez-y une cuillerée à dessert de gelée de groseille.

Privilégiez le persil plat. Il a plus de goût que le frisé. Ciselez-le (avec des ciseaux dans un verre étroit), mais ne le hachez pas.

Bon appétit !

SEPTEMBRE

Demain,
je lui dirai qu'on peut faire ça
au moins deux fois par mois.
Que ça ne va pas le tuer !

01 septembre

Saint Gilles

PERRET

Tu n'ignores pas qu'en septembre,
Le raisin et la figue pendent,
Si bise vient les affronter,
Mets des calebars bien ajustés.

MON AMI GILOU

Maladivement timide comme il l'était, tirant nerveusement sur sa clope, Gilou se faisait petit lorsque mon copain de conservatoire Jean-Jacques Robert me le présenta à la maison, à Nangis. Je lui avais demandé : « Trouve-moi un accordéoniste, bon musicien et pas chiant. » Il a prouvé qu'il était tout cela depuis plus de cinquante piges qu'il m'accompagne dans les concerts.

C'est sans nul doute le plus ancien et le plus fidèle compagnon de scène avec lequel j'ai partagé tant d'émotions, de trac, quelques bides même, parfois, et un nombre non négligeable de bien beaux succès.

Sur la scène, durant le concert, il est attentif à tout, aux retours de son sur scène, aux réactions du public, à mes hésitations ou trous de mémoire dans une chanson (rares!)... il est tout chamboulé tout de suite si la moindre chose ne colle pas. Au terme de spectacles que nous fîmes à Bobino ou à l'Olympia durant trois semaines ou un mois, l'usage était – et demeure – de se faire des farces le soir de la « dernière ».

Le pauvre Gilou eut droit à tout – on lui avait « confisqué » ses bretelles d'accordéon, ou même savonné copieusement ses touches... Sa bonne nature ne lui permit jamais de sortir de ses gonds, ni de perdre son humour !

Il l'est devenu depuis longtemps et restera à jamais Mon Ami.

Chacun se dit ami, mais fou qui s'y repose,
Rien n'est plus commun que ce nom,
Rien n'est plus rare que la chose.

(Jean de La Fontaine)

« LE TEMPS DES PUCES »

En plus de « Jeanine », « Marcel » ou « Mimi la douce », l'une de ses chansons préférées, qu'il adore accompagner à l'accordéon, est :

Il n'est pas loin le temps des puces,
Où l'on s'ach'tait des frocs anglais,
Ça finissait souvent chez Luce,
Devant les moules et l'muscadet.
Y avait l'ancien, le champion d'boxe,
Et son foutu accordéon,
Y pouvait pas piffer l'juke-box,
Les poulagas ni le néon.

Valsez les gars,
Votre vie à l'endroit,
Mais fait's gaffe aux revers,
Quand ça tourne à l'envers.

Il n'est pas loin le temps des puces,
Des frites blondes et du lilas,
Où es-tu passée ma tendre puce,
Ma p'tit' fleur bleue des grands galas.
Où est donc ta bouche aux mille cerises,
Et tes grands yeux aux mille lacs,
Il flotte encor' sur ma chemise,
Un poivre doux aphrodisiaque.

GILLES

Gilles avait mis sur le gril,
Des sardines de Belle-Île,
Quand sa voisine alléchée,
S'était soudain approchée,
Je n'en veux qu'une pour mon chat,
Gilles répond : pas d'embarras,
Mais entrez donc jusque chez moi,
Pour votre chat j'ai mieux que ça.

La belle Ingrid au visage d'ange,
A grappillé tant de baisers,
Que le dernier jour des vendanges,
Tous les gars voulaient l'épouser.

Sainte Ingrid

PERRET

02 septembre

PHILOSOPHIE D'ACTUALITÉ ?

Une société libre pourrait-elle être une société d'égaux ? Liberté, égalité, ces deux idées ne sont-elles pas incompatibles ?

Incompatibles, oui, évidemment, si par égalité on entend identité. Certains socialistes, poussant l'esprit de système à des limites invraisemblables, voudraient que tous, mangeant à la même table, consommassent le même nombre et la même quantité de mets, fussent habillés d'une même étoffe, logés et meublés pareillement : on a peine à croire à un pareil fanatisme.

Par égalité, il s'agit pour les anarchistes d'égalité sociale, tous les êtres humains ayant le même droit à la jouissance de la richesse collective et le même devoir de contribuer à sa production. Il ne peut plus être question d'égalité politique, la politique disparaissant avec ses mensonges, ni d'égalité civile, les lois et les codes cessant de régir la libre humanité.

La femme n'aura plus à s'agiter pour conquérir des droits dont elle n'eût pas fait un meilleur usage que l'homme. Plus de parlements, donc point de femmes électrices et éligibles. Plus de lois, donc plus de revendications en faveur de l'égalité civile des sexes.

En ce moment, le monde de la politique s'écroule, le monde du travail se crée. Sénat, Chambre, conseils municipaux et généraux, présidence de la République, ministères, Conseil d'État, tous ces rouages d'une société usée s'arrêtent ; ils ont fait leur temps, ils ne comptent plus dans la vie publique ; si quelque chose se fait encore, c'est sans eux ou malgré eux.

(Charles Malato, *Philosophie de l'anarchie*, 1888-1897)

TOUJOURS BON À SAVOIR

Les maladroits qui négligent le matin de chausser leur pied droit d'abord risquent de se voir déclencher de fortes coliques. Mais... si vous pouvez mettre l'effigie d'un lion ou bien un diamant dans votre poche, le danger sera écarté. De même, vous serez préservé de ce mal si vous vous roulez par terre immédiatement à l'apparition de la première hirondelle au printemps. Après cela, soyez assuré que votre année sera quiète.

Épitaphe

« Mon dernier trou de mémoire ! »

CÔTÉ JARDIN

Vous pouvez, dès à présent, semer en pleine terre le chou pommé de printemps, l'épinard, la laitue d'hiver, les radis et l'oignon. Semez en terre fine après avoir bien écrasé les mottes de terre et passé le râteau.

Pensées

Il avait étranglé sa femme un jour qu'elle avait oublié de lui donner ses pilules pour la circulation du sang. Du coup, il a passé vingt ans en prison sans pilules à regarder pousser ses varices.

Dès qu'on avait une conversation avec lui, il se mettait aussitôt à couper les cheveux en quatre.
Il passait tout son temps à enculer les mouches. Sa femme restait très méfiante.

03 septembre

Saint Grégoire

On lui offre volontiers à boire,
Car on sait qu'à juste raison,
Le vélo du facteur Grégoire,
Le ramènera à la maison.

CHARLEMAGNE

Charlemagne avait la folie des grandeurs. Il fut le plus prestigieux des souverains de la seconde dynastie franque, à qui il donna le nom de Carolingiens, qui devait faire un tabac par la suite. Tout comme Attila, roi des Huns, il convoitait si fort les empires voisins qu'il fut bien obligé de massacrer un tant soit peu lui aussi au-delà des frontières avoisinantes. Ses conquêtes s'arrêtèrent aux alentours de l'an 800. À la fin du VIIIe siècle, Charlot le Grand était loin d'avoir fini de démolir tout ce qui était démolissable. On n'a hélas que deux bras ! Néanmoins, un peu las, il s'écroula sur son pieu, ôta ses pataugas et, enfilant ses chaussons d'appartement, déduisit de tout ça qu'il était à présent le taulier d'un Occident ultrapuissant en face d'un Orient dirigé par des bouffeurs de nouilles. Il assécha une marie-jeanne d'hydromel pour ponctuer l'événement et décida de prendre cinq minutes pour se faire sacrer un bon coup empereur.

Il fit aussi plein de choses excellentes pour encourager la lecture, l'écriture, la culture, les lettres, etc. Il fit faire la queue derrière un bureau à un tas de types incultes qui posaient plein de questions à un autre gus diplômé de Saint-Cyr qui se tenait de l'autre côté. Il appela ça l'école.

Il créa des bibliothèques où, tous les mercredis, contre une paire de poulets, on pouvait venir louer un livre tamponné par la mairie. D'aucuns prétendirent, parmi les historiographes, que ce vieux Charlemagne serait mort d'épuisement en recomptant pour la huitième fois les 614 concubines de son harem. Il en avait chiffré, paraît-il, 611, puis 617, puis 613, bref, le cœur aurait lâché face à cette impuissance à dénombrer exactement les membres, somme toute, de sa famille. D'autres soutiennent, en revanche, qu'il se serait suicidé pour avoir fait une demi-faute à sa dictée.

Cette dernière version nous paraît beaucoup plus raisonnable, tout à son honneur, et digne d'être enseignée au lycée Charlemagne ! Allez savoir !

Pour gouverner un pays dit démocratique, le grand art consiste à savoir faire accepter sans douleur par le peuple les privilèges accordés aux puissants. (Frédéric Pottecher)

À SAINT-GRÉGOIRE, TAILLE TA VIGNE, SI TU VEUX LA BOIRE.

Dans un bonheur partagé, les deux moitiés sont rarement égales.
(Grégoire Lacroix)

Demain, je lui confirme qu'à l'avenir, ce ne sera « que » le samedi soir, point barre. Le dimanche est un jour de repos.

CÔTÉ JARDIN

Déployant l'or éclatant de ses courts et frêles cheveux, du haut de ses deux mètres et plus, tournant sa tête bel et bien, il contemple orgueilleux toutes les fleurs du jardin. Eh oui, c'est le tournesol.

LE SAVIEZ-VOUS ?

Clytie, nymphe des eaux, fut changée en tournesol après que la trahison d'Apollon, dieu du Soleil, l'eut fait mourir.

Suppliant au lit Rosalie,
De lui accorder son bijou,
Le soir des noces elle ne lui fit,
Qu'un petit baiser sur la joue.

Sainte Rosalie

PERRET

04 septembre

TRANCHES D'HISTOIRE

1939 Le 4 septembre 1939 : « La France et l'Angleterre sont en état de guerre avec l'Allemagne. » Aussitôt, Daladier, dénonçant « la plus brutale et la plus cynique des agressions en Pologne », lance un émouvant appel, selon *Le Figaro*, et termine son discours par un retentissant : « Vive la France! » De son côté, le même jour, W. Churchill, qui ne peut rien faire comme tout le monde, allume un barreau de chaise et constitue un « cabinet de guerre » qui risque fort de ne pas beaucoup plaire à M. Hitler. Mais… mais, le champion toutes catégories reste indubitablement le roi George VI, qui déclare haut et fort sur toutes les radios de l'Empire britannique : « Nous vaincrons avec l'aide de Dieu! » Imparable! Car qui peut terrasser Dieu? Cet Hitler? Tu parles! Dieu, il va s'en faire un cache-col, du petit Führer!

Le score du FN à Dreux réinstalle l'extrême droite dans le paysage politique

1983 Dimanche 4 septembre, à Dreux, sous-préfecture d'Eure-et-Loir, la liste d'extrême droite conduite par Jean-Pierre Stirbois, secrétaire général du Front national, a obtenu 16,72 % des suffrages exprimés au premier tour d'élections municipales provoquées par l'annulation du scrutin de mars. Les dirigeants de la liste RPR-UDF ont indiqué leur décision de fusionner celle-ci, pour le second tour, avec celle de M. Stirbois, qui figurera en quatrième position sur la liste commune.

Les déclarations du numéro deux du FN sur « les immigrés d'au-delà de la Méditerranée » invités à « retourner » à leurs « gourbis »; le slogan de sa campagne : « Deux millions de chômeurs, deux millions d'immigrés! La France aux Français! », ses propos sur les étrangers, qui amèneraient l'insécurité, sont autant de preuves de l'idéologie raciste et xénophobe qu'il promeut. **(Christiane Chombeau)**

Tiens, tiens, tiens… RPR-UDF, FN… ça « fusionnait », en ce temps-là? De nos jours, ils ne feraient plus cela, voyons!…

Le dîner chez les Huntercombes comportait deux éléments dramatiques : le vin était une farce et la nourriture une tragédie.

(Anthony Powell)

CÔTÉ JARDIN

Si vos arbres fruitiers se font becqueter par les fourmis, liez autour des troncs des cordelettes imbibées de jus de mégot de gitanes. Elles risquent d'avoir le cancer et vous des fruits sur l'arbre. C'est la vie.

Pensées

« Rien ne pèse tant qu'un secret,
Le porter loin est difficile aux dames,
Et je sais même sur ce fait,
Bon nombre d'hommes qui sont femmes. »
(La Fontaine)

05 septembre

Sainte Raïssa

Il n'était pas vraiment à l'aise,
En lui proposant sa merguez,
Mais quand Raïssa vit l'harissa,
Elle lui dit : mon salaud t'as qu'ça ?

C'EST QUOI, LA SANQUETTE ?

J'habite la campagne. J'ai donc la chance d'avoir un potager, des arbres fruitiers, des lapins, des canards, des poules et des œufs, etc. C'est, je m'en rends bien compte, un privilège, et pour moi un vrai bonheur, un peu de mon enfance qui (malgré les chamboulements) n'est pas tout à fait partie. Lorsque maman tuait un poulet, elle recueillait le sang au fond d'une assiette dans laquelle elle avait haché finement une échalote (ou une gousse d'ail, selon l'humeur) et quatre brins de persil simple, une pincée de sel, une de poivre et un tout petit filet de vinaigre.

Le sang du poulet s'écoulait par-dessus et formait une galette rouge-brun qui se figeait très vite.

Maman poêlait vivement la sanquette dans l'huile bien chaude. Trente secondes de chaque côté suffisaient.

Lorsque je fais ce plat aujourd'hui avec le sang d'une paire de jeunes poulets que je m'apprête à cuisiner, il m'arrive de téléphoner à notre amie Juliette Boisrivaud (une gourmande s'il en est!) en lui disant d'un air détaché et perfide :

« Tiens, ce soir, je vais tuer les poulets et faire cuire les sanquettes.

– Salaud! Pas sans moi. J'arrive! »

C'est quand même beau de voir qu'il existe encore des êtres capables de faire cent vingt bornes pour déguster une sanquette!

Un plus :

Pour confectionner une sauce avec du sang sans sanquette, vous pouvez hacher un foie de lapin ou de lièvre en le mélangeant avec du vin rouge.

LE FILS DU RAMONEUR

Le fils du ramoneur était petit pour son âge. Il devait avoir 11 ou 12 ans tout au plus et mesurait à peine un mètre. Il était aussi noir de suie que son père, sans doute parce que c'était à lui qu'incombait la tâche de ramoner les conduits. Armé de son long écouvillon métallique, dont l'extrémité ressemblait à une grosse fleur noire, l'agile gamin grimpait dans la cheminée en calant ses pieds dans les joints incurvés des briquettes. Poussé aux fesses par son père au départ, il était bien obligé par la suite de se débrouiller tout seul pour aller plus haut. « Gratte bien tous les côtés, recommandait son père, mais garde bien ton chapeau. Pour voir s'il en reste, ne lève la tête qu'après avoir laissé tomber toute la suie. Tu pourrais devenir aveugle! »

Je ne serai jamais ramoneur, me disais-je. Les risques de ce salissant métier me paraissent trop immenses!

MIEUX VAUT PARTIR SANS DEMANDER SON RESTE QUE DE RESTER EN SE DEMANDANT À QUELLE HEURE ON VA POUVOIR PARTIR.

CÔTÉ CUISINE

La seule arme qui m'intéresse,
C'est le tire-bouchon.
(Jean Carmet)

«LA BÉRÉSINA»

Cette chanson de 1962 a été écrite juste avant « Le Tord-boyaux », qui fut mon premier succès au sortir de mes années de « vaches maigres ». Je ne perdais alors jamais la moindre miette d'une baguette de pain – quand je pouvais m'en payer une. C'était sur le premier album, dont la pochette avait été dessinée par Bob Siné, sa chanson préférée.

Quand on voudrait becqueter et qu'la table recule,
Quand on a les guibolles en sauciss' de Strasbourg,
Quand on a l'palpitant qui bat la générale,
Rien dans la cage à pain depuis plus de huit jours,
Y a la poche des copains qui contient qu'des oursins,
La donzelle qui boss' plus s'la coule douce au violon,
Pour c'qui est d'turbiner moi ça m'fait mal aux seins,
Y a de quoi se filer une valda dans l'plafond.

Voilà, comme dit la môme Nina,
C'est pas jour de gala,
C'est la Bérésina.

Si la mouise est d'sortie c'est la faute à Bertrand,
Un p'tit gars du milieu qui bricolait pour nous,
Il était vraiment doué toutes les souris à g'noux,
Attendaient ses torgnoles comm' on attend l'printemps,
L'était mal baraqué pour tomber les gonzesses,
La trombine de traviole une perruque en peau de fesse,
L'intérieur mal pavé, il était pas aidé,
Y d'vait s'laver les crocs au roqu'fort Société.

Il l'avait prise parce qu'elle pétait dans la soie, mais il ne savait pas qu'elle chierait dans la colle !

Une dame revêche disait à Winston Churchill :
« Monsieur, si j'étais votre épouse, je mettrais du poison dans votre café.
– Madame, répondit-il, *si j'étais votre époux, je le boirais. »*

LE SAVIEZ-VOUS ?

On dit de quelqu'un qui a une coquetterie dans l'œil ou qui louche carrément, qu'il boite des calots, qu'il a les yeux qui se croisent les jambes ou qu'il a les mirettes en aiguillage. Je vous donne cette info à l'œil, bien entendu.

Pensées

Depuis qu'il avait vu le fameux tableau de Courbet *La Naissance du monde*, Frédo cherchait surtout à coucher avec des demoiselles qui, comme la dame du tableau, possédaient un superbe tablier de forgeron.

Dans le Midi, il n'est pas impossible certaines fois de susciter un épanouissement de l'amour en encourageant un ami par un tendre juron : « Bougre de couillon, dis-le-lui que tu l'aimes ! »

07 septembre

Sainte Reine

Reine a toujours tant de peine,
À satisfaire son cocu,
Pour qu'il jouisse à perdre haleine,
Elle lui fourre un doigt dans… l'œil !

TRANCHES D'HISTOIRE

1991 *Le Quotidien de Paris* titrait dans son numéro de week-end des 7 et 8 septembre 1991 : « Homosexualité, le stress maternel mis en cause ».

(entretien avec le professeur Levay)

« Grâce à ses travaux autoptiques sur 41 sujets, le professeur S. Levay a montré que l'hypothalamus antérieur est deux fois plus petit chez les homosexuels mâles que chez les hétérosexuels. » L'homosexualité masculine serait donc liée, selon lui, à un « phénomène biologique ». Peut-être que pendant la grossesse – ajoute ce professeur américain –, le stress de la mère affecte cette partie du cerveau. De plus, précise-t-il, dans nos expériences sur les singes, si la mère a été stressée, les bébés adultes copulent nettement moins que les autres mâles ou femelles. Je pense qu'on trouvera un jour « des zones organisées du cerveau (?!) qui activent le désir sexuel, dans ces cas précis à l'arrière de l'hypothalamus, des secteurs qu'on pourrait baptiser obsessionnels. On trouvera dans le profil de l'agressivité, qui se situe vers les amygdales, celui des émotions », et blablabla, etc.

Des spécimens comme ce professeur, on devrait les conserver dans le formol !

Des révélations sur François Mitterrand

1994 Les révélations de l'écrivain journaliste Pierre Péan sur les engagements nationalistes de François Mitterrand avant la guerre et sur son appartenance à l'administration de Vichy jusqu'au printemps 1943 divisent les socialistes. Après Pierre Moscovici, ancien trésorier du parti et député européen, d'autres jeunes cadres du PS ont manifesté leur trouble, s'attirant les blâmes du porte-parole du parti, Jean Glavany.

En marge de la réunion du bureau national du PS, mercredi 7 septembre, qui a donné lieu à des débats orageux à ce sujet, l'ancien ministre de l'Éducation nationale, Lionel Jospin, a affirmé sur RTL : « On voudrait rêver d'un itinéraire peut-être plus simple et plus clair, pour l'homme qui fut le leader de la gauche dans les année 1970 et 1980. » À propos de la persistance des relations entre François Mitterrand et René Bousquet, patron de la police de Vichy, jusque dans les années 1980, M. Jospin a exprimé son incompréhension.

Avouons, en ce qui concerne les relations étroites qu'entretenait Mitterrand avec Bousquet, que l'on partage volontiers l'« incompréhension » de Lionel Jospin !

APHORISME

« L'art de gouverner ne consiste pas à rendre souhaitable ce qui est possible. Il consiste à rendre possible tout ce qui est souhaitable. » **(Cardinal Marty)**

Pourquoi ne l'a-t-il pas dit à quelqu'un qui, de nos jours, ne fait que la première partie de cet aphorisme ?…

Pensée

Furetière disait : « Il faut considérer la forme de quelqu'un et non son âge » et il ajoutait non sans malice : « L'âge n'est fait que pour les chevaux. »

Juste après la Nativité,
La Vierge Marie prenant son thé,
Dit à Joseph qui s'émerveille,
Mais qui va croire un truc pareil !

P
Nativité de Notre-Dame
PERRET

08 septembre

« CUISSE DE MOUCHE »

Je persiste et signe. Cette chanson a bien été écrite dans un F3 à Gennevilliers, en des circonstances qu'un écrivain qui a besoin de calme et de réflexion n'eût sans doute pas trouvé idéales.

Sa p'tite paire de noix gonfle un p'tit poil sa minijupe,
Elle a des gambettes comme un fil à couper l'roquefort,
Ses p'tits œufs au plat sous son ch'misier me préoccupent,
Autant qu'le joli sourire qui lui sert de passeport,
C'est pour ça qu'on l'aime dans notre HLM,
Chez le beau Riri ou dans l'bistrot d'la mère Tatzi.

On l'appelle Cuisse de Mouche fleur de banlieue,
Sa taille est plus mince que la retraite des vieux,
Elle chante tout le temps sans finir sa chanson,
C'est la faute bien sûr à ses tout petits poumons.

Elle allait au Prisunic acheter ses Panzani,
Moi j'attendais qu'la vendeuse me donne mon riz précuit,
Elle me dit Dieu me chatouille vous êtes le beau Pierrot,
Et parole de Cuisse de Mouche c'est vous qu'j'ai dans la peau.

Elle m'explique alors qu'son p'tit fiancé est pitoyable,
Depuis qu'il s'est fait court-circuiter l'piège à mémés,
Il a plutôt l'air d'une virgule dans Les Misérables,
Que d'un trait d'union dans L'Amant d'Lady Chatterley.

Comme elle est très pieuse on a couru vers l'abbaye,
Et le radis noir de sa paroisse nous a bénits,
Puis ce fut le grand départ vers notre lune de miel,
Dans un hôtel d'Arpajon on connut l'septième ciel.

On l'appelle Cuisse de Mouche fleur de banlieue,
Sa taille est plus mince que la retraite des vieux,
Mais je peux vous dire à vous tous en passant,
Que de tous les cœurs c'est le sien le plus grand.

La première fois que nous avons fait l'amour, je lui ai demandé : « Est-ce que je suis ton premier homme ? » Elle m'a répondu : « Peut-être. Ton visage me dit quelque chose. » (Ronnie Bullard)

quand je suis né, j'ai pleuré sans savoir pourquoi, après j'ai su.

LE SAVIEZ-VOUS ?

Dans le culte d'Apollon, on sacrifiait jadis aux mouches ni plus ni moins qu'un bœuf ! Mais ces mouches étaient si chiantes que saint Bernard lui-même a fini par les excommunier ! Pour les virer de la maison durant une année entière, il faut (dit-on dans le Morvan) enfiler trois œufs sur un fil et les suspendre devant la porte d'entrée le mercredi des Cendres… ou suspendre un hareng au plafond le vendredi saint (ça, ils le font en Normandie !).
Et dans le Rouergue, rêver que l'on prend une mouche au vol signifie qu'on va pas tarder à se faire insulter. Putain, Martin ! Mais c'est horrible, tout ça ! Un bon colle-mouches et on n'en parle plus !
(D'après le *Dico des superstitions*)

09 septembre

Saint Alain

Quand on a donné Alain,
Pourquoi pas donner à l'autre ?

LE CÉLERI RÉMOULADE

Encore un goût d'enfance comme la brandade de morue, les lentilles au jarret de porc ou les pois cassés à la saucisse. On n'en trouve plus guère, chez nos aubergistes. Alors, faisons-le à la maison ! C'est un délice !

Pour 4 à 6 convives :

1 gros pied de céleri-rave tendre ;
1 cuillerée à dessert de câpres ;
3 cornichons moyens ;
1 bouquet d'estragon, 1 de cerfeuil et 1 de pimprenelle ;
3 échalotes grises ;
1 bonne cuillerée à soupe de moutarde de Dijon ;
1 pointe de piment séché de Cayenne.

Préparation :

Râpez dans un saladier le pied de céleri avec une râpe à grille moyenne.

Sur une planche, ou dans le mixeur, hachez ensemble le plus menu possible tous les ingrédients (sauf la moutarde !).

Montez au mixeur ½ bol de mayonnaise à l'huile d'olive (que vous salerez). Je ne vous ferai pas l'injure de vous donner la recette !

Ajoutez tous les ingrédients pulvérisés, ainsi que la cuillerée de moutarde.

Mixez le tout quelques secondes.

Goûtez et rectifiez s'il manque du sel.

Mélangez bien alors dans le saladier la sauce rémoulade et le céleri râpé.

Mettez quinze minutes au frigo avant de consommer, c'est encore meilleur !

TRANCHE D'HISTOIRE

1976 Le jeudi 9 septembre, *France-Soir* l'a annoncé le 10, Mao est mort. Les huit cents millions de Chinois qu'il avait entrepris de faire évoluer n'avaient à vrai dire pas tellement progressé. Un bol de riz par repas, c'est déjà ça ! Pourtant, ainsi que l'avait préconisé l'ex-ministre de De Gaulle et néanmoins écrivain Alain Peyrefitte *(Quand la Chine s'éveillera)*, ils ont fini par s'éveiller, et on n'en peut plus, presque quarante ans plus tard, d'absorber toute la camelote qu'ils nous fourguent sans se lasser, depuis les jouets empoisonnés jusqu'aux iPhone et autres ordinateurs savamment fabriqués pour ne pas survivre au bout de trois ans... et ne parlons pas de leurs pompes qui tiennent trois semaines, ni de leurs tocantes qui durent... trois heures ! On n'a pourtant plus les moyens d'acheter bon marché !

Pensée

C'est une plaisante chose à considérer de ce qu'il y a des gens dans le monde qui, ayant renoncé à toutes les lois de Dieu et de la nature, s'en sont fait eux-mêmes auxquelles ils obéissent exactement, comme par exemple les voleurs, etc.
(Blaise Pascal)

C'est sous le ciel de Barbezieux,
Qu'elle me fit voir ses jolis yeux,
Mais ce fut pour la Sainte-Inès,
Qu'elle me montra ses jolies… dents !

Sainte Inès

10 septembre

POUR LES GOURMANDS

Il est essentiel lors d'un repas que la salle à manger soit chauffée dans toutes ses parties. Un poêle remplit assez bien cette condition. Mais on ne doit jamais oublier « la garantie », pour mettre les jambes des convives à l'abri des vents extérieurs. Il n'est pas moins nécessaire d'avoir les pieds chauds tandis qu'on mange. Des boules d'étain remplies d'eau à 60 degrés et qui, incrustées dans le plancher, feraient le tour de la table nous paraissent un sûr moyen d'entretenir cette partie du corps, qui influe si puissamment sur les organes de la digestion chez les gourmands.

Un véritable gourmand ne se fait jamais attendre.

Le vin du cru, un dîner d'amis et de la musique d'amateurs sont trois choses à craindre autant que les fâcheux qui arrivent en retard. (***Almanach des gourmands***, 1805)

POUR BIEN CUISINER, IL FAUT DE BONS INGRÉDIENTS, UN PALAIS, DU CŒUR ET DES AMIS.

Les bons plats d'un dîner doivent en cela ressembler aux amis. Peu, mais bons.

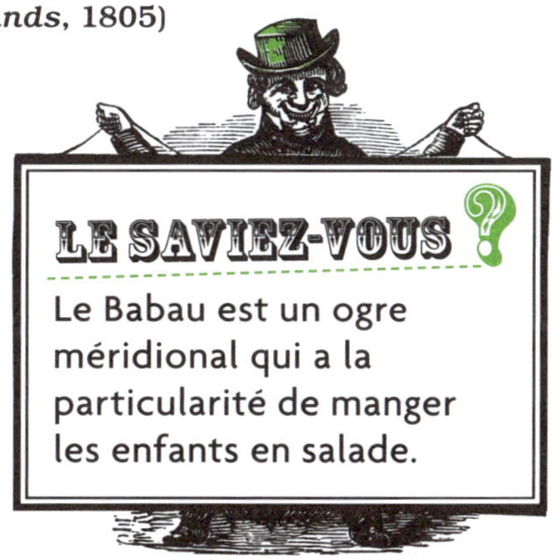

LE SAVIEZ-VOUS ?

Le Babau est un ogre méridional qui a la particularité de manger les enfants en salade.

Pensées

Le philosophe Alain, dans ses *Propos sur le bonheur*, évoque « les occupations variées qui occupent la vie des riches : ils courent désespérément partout allant du concert au théâtre. Ceux qui ont un sang plus vif se jettent dans la chasse, la guerre ou les voyages périlleux… Les plus simples jouent à recevoir de grands coups de poing dans le nez et dans l'estomac ; cela les ramène aux choses présentes et ils sont très heureux. Les guerres sont peut-être un remède à l'ennui ». Il écrivait cela en janvier 1909 !

Qu'on le veuille ou non, quand on vous donne du fil à retordre, c'est qu'il a été mal tordu la première fois.

TRANCHE D'HISTOIRE

1947 En 1947, Joséphine Baker devient Mme Jo Bouillon. Il y a presque quatorze ans qu'elle n'a revu son pays natal. Elle part avec son mari. Hélas, les Américains, champions de la démocratie, ne se comportent pas chez eux comme ils le prétendent si volontiers à l'étranger. La Vénus noire – décorée de la médaille de la Résistance, se verra plus tard remettre personnellement une croix de Lorraine par son admirateur Charles de Gaulle lui-même – se voit obligée, en Amérique, de voyager en wagon spécial (cela rappelle quelque chose !) et non avec les Blancs. Avec son mari, au Waldorf Astoria, à New York, on lui refuse une chambre, interdite ici aux gens de couleur.

Qui s'étonnera alors que Joséphine ait choisi la France comme pays de la liberté ?

11 septembre

Sainte Adelphe

J'aimais pourtant Adelphe à donf',
Mais elle m'a dit toi tu me gonfles !

ABRACADABRA !

« Il ne faut jamais décrocher un pendu, ou alors si on ne peut pas faire autrement.
Il faut couper la corde, mais surtout ne pas la dénouer. Elle portera bonheur par la suite. Si le pendu est vierge, on peut trouver sous son gibet la mandragore, qui assure le bonheur de toute une existence. Mais elle pousse un cri affreux si on l'arrache, et celui qui l'a arrachée ne tarde pas à mourir. Aussi, pour se procurer cette plante, on peut ruser. On y attache une ficelle dont l'autre extrémité est fixée à la patte d'un chien auquel on présente ensuite un os. Le chien se lance vers l'os, arrache la mandragore et tombe raide mort. »
Ça n'a pas l'air de tout repos, cette affaire-là !
Mais dénicher à la fois une touffe de mandragore et un type vierge pendu au-dessus, c'est sans doute pas demain la veille !

ABRACADABRA !

Si un jour vous avez peur d'avoir peur, il faut porter sur vous l'aiguille qui aura servi à coudre un linceul ou celle qui aura piqué les fesses du diable, mais celle-ci est très difficile à trouver. Ou alors, portez en médaillon autour du cou l'œil d'un loup ou bien à défaut l'une de ses dents. Et là, vous pourrez aller tranquille.

Parfois, m'a-t-on dit, aux îles Féroé, des phoques femelles ôtent tout à coup leur peau, comme on enlève son pull-over, et la balancent sur la rive avant de se métamorphoser en splendides femmes nues. Les hommes, alors, s'évanouissent d'émotion. Lorsqu'ils se réveillent, les superbes créatures ont disparu et les malheureux marins pensent alors qu'ils ont rêvé.

(D'après le *Dico des superstitions*)

Blanchir de l'argent n'est pas toujours salissant, mais être lavé de tout soupçon laisse des traces indélébiles.

(Yvan Audouard)

Pensée

Il était enfermé dans un sombre cachot où le robinet de son lavabo fuyait... et il pensait que ce lavabo avait bien de la chance !

Ils l'ont dit

« Notre politique est de nous tenir à l'écart de toute alliance permanente avec aucune puissance étrangère. » Non, ce n'est pas Bush Junior qui a déclaré cela, c'est George Washington lui-même. Dis donc, le grand Washington, il avait plutôt la vue courte ! Comme quoi !...

TRANCHE D'HISTOIRE

2001 Sombre jour à commémorer que ce 11 septembre, où la folie des hommes a fait tomber les gratte-ciel new-yorkais comme des châteaux de cartes ! Et tout ça bien sûr « au nom de Dieu » !...

Si tu veux vivre jours heureux,
De poésie et de lumière,
Agrémente-les quelque peu,
De quelques vers d'Apollinaire.

Saint Apollinaire

12 septembre

MACARONIS AUX HARICOTS

Faites ou achetez de bons macaronis rayés courts.

J'ai dégusté deux fois ce plat merveilleux. Une fois à Rome, au restaurant Piccolo Mondo, lorsque j'y tournais le film *Le Juge*, et la deuxième chez mon ami Lino Ventura, dont la préparation surpassait de loin la première, pourtant si délectable.

Pour 6 convives :

1 paquet de macaronis ;
500 g de haricots blancs frais à écosser, ou si vous n'avez que des haricots secs, faites-les tremper toute la nuit ;
100 g de ventrèche ou de lard maigre ;
1 gros oignon ;
5 gousses d'ail ;
2 branches de céleri ;
Une quinzaine de feuilles de basilic frais ;
200 g de couenne de porc ;
4 à 5 pommes de terre ;
La chair coupée en dés de 6 tomates pelées et épépinées ;
2,5 litres d'eau (ou mieux, de bouillon) ;
Une bonne cuillerée à soupe de gros sel de mer moulu fin ;
5 ou 6 tours de moulin à poivre.

Préparation :

Hachez le lard, l'oignon, le céleri, l'ail, le basilic.

Épluchez et coupez vos patates en cubes d'1 cm.

Mettez de l'huile dans une marmite en fonte ainsi que l'ail, le céleri, l'oignon, le basilic et les patates. Couvrez et laissez cuire cinq à six minutes à feu doux.

Après cela, découvrez et ajoutez les tomates en cubes, les haricots, les couennes, et au moins 2,5 litres d'eau ou, mieux, de bouillon si vous en avez.

Laissez frissonner tout cela à couvercle mi-clos au moins deux heures, ensuite, remontez le feu jusqu'à ce qu'il soit très vif, salez et jetez dans le bouillonnement les macaronis que vous laisserez cuire sept à huit minutes.

Goûtez-en un de temps en temps si vous les aimez *al dente*. Égouttez-les.

Servez-les tels quels dans la marmite, ou dans une grande terrine en terre préalablement bien chauffée. Poivrez de quelques tours de moulin.

On peut râper 100 g de parmesan répartis dans de petits bols afin que les convives en saupoudrent leur assiette au dernier moment, si cela leur convient.

Réjouissante épitaphe d'un mort qui exprimait sa déception. « Je ne suis entouré que de bons à rien ! » (Philippe Héraclès, *Épitaphes*)

CÔTÉ CUISINE

Si vous aimez le jambon de campagne, de Bayonne, etc., si vous n'avez pas tout consommé de ce que vous avez acheté… et s'il s'avère trop salé, trempez les tranches une heure ou deux dans du lait. On dit merci qui ?

CÔTÉ JARDIN

Vous pouvez semer en pleine terre l'angélique, la mâche et encore des radis. Et, sous abri, des choux-fleurs.

13 septembre

Saint Aimé

Aimé, chanceux d'avoir ce nom,
Pareil à tous ceux qui le sont.

PLOUF !

Je pêche seul depuis le matin dans la région d'Oughterard. Vers cinq heures de l'après-midi, je change de place pour la troisième fois : la bonne. Je « pique » enfin un saumon !

Je remonte la rivière. Le soir tombe vers six heures, en cette fin septembre, je ne veux pas trop m'attarder... L'un de mes moindres défauts à la pêche est de ne pas trimballer avec moi ma grosse épuisette – pourtant légère. Ce que j'espérais arrive : je pique un deuxième saumon. Il fait de fréquents sauts d'un mètre, se tortillant pour se débarrasser de l'hameçon. Je manœuvre pour le ramener en amont, non loin de ma satanée épuisette étalée sur l'herbe à trois mètres de moi, en vain. Un quart d'heure s'écoule, l'obscurité gagne... Proche du grand écart, je parviens enfin à me saisir de l'épuisette. Mais la nuit m'est fatale, je n'ai pas vu l'encoche en U dans l'herbe sur la berge, et c'est évidemment là que je mets mon talon. Je glisse comme une savonnette, disparaissant sous l'eau avec ma canne, l'épuisette et mon chapeau ! Mon premier réflexe est d'accrocher au passage une touffe d'herbe. Ainsi, je réussis à sortir la tête de l'eau et à avaler trois litres d'air d'un coup ! Je parviens à me hisser après avoir repris mes forces et mon souffle durant une minute. J'ai l'impression de peser cent cinquante kilos !

J'enlève mes bottes pleines d'eau, ma canne, mon épuisette et mon chapeau ont totalement disparu. Mon téléphone portable ruisselle. En plus, cerise sur le gâteau, je n'y vois goutte.

Je retrouve au radar mon premier saumon pêché une heure et demie plus tôt (que c'est loin !), ainsi que ma sacoche. Ôtant mes vêtements au pied de ma voiture, je suis heureux de constater que la clé magnétique que j'extirpe de ma poche pleine d'eau fonctionne encore...

C'est quasiment à poil que je fais le chemin du retour. Ayant réussi à prévenir mon épouse d'une cabine publique sur mon « petit retard », je ne vous raconte pas sa tête quand elle m'a vu sortir de la voiture en slip, mon saumon à la main !

Pour être heureux jusqu'à un certain point, il faut que nous ayons souffert jusqu'au même point. (Edgar Poe)

CÔTÉ JARDIN

Répandez des granulés de poison, de la cendre ou encore de la sciure de bois autour de vos semis pour exterminer les gourmandes limaces !

ABRACADABRA !

« Il est de bon augure de rencontrer un loup. Mais... si c'est le premier être qu'on rencontre le matin, il ne faut pas le regarder – et même se cacher pour qu'il ne vous regarde pas. Sinon, on aura une extinction de voix.
En Grèce, même, cela rend muet. Le berger qui voit un loup dévorer ses brebis doit se mettre une poignée de cheveux dans la bouche s'il ne veut pas mourir de la même façon. »
Je ne savais pas qu'ils en étaient rendus là, en Grèce. Ça ne m'étonne plus qu'ils aient des problèmes !...

Il refusa d'être secouru,
Car la croix, Jésus qui l'eût cru,
Voulut lui-même la porter,
Juste avant de ressusciter !

Croix glorieuse

LES VENDANGES

Dès sept heures du matin, la trentaine de vendangeurs était à pied d'œuvre, chacun dans son rang avec un gros panier dans une main et un sécateur dans l'autre. Les belles grappes noires plombées par la rosée matinale tombaient lourdement dans le panier d'osier. Lorsqu'il était plein jusqu'à l'anse, il fallait le vider dans la hotte du « ramasseur ». Il y avait toujours, en queue de rang, deux ou trois pieds de chasselas doré ou de muscat bleu foncé auxquels il eût été surhumain de résister. Accroupie derrière un cep dans le rang mitoyen du mien, la copine de la cousine Margot, Antonia, m'invitait à coups de « psst » insistants ponctués de son index à me rapprocher d'elle. « Es-tu capable de venir le prendre avec ta bouche? » me disait-elle avant de placer un gros grain de raisin entre ses jolies dents. Ce défi inattendu ne me paraissait pas suffisamment périlleux pour refuser d'essayer cette méthode qui m'était inconnue. Je m'exécutais donc, collant ma bouche à la sienne avec évidemment beaucoup de mal à saisir le grain de raisin qu'elle avait déjà avalé... Elle n'interrompait mes travaux de spéléologie linguale que pour me dire, en reprenant son souffle : « Cherche encore, tu t'y prends mal, il est bien plus au fond. » Certes, elle n'était guère loin de ses 15 ans, et je n'en avais que 12 ou 13. Son expérience justifiait ses judicieux conseils, et je me serais bien gardé de ne pas les suivre à la lettre!

Oui, j'adorais les vendanges de septembre, ces dîners du soir sous les grands arbres centenaires autour d'une longue table parée pour l'occasion d'une nappe blanche. Hormis pour les vendanges et à la moisson pour le « dépiquage », celle-ci ne servait généralement dans les fermes que pour les repas de communion, de mariage ou les enterrements. Vers dix heures à peine sonnées, les vendangeurs, épuisés, s'assoupissaient sur le flan à la vanille ou sur le gâteau de riz. D'autres en étaient déjà au café, qu'ils arrosaient copieusement de gnôle blanche et fruitée. « Ça fait dormir », disaient-ils.

Conseil santé

Si vous avez un coup de soleil, enduisez la brûlure de yaourt, mais ne le consommez pas pour autant au dessert!

CÔTÉ CUISINE

Un yaourt maigre aux fruits est plus énergétique qu'un yaourt entier nature.

Les filles de joie vaquant à leurs affaires m'intéressent extraordinairement; elles, les chemineaux et les gypsies, sont les derniers restes d'un monde où le mépris des lois était chose commune. Maintenant, nous sommes tous socialistes, plus ou moins occupés par l'accomplissement des devoirs qui rencontrent l'approbation de chacun.

(George Moore)

Pensée

Comment fait le chef d'un pays pour se mettre dans « tous ses états »?... En tout cas, il ne peut qu'être loué pour son inlassable omniprésence dans les pays hypothétiques!

15 septembre

Saint Roland

Trompette et poumons en panne,
Roland périt à Roncevaux,
Il clopait tellement de gitanes,
Qu'il soufflait déjà comme un veau !

BUVEURS BAVARDS

« Quand je suis bourré, je fais chier tout le monde.

– Même quand t'es pas bourré!...

– Tu peux me dire ce que tu veux, je t'aime bien quand même.

– Je sais, Dugland!...

– ... Mais j'aime encore mieux ta bonne femme, ça, y a pas photo...

– Ça aussi, je le sais, pauvre connard! »

Le sexe masculin est ce qu'il y a de plus léger au monde... une simple pensée le soulève.

(Frédéric Dard)

ABRACADABRA !

« Lors d'une cérémonie de mariage dans le Tarn, pour connaître celui des époux qui sera le plus jaloux, on leur jette des noix dans le dos... ou on les pique jusqu'au sang pour voir lequel des deux se retournera le plus vite. » On comprend mieux pourquoi les gens se marient de moins en moins, dans le Tarn !

Pensée

Hier soir, un millionnaire crétin qui ne secourut jamais personne a perdu mille louis au cercle au moment même où quarante pauvres filles que cet argent eût sauvées tombaient de faim dans l'irrémédiable vortex du putanat.

(Léon Bloy, *Le Désespéré*, 1886)

Comme il est de la prudence du ministre d'État de parler peu, il en est aussi d'écouter beaucoup. On tire profit de toutes sortes d'avis. Les bons sont utiles par eux-mêmes, et les mauvais confirment les bons. (Richelieu, 1688)

Mie est un vieux mot qui signifiait autrefois : maîtresse bienaimée. Les enfants appellent encore leur gouvernante, leur mie.

(Antoine Furetière, *Dictionnaire universel*, 1690)

CÔTÉ JARDIN

Si vos tomates n'ont pas toutes mûri dans votre jardin, arrachez les pieds de celles qui restent et couvrez-les à l'abri du gel. Elles finiront leur mûrissement et vous en profiterez jusqu'au bout.

« Mon gosse, qui va prendre des cours de piano particuliers, m'a dit que son prof a une poule noire apprivoisée. Elle va un peu partout dans la maison, elle monte sur le piano à queue...

– Elle doit chier sur le piano...

– Pas du tout !

– Et elle chie où, alors ?...

– Elle fait ses besoins dans la salle à manger... toujours au même endroit... dans la corbeille à pain ! »

JEAN YANNE

À la fin de l'été 1962, Jacques Canetti, qui avait entendu mes chansons et suivi mon cheminement, me proposa cette fois à moi aussi de chanter aux Trois Baudets. Depuis La Fontaine des Quatre Saisons, où nous nous produisions en première partie du spectacle des Frères Jacques, Jean Yanne avait fait son chemin. Il préparait pour ce petit théâtre une revue parodique de la célèbre émission de Desgraupes et Dumayet, « Cinq colonnes à la une ». Jean venait d'écrire « Une colonne à la cinq ». Elle devait commencer à être jouée aux Baudets le mois d'octobre suivant. Voulais-je chanter quelques-unes de mes chansons dans la première partie de ce spectacle? Celle-ci était réservée à des chanteurs triés sur le volet par Canetti lui-même. Jean avait pondu pour la deuxième partie des sketches vraiment désopilants dont la plupart sont devenus des classiques. Qui ne s'est tordu de rire en écoutant « Le Permis de conduire », ou cette histoire de collision entre deux chars romains dont les chauffeurs s'insultent copieusement en latin dans les rues de la Rome antique. « L'Ouest Side Story normande » valait aussi son pesant de cacahuètes!

La presse était très mitigée au sujet de ce spectacle irrévérencieux. Les journalistes, pas toujours tendres face à la dérision, n'appréciaient que médiocrement les parodies que Jean, dans ses sketches, faisait d'eux et de leurs journaux. Bref, durant deux mois, nous allions bien nous amuser. La salle était comble tous les soirs et le public avait l'air de jubiler. Nous aussi! N'était-ce pas là le principal?

Que de souvenirs, cher Jean!... Et que de peine de t'avoir vu partir si tôt!

LA MÔME

Dans ma jeunesse, la salle mythique de l'Olympia m'était devenue familière, et j'aimais tant la chanson que, en plus d'aller y voir mon ami Georges Brassens, il m'arrivait d'aller écouter aussi, de « ma place » au balcon, Bécaud, Eddie Constantine, Jacqueline François ou les Frères Jacques, que j'adorais. Lors d'une matinée où la salle était comble pour Édith Piaf, je décidai de me replier dans les coulisses pour y voir chanter la mythique « môme ». Un peu à l'écart, côté jardin, discrètement, me faisant tout petit, j'attendais en rêvassant son entrée en scène. Soudain, tout de noir vêtue, un peu voûtée, les cheveux clairsemés, le pas hésitant, elle apparut devant moi. Dans la pénombre des coulisses, je ne l'avais vraiment reconnue qu'au dernier moment. Je sursautai, soudain terrifié. Elle s'en rendit compte, évidemment, et eut l'air de s'en amuser. Elle me dit, un peu narquoise : « Ça ira, jeune homme? Tu es bien installé? » J'acquiesçai avant de trouver la force de lui répondre.

« Oui, madame.

– Alors amuse-toi bien », dit-elle avec un grand sourire.

« Et voici la grande Édith Piaf! » annonça-t-on. Après un bref signe de croix derrière le rideau qui s'ouvrait, elle demeura debout les mains le long du corps, sans bouger, quelques minutes durant, sous les ovations...

17 septembre

Saint Renaud

PERRET

Pour la Saint-Renaud on vendange,
Et on s'humecte le gosier,
Les hommes boivent les femmes mange
Puis vont niquer dans le grenier.

TOUJOURS BON À SAVOIR

« Du vin blanc dans lequel on a noyé une anguille, ça c'est un remède contre l'ivrognerie. » Ou, pour le même résultat, vous pouvez faire avaler au mec une omelette aux œufs de hibou.

Vous n'avez plus qu'à aller à Carrefour, acheter une anguille vivante et une douzaine d'œufs de hibou, et vous serez clean à jamais. Fastoche, non?!!!

On ne donne rien si libéralement que ses conseils.

C'est une ennuyeuse maladie que de conserver sa santé par un trop grand régime. (La Rochefoucauld)

Avec un pistolet dans la bouche, on ne peut prononcer que les voyelles! (Chuck Palahniuk)

Maxime

Le seul moyen de se délivrer de la tentation, c'est d'y céder. (Oscar Wilde, traduction A. Savine)

Louis XV, à son lever, demandait à un courtisan combien il avait d'enfants. *« Quatre, sire »*, répondit celui-ci. Le roi, ayant eu occasion de lui parler en public deux ou trois fois dans la journée, lui fit précisément toujours la même question : *« Un tel, combien avez-vous d'enfants? »* Et toujours, l'autre répondait : *« Quatre, sire. »* Enfin, le soir, au jeu, le roi lui ayant demandé encore :

« Un tel, combien avez-vous d'enfants?

– Sire, répondit-il cette fois, *six.*

– Comment diable, reprit le roi, *mais il me semble que vous m'aviez dit quatre?*

– Ma foi, sire, c'est que j'ai craint de vous ennuyer en vous répétant toujours la même chose. »

Pensées

Les petites causes ont parfois de grands effets. L'absence d'un clou perdit le fer à cheval, de fer à cheval, la monture, et de la monture, le cavalier. (Benjamin Franklin)

L'appellation de livre moral ou immoral ne répond à rien – un livre est bien écrit ou mal écrit. Et c'est tout. (Oscar Wilde)

BUVEURS BAVARDS

Mère Teresa, elle avait même pas de sous pour s'acheter un bol de riz. Elle donnait tout ce qu'elle avait... mais comme elle n'avait rien, elle donnait sa bénédiction. Ça, c'était une sacrée frangine, tout de même!

On dit que tous les Italiens préparent eux-mêmes leurs pâtes chez eux, ça m'étonnerait que Mussolini ait eu le temps de faire lui-même les siennes... Tu crois pas?... C'est comme si tu avais demandé à Hitler de faire lui-même son plein d'essence!...

Les pêches de vigne que Nadège,
Cueille avec des soins délicats,
Que ce soient celles de Paul ou Serge,
Elle s'en occupe cas par cas.

Sainte Nadège

PERRET

18 septembre

CARDONS GRATINÉS

Ces cardons, que nous avons si souvent dégustés chez nos copains grands chefs de la région lyonnaise, les mythiques Alain Chapel ou Georges Blanc, voici comment nous les préparons. On peut du reste faire ainsi le gratin de branches de céleri, qui est aussi délicieux.

Pour 4 à 6 convives :

600 à 700 g de cardons ;
3 cuillerées à soupe d'huile de tournesol ;
1 belle noix de beurre ;
1 cuillerée à soupe de farine ;
1 louche de bouillon ou de fond de volaille ou de jus de cuisson des feuilles de cardon ;
1 verre de mâcon blanc (ou autre sec) ;
80 g de gruyère râpé ;
Le jus d'½ citron ;
Un peu de noix de muscade râpée ;
Sel, poivre au moulin.

Préparation :

Préchauffez le four à 210 °C.

Coupez les tiges des cardons à la limite des feuilles. Épluchez-les, ôtez les fils et découpez-les en bâtonnets de 7 ou 8 cm.

Mettez-les à bouillir une bonne demi-heure dans l'eau légèrement salée.

Faites bouillir par ailleurs les feuilles. Au bout de vingt minutes, elles vous donneront le jus qui mouillera le gratin.

Durant ces cuissons, faites fondre doucement le beurre dans une sauteuse (à feu doux) et ajoutez la farine tamisée. Mouillez cela avec le jus des feuilles (une bonne louche), puis le vin blanc.

Laissez frémir le tout durant trois à quatre minutes dans la sauteuse et retirez-la du feu.

Disposez les cardons dans le plat à gratin, répandez par-dessus tout le contenu de la sauteuse en y ajoutant l'huile de tournesol, le gruyère râpé, la muscade et le jus de citron.

2 ou 3 lichettes de beurre par-dessus ne peuvent qu'en améliorer l'onctuosité.

Poivrez au moulin.

Mettez le plat sur la grille de votre four (préchauffé) à gratiner dix à quinze minutes à 150 °C au maximum. Régal !

L'homme succombera tué par l'excès de ce qu'il appelle la civilisation. (H. Fabre)

« Quand je suis passé, je l'ai vu qui fumait en cachette dans la cour avec le chien.
– Il fume, le chien ?… »

CÔTÉ JARDIN

C'est le moment de repiquer sous châssis les salades que vous avez semées au mois d'août. À la fin de l'hiver, vous serez bien content de becqueter des romaines et des laitues croquantes.

Il y a de l'imbécillité à se laisser mener dans toutes ses actions par la volonté d'un autre, les personnes sensées se contentent de consulter dans le doute et prennent leur résolution par elles-mêmes. (G. Girard)

19 septembre

Sainte Émilie

Entrant dans les draps d'Émilie,
Tous ses amants se recroquevillent,
Car pour l'acrobatie au lit,
Nulle ne lui arrive à la cheville.

Pensées

La femme la plus sotte peut mener un homme intelligent. Mais il faut qu'une femme soit bien adroite pour mener un imbécile.

On apprend plus d'un bon savant en fureur que de vingt tâcherons lucides et laborieux.
(Rudyard Kipling)

Pour mieux dissimuler leur incontinence, les vieux lions font semblant de baliser un modeste territoire.
(Grégoire Lacroix)

Mon premier film était si mauvais qu'aux États-Unis, dans sept États, on l'utilise pour remplacer la peine de mort. (Woody Allen)

L'art de vivre ressemble plutôt à la lutte qu'à la danse en ce qu'il faut toujours se tenir en garde et d'aplomb contre les coups qui tombent sur vous à l'improviste. (Marc Aurèle)

Il y a deux types de lecteurs : ceux qui se perdent dans ce qu'ils lisent et ceux qui s'y trouvent.
(P. Dehaye)

PETITS MÉTIERS

La matelassière. Mme Magne, la seule matelassière du pays, venait elle aussi installer tout son attirail jusque sous la tonnelle devant le café. Deux ou trois jours durant, elle y cardait la laine qui garnirait les nouveaux matelas commandés par maman ainsi que par les voisines. Assise au pied de sa cardeuse, elle faisait preuve d'une incroyable dextérité dans l'élaboration de son ouvrage. Je ne détestais pas l'odeur de graisse de mouton qui émanait de cette laine brute, un peu grasse, dont elle savait si bien tirer parti.

Cela me rappelait les effluves de suif que papa fabriquait dans la grande chaudière en fonte – où l'on cuisait la nourriture des cochons durant la période des sévères restrictions que nous traversâmes durant l'Occupation. Il avait imaginé fabriquer du savon avec des os, de la graisse de cheval, de bœuf et de mouton. Cette odeur de rance émanant de la cuisson était un peu écœurante il est vrai, mais elle ne m'a jamais rebuté le moins du monde. C'est du reste avec une certaine nostalgie que je me prends à regretter parfois ces olfactifs et fugaces instants.

LE SAVIEZ-VOUS ?

Le grand rond dans un pré, où l'herbe est plus courte et moins verte, s'appelle le « rond des fées ». C'est sur cette piste-là que les elfes viennent danser les nuits de pleine lune. En revanche, les nuits sans lune, ce sont les taupes qui viennent s'éclater en y faisant du patin à roulettes, mais faut pas le répéter...

Quand j'étais petit, j'étais dyslexique. Maintenant, tout est KO.

(Simon Leigh)

CÔTÉ JARDIN

Supprimez sans relâche les limaces, tuez les chardons et effeuillez la base des pieds de tomate. Éliminez aussi les tiges malades des framboisiers et des groseilliers.

Quand son petit Davy,
Ne lui fout plus de gnons,
Sa grand-mère ravie,
L'emmène aux champignons.

Saint Davy

20 septembre

Chaque progrès donne un nouvel espoir, suspendu à la solution d'une nouvelle difficulté. Le dossier n'est jamais clos. (Claude Lévi-Strauss)

Écrire, c'est mettre en ordre ses obsessions.
(Albert Camus)

LE PAIN

Ah, le pain...

Il y a le pain de nos campagnes et le « fameux » pain parisien. Fameux... c'est vite dit.

Moi, je n'ai jamais su becqueter sans pain.

Si le pain n'est pas digne du repas, c'est une vraie cata.

Le pain tel que je l'ai connu et aimé étant mouflet n'existe (hélas !) presque plus.

Ce souvenir (comme ce pain) est si « frais » dans ma mémoire !

Je sens encore cette douce odeur de moisson et de fraîche farine lorsqu'on entrait dans la boulangerie de Roger Benech, à Castelsarrasin. Les clients attendant patiemment leur gros pain de deux kilos avaient tout à coup une palpitation accélérée des narines. La bouche légèrement entrouverte se refermait soudain pour réprimer un afflux de salive jaillissant de sous la langue. Au moment précis où la boulangère (son épouse) tranchait d'un geste net le « surpoids » de l'artisanale miche dorée, les « chers clients » déglutissaient douloureusement avec un ensemble parfait.

Souvent, on ne payait pas, on « mettait sur le compte ».

Était-ce plus « décent » de le « faire dehors » ? On ne s'enhardissait à prélever goulûment entre le pouce et l'index le « quignon » du pain frais qu'une fois sorti du magasin...

Proverbes

Tiens-toi à distance de celui qui n'aime pas le pain ou la voix d'un enfant !
(Proverbe suisse)

Celui qui ne connaît pas le prix du pain est plus méprisable qu'un chien.
(Proverbe turc)

... Et pourquoi un chien serait plus méprisable qu'un Turc ? !

PHILOSOPHIE DE L'ANARCHIE

C'est au nom de sa souveraineté que le peuple doit refuser de se donner des maîtres dans la personne de soi-disant représentants qui le gouvernent à leur gré. Quelle triste comédie que d'entendre l'électeur de Bonaparte, Thiers ou Ferry, dire avec orgueil : « Je suis souverain ! » Eh non, tu n'es qu'un pauvre esclave !

Il est impossible de définir dans ses détails ce que sera la société de demain ; elle ne laisse entrevoir que ses grandes lignes. Toutefois, on peut hardiment déclarer que Chambre et Sénat disparaîtront comme disparurent les antiques parlements qui, sous la monarchie absolue, pouvaient être le palliatif mais jamais le frein de l'arbitraire royal. Les groupements et corporations constituant la commune seront en pleine vie et c'est là que s'élaboreront contrats et décisions, mesures d'intérêt général, en un mot, tout ce qui concerne la vie sociale.

(*Philosophie de l'anarchie*, Malato)

21 septembre

Saint Matthieu

Quand il pleut à la Saint-Matthieu,
Pense à payer tes salariés,
Paye un vélo à ton neveu,
Et pour une fois lave-toi les pieds.

LA COULEUVRE GOULUE

Il me revient en mémoire l'authentique et curieuse histoire de cette jeune maman, femme d'un paysan voisin. Assise à l'ombre d'un châtaignier, près du vignoble où nous vendangions, les jambes allongées devant elle, son corsage dégrafé, elle donnait à son bébé un joli sein tout blanc qu'il tétait goulûment. L'enfant s'endormit, et sa maman, épuisée par la chaleur, ne tarda guère à en faire autant. C'est une superbe et gourmande couleuvre qui, ayant pris la place libre au bout du téton, la réveilla. La stupeur ne cédant toutefois pas la place à la panique, elle laissa le serpent téter tranquillement en priant *in petto* qu'il ne fasse pas de mal au bébé, que ce dernier ne s'éveille pas soudain, et que quelqu'un passant par là ne s'approche d'elle et ne se mette à pousser des cris devant cet insolite tableau ! Tout cela impliquait tout de même un certain sang-froid. L'animal rassasié partit aussi discrètement qu'il était venu, et la maman, pouvant enfin laisser libre cours à sa frayeur, éclata en sanglots. Après tout, le serpent n'avait-il pas pris la place que seuls son mari et son bébé avaient jusqu'ici le droit d'occuper ? On raconte peut-être encore cette histoire dans la campagne, afin que les jeunes mamans n'aillent plus sous les châtaigniers abandonner leur sein endormi au premier venu…

LE SAVIEZ-VOUS ?

Dans la Montagne Noire, on nous assure que c'est un mauvais présage de voir tomber un serpent chez soi dans la cheminée. Mais il ne pénètre jamais dans une maison entourée de sureau et il ne mord jamais une femme enceinte.
Le Normand, lui, qui est plus futé que son voisin, prétend que la tête d'un serpent cousue dans un vêtement vous fera gagner à la loterie. Pigé ?
Alors, y a plus qu'à !

**LE JOUR OÙ MATTHIEU CHASSE,
SA FEMME LE REMPLACE,
PAR LE FRINGANT RENÉ,
QUI RAMONE LES CHEMINÉES.**

Pourquoi les femmes charmantes épousent-elles toujours des hommes insignifiants ? Parce que les hommes intelligents n'épousent pas les femmes charmantes ! (Somerset Maugham)

Pensée

L'artiste – et c'est en quoi il se distingue du commun des mortels – offre en pâture aux sarcasmes non seulement son physique et son moral, mais aussi son œuvre.
(Somerset Maugham)

ABRACADABRA !

En Haute-Provence, on recommande volontiers à ses amis de ne pas se faire de bile.

Cependant, en pissant neuf jours de suite sur les orties, on parvient aisément à guérir d'un excès de bile.

Mais… des orties qui poussent sur une tombe en Bretagne signifient que sans le moindre doute le mort qui est sous la dalle est damné. À mon avis, le mort, il s'en tamponne !

Sème tes petits pois à Saint-Maurice,
Rentre chez toi boire un café,
eviens au champ le temps que tu pisses,
Les pigeons t'auront tout bouffé !

Saint Maurice
AUTOMNE
PERRET

22 septembre

LES ABRICOTS PROSPÈRENT,
QUAND VIENT LA SAINT-MAURICE,
MAIS CE DERNIER PRÉFÈRE,
CELUI DE BÉATRICE.

SOUVENIRS

Maurice était le prénom de mon papa, avec lequel je n'ai jamais autant passé de temps qu'entre ma naissance et l'orée des années 1950, au Café du Pont. Il prenait part parfois à ces discussions animées qu'avaient entre eux les habitués hors des gros « coups de feu » habituels. Le sport y était quotidiennement commenté avec passion.

« Mais non, je te dis, Bartali, il gagnera pas le Tour de France parce que Coppi, c'est son copain, et qu'il veut le laisser gagner.

– Mais non, Coppi, il peut pas gagner parce qu'il est malade depuis qu'il a chopé ce microbe en Afrique…

– Ah bon ? Moi, je croyais qu'il était affaibli par sa poule, “la Dame blanche”, qui lui tirait trop sur l'élastique !...

– Mais non, je te dis, il a morflé un sale microbe à cause d'un chameau qui a éternué ou une salade mal lavée, va savoir !... »

Le café de mes parents était proche d'un pont sous lequel passait le canal latéral à la Garonne. De l'autre côté de ce canal, s'étirait sur près de huit cents mètres la fameuse usine de « métaux non ferreux ». On y fabriqua pendant la guerre les premières pièces de monnaie en aluminium frappées de la francisque du maréchal Pétain.

« Hélas ! » pourrait-on dire, mais l'occupant, seul, commandait. Et puis, cela donnait du travail à tout le pays puisque l'usine employait alors quelque treize cents ouvriers, dont certains étaient évidemment les principaux clients du café. Les mariniers qui remontaient le canal jusqu'à Bordeaux sur leur péniche bourrée d'huile, de blé ou de cacahuètes, formaient une clientèle moins régulière que celle des ouvriers de l'usine, mais tout aussi fidèle. Un peu bourrus, taciturnes, volontiers bagarreurs, les mariniers étaient presque tous des copains de papa. Ils venaient souvent troquer des fruits secs provenant d'Espagne, de Grèce, ou d'îles du bout du monde qui nous faisaient rêver. Ils apportaient également des céréales, des objets insolites comme des poignards malais ou même des animaux exotiques du Brésil ou d'Afrique. Ils échangeaient par exemple avec papa un sac de dix kilos d'arachides, un couple de perroquets ou deux régimes de bananes contre une bonbonne de vin blanc. Nous avalions ainsi des montagnes de cacahuètes ou de bananes, mes copains du quartier et moi, jusqu'à l'écœurement.

« JE SUIS DE CASTELSARRASIN »

Je suis de Castelsarrasin,
Et du patois je m'en souviens,
Les paysans disaient le jeudi,
« Booû al mercat à Sarrazi. »
Et l'été quand le soleil donne,
J'allais me baigner à Garonne,
Mémé disait « Moun Diou pitchou,
Té bas néga fas attentiou ! »

Moi sur mon vélo fou de joie,
J'allais voir la petite Emma,
Ses p'tits seins en bouton-pression,
Qui me faisaient grosse impression.
Ces êtres au cœur si bien bâti,
Qui m'ont fait regarder la vie,
Qu'ils tiraient à hue et à dia,
S'appellent Maurice et Claudia.

23 septembre

Saint Constant

Menant sa vie tambour battant
Toujours pressé était Constant
Son cœur s'arrêta pour Thérèse
Quand Cupidon ramena sa fraise.

LES CHAMPIGNONS

Les champignons sont une merveille.

Leurs senteurs, leurs goûts sauvages et si différents les uns des autres en font un aliment à part dans la gastronomie. Ils ont des valeurs nutritives supérieures aux légumes (excepté les farineux), ils vont avec tout. Ils s'accommodent de poissons, de volailles, en légumes, en potage, en salade, etc. Ils sont même assez grands pour être becquetés tout seuls !

Peu de gens savent chercher, cueillir, accommoder et apprécier les champignons. J'en connais qui se décomposent à la seule vue d'une « trompette-de-la-mort » (le nom terrific !), d'un « pied violet » ou d'une « russule charbonnière » au chapeau vert. Sur des centaines d'espèces de champignons, peu de gens savent qu'il n'y en a en fait que trois espèces qui sont mortelles. Seize autres sont vénéneuses et une vingtaine à peine indigestes. Apprenez donc à les connaître, découvrez le plaisir de les cueillir et celui de les déguster.

Mangez les champignons les plus frais possible. Si vous n'êtes pas sûr de ceux que vous venez de cueillir (ou qu'on vous a offerts !), demandez conseil à votre pharmacien.

Hormis les champignons à tendance sableuse ou terreuse tels les chanterelles, les morilles, les trompettes et quelques autres que l'on doit passer sous l'eau rapidement, rincer, égoutter et sécher aussitôt, on ne doit pas laver les champignons. On doit les brosser doucement pour ôter leur pellicule terreuse puis les frotter tout aussi délicatement avec un papier absorbant ou un linge humide, puis enfin avec un torchon bien sec. On ne doit jamais les peler.

Voici le petit choix de champignons que vous pouvez cueillir dans les bois ou les prairies et les déguster sans vous faire de mouron.

L'oronge, ou amanite des Césars
L'un des plus délicieux, à préparer dans une sauteuse en terre le plus naturellement possible.

Le coprin chevelu
Il doit être cueilli très jeune et consommé le jour même, excellent aussi cru.

Le cortinaire violet
Croquant et savoureux.

Le mousseron de la Saint-Georges
L'un des premiers cueillis au printemps juste avant l'époque des premières morilles. Il se trouve au bord des haies ensoleillées. Arôme boisé, croquant et savoureux.

Le pleurote des ormeaux
Parfum très particulier, supporte aisément un peu d'échalotes hachées et de la crème fraîche.

La chanterelle orangée (girolle)
Un peu surestimée, à mon avis. Les toutes premières de la saison (mai) sont de loin les meilleures et accompagnent agréablement volailles et sautés de veau printaniers.

La russule verdoyante
Presque sans parfum, mais croquante cuite à l'étuvée dans un petit bouillon de volaille et servie légèrement crémée ou en sauce légère.

Écrire, c'est moins accueillir des mots qu'en mettre à la porte. (R. Sabatier)

Si on s'enquiert du nom au bac,
Du plus doré depuis des siècles,
Dis que le chasselas de Moissac,
Vient des coteaux de Sainte-Thècle.

Sainte Thècle

PERRET

24 septembre

CHAMPIGNONS TOUJOURS

Le lactaire délicieux
Le meilleur des lactaires, son lait rouge foncé est facilement reconnaissable. Meilleur en sauce.

Le cèpe
Il en existe des dizaines de sortes, toutes plus ou moins excellentes, hormis le bolet de Satan. Celui appelé « tête-de-nègre », jeune, est pour moi le meilleur. Émincé en lamelles d'un demi-centimètre, bien saisi à l'huile, il doit cuire dix à quinze minutes avec un petit rajout d'une noisette de beurre en fin de cuisson. Très légèrement aillé. Sel et poivre, un délice.

Le pied-de-mouton (hydne sinué)
Très digeste, délicieux accommodé avec une sauce légère au curry (fines herbes hachées, vin blanc, échalotes et bouillon, cuits à l'étuvée avec les champignons, crème fleurette à la fin).

La clavaire jaune (barbe-de-capucin)
Les jeunes sont excellentes. La clavaire chou-fleur, ponctuée d'un goût de noisette, est encore meilleure. Peut faire une délicieuse salade avec des lamelles de coquilles Saint-Jacques et une vinaigrette à l'huile de noix.

Le *Lycoperdon giganteum* (vesse-de-loup géante)
On en fait de larges escalopes. Délicieux avec fines herbes hachées et coulis de tomates. Il en pousse tous les ans dans mon jardin, à la fin de l'été.

La morille
Doit être dégustée très fraîche. Cuite à feu doux de quarante-cinq minutes à une heure avec un demi-verre de vin jaune du Jura, quelques échalotes hachées et un peu de crème fraîche qui la rend plus onctueuse. Un régal.

Le pied bleu (ou violet)
Parfumé et croquant. Il ne peut se confondre avec aucun autre à ma connaissance. Un délice préparé en sauce légèrement citronnée.

La coulemelle *(Lepiota procera)*
Le chapeau (jetez le pied), qui cuit doucement au beurre ou dans une belle cuillerée à soupe de crème fleurette, est excellent.

Le rosé-des-prés
L'un de mes préférés avec le cèpe, la morille et l'oronge. Poêlé cinq à dix minutes avec une très légère persillade, c'est un plat de chef d'État. Devenez chef d'État !

La trompette-de-la-mort *(Craterellus cornucopioides)*
On la trouve au pied des charmes après les pluies de septembre. Elle embaume l'humus en cuisant. Il faut la faire suer de son eau et la faire saisir ensuite dans très peu d'huile et de beurre mélangés. Crémer très légèrement en y ajoutant le jus d'une volaille.

À présent, futurs mycologues et gourmets, à vos paniers, à vos fourchettes !

LE SAVIEZ-VOUS ?

Pour trouver beaucoup de champignons, dans les Ardennes, on dit qu'il faut y aller en mettant sa veste à l'envers. Moi, je dis que pour en trouver, il faut qu'il ait plu et que la terre se soit réchauffée durant la bonne lunaison, c'est-à-dire en lune montante. Je remplis mon panier à chaque fois avec ou sans veste, car je ne vais que dans des endroits connus de moi seul et d'un ou deux « bons copains ». Na !

25 septembre

Saint Hermann

Si ma muse accuse une panne,
Je n'en ai cure mon cher Hermann,
Sache que demain par vaux et monts,
J'irai taquiner le saumon !

LE GRATIN DAUPHINOIS

Il accompagnera magnifiquement les viandes ou les volailles rôties, le poulet ou la pintade au vinaigre, etc.

Il est une manière fort simple de le rendre plus onctueux, c'est de le mettre à cuire au four dans un bain-marie.

Il faut de même… mais je vais vous expliquer tout ça plus loin…

Pour 6 convives :

600 g de pommes de terre rosa ou roseval ;
400 g de crème fraîche épaisse ;
60 à 70 g de gruyère râpé ;
2 gousses d'ail pressées ;
1 pincée de noix de muscade râpée ;
Sel, poivre au moulin.

Préparation :

Faites chauffer le four. Pelez, lavez et coupez les pommes de terre en rondelles très fines (comme pour des chips), rincez-les à l'eau claire. Séchez-les dans un torchon.

Au fond d'un plat à four, étalez une couche de crème fraîche puis une couche de pommes de terre ; répartissez sur chaque couche la valeur d'une grosse gousse d'ail. Salez, poivrez, ajoutez un soupçon de poudre de muscade.

Recommencez l'opération jusqu'à épuisement des patates !

Terminez par une couche de crème, sel, poivre, muscade. Gardez quatre à cinq cuillerées de crème pour la suite.

Mettez le plat à cuire à four réglé doux moyen durant cinquante minutes.

Retirez-le.

Avec une cuillère, ôtez du plat à four toute la crème devenue beurre que vous pourrez, et remettez alors sur les pommes de terre la valeur de 4 à 5 cuillerées à soupe de crème fraîche qui doit vous rester.

Intégrez-la bien aux pommes de terre avec la cuillère en bois.

Remettez le plat au four (toujours dans le bain-marie) pendant quinze minutes après l'avoir cette fois-ci saupoudré avec le gruyère râpé.

Le gruyère bien intégré à la crème va dorer doucement durant quelques minutes sans durcir, comme si vous l'aviez mis en début de cuisson.

Servez très chaud et régalez-vous. C'est le meilleur que je connaisse !

Un plus :

Vous pouvez aussi commencer la cuisson de votre gratin sur le feu vif, dans une casserole, en y mettant les patates coupées fines dans du lait.

Après six à sept minutes, finissez normalement la cuisson dans le plat au four avec tous les ingrédients.

J'aimerais mieux être célèbre par une chanson que par une victoire. (Alexander Smith)

GLISSER UNE PEAU DE BANANE SOUS LES POMPES D'UN TYPE QUI RETOMBE SUR SES PATTES EST AUSSI DÉGUEULASSE QUE DE CASSER DU SUCRE SUR LE DOS D'UN DIABÉTIQUE !

Les pommes de terre cuites sont tellement plus faciles à digérer que les pommes en terre cuite ! (Alphonse Allais)

Me prêteras-tu Odilon,
Ton beau filet à papillons ?
Damien a le mien !
Lucien a le sien !

Saint(e) Côme & Damien

PERRET

26 septembre

RAMSÈS II

Ramsès II adorait les glaces à la vanille. Mais, vu les frigos de l'époque et la hardiesse du soleil égyptien, il en léchouillait rageusement deux sur trois, déjà aux trois quarts fondues, et ça lui gâchait la moitié de sa journée. Intolérable, pour un pharaon ! Il ne se passait pas une semaine sans qu'il fût contraint de faire décapiter un marchand de glaces pour l'exemple.

Déjà, enfant, Ramsès construisait des drôles de petites bicoques pointues avec des allumettes que lui laissait sa mère sur la table de la cuisine. Il y consacrait des heures, et comme malgré tous ses efforts elles finissaient toutes dans une forme qui interdisait à quiconque de s'asseoir dessus, il appela ces maisons des pyramides. Il crut dès lors qu'il était devenu un grand architecte. Faute de mieux, il devint chef d'État.

Son papa l'associa de son vivant aux affaires du royaume. Il lui laissa une puissante armée capable de ratatiner tous ceux qui n'avaient pas leur diplôme d'égyptien et qui étaient allergiques aux pyramides. Il ne lui restait plus qu'à devenir un grand homme de guerre. Il passa donc le plus clair de son temps à s'entraîner en zigouillant une partie des armées ennemies. Il ramenait ensuite les prisonniers par milliers, en les priant poliment de bâtir des pyramides qui ne serviraient bien sûr jamais à personne, sinon aux égyptologues. En ce qui concerne la vérité historique, il n'est pas fastoche de lui attribuer avec certitude tous les monuments gravés à son nom. Il ne se grattait pas pour s'approprier les œuvres de ses prédécesseurs en faisant sauter leur blase à petits coups de marteau pour y mettre le sien à la place. On ne peut cependant lui refuser la gloire du temple de Louqsor, orné d'un pylône, de deux colosses et de deux magnifiques obélisques dont l'un fut « emprunté » par Napoléon quelques siècles plus tard. Il orne à présent, comme chacun sait, la place de la Concorde, à Paris… Déjà, enfant, à Ajaccio, il piquait en classe la gomme sur le pupitre de son voisin et ne la rendait jamais. Sacré Napo !

PÉTALES DE PIVOINE

Pétales de pivoine,
Trois pétales de pivoine,
Rouges comme une pivoine,
Et ces pétales me font rêver.

Ces pétales ce sont,
Trois belles petites dames,
À peau soyeuse et qui rougissent,
De honte,
D'être avec des petits soldats,
Elles se promènent dans les bois,
Et causent avec les sansonnets,
Qui leur font cent sonnets.

(*Poèmes à Lou*, Guillaume Apollinaire)

La vraie liberté, c'est pouvoir toute chose sur soi.

(Montaigne)

Diogène louait seul un joueur de harpe exécré de tout le monde. On lui en demandait la raison. « Je le loue, dit-il, de ce qu'avec un talent pareil, il a eu le courage de se faire joueur de harpe plutôt que voleur. »

Maximes

Le bon historien n'est d'aucun temps ni d'aucun pays. (Fénelon)

L'histoire est écrite pour raconter. Non pour prouver. (Quintilien)

27 septembre

Saint Vincent de Paul

PERRET

Saint Vincent on te doit,
Cuvée noble en bourgogne,
Et montrachet le roi,
Illumine les trognes.

Ô RAGE...

En Irlande, par un beau matin orageux de septembre, je pêche le saumon. Ils sont déchaînés et sautent à trois mètres devant mon nez. Je suis seul depuis déjà plus de trois heures, je crois bon de leur proposer plusieurs types de *flies* (mouches), toutes plus aguichantes les unes que les autres. N'ai-je pas testé l'efficace *hairy mary*? Ou la redoutable *munro killer*?

Je fais voler et atterrir devant leur museau, aussi délicatement que faire se peut, l'irrésistible *blue charme*, qu'ils dédaignent. J'en teste trois ou quatre autres parmi les meilleures mouches pour cette rivière, comme la *silver stoat's tail*, bien connue pour son efficacité par temps clair. Goguenards, les *bastards*, ainsi que les appelle Michael (lui aussi!) lorsqu'ils ne veulent pas mordre, font la sourde écaille à l'appel de ma brochette de belles *flies*! Soudain, le ciel s'obscurcit, et, cinq minutes plus tard, de gros nuages noirs nous vident tout leur pot de chambre sur la tête. Les trombes d'eau qui tombent avec fracas m'obligent à me replier à l'intérieur de la « jolie petite cabane », abri providentiel du pêcheur dans chacun des *beats* qui lui est attribué. Je me réjouis plutôt de cette pluie tonitruante qui ne diminue guère en intensité, sachant très bien – depuis longtemps – que le poisson adore la grande agitation que suscite la pluie dans une rivière. Il bouge alors dans tous les sens et son attitude peut changer du tout au tout. Je profite de l'abri de la cabane pour changer encore une fois de mouche. Je tente une *badger* en poil de blaireau gris et bleu. Elle est immédiatement engloutie par les flots agités, ainsi que par le fameux saumon dont le poids va se retrouver accolé à mon nom sur la prestigieuse coupe d'argent qui trône sur la cheminée de Ballynahinch Castle!

ABRACADABRA !

Présages de mort. Ils sont innombrables. Parmi les plus sûrs, on peut citer : les bruits insolites dans la maison la nuit, l'aboi lugubre des chiens, le cri d'une chouette, la rencontre d'un corbeau, d'un papillon noir, d'un lièvre blanc, de fétus de paille formant par hasard une croix sur le chemin, la vibration prolongée des cloches, la poule qui se prend à chanter comme un coq, le cheval qui se cabre devant une maison, rêver que l'on perd une dent, etc.

Lorsqu'un mort garde les yeux ouverts, on dit communément qu'il en attend d'autres (Morvan).

Ne pas faire de feu, ni cuire quoi que ce soit dans la maison tant que le mort y est encore, ne se livrer à aucun travail dans sa chambre (Bretagne).

Pour que le mort ne revienne pas, coudre ensemble ses chaussettes, coudre aussi son linceul, et le sortir de la maison les pieds en avant (Lorraine).

(D'après le *Dico des superstitions*)

Trois fois hélas,
Cher Venceslas,
Ton curieux nom m'a convaincu,
De versifier même les cocus !

Saint Venceslas

TERROIR

Il ne restait plus au domaine que la vieille Catherine pour faire la soupe et la petite servante pour porter le goûter aux faucheurs dans les prés brûlés crissant de sauterelles. Cette année-là, le printemps avait été humide, et les grandes pluies s'étaient vautrées si sauvagement dans les herbages qu'il était presque partout impossible d'utiliser les faucheuses. Aux bergeries comme ailleurs, ils durent reprendre les faux, dont les jeunes gens savaient à peine se servir. Ils en vinrent tout de même à bout et, dès le 1er juillet, chaque soir, ils rentraient au domaine deux carrioles de foin bien sec.

Ils piquaient leurs fourches à l'arrière et suivaient en silence la charrette dont les roues ne faisaient pas de bruit sur l'herbe des prés où elles traçaient deux sillons d'un vert plus foncé.

(Jean Gaulmier)

Peu de gens sont assez sages pour préférer le blâme qui leur est utile à la louange qui les trahit. (La Rochefoucauld)

« Tu te rends compte, cette petite dinde qui pèse dix millions de dollars, il vient de l'épouser !
– À ce prix-là, n'importe qui adore la volaille ! »

Pensées

À l'origine n'est pas le mot, mais la phrase, une modulation. Écoutez le chant des oiseaux !
(Blaise Cendrars)

Jean Commerson disait qu'arrivé sur son lit de mort, l'homme songeait plutôt à élever son âme vers Dieu… qu'à élever des lapins.

« En France, le premier jour est pour l'engouement, le second pour la critique et le troisième pour l'indifférence. »
(Jean François de La Harpe, 1739-1803)
… C'était déjà comme ça… à l'époque !

TRANCHE D'HISTOIRE

1988 Le 27 septembre 1988, le sprinter canadien Ben Johnson s'est fait virer des jeux Olympiques de Séoul après avoir été reconnu coupable de dopage. Il a rendu sa médaille d'or et a fini Séoul si vite qu'il a encore battu (sans dopage cette fois !) son record du 100 mètres qu'il avait pulvérisé en 9'79, lorsqu'il fut champion du monde en 1988 ! N'est-on pas légitimement en droit de se poser des questions ? Les dirigeants sportifs savent fort bien que depuis toujours leurs champions se shootent à l'EPO ou au reste ! Le célèbre Andre Agassi dans son autobiographie a avoué qu'il se dopait – et il n'était pas le seul tennisman. De Ben Johnson à Lance Armstrong sur sa bicyclette, en passant par tant d'autres dans toutes les disciplines, on leur demande toujours plus en leur disant : « Attention, les p'tits gars, surtout pas de blague, ne vous défoncez pas ! » On se foutrait pas un peu de notre poirc, par hasard, disait Ludo au comptoir du Bar des Amis ?

29 septembre

Saint Michel & Gabriel

Quand Michel descend de l'échelle,
Sa femme monte l'escalier,
Elle lui prépare du vermicelle,
Et ils vont faire du voilier.

« MIMI LA DOUCE »

Lors d'une émission anniversaire (de télé) que Michel Drucker me consacra durant une soirée entière avec quelques copains invités, Renaud la chanta, et fort bien à sa manière, c'est lui-même qui l'avait choisie.

Écoutez l'histoire de Mimi,
Mimi la Douce pour les amis,
Mimi cœur sec pour les blancs-becs,
Ses vingt berges elle les faisait mêm' pas,
Elle avait qu'à siffler comm' ça,
Vingt types s'écroulaient dans ses bras.
Moi je lui brodais trois fois par jour,
De délirants billets d'amour,
De la mêm' encre qu'ses yeux doux,
Ses grands yeux tiraient sur le violet,
Sa peau était un bol de lait,
Que je lapais comme un matou.

Refrain :
Elle avait ma p'tit' violette,
De chouett's mirettes,
Un corps de fête,
Que j'endimanchais d'un costume de baisers.

L'amour c'est bath me dit-elle un jour,
Mais on est fauchés mon amour,
Faudrait casser chez les rupins,
Je lui dis t'oublies qu'je suis chanteur,
Un jour j'aurai des droits d'auteur,
Et on pét'ra dans le satin.
Elle me dit les poules auront des dents,
Soyons pas vaches en attendant,
Soulageons les rich's malheureux,
Moi pour un seul de ses cheveux clairs,
J'aurais foutu un type en l'air,
Si elle m'avait dit effac'-le.

(Refrain)

On a d'abord fait les perceptions,
Les coffres des allocations,
Les bijout'ries plein's de promess's,
C'est pénible à dire et c'est honteux,
Au moment d'estourbir les vieux,
J'mouillais ma ch'mis' comm' un' gonzess'.
Je commençais just' à m'fair' la main,
Quand tout' la maison poulardin,
Nous a mis le grappin sur l'dos,
Maint'nant je suis tondu comm' un veau,
Ils l'ont mise à la P'tite Roquette,
Et moi en centrale à Clairvaux.

Mais je r'trouv'rai ma violette,
Tes chouett's mirettes,
Ton corps de fête,
Que j'endimanch'rai d'un costume de baisers.

CÔTÉ JARDIN

Semez de l'engrais vert à mesure que les parcelles se libèrent. Le plus tôt sera le mieux.

Les personnes qui prétendent dormir comme des bébés sont généralement des personnes qui n'en ont pas.

(Leo J. Burke)

Pensée

Un coureur cycliste qui ronge son frein en descendant le col du Tourmalet ne sait pas ce qui l'attend !...

Pendant que Jérôme joue au golf,
Sa maîtresse couche avec Rodolphe,
Ces gens heureux à ce qu'il semble,
S'emmerdent copieusement ensemble.

Saint Jérôme

PERRET

30 septembre

LE TOUR DU MONDE

En ce début 1973, après avoir mûrement ruminé tout cela, je demandai à mon épouse Rébecca de ne plus accepter de concerts. « Nous allons prendre, lui dis-je, une année sabbatique. »

Il n'était que temps de mettre à exécution notre projet de nous reposer. Nous irions partout où nous aurions envie d'aller, et nous emmènerions les enfants aux vacances scolaires. C'est ainsi qu'ils découvrirent le ski dans les Alpes, la plongée sous-marine dans les Caraïbes ou dans les îles Grenadines. Désormais, nous partions et revenions au gré de notre humeur et au fil des saisons. Je prenais le temps à chacun de nos retours d'aller cogiter huit ou dix jours dans ma maison normande. Je proposai même un jour à Rébecca de l'emmener au bout du monde, et cela plusieurs mois durant. Nous irions découvrir tous les deux – en amoureux – l'Amérique du Sud, l'Afrique, la Nouvelle-Calédonie, Tahiti, les Tuamotu et j'en passe... Elle fut folle de joie!

J'avais, avant notre départ, concocté un projet secret avec mon cher copain Yves l'architecte. Je souhaitais qu'il me dessine une aile pour l'ajouter à notre maison, et aussi la piscine dont je rêvais depuis toujours. D'accord sur l'avant-projet qu'il m'avait montré à l'insu de Rébecca, je le chargeai durant notre longue absence de démarrer les travaux. Lorsque nous retrouvâmes la maison, les murs en pierre, sortis de terre, époustouflèrent ma femme. « Mais... mais, balbutiait Rébecca, c'est vraiment notre maison qui est devenue comme ça? »

Les bêtes sont au bon Dieu...
Mais la bêtise est à l'homme. (Victor Hugo)

J'AI VU UN FILM PORNO JUIF : UNE MINUTE DE SEXE POUR NEUF MINUTES DE CULPABILITÉ! (Dustin Hoffman)

LE SAVIEZ-VOUS ?

Émile Zola meurt le 30 septembre 1902. Le journaliste Sarcey écrivait à son propos : « M. Zola se plaît aux peintures excessives d'un réalisme brutal et grossier... » Faut-il indiquer seulement d'un mot les œuvres de cet écrivain? *Les Rougon-Macquart, La Fortune des Rougon, La Curée, Le Ventre de Paris, Thérèse Raquin, L'Assommoir, Nana, Pot-Bouille, Germinal, La Terre, La Bête humaine,* etc.

C'est tout?! Effectivement, ce grand journaliste du journal *La Croix* – qui traite l'écrivain de « malfaiteur littéraire » – a ajouté que ce « vaniteux bouffi d'orgueil » avait, de plus, cru bon de jouer un rôle dans l'affaire Dreyfus, « qui lui avait valu le mépris de tous les sincères patriotes »... et il enfonce le clou (sur *La Croix*!) en concluant : « Cet homme a fait beaucoup de mal et souillé beaucoup d'âmes. Et les louanges dont on va le couvrir ne sauveront pas sa mémoire de la répulsion qu'auront toujours les honnêtes gens pour ceux qui outragent la morale publique. » Heureusement qu'il y a de tels journalistes!... Sans ce M. Sarcey, Zola aurait pu devenir un grand écrivain populaire, sait-on jamais!

OCTOBRE

Demain,
si Greta couche avec moi
j'apprends l'allemand !…

À la rentrée des classes Thérèse,
Ne ramène jamais sa fraise,
Car elle fait des moissons de fautes,
Tant en dictée la barre est haute.

Sainte Thérèse de l'Enfant Jésus

01 octobre

LES CAILLES SAUVAGES

Nous étions, dans la famille, très friands de cailles sauvages, un gibier dont la chair délicate est d'une saveur incomparable. Tout comme l'ortolan, enrobé d'une fine graisse au goût de noisette, cet oiseau tendre doit se déguster « au bout du fusil », selon les meilleurs gastronomes chasseurs. Ainsi, dès qu'on les avait rapportées à la maison, maman les plaçait au fond d'une cocotte dont elle graissait à peine le fond. Après les avoir fait saisir une à deux minutes sur un feu vif, elle les laissait cuire sans les couvrir à feu très doux dix à quinze minutes. Elle les retournait de temps en temps, non sans les avoir assaisonnées de sel, de poivre et de thym frais. Il y a autant de différences entre une caille sauvage et une caille d'élevage qu'entre un saumon élevé aux granulés et les sauvages qu'il m'arrive de pêcher dans le Connemara !

TRANCHE D'HISTOIRE

1946 Le 1er octobre 1946, au tribunal de Nuremberg, douze accusés seront pendus. Dix échapperont au châtiment suprême. Ont été condamnés à mort par pendaison : Goering, Ribbentrop, Frick, Rosenberg, Franck, Kaltenbrunner, Keitel, Steicher, Sauckel, Jodl, Seyss-Inquart et Bormann (par contumace).

À l'emprisonnement à vie : Hess, Funk, Raeder. La veille au soir, à l'issue de la deuxième séance, Goering avait déclaré : « Je n'aurais pas pensé que l'acte d'accusation serait si lourd. »

Pensée

Moi, à l'école, j'ai pas
appris grand-chose…
Et en plus, j'en suis fier.
Le maître le disait lui-même :
« Mon petit Robert,
t'es un beau cancre,
tu peux être fier !… »
Et en plus, il me trouvait beau !
Depuis, presque tous mes
copains qui avaient décroché
leur bac sont au chômage…
Je l'ai échappé belle !

Côté santé

Pour faire mûrir un furoncle, couvrez-le d'un cataplasme de mie de pain et de lait. Vous n'êtes pas obligé de le manger après !

CÔTÉ JARDIN

Si vous voulez avoir du persil consommable tout l'hiver, arrachez-en quelques touffes (avec les racines) que vous mettrez dans un grand pot rempli de bonne terre. Arrosez-les de temps en temps et gardez-les dans votre cuisine, près de la lumière du jour.

Vers quel but m'éperonne la force d'un beau visage !
Rien au monde ne m'est si grande dilection. Par une telle grâce, à côté de laquelle toute autre me semble médiocre, je m'élève, vivant parmi les esprits bienheureux.
(Michel-Ange Buonarroti, traduction Marie Dormoy)

02 octobre

Saint Léger

L'ami Léger jubile toujours,
Quand viennent les premiers labours,
Car dans son tracteur silencieux,
Rachmaninov est délicieux.

Pensée

Comme il l'avait traité de saoulot, il avait morflé à la volée les quintuplés de son vieux en pleine poire.

Perle

J'ai récupéré le devoir d'un élève recalé au bac qui, entre autres, avait écrit : « Le cactus est une plante grasse qui fait le régime en se nourrissant d'oursins. »

À LA SAINT-LÉGER,
TU RESTES ALLONGÉ,
FAUT PAS VOYAGER,
SI TU T'ES PURGÉ !

LE SAVIEZ-VOUS ?

L'opale est une pierre à offrir au mois d'octobre. C'est la seule entre toutes qui peut triompher du malheur. Il était temps que je vous en informe !...

TRISTAM SHANDY

Je viens de relire *Vie et opinions de Tristam Shandy*, que j'avais découvert dans ma prime jeunesse grâce à M. Labadie, mon génial libraire toulousain. C'est lui-même qui m'avait offert *Les Entretiens*, de Léautaud. Je ne suivis guère « tous » les conseils qu'il me prodigua alors ; surtout celui de ne pas me rendre à Fontenay-aux-Roses pour y rencontrer le vieux solitaire.

« Il va vous jeter dehors, m'avait-il dit.
– Nous verrons bien », avais-je répondu.

Quelques mois plus tard, il n'en revint pas lorsque je lui offris à mon tour les mêmes *Entretiens* signés – à son nom – de la main du « maître ». Ce furent, avec le *Gil Blas* de Santillane, les deux premiers ouvrages que ce brave monsieur m'avait fait lire. Voici un extrait de ce livre si amusant. « Les anciens Goths de Germanie [...] avaient tous la sage coutume de débattre deux fois chaque question importante pour l'État ; à savoir, une fois ivres et une fois sobres. Ivres, afin que leurs conseils ne manquassent pas de vigueur ; et sobres, afin qu'ils ne manquassent pas de prudence. »

(Laurence Sterne, *Vie et opinions de Tristam Shandy*, traduction L. de Wailly)

TRANCHE D'HISTOIRE

1949 C'est le 2 octobre 1949 que la télé française diffuse son premier JT en Europe. À peine 3 800 foyers possédant un téléviseur reçoivent le premier journal en images. C'est avec des bouts de ficelle que Sabbagh, Dumayet, de Caunes, Sallebert, Debouzy et Tchernia préparent la télévision de demain. Et ils firent rêver les premiers téléspectateurs... Et sans redevance !

CON

Dès que je trouve plus con que moi, je m'efface.

Espèce en prolifération constante malgré la baisse de la natalité.

Ce type était à coup sûr le roi des cons, et on avait vraiment l'impression qu'il s'accrochait à son trône.

C'est toujours à la Saint-Gérard,
Qu'on entame un jambon nouveau,
Girolles poêlées, omelette au lard,
Gorgées de merlot du caveau.

Saint Gérard

AH, QU'IL EST DOUX LE PLAISIR DE LA PÊCHE !

La pêche est une souriante philosophie dont seul le pêcheur s'accommode. C'est une école de la patience qui développe de manière aiguë le sens de l'observation. Elle nécessite astuce, imagination et optimisme. Elle génère un espoir que nul aléa ne semble anéantir. Au départ de sa journée tant attendue, le pêcheur ne pense pas une seconde qu'il rentrera bredouille. Jusqu'à la dernière minute cette fichue espérance sera son indispensable compagne !

Sans cette belle espérance, la mouche ne survolerait pas inlassablement le museau des saumons morts de rire. Sans elle, le pêcheur n'aurait pas le soir le dos et les reins en compote, après des centaines de lancers infructueux au terme desquels les soupirs de découragement auraient suffi à gonfler les voiles des caravelles de Christophe Colomb. Oui, c'est cela la pêche, cultiver l'espoir.

Souvent les poissons, qui ne veulent pas toujours se laisser faire, parviennent à casser le fil de sa canne, anéantissant ainsi les velléités du pêcheur de faire entrer le combattant au plus profond de l'épuisette. On pourrait s'attendre alors à la plus colérique des réactions.

Que nenni ! Le pêcheur digne de ce nom, au contraire, aurait plutôt tendance à ne pas dissimuler son admiration pour le valeureux vainqueur... Du genre : « Tu t'es bien battu... mon salaud ! »

Le fair-play à l'encontre d'un poisson fait partie du match ! J'en ai personnellement remis à l'eau, soit parce qu'ils étaient mal pris – par la nageoire ou le dos –, soit parce que la future maman, le ventre plein d'œufs, n'allait pas tarder à larguer sa colonie. Le pêcheur, doux par nature, chérit avant tout son indépendance. La détermination ne lui fait jamais défaut. Ce n'est pas un dimanche d'élection présidentielle qui la lui fera sacrifier, ni même une finale de foot, une partie de Monopoly avec sa femme ou de jambes en l'air avec son amante. La vraie maîtresse à laquelle il voue toute sa passion, c'est la pêche.

ENLÈVE TON BÉNARD,
À LA SAINT-GÉRARD,
N'AIE PAS FROID AUX YEUX,
METS-LA DANS TON PIEU !

TRANCHE D'HISTOIRE

1949 Le lundi 3 octobre 1949, *La Nouvelle République du Centre-Ouest* informe les contribuables que le fisc va réclamer aux employeurs l'impôt de cinq pour cent sur le salaire des gens de maison. « Toute une catégorie de contribuables va bientôt être frappée d'un impôt inattendu. Ce sont ceux qui emploient des "gens de maison", "valets de chambre", "bonnes" ou simplement "femmes de ménage", qui depuis un an fraudent le fisc sans s'en douter... »

Cinq pour cent d'impôts ! Heureux temps. De quoi en rêver la nuit !...

04 octobre

Saint François d'Assise

PERRET

J'ai rencontré François d'Assise au zoo
Qui chantait « La Cage aux oiseaux »

DÉCANTATION

Qu'est-ce que décanter le vin ? C'est transvaser délicatement, sans brusquerie (et en une seule fois sans interrompre le geste), le contenu d'une vieille bouteille dans une carafe de verre ou de cristal, en ayant soin d'arrêter l'opération avant que le dépôt du vin n'y entre à son tour. Le vin décanté est de surcroît plus agréable à l'œil. On doit d'abord « mettre debout » la vieille bouteille quelques jours, voire une semaine, avant de l'ouvrir afin que le maximum de dépôt non « collé » à son flanc aille au fond.

Il faut, après avoir ouvert celle-ci, debout et sans secousses, s'être assuré en humant le bouchon que le vin n'est pas bouchonné, le décanter très doucement en tenant la carafe d'une main et la bouteille de l'autre, en formant un parfait accent circonflexe.

Je précise que cela est inutile pour le vin blanc, mais nécessaire pour les vieux bourgognes rouges de dix à trente ans d'âge. Il est hasardeux, au-delà de cette limite, de le décanter, car il risque de s'amollir, de se « casser » et de vite perdre le peu de qualités qu'il lui reste. N'oubliez pas de décanter dans une carafe les vins rouges vieux d'au moins dix ans, principalement les bordeaux, afin de ne pas mélanger au vin le tanin qu'il contient en servant vos convives.

Il n'est pas indispensable de déboucher le vin blanc longtemps avant de le servir. Un quart d'heure avant suffit pour un bourgogne rouge, car il risque de s'éventer. Par contre, si vous ouvrez une bouteille de vieux bordeaux rouge, décantez-le juste avant de servir, au tout dernier moment. N'oubliez surtout pas de montrer la bouteille et son étiquette à vos convives. Le plaisir de l'œil précède celui du palais ainsi que celui du bouquet respiré, qui ne peuvent et ne doivent pas être négligés. Tout vin décanté en carafe une demi-heure ou une heure avant le repas perd une grande partie de son nez et de son bouquet.

J'ai été kidnappé quand j'étais enfant. On m'a coupé le doigt et on l'a envoyé à mes parents. Mon père a réclamé davantage de preuves.

(Rodney Dangerfield)

LE SAVIEZ-VOUS ?

Il vaut mieux ne jamais offrir un couteau, cela coupe l'amitié. Ou alors, échangez-le contre une pièce de monnaie. Il ne faut jamais non plus laisser un couteau ouvert, le tranchant en l'air, c'est dangereux pour les âmes errantes qui cherchent leur chemin. N'enfoncez jamais non plus la pointe du couteau dans le pain ni dans la poitrine de quelqu'un, cela lui porterait malheur.

Si tu portes le doux nom de Fleur,
À consonance romantique,
Invite les rires chasse les pleurs,
Ta vie aura douce musique.

Sainte Fleur

PERRET

05 octobre

ATTILA (395 - 453)

Attila était hun, il faut bien commencer un jour. Non seulement il fut hun, mais il tenait à le rester. La preuve : à la première occasion, cependant que son frère (avec qui il partageait la royauté) cherchait à quatre pattes des gastéropodes dodus pour les accommoder avec un beurre à l'ail, il le transperça entre les omoplates. Sa grande épée en acier inox resta fichée en terre, épinglant tel un papillon son malheureux frelot qui avait toute l'allure d'un mort pour quelqu'un qui connaissait la partie. En tout cas, s'il ne l'était pas, c'était bien imité, car on ne le revit plus jamais le samedi soir taper le carton à l'estaminet du Beau Danube bleu, repaire des Huns et des autres ! Attila, qui était tout petit, n'avait qu'une idée en tête : il voulait faire peur à tout le monde. Aussi, afin de réveiller les gènes schizophréniques qui sommeillaient dans le cerveau des masses laborieuses, il se fit appeler désormais le « fléau de Dieu ». Il acheta une entrecôte, la mit bien à plat sous la selle de son cheval, puis incendia, pilla les villages et viola beaucoup de gens qui ne lui avaient pas été présentés. Il terrorisa les foules, jusqu'à ce que sa côtelette fût cuite à point. À vrai dire, ce petit cachottier rêvait de faire carrément modifier un jour sa carte de visite. Il garderait toujours « Monsieur Attila », bien sûr, mais en dessous, il ferait mettre : « Chef suprême et incontesté de l'Orient et de l'Occident ». Auprès des gonzesses, je vous dis pas l'effet !

Attila était tellement cabossé et couturé de partout qu'il ressemblait à un filet de pêcheur.

Son épouse lui faisait répéter trois fois son nom avant de le laisser pénétrer dans le salon.

Ah, l'amour !...

Les hommes aiment qu'on les aime. Les femmes aiment tout court. Enfin... ça dépend court comment !...

Quand on est amoureux, il n'est pas interdit de courir après deux lèvres à la fois.

Il était tellement impatient la première fois que dès le lever du rideau, il a frappé ses trois coups.

Pensées

Une guerre laisse le pays avec trois armées.
Une armée d'infirmes,
une armée de pleureuses
et une armée de voleurs.
(Henry Louis Mencken)

Tuer un homme fait de vous un assassin.
Mais tuez-en des milliers, vous serez un héros.
(Beilby Porteus)

CÔTÉ JARDIN

Semez les fèves en pleine terre. *Idem* pour le chou-fleur, le chou pommé de printemps et la laitue... ou sous abri si vous habitez une zone froide.

06 octobre

Saint Bruno

PERRET

Ça fit du bruit dans Landerneau,
Quand Michel épousa Bruno,
Car ce fut une sacrée secousse,
Que l'annonce du mariage pour tous

« LE TORD-BOYAUX »

L'horrible détail du « panaris dans la blanquette » m'a été inspiré par le jeune serveur de 18 ans, Coco, qui, au Café du Pont, avait remplacé Laurent (presque un frère !) parti faire son service militaire. Coco – qui ne fit pas long feu au café (avec maman, sale comme il était, il avait peu de chance d'y rester !) – servait leur potage au vermicelle aux clients avec des ongles en deuil (vraiment noirs de crasse !), dont il glissait effectivement le pouce à l'intérieur de l'assiette calotte qu'il déposait sous le nez du client. Maman, quand elle vit ça, faillit s'évanouir ! Ce potage est simplement devenu « la blanquette » et les ongles noirs le « panaris » dans « Le Tord-boyaux ». Plus de cinquante ans après sa création, les haut-le-cœur horrifiés du public sont toujours les mêmes dans les salles de concert. En tout cas, « ils » la connaissent par cœur !

Il s'agit d'un boui-boui bien crado,
Où les mecs par-dessus l'calendo,
Se rincent la cloison au Khrouchtchev maison,
Un Bercy pas piqué des hann'tons.
D'temps en temps y a un vieux pue-la-sueur,
Qui s'offre un vieux jambon au vieux beurre,
Et puis une nana une jolie drôlesse,
Qui lui vante son magasin à fesses.

Au Tord-boyaux,
Le patron s'appelle Bruno,
Il a d'la graisse plein les tifs,
Des gros points noirs sur le pif.

Quand Bruno fait l'menu et le sert,
T'as les premières douleurs au dessert,
L'estomac à g'noux qui demande pardon,
Les boyaux qui tricotent des napp'rons.
Les rotules de grand-mère c'est du beurre,
À côté du bifteck pommes vapeur,
Si avant d'entrer y t'reste une molaire,
Un conseil tu la laisses au vestiaire.

Au Tord-boyaux,
Le patron s'appelle Bruno,
Il envoie des postillons,
Ça fait des yeux dans l'bouillon.

Sois prudent prends bien garde au fromage,
Son camembert a eu l'retour d'âge,
Avant d'l'approcher, j'te jure que t'hésites,
Ou alors c'est qu't'as d'la sinusite.
Comm' Bruno a un gros panaris,
Le méd'cin a prescrit l'bain-marie,
Mais subreptic'ment en t'am'nant l'assiette,
Il le glisse au chaud dans la blanquette.

Au Tord-boyaux,
Le patron s'appelle Bruno,
Allez vite le voir avant,
Qu'il s'achète la Tour d'Argent.

Les grands mangeurs et les grands dormeurs sont incapables de quelque chose de grand. (Henri IV)
Vous avez noté qu'il n'a pas parlé des grands b… !

Le petit Serge avait quinze berges,
Quand pour la première fois Circée,
Lui secoua si bien l'asperge,
Qu'il voulut vite recommencer.

Saint Serge

07 octobre

POUR FESTOYER À L'OPPORTUN,
À LA BONNE TABLE DE SERGE,
N'INVITE JAMAIS UN IMPORTUN,
INDIGNE D'UNE TELLE AUBERGE.

Pensées

Copier un auteur, c'est du plagiat. Copier plusieurs auteurs, c'est de la recherche. (Wilson Mizner)

On peut avoir la preuve de la chasteté d'une femme en lui faisant laver une pierre appelée galériate. Si la femme est pure, la pierre produira tout aussitôt sur elle l'effet d'un puissant diurétique. À pisser de rire ! Au secours, les Femen !

« Je veux que les femmes soient libérées et qu'elles puissent toujours remuer leur beau cul. » (Shirley MacLaine)

Comme les hommes sont plus capables de distinguer le mérite des femmes, de même les femmes jugent plus sainement les hommes. Les deux sexes semblent avoir été faits pour s'observer l'un l'autre et sont pourvus de talents différents pour cette observation mutuelle.

« C'est une expérience éternelle que tout homme qui a du pouvoir est porté à en abuser. Il va jusqu'à ce qu'il trouve des limites ; qui le dirait ?... La vertu même a besoin de limites. »

(Montesquieu, 1748)

Côté santé

À propos des vertus de l'oignon : Il y a des moustiques dans votre chambre ? Mettez un oignon coupé en deux sur votre table de chevet.

Vous vous êtes brûlé(e) en cuisinant ? Appliquez de l'oignon cru à peine salé sur la brûlure.

Vos ongles sont cassants ? Badigeonnez-les avec du jus d'oignon ou frottez-les souvent avec des rondelles crues. C'est votre conjoint, au pieu, qui va être content !

« Tous les jeunes que tu regardes à la télé maintenant, eh ben, un jour, ce sera tous des vieux de la télé… »

« Le Mystère de la chambre jaune ?…
– Oui, jaune.
– C'est de la peinture ou du papier ? »
(Jean-Marie Gourio, *Brèves de comptoir*)

T'as un tas de mecs qui roulent des mécaniques et t'as des mecs discrets qui la ramènent pas. Moi, j'habite rue Gabriel Péri, on le voit jamais, ce mec-là !

08 octobre

Sainte Pélagie

Sa maman dit à Pélagie,
Pour ton mari tu as mal agi,
En lui mettant le nez devant,
La liste de tous tes amants.

LES PRADÉLETS

Les pradélets (bien prononcer le t et le s) sont des petits champignons au chapeau blanc, striés en dessous, à la chair rosée ferme et délicate occultée par un petit voile blanc lorsqu'ils sont très jeunes ; ronds, ils ressemblent à de petites balles de ping-pong. C'est dans cet état qu'il est préférable de les déguster cuits en persillade ou crus, avec un nuage d'huile d'olive et un filet de citron. Les gens civilisés les nomment « rosés-des-prés », ou tout simplement « rosés ». Mémé, elle, ne les a jamais appelés autrement que pradélets. C'est donc très tôt, après avoir englouti une dernière tartine de confiture de quetsches que, le panier à la main, nous partions résolument mémé et moi vers le chemin de la Mouline. Canif en main, nous allions arpenter les prés à un kilomètre à peine au-delà du Gravil, dernier quartier pentu de la ville, avant la plaine qui descend vers la Garonne.

Une vocation littéraire c'est, chez un être, un rapt secret et continu d'émotions. Rapt si violent, si obsédant, qu'un beau jour le voleur n'en peut plus et avoue. Je veux dire qu'il se met à écrire.
(Jacques de Lacretelle)

Certaines personnes disent que faire l'amour avec un préservatif, c'est comme prendre une douche avec un imperméable. Je leur répondrai que de nos jours, faire l'amour sans préservatif, c'est comme prendre une douche avec un grille-pain allumé. (Marc Price)

« Ma femme, elle veut pas qu'on baise le vendredi saint.
– Ah bon ? Et pourquoi ça ?
– Je sais pas, moi, tous ces trucs de religion, j'y pige pas grand-chose…
– Alors, tu peux pas la tringler ce jour-là ?…
– Si, bien sûr, si j'insiste vraiment…
Mais avant, elle prie, elle prie, elle prie… et moi, ça me coupe tous mes effets !… »

langage des fleurs

François Ier disait : « Une cour sans femmes ressemble à un printemps sans roses. »

Connaissez-vous le langage des fleurs ?… Savez-vous décrypter leur message ? Faites un luxuriant bouquet d'euphorbes réveille-matin, d'hélianthes à grandes fleurs, de fusains, d'ornithogales pyramidales, de myosotis ou d'achillées mille-feuilles, et faites-le parvenir à celle qui occupe votre cœur. Car ce bouquet lui dira : « J'ai perdu le repos, mes yeux ne voient que vous ; votre image est tracée dans mon cœur, ma tendresse est pure, aimez-moi comme je vous aime… ou guérissez-moi. »

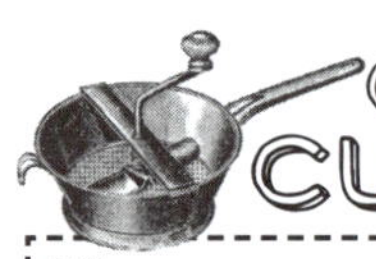

CÔTÉ CUISINE

Ne mettez votre ail pressé dans la poêlée de champignons que trois minutes avant la fin de cuisson. Salez-les aussi à ce moment-là et répandez le persil haché dessus les dix dernières secondes.

À la basilique Saint-Denis,
Tous nos grands rois sont embaumés,
Finies guerres, ripailles, orgies,
Tous ces messieurs sont rassasiés !

Saint Denis

PERRET

09 octobre

S'il fait beau à la Saint-Denis,
Bécasse viendra dans ton nid,
Mais si tu manges des brocolis,
Ton pot de chambre sera rempli.

MALATO

Certaines des lignes de Malato écrites voici plus de cent ans ont une résonance qui, sous certains aspects, s'avère « cousine » de la « musique politique » qu'il nous est donnée d'entendre aujourd'hui. Les qualités exceptionnelles que l'on reconnaît – ou croit reconnaître – en chacun des futurs gouvernants pour lesquels on vote ne seraient-elles qu'un leurre, un miroir attirant autour duquel nous faisons les alouettes ?...

« Plus clairvoyants que certains révolutionnaires, les hommes de tête du parti clérical ne s'étaient pas trompés sur l'importance du mouvement syndical et son rôle dans un avenir certainement peu éloigné.

Aujourd'hui, pape, prélats, princes et hauts dignitaires de l'Église ont perdu leur prestige sur les foules, mais d'autre part, le révoltant égoïsme de la bourgeoisie qui, voltairienne, maintient une religion pour le peuple et, libérale, règle les questions sociales à coups de fusil, a créé un état d'esprit dont les ultramontains croient pouvoir profiter...

... La naïveté populaire est grande et, au premier moment, il n'a pas manqué de bonnes gens pour considérer comme un témoignage d'audace et de sincérité cet avatar de cléricaux en socialistes, ce qui n'était encore une fois qu'une profonde roublardise. Ils oubliaient, ceux-là, les enseignements de l'histoire : les persécutés devenant persécuteurs, les abbés patriotes du tiers état se transformant trois ans plus tard en fougueux Vendéens, les curés de 1848, bénisseurs d'arbres de la liberté, poussant bientôt après à l'étranglement de la république en chantant un *Te deum* à Louis Bonaparte au lendemain du 2 décembre. »

(Charles Malato, *Philosophie de l'anarchie*, 1888-1897)

On compte plus facilement ses moutons… que ses amis. (Diogène Laërce)

Un ami fidèle est une tour forte, et qui l'a trouvé, a trouvé un trésor. *(La Bible)*

Définition

L'hôpital général est celui où l'on reçoit tous les mendiants.
L'Hôtel-Dieu est l'hôpital de tous les malades.
Les « petites maisons », c'est l'hôpital des fous.
(Antoine Furetière, 1690)

CÔTÉ CUISINE

Saison du gibier : si vous faites une marinade de chevreuil, marcassin, lièvre ou autre biche, ne la salez jamais car le sel brûle les chairs.
Recouvrez-la d'un demi-verre d'huile qui lui évitera l'oxydation. Une nuit suffit.
Évitez la fourchette pour retourner votre marinade.
Servez-vous de cuillères ou spatules en bois.
Enfin, égouttez les morceaux et épongez-les bien au papier absorbant avant de les rôtir au four après les avoir assaisonnés.
Bon appétit !

10 octobre

Saint Ghislain

Négligemment vêtu Ghislain,
Arborait des couleurs d'automne,
Bottes en cuir fin costume en lin,
Il eût pu séduire une nonne.

Un homme n'est pas rivière...
Il peut retourner en arrière.

SOUVENIRS

Joubert était un philosophe dont Paul Léautaud appréciait particulièrement *Les Pensées*, qu'il m'avait lui-même fortement recommandé de lire lors de mes visites d'après-midi rue Guérard, à Fontenay-aux-Roses. Il me semble avoir parlé de Joubert avec lui, quelques jours après être rentré de l'inauguration de la fondation de l'académie Alphonse Allais, au Grenier à sel d'Honfleur, le dimanche 8 août 1954. J'étais alors saxophoniste à la musique du train et nous assurions ainsi bon nombre d'inaugurations « officielles »... C'est là que j'avais fait la connaissance d'Henri Jeanson, dont je savais qu'il connaissait bien Léautaud. (Nous avions, entre autres, parlé de ses chats.) Tout le gratin parisien était présent à cette prestigieuse inauguration au Grenier à sel. Pour créer ce jour-là un « prix annuel de littérature Alphonse Allais », le célèbre metteur en scène Christian-Jaque, la non moins célèbre actrice Martine Carol ainsi que l'acteur Fernand Ledoux ou Raymond Queneau lui-même étaient présents. J'avais cru épater Léautaud en lui égrenant tous ces noms prestigieux... Il ne connaissait personne, hormis, je crois, Fernand Ledoux, qu'il avait vu jouer Tartuffe (« Remarquable ! » avait-il dit) à la Comédie-Française.

LE SAVIEZ-VOUS ?

Tous les anatomistes – c'est bien connu – appellent les lignes de la main « plis de flexion ». La plus connue est la « ligne de vie ». Elle part du niveau de la deuxième articulation métacarpo-phalangienne, se dirige en dedans et en haut et contourne l'éminence thénar – autrement dit le « mont de Vénus ». Elle prend fin selon chacun à divers endroits, mais s'arrête généralement lorsqu'elle rejoint les lignes en bracelet du poignet : « les rascettes ».

Les enfants, quand ils sont petits, rendent leurs parents stupides. Quand ils sont grands, ils n'arrêtent pas de les emmerder, et quand ils sont vieux... ils n'attendent que l'héritage !

Pensées

Le pire des cadeaux, c'est la boîte de pâtes de fruits. Il n'y en a qu'une au monde, et les gens essaient sans cesse de se la refiler. (Johnny Carson)

La mouche qui pique la tortue se casse le nez.

Chaque auteur a son dictionnaire (lexique) et sa manière. Il s'affectionne à des mots d'un certain son, d'une certaine couleur, d'une certaine forme, et à des tournures de style, à des coupes de phrases où l'on reconnaît sa main et dont il s'est fait une habitude. Il a en quelque sorte sa grammaire particulière, sa prononciation, son genre, ses tics et ses manies. (Joseph Joubert, *Pensées*, 1838)

Si tu chasses à la Saint-Firmin,
Quand tu tireras ton lapin,
Ta femme plus pacifiquement,
Confiera le sien à Armand.

Saint Firmin

PERRET

11 octobre

LES GAULOIS

La Gaule, à l'époque, n'en déplaise à Uderzo et à Goscinny, elle était pas grande, croyez-moi. C'était marécageux, je vous raconte pas. La voirie faisait très mal son boulot, sans doute. Forcément, ça rendait les gens grognons ! Vers les deux cents ans avant Jésus-Christ, la Gaule désignait l'ensemble des pays habités par les Celtes. Presque cent ans plus tard, à l'arrivée de César, la Gaule, dite indépendante, se divisa en trois parties. L'une était habitée par les Belges (« Allez, allez ! »), l'autre par les Aquitains (« Putain con ! »), la troisième par les Celtes, ou si vous préférez nos ancêtres les Gaulois. Par exemple, la Gaule celtique au centre de la France actuelle était comprise entre la Seine, la Garonne et le Rhin inférieur. Tout ce beau territoire était peuplé par les Helvètes, les Séquanes, les Éduens, les Lingons, les Sénons, les Carnutes, les Vénètes, les Pictaves, les Sautons, les Bituriges, les Cadurques, les Lémovices et les Arvernes, on y becquetait donc du chèvre du Poitou, de la fourme d'Ambert, du cantal de Salers, du banon, des boulettes d'Avesnes, des boutons-de-culotte, de la cancoillotte, de la cervelle de canut, du chabichou, de l'époisses, du maroilles, du picodon, du trou du murol, du bleu d'Auvergne, du brillat-savarin, du brie de Melun, du reblochon, du vacherin, et j'en passe. L'absence de frigo n'arrangeait rien, vous vous en doutez, au niveau des odeurs. Donc, il faut bien l'admettre, ça schlinguait féroce à l'époque, bien plus qu'aujourd'hui, dans les HLM de Sarcelles, quoi qu'en disent certains ! « Bonjour les odeurs ! »

Les Gaulois étaient superstitieux, c'était pas croyable ! Il suffisait qu'un gros rocher se détachât et écrabouillât leur maison pour qu'ils devinssent méfiants. Un ours les attendant en sifflant au pied du chêne sur lequel ils cueillaient le gui était un mauvais présage. Lorsqu'ils étaient treize à table, par exemple, ils étranglaient le plus jeune des convives pour lui éviter de mourir dans l'année. Les Gaulois étaient emportés, susceptibles, coléreux. Ils étripaient aussi facilement un collecteur d'impôts que le malheureux ténor qui avait fait un couac dans *Parsifal*, à l'Opéra. Devant ce manque de tolérance évident, leurs épouses, les Gauloises, filaient droit. Chez leurs amants. Bien que prudes, apparemment, elles ne répugnaient pas cependant de laisser parfois « entrer un lézard dans la termitière », comme disaient malicieusement les gardiens de zoo de l'époque. Elles étaient très malignes et convaincantes lorsqu'il le fallait. Leurs maris, naïfs, croyaient volontiers dur comme fer qu'elles se sacrifiaient pour aller aux réunions de parents d'élèves quasi quotidiennes. Les enfants des Gaulois, c'était connu, avaient soif d'apprendre. Leurs parents, eux, avaient soif tout court.

C'EST UN FAROUCHE HOMME DE MAIN,
QUE CE FIRMIN SI REDOUTABLE,
MAIS IL VIENT MANGER DANS SA MAIN,
QUAND SA FEMME L'APPELLE À TABLE.

CÔTÉ JARDIN

Récoltez les haricots secs lorsque les feuilles seront presque toutes tombées.

Effeuillez le bas des pieds de tomate.

12 octobre

Saint Wilfried

C'est souvent vers la Saint-Wilfried,
Que les premiers pieds-de-mouton,
Poussent en forêt en terre humide,
Croquants et parfumés dit-on.

PETITS MÉTIERS

Écrivain public. La brune et accorte Mme Solange était assise toute la journée devant une petite table d'acajou dans un petit réduit de deux mètres carrés qui séparait deux magasins. Dans la rue de la Liberté, c'est entre la boucherie Benassac et le marchand de postes TSF, M. Pouydebat, que cette douce femme pratiquait son métier d'écrivain public. Un petit prospectus imprimé, sans doute rédigé par elle-même, spécifiait que « les missives étaient garanties par une écriture sans fautes d'orthographe ainsi qu'en toute discrétion ». Les lettres d'affaires ou les faire-part de toutes sortes pour les mariages, enterrements, ou les annonces de natalité, rien ne rebutait Mme Solange. Elle avait des formules limpides, convaincantes, elles plaisaient immanquablement à ceux qui adressaient leur lettre à un tiers aussi bien qu'à ceux qui la recevaient. Par-dessus tout, cependant, ce sont les missives d'amour, envolées de l'encrier de Solange, qui remportaient la palme auprès des amoureux les plus épris et les plus exigeants en tournures enjôleuses. Elle évoquait fréquemment la « passion violente », dont la seule formule enchantait surtout les amoureux romantiques. Le « cœur brisé », l'« âme en dérive », la « fièvre dans la peau », la « communion des sens », le « cœur à l'unisson » remportaient aussi un succès quasi général auprès des amoureux transis qui n'auraient jamais su imaginer d'images aussi poétiques. « Ton cœur se blottit dans mes pensées » était gagnant à tous les coups ! Mme Solange ne se privait pas d'en user avec tous les « petits nouveaux » venus labourer à travers elle les champs de l'amour courtois… et « littéraire ».

Les sanglots longs,
Des violons de l'automne,
Les vendangeurs,
Le raisin blond,
Le ciel tonne.

- Mon mari a passé vingt ans à décharger sur les quais et maintenant le voilà débauché. Qu'allons-nous devenir ?…
- J'ai eu des rendez-vous avec tous les docteurs possibles. Peine perdue, nous sommes toujours sans enfant.
- Selon vos instructions, j'ai donné le jour à deux jumeaux que vous trouverez ci-joint dans l'enveloppe.
- Monsieur le directeur, mon mari est mort. Dites-moi comment le faire sortir de la caisse.
- J'ai pas touché depuis deux mois. Pourquoi vous me laissez ma rente en plan ?

(Pierre Ferran, *Perles du courrier administratif*)

LE SAVIEZ-VOUS ?

« Une branche de pourpier placée au pied du lit éloigne les cauchemars », dit-on dans le Berry. Mais pourquoi il n'y a qu'en province que la vie est si douce !

Géraud rêvait d'être un héros,
Quand on le prenait pour un cuistre,
Il le fut pourtant mais pas trop,
Car après il devint ministre.

Saint Géraud

13 octobre

Ils l'ont dit

Les traits caractéristiques de l'Allemagne nationale-socialiste n'ont rien de nouveau. Au contraire, le nazisme a fait ressortir les caractères psychologiques de l'Allemand de toujours et les a glorifiés comme les qualités d'un peuple de maîtres. Les éléments à l'intérieur de l'Allemagne qui auraient pu faire évoluer ce peuple naïf et arriéré et le rapprocher de la civilisation occidentale ont été éliminés par la persécution et l'exil. (Sigrid Undset, 1882-1949)

Je ne partage pas l'avis de ceux qui pensent que les gens qui aiment les fleurs sont forcément bons. Même ceux qui aiment les bêtes ne le sont pas toujours ; certains aiment les fleurs et les bêtes parce qu'ils sont incapables de s'entendre avec leur prochain.

(Sigrid Undset)

« Hier soir, en sortant de la fête au bord du canal, j'ai rebroussé une fille... Je te dis pas !
– Qu'est-ce que t'as rebroussé ? T'as rien rebroussé du tout, Ducon, tu l'as troussée, peut-être, mais...
– Je sais pas si j'y ai fait ce que tu dis, mais en tout cas, je peux te dire qu'elle appelait sa mère ! »

« Ma mère n'a jamais voulu me donner le sein...
– Et pourquoi ça ?
– Elle était déjà trop prise par mon père... »

Côté cuisine

Une friteuse qui menace de déborder, vous y jetez un oignon dedans et elle vous fout la paix.

Quand l'huile de friture est chaude, jetez-y un blanc d'œuf cru, il récupérera toutes les particules indésirables.

« Tu sais, finalement, ça me pesait trop... Au bureau, ce matin, j'ai fini par lui dire à ton mari qu'on avait couché ensemble...
– Mais putain, t'es marteau ou quoi ?!... Et qu'est-ce qu'il t'a dit ?...
– Il m'a dit merci ! »

Pensées

Un Anglais qui donne des conseils culinaires à un Américain, c'est comme un aveugle qui aide un borgne à traverser. (A. J. Liebling)

Pendant le temps que durèrent ses fonctions il put se composer un langage farci de lieux communs, semé d'axiomes et de calculs traduits en phrases arrondies qui doucement débitées sonnaient aux oreilles des gens superficiels comme de l'éloquence.
(Honoré de Balzac, *César Birotteau*, 1837)

L'astronomie est née de la superstition ; l'éloquence de l'ambition, e la haine, de la flatterie du mensonge ; la géométrie de l'avarice ; la physique d'une vaine curiosité. Toutes, et la morale même, de l'orgueil humain. (Jean-Jacques Rousseau, *Discours sur les sciences et les arts*)
Il perdait ses bas, parfois, le Jean-Jacques ! L'astronomie née de la superstition ?!! Ça me confirme un peu que j'ai toujours eu raison de préférer Voltaire.

14 octobre

Saint Juste

Humbles en tout temps il y eut des Jus
Qui auraient pu redresser le buste,
Bomber le torse en cabotins,
Ils ont laissé ça aux crétins.

Maxime

Faites en sorte que les vaincus puissent se féliciter de vous avoir pour vainqueur.

Pensées

Les larmes sont immuables. Pour chacun qui se met à pleurer, quelque part, un autre s'arrête. Il en va de même du rire. (Samuel Beckett)

Le paresseux craint la peine et la fatigue. Il est lent dans ses opérations et fait traîner l'ouvrage. Le fainéant, lui, aime à être désœuvré. Il hait l'occupation et fuit le travail. (« Qui pourrait l'anéantir ! ») (Gabriel Girard, 1756)

Lorsque Beethoven devint sourd, son perroquet se dirigea vers le mime. (Terry Gilliam)

Les heures que nous passons dans l'espérance du bonheur sont plus agréables que celles qui sont couronnées par la jouissance. (Oliver Goldsmith)

TRANCHE D'HISTOIRE

1920 « "Je suis leur chef, donc je les suis." Cette antique boutade résume assez bien l'état d'esprit qui a inspiré la plupart des mesures prises au jour le jour contre la vie chère. Dans la hausse des produits, il est certains facteurs déterminants qui sont les conséquences prévues de circonstances exceptionnelles, d'un bouleversement accidentel des lois économiques, et qui s'atténueront probablement sans disparaître tout à fait. Le plan d'ensemble qui vient d'être adopté afin d'agir sur le prix de la vie ne paraît pas avoir établi entre ces diverses causes de hausses injustifiées une discrimination suffisante... »

Vous pensiez à une déclaration récente de notre chef de l'État dans un quotidien ?... Mais pas du tout !... C'est un programme évoqué par un journaliste du journal *L'Information*, le 14 octobre... 1920 ! De quoi donner des cauchemars à un chef d'État !

Ceux qui pensent à tout n'oublient rien.
Ceux qui ne pensent à rien font de même
puisque ne pensant à rien ils n'ont rien à oublier.
(Pierre Dac)

Bonne résolution du mois

Demain, je lui demande de ne plus fumer au lit et, s'il le peut, aussi d'arrêter de se moucher dans les draps !

La conscience est une poltronne qui, quand elle n'a pas eu assez de force pour prévenir une faute, a rarement assez de justice pour punir le coupable en l'accusant. (Oliver Goldsmith, 1728-1774)

La philosophie des philosophes n'est que le sens commun en langage amphigourique. (Goethe)

Tout va bien, j'ai déjà un pied dans la tombe et, comme je suis sourd, je n'entendrai pas sonner ma dernière heure. (P. H. Cami)

Sainte Thérèse d'Avila,
Un philtre d'amour avala,
Elle ne comprit ce jeu de dupes,
Que lorsqu'elle eut le feu aux jupes !

Sainte Thérèse d'Avila

PERRET

15 octobre

DANS LA BOUE

L'avocat de la société s'est levé. Il m'a traînée dans la fange. Toujours la même rengaine : la charogne, les crottes de Jacqui, la boîte à ordures dans le corridor, mon amant casqué, mes cris d'amour, mes injures après la concierge, tous leurs prétextes.

P'is on a cité les témoins. Tous étaient contre moi,
tous étaient du côté du gérant.
« Jurez que vous dites la vérité – comment qu'on dit ? –,
toute la vérité ! »
Le veilleur de nuit avait déclaré qu'il avait entendu des cris une nuit, que ces cris venaient bien des balcons de service, qu'il avait bien reconnu ma voix.

L'homme qui débouche les cabinets a déclaré que ça sentait bien mauvais chez moi, que ma poubelle l'avait fait tomber dans le corridor.

P'is c'était le tour de la concierge.
Ça allait pas tout seul !
Car elle voulait faire son effet, sacrée garce !
Elle avait pas ôté ses gants.
Quand elle levait sa main pour jurer, le juge l'a attrapée :
« Dégantez-vous ! On jure pas avec des gants !
Vous êtes pas à une noce, mais devant le tribunal ! »

Alors, elle débitait tous ses ragots de concierge,
que mademoiselle Malarmé avait fait ceci, que mademoiselle Malarmé avait fait cela, toutes ces imbécillités bêtes à vous dégoûter de l'humanité.

(Brassaï, *Paroles en l'air*)

HOMME

« Mortel, caduc, fragile, girouette, inconscient, songe, fumée, terrestre, feuille de bois, misérable, risible, menteur, docile, jonc d'étang, belliqueux, membru, robuste, jouet de bise… »

Définition dans un dictionnaire de 1571 **(Maurice Delaporte)**.

Mais c'est les Femen qui ont écrit ça, ma parole !

Pensées

S'il fallait tolérer aux autres tout ce qu'on permet à soi-même, la vie ne serait plus tenable.
(Courteline)

Il est plus dangereux de tomber en amour que du haut d'une falaise.
(Plaute)

L'éternité, c'est long… surtout vers la fin.
(Franz Kafka)

Un archéologue est un mari idéal. Plus sa femme vieillit, plus il s'intéresse à elle.
(Agatha Christie)

CÔTÉ JARDIN

D'un lien de raphia, liez et laissez blanchir vos chicorées frisées et les scaroles.

CÔTÉ CUISINE

Les belles femmes, c'est comme le camembert. On ne peut pas les garder longtemps.

16 octobre

Sainte Edwige

Un jour la ravissante Edwige,
Qui jouait au billard à queue,
Se trompant empoigna la tige,
De Jeannot qui était pas dégueu.

FLANCHET DE VEAU AU VINAIGRE ET AU MIEL

Demandez à votre boucher un flanchet d'1 kg à 1,2 kg, pour quatre à six convives.

Essayez cette recette que j'ai concoctée un jour de grande faim, au retour d'une pêche au brochet (infructueuse!)... Le flanchet est un morceau du veau assez méconnu, qui se trouve dans la partie inférieure des parois abdominales de la bête. Il est pourtant délicieux préparé ainsi.

Pour 6 convives :

1,2 kg de flanchet coupé en morceaux;
4 cuillerées à soupe d'huile d'arachide;
2 cuillerées à soupe d'huile d'olive;
600 g d'oignons
(violets sucrés, si possible) hachés;
1 bouquet garni;
1 cuillerée à soupe de miel;
½ verre de bon vinaigre de vin vieux;
Eau;
Gros sel moulu, poivre.

Préparation :

Dans une cocotte, faites bien dorer les morceaux dans les huiles mélangées durant dix bonnes minutes à feu moyen.

Tournez les morceaux à la spatule en bois.

Retirez-les dorés de la cocotte et réservez-les dans un plat.

Mettez alors les oignons dans la même cocotte (ajoutez une cuillerée d'huile si nécessaire), salez, mouillez d'une ou deux cuillerées d'eau, baissez le feu, laissez doucement étuver une douzaine de minutes à couvercle fermé.

Après quoi, ajoutez la viande dans la cocotte ainsi que le miel, le vinaigre, le bouquet garni et le poivre.

Ajoutez de l'eau (ou mieux du bouillon) jusqu'à hauteur des morceaux de viande.

Laissez cuire à petit feu une heure couvercle entrouvert.

Des pommes de terre nouvelles rissolées doucement à l'huile et au beurre, salées au sel de mer, poivrées et saupoudrées d'une pluie de persil simple haché, accommoderont fort bien ce délicieux flanchet.

La vieille fille voudrait ramasser avec ses mains ce qu'elle a repoussé du pied.

J'adore la bouffe chinoise. Mon plat préféré est le 27.
(Clement Attlee)

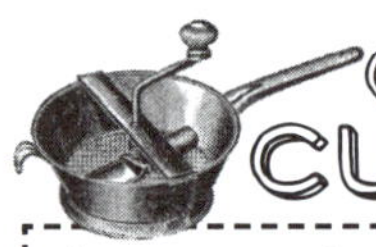

CÔTÉ CUISINE

Amateurs de haricots secs tarbais, pour le cassoulet, par exemple, si vous ne voulez pas que les charançons les becquettent, mettez quatre gousses d'ail et une feuille de laurier dans le pot de grès où vous les conserverez.

« Les succès produisent les succès, comme l'argent produit l'argent. » Cet aphorisme de Chamfort fut « complété » par Paul Léautaud, qui ajouta : *« … et comme les femmes produisent les femmes. »*
Un connaisseur !

17 octobre

Baudouin jusqu'à midi partait,
Vaillamment creuser son sillon,
Sa femme au retour lui disait,
Tu sais le mien est plus mignon.

Saint Baudouin

PERRET

Le caprice de notre humeur est encore plus bizarre que celui de la fortune. (La Rochefoucauld)

POUVOIR ET JUSTICE

Le socialisme est la forme moderne de la protestation qui, à toutes les époques d'activité intellectuelle, s'est élevée, plus ou moins vive, contre l'injuste répartition des avantages sociaux.

Le dicton d'après lequel la vérité triomphe toujours de la persécution est un des plaisants mensonges que les hommes répètent l'un après l'autre jusqu'à ce qu'ils passent en lieux communs, mais que toute expérience réfute.

Un État qui rapetisse ses sujets en vue d'en faire de dociles instruments de ses projets, même si ceux-ci sont bienfaisants, trouvera qu'en réalité, avec de petits hommes, il ne peut pas faire de grandes choses et que la perfection du mécanisme auquel il a sacrifié toutes choses finira par ne lui servir à rien, par manque de pouvoir vital que, pour que la machine puisse marcher plus facilement, il a préféré proscrire.

(John Stuart Mill, 1806-1873)

MON PREMIER DISQUE

C'est à moindres frais – avec trois musiciens seulement – que j'enregistrai mon premier disque Barclay, dans les studios du même nom, avenue Hoche.

Originalité de ce premier super 45 tours, il comportait cinq titres au lieu de quatre. « Le Moulin à café » venait s'ajouter aux premières chansons chantées à La Colombe. Seul le trio Charpin m'accompagna donc dans ces cinq titres. François Charpin, brillant pianiste aveugle, était la gentillesse même. Percevant avec finesse le trac qui s'était emparé de moi, il fit des prouesses musicales pour s'adapter à « ma » mesure, à « mon » débit, jusqu'à ce que nous trouvions ensemble le bon tempo. Pierre Cavalli, virtuose guitariste, et Michel Gaudry, qui assura la contrebasse à cordes avec le talent qu'on lui connaît, firent eux aussi tous leurs efforts pour me mettre à l'aise. Qu'ils en soient encore remerciés, bien qu'un demi-siècle se soit écoulé depuis !

Une femme intelligente est une femme avec laquelle on peut être aussi bête que l'on veut. (Paul Valéry)

Ce sont parfois les petits lits qui font les grandes maîtresses.

Il est peu d'hommes enclins à rendre hommage sans quelques mouvements d'envie au succès d'un ami. (Eschyle)

MONDIALISATION

« Notre langue française a été acceptée depuis longtemps comme une langue diplomatique dans les congrès des rois. Il est donc naturel qu'elle sera également choisie dans l'avenir par les peuples, lorsque la sainte alliance des nations aura été proclamée. » **(Maurice Lachâtre, 1856)**

Ce n'est pas vraiment le cas !

18 octobre

Saint Luc

Pour apprécier au mieux les sucs,
De ces subtils mets mitonnés,
Tous les super chefs étoilés,
Font toujours appel à Jean-Luc.

À LA SAINT-LUC, LA BETTERAVE DEVIENT SUC !

SOUVENIRS D'ENFANCE

Aux alentours de 6 ou 7 ans, tous les mercredis soir, papa, avec sa petite Citroën, me déposait chez mémé, dans la rue des Écoles. C'est là que j'aurais volontiers passé le reste de mon existence tant j'y étais heureux. Le jeudi matin à l'aube, avant notre départ vers les prés de la Garonne pour y cueillir les premiers champignons de rosée, Jean-Marie, le laitier, s'arrêtait devant chez mémé. Sa carriole à brancards contenait cinq ou six gros bidons de métal galvanisé, remplis de bon lait frais jusqu'à la gueule.

« Alors il est là, le pitchou ? disait-il à Anna, tout en emplissant son cruchon de lait moussant qui fleurait si bon.

– Eh oui, on n'attendait que toi pour prendre notre café au lait… C'est que les "pradélets" (les champignons de rosée), eux, n'attendent pas !… Tu n'es pas très en avance, ce matin, mon petit Jean-Marie ! Pierrot a déjà avalé deux tartines de confiture de prunes ! »

Le laitier servait son lait dans toute la rue. Le petit âne, qui tirait le charreton, s'arrêtait de lui-même devant chez Albertine, devant chez la Jeanne, etc., sans que son maître eût besoin de lui donner la moindre directive.

Pensées

Le seul sport que j'aie jamais pratiqué, c'est de suivre les enterrements à pied. (Samuel Beckett)

Qui mange bien boit bien. Qui boit bien dort bien. Qui dort bien ne pêche pas. Et qui ne pêche pas… s'emmerde toute sa vie !

« La vengeance est un plat qui se mange froid », mais j'en connais qui ont un micro-ondes !

Un gourmand averti en vaut deux qui vont chez McDonald's.

Poésie

Baise m'encor,
Rebaise-moi et baise,
Donne-m'en un
de tes plus savoureux,
Donne-m'en un
de tes plus amoureux,
Je t'en rendrai quatre
plus chauds que braise.
(Louise Labé)

Les bons amants, ce sont les femmes qui les construisent. Les hommes, il faut tout leur apprendre et surtout leur laisser croire le contraire.

(Victoria Abril)

Il y a des livres moraux faits pour exaspérer la vertu, des livres amusants qui rabaissent la dignité humaine, des livres gais qui font pleurer par le plus beau soleil, et aussi des livres mélancoliques qui nous font rire à l'idée que dans cette vie détraquée on puisse gémir sur une injustice de plus ou de moins.

(*Aurora Leigh*, Elizabeth Barrett Browning)

« Il paraît que Georgette, à poil, elle est à tomber !
– Ma femme ?… Mais qui t'a dit ça ?…
– Oh ! le boulanger, le poissonnier, le plombier… »

René qui pensait ralentir,
De cette vierge les élans,
Garda un cuisant souvenir,
De ses transports incandescents.

Saint René

19 octobre

Le premier bien est la santé,
le deuxième la beauté,
le troisième la richesse.
(Platon)

MARTYR OU HÉRÉTIQUE ?

Le péché d'hérésie est un péché mortel. Il ressemble à ces flocons de neige que l'on s'amuse à observer, à voir tomber sans songer comme ils sont dangereux, et qui bientôt s'épaississent et obscurcissent l'air. Alors le voyageur chancelle en essayant de continuer de marcher, s'égare, se trouble et s'assoit pour se reposer. Peu à peu, ses paupières se ferment, et ce qui lui semble un doux sommeil, c'est la mort.

Dans une contrée comme celle-ci, parsemée d'églises évangéliques, devons-nous chercher parmi les vieux statuts surannés des tribunaux d'Angleterre quelque vieille loi oubliée pour prononcer de telles sentences ? Ceux qui reposent dans un champ de potier (le « champ du supplice ») ressusciteront aussi sûrement que ceux qui sont ensevelis dans de superbes tombeaux, sous de glorieuses épitaphes, et un pauvre homme dont vous avez fait une victime sera un jour cité comme un martyr.

(H. W. Longfellow, *Giles Corey ou la sorcière de Salem*, traduction Xavier Marmier)

C'est cela, une honnête femme : une dinde qui marche, fascinée par l'idée qu'elle se fait de son honneur.
(Anne Hébert)

Nous nous sommes dits populistes, parce que nous croyons que le peuple offre une matière romanesque très riche et à peu près neuve. Ce fut l'erreur des naturalistes de le prendre pour un troupeau bestial en proie à ses instincts et à ses appétits. (Camille Lemonnier, 1929)

On appelle erreurs populaires, une infinité d'opinions mauvaises qui se sont glissées parmi le peuple. La plupart des opinions communes, quand elles sont bien examinées, sont des erreurs populaires. (Antoine Furetière, 1690)

LE SAVIEZ-VOUS ?

Le vendredi est le plus mauvais de tous les jours de la semaine. Il ne vaut mieux rien entreprendre ce jour-là. Mais le mardi et le mercredi ne sont guère plus recommandables.
Si la pluie arrive durant ces trois jours, on peut être assuré qu'elle tombera au moins jusqu'à la fin de la semaine. Il ne faut jamais se faire opérer durant ces trois jours ni se couper les ongles, sinon il vous poussera des envies.
Sachez qu'ils ne pousseront jamais si vous coupez vos ongles uniquement durant les jours en r.
Les lundi, jeudi et samedi sont d'assez bons jours sauf pendant les marées d'équinoxe. Vous pouvez toutefois laisser votre femme partir en voyage ; elle a peu de chances de (ne pas) revenir.

20 octobre

Sainte Adeline

Quand elle revenait de l'usine,
Adeline qui n'avait jamais ri,
En pleurant mangeait ses sardines,
Et partait tromper son mari.

LE LANGAGE DES COULEURS

L'assemblage de deux couleurs revêt toujours une signification que nous pouvons observer en tout un chacun :

Blanc et bleu : sagesse et solidité.
Blanc et jaune d'œuf : suffisance, prétention.
Blanc et gris : infortune et résignation.
Blanc et vert : vertu solide.
Blanc et rose : louange.
Blanc et pourpre : belle tournure.
Blanc et carmin : impétuosité audacieuse.

Bleu et rouge : fidélité amoureuse.
Bleu et noir : hypocrisie redoutable.
Bleu et violet : modération maîtrisée.

Brun et rose : amour, tendresse.
Cramoisi et lilas : pieux désirs.
Fauve et rouge : faiblesse coupable.
Fauve et rose : soupçons jaloux.
Fauve et vert : dissimulation subtile.
Gris et fauve : agaçante indécision.
Gris et rose : amour constant.
Incarnat et lilas : amour de la vie.

(D'après *Le Langage des fleurs*)

Un ami, c'est celui qui devine toujours quand on a besoin de lui. (Jules Renard)

Quand Charles Quint, lassé du plus grand trône de la terre, se retira dans la solitude du monastère de Yuste, il occupa ses loisirs pendant quelques semaines à essayer le réglage de deux pendules. Ce ne fut pas sans peine. Un jour, on raconte qu'il se tourna vers un témoin et lui dit : « Pensez que j'ai tenté d'imposer un même moule à la raison et à la conscience de milliers de gens et que je ne puis même pas mettre d'accord deux pendules ! » (F. Keller)

La sagesse populaire qualifie la femme comme appartenant au « sexe faible », ce qui prouve que la sagesse populaire peut dire aussi des conneries !

Il paraît que du persil semé par un idiot pousse beaucoup mieux. Je ne comprends pas ce qu'ils veulent dire par là, le mien est splendide.

LES FEMMES ET LE CIEL

Là où les femmes sont honorées, les dieux sont contents. Là où elles ne le sont pas, les sacrifices sont stériles. Une famille où les femmes sont malheureuses dépérit rapidement, celles où elles ne le sont pas prospèrent toujours.

Une femme vertueuse qui après la mort de son époux persévère dans la chasteté va au ciel, même si elle n'a pas d'enfant. **(*Lois de Manou*, traduction J. Herbert)**

Les propos ci-dessus datent du XIXe siècle. À voir comment la femme indienne est considérée dans son pays – dans les transports en commun, par exemple – de nos jours, il reste encore un sacré boulot pour changer les mentalités des tout-puissants « chefs de famille » !

Céline cuisinait si bien,
Que son époux le beau Carlo,
Qui appréciait tant ses plats fins,
Avait dû prendre dix kilos.

Sainte Céline

21 octobre

En amour, le plus intéressant c'est la première nuit... et la rupture.

CÔTÉ JARDIN

Rentrez à l'abri vos citrouilles et vos courgettes.

Perles fines

Actuellement, rien ne va. J'ai une jambe dans le plâtre, une séparation de corps sur les bras et un viager à deux têtes. Aussi, je vous demande des délais.

Si vous me donniez pas satisfaction, on verra à frapper plus haut. J'ai un gars qui n'est pas manchot et l'autre qui a le bras long.

(Pierre Ferran, *Perles du courrier administratif*)

LES ANGUILLES

Le vieil Ali vivait seul et se considérait chez nous un peu comme chez lui au Café du Pont, où il venait tous les jours manger une omelette et siroter des cafés.

Il m'emmenait de temps en temps avec lui pêcher les anguilles au canal. Il me fallait pour la circonstance déterrer de gros vers d'un fossé du jardin. J'avais aussi, près du lavoir de maman, ma réserve de vers, agglutinés sous un sac de jute collé au sol par les arrosoirs d'eau que j'y versais quotidiennement. On surnommait les plus gros de ces gigoteurs rouge-brun de vingt à trente centimètres des roujeannes. Les anguilles en étaient très friandes. Nous allions tous deux à la tombée de la nuit « poser des cordes » au bout desquelles les fameuses roujeannes piquées dans de gros hameçons numéro 4 alléchaient les anguilles qui se faisaient prendre. Au petit matin, nous en rapportions parfois du canal quatre ou cinq frôlant ou dépassant le kilo. Maman les dépouillait aussitôt, maîtrisant facilement leurs tortillements dans *La Dépêche* – le papier journal est le seul moyen de les neutraliser en les y emprisonnant. Elle accrochait ensuite la tête de la bestiole à un clou fiché dans le mur des cages à lapins – comme elle le faisait pour ces derniers et pour saigner les volailles. D'une entaille cerclée bien nette, elle incisait la peau sous la tête de l'anguille et tirait jusqu'en bas comme on retourne une chaussette. Elle nous les préparait tronçonnées frites en persillade pour le souper. Encore un régal de mes jeunes années.

CHAPELET DE JURONS

Dans le métro, vous pouvez traiter un type qui vient de vous réduire les orteils en compote de « foutriquet ! », de « pauvre mimile ! », de « moins que rien ! », de « sale petit morbac ! », de « pue du bec ! », de « tronche de fœtus ! », de « trouduc ! », de « tronche de cake ! », et enfin – juron psychologique des plus redoutables qui éveillera la curiosité de votre adversaire qui se demandera s'il peut assurer une si délicate fonction – de « plumeur d'étrons ! ».

BUVEURS BAVARDS

« Tu te rends compte, le jour où je l'ai connue, elle n'avait même pas de culotte !...

– Et alors... tu as fait quoi ?...

– Eh bien, je lui cn ai acheté une, parbleu ! »

22 octobre

Sainte Salomé

Quand Salomé vous dira que,
Vous ne lui faites pas d'effet,
Tous ses amants vous diront que,
C'est là qu'elle ôte ses effets.

UN SAUMON EST UN SAUMON !

C'est Michael, en Irlande, qui me fait prendre mon premier saumon à la mouche dans le petit village de Cong, depuis un petit pont qui enjambe la River. C'est un tout frais aux écailles argentées. Il pèse quatorze livres, et je ne suis pas peu fier de m'être bagarré vingt bonnes minutes sans qu'il parvienne à casser mon fil de vingt-cinq centièmes.

Nous pêchons après un pêcheur bredouille qui vient de quitter cette place en faisant la moue.

« *It's very bad fishing here today !* » (« C'est très mauvais de pêcher ici aujourd'hui ! ») Et il ajoute : « *It's too bright.* » (« Il y a trop de soleil. »)

Michael attend qu'il s'éloigne pour se payer sa tête. Malheureusement, deux heures après, nous n'avons rien pris non plus. Nous avons tout essayé, la mouche et la crevette, et nous avons tous deux fait chou blanc ! J'en suis là à faire mentalement ce triste constat quand, tout à coup, mon gros bouchon disparaît sous les flots. Je ferre d'un coup sec et constate aussitôt que j'ai bel et bien un poisson au bout.

Il ne se défend pas de la même manière que le font les autres habituellement. Je finis par le ramener au bout d'une dizaine de minutes dans l'épuisette que m'a tendue Michael. Me montrant le ventre du saumon où s'est accroché le triple hameçon, il me dit, dans un long soupir ironique : « *You are really lucky !* » (« Vous êtes vraiment chanceux ! »)

Michael m'explique alors ce qui a dû se passer pour que le saumon se soit laissé prendre de cette façon.

« Il a voulu avaler vos plombs, m'explique-t-il. Au lieu de happer la crevette, intrigué par les plombs au-dessous desquels il passait, il est tombé dessus… les engouffrant dans sa gueule. C'est là que vous l'avez ferré ! *You are really lucky !* répète-t-il.

– *Salmon is salmon !* » dis-je en rigolant à mon tour. (« Un saumon est un saumon ! »)

LE SAVIEZ-VOUS ?

En Irlande, on conseille de ne jamais commencer une campagne de pêche un vendredi. De plus, la présence d'un prêtre à bord d'un bateau est généralement nuisible.

En Suède, les épingles que l'on trouve dans les églises font d'excellents hameçons… On a beau être radin, tout de même !…

En Écosse, durant la saison de la pêche au hareng, on ne sonne plus les cloches, qui font fuir le poisson. Pour conjurer le mauvais sort qui s'acharne sur un bateau, il faut aller voler un objet sur un bateau voisin qui a fait bonne pêche, affirment les Bretons. Ces derniers préconiseraient aussi de brûler le liège des filets volés, de casser une assiette et d'en mettre les morceaux dans le casier à langoustes… et de gratter et de brûler l'écorce du bois des casiers.

Entre nous, je ne vois pas le Breton faire des conneries pareilles !

Pour le brave Jean c'est récurrent,
Il s'en va tous les samedis soir,
Quand les belles sont sur le trottoir,
Y faire dessaler son hareng.

Saint Jean de Capistran

PERRET

23 octobre

« LA PETITE KURDE »

« Petite, si tu es kurde, il faut partir – les enfants morts ne peuvent plus grandir… J'ai écrit cette grave et douloureuse chanson en 1992. J'aurais pu le faire aujourd'hui, car plus de vingt ans plus tard le problème est exactement le même pour ces pauvres gens. »

Petite si tu es kurde écoute-moi,
Il faut partir et quitter ton chez-toi,
Moi j'ai connu ton sort,
J'ai tutoyé la mort,
On n'a jamais raison contre un soldat.

Ils étaient cent autour de ma maison,
Au mur y avait de l'ail et des poivrons,
Le vent était si doux le ciel était si clair,
Et mon père est tombé dans un éclair.
C'était un matin calme de septembre,
Ils ont emm'né ma mère dans la chambre,
Grand-père dans ses mains pleurait comme un enfant,
Dehors on entendait hurler maman.

Grand-mère faisait du pain dans la cuisine,
Elle s'effondra le nez dans la farine,
Et sur son cœur éclot la fleur d'un géranium,
Dernier hommage qu'elle ait reçu d'un homme.
Grand-père à coups de crosse dans le dos,
Implorait la pitié de ses bourreaux,
J'entendais les soldats qui riaient tant et plus,
Et maman sur son lit ne criait plus.

Puis soudain le soleil s'est endeuillé,
Les obus éclataient comme des œillets,
La mort faisait ripaille jusque dans nos jardins,
Il n'y poussait plus que des orphelins.
La pluie qui avait cousu tout l'horizon,
Faisait fumer les ruines des maisons,
Et tout en m'éloignant du ciel de Babylone,
J'ai compris que je n'avais plus personne.

N'écoute pas les fous qui nous ont dit,
La liberté est au bout du fusil,
Ceux qui ont cru ces bêtises sont morts depuis longtemps,
Les marchands d'armes ont tous de beaux enfants.
Depuis la nuit des temps c'est pour l'argent,
Que l'on envoie mourir des pauvres gens,
Les croyants la patrie prétextes et fariboles,
Combien de vies pour un puits de pétrole ?

Petite si tu es kurde il faut partir,
Les enfants morts ne peuvent plus grandir,
Nous irons en Europe si tel est notre lot,
Là-bas ils ne tuent les gens qu'au boulot.

Votre employé a besoin d'un savon. Dès qu'on lui remet des papiers à remplir, il s'en lave les mains.
(Pierre Ferran, *Perles du courrier administratif*)

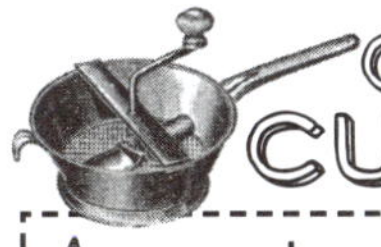

CÔTÉ CUISINE

Avec quelques gouttes de jus de citron dans son eau de cuisson, votre riz sera tout blanc. Si vous faites un riz au lait, ne le sucrez qu'à la fin de sa cuisson, sinon… il ne cuira pas !

Sans la police, tout le monde tuerait tout le monde… et il n'y aurait plus de guerres. (Henri Jeanson)

Pensée

Dieu a offert aux hommes un cerveau et un pénis, mais pas suffisamment de sang pour que tous les deux fonctionnent en même temps ! (Robin Williams)

CÔTÉ JARDIN

Il n'est que temps de bien bêcher ou de labourer les futurs carrés que vous utiliserez. Si vous êtes dans une région froide, attendez fin février-mars pour vos semis et protégez-les dès le début.

24 octobre

Saint Florentin

Florentin aimait Conchita,
Mais comme son frère était boxeur,
Il se mit à aimer Martha,
Et de temps en temps sa belle-sœur.

PAUPIETTES DE BAR FARCIES AUX GIROLLES

Pour faire cette délicate et subtile recette, il faut avoir faim et aussi le courage de s'attaquer de temps en temps à celles qui sont un tantinet plus « élaborées ». Voici ces délicates paupiettes, qui sont un vrai plat de chef qu'à présent vous maîtriserez à l'aise ! Et puis, qu'est-ce que c'est bon !

Pour 6 convives :

1 bar de 1,5 kg environ ;
300 g de girolles (ou à défaut de champignons de Paris) ;
100 g de jambon de Bayonne ;
2 œufs ;
1 cuillerée à soupe de crème fraîche ;
1 noix de beurre ;
1 cuillerée à soupe d'huile d'olive + 1 de tournesol mélangées ;
1 verre à liqueur de cognac ;
1 petit bouquet de coriandre hachée ;
100 g de mie de pain dur (une boule comme une petite orange) ;
1 tasse de lait ;
1 cuillerée à café de piment d'Espelette ;
Sel, poivre au moulin, muscade.

Préparation :

Demandez à votre poissonnier habituel de prélever les filets du bar et d'en faire une douzaine de fines escalopes.

Dans un bol, faites ramollir le pain dans une tasse de lait (pas trop !).

Nettoyez bien les girolles. Coupez-les en deux ou en quatre, selon leur grosseur. Faites-les cuire un quart d'heure en sauteuse dans l'eau qu'elles lâcheront.

Hachez menu le jambon de Bayonne.

Dans un saladier, mélangez votre farce composée de girolles, jambon, œufs fouettés avec la crème fraîche, la mie de pain (bien pressée dans la main), et la coriandre hachée menu.

Assaisonnez le tout d'une pointe de muscade et de piment d'Espelette en purée.

Salez, poivrez. Remélangez bien.

Répartissez la farce sur les escalopes de bar. Roulez-les sans trop serrer. Au besoin, entourez-les d'une fine ficelle.

Posez-les dans la sauteuse où vous les ferez dorer dans le beurre fondu clarifié mélangé avec les huiles.

Arrosez-les avec le cognac enflammé (dans une casserole où vous l'aurez fait chauffer).

Laissez cuire ensuite vos paupiettes très doucement pendant six à huit minutes dans la cocotte couverte avec le couvercle en biais. Servez très chaud.

Des fois, le soir, quand j'ai un peu trop forcé sur le goudron (le vin rouge !), il m'arrive de prendre mon lit en marche… Un matin, je me suis réveillé à côté d'une belle poule en me disant : qui c'est, celle-là ?… En fait, c'était ma nouvelle femme de ménage, qui n'était pas rentrée chez elle la veille au soir parce qu'il pleuvait.

Habile compagnon saint Crépin,
Patron des cordonniers experts,
Rajeunissait vos escarpins,
Qui avaient fait le tour de la terre.

Saint Crépin

25 octobre

BERTRAND DU GUESCLIN (1320-1380)

Aîné d'une noble famille, néanmoins fauchée comme les blés, le jeune Bertrand poursuit des études qu'il a bien du mal à rattraper. Son truc à lui, c'est la castagne. Sa réputation naît dès son premier tournoi à Rennes, où, avec un canasson et une armure qu'il a piquée à son vieux, il ne remporte pas moins de seize victoires. Il participe alors à tous les tournois de la région. Il est aussi laid qu'il est vaillant. Un australopithèque à côté de lui serait passé pour Rudolph Valentino ! Il est tordu comme un bretzel. Il a un pif à rendre jalouse une aubergine, des calots globuleux, et il est plus pâle qu'une merde de laitier. Il est né en 1320, l'année où une épidémie de dysenterie fait caguer une population entière. Il reste plus un gogue de libre dans tout le pays. On massacrait bien, à tout hasard, les lépreux et les Juifs accusés d'avoir empoisonné les sources et les puits, mais ça n'empêchait pas les chiasseux de courir dans tous les petits coins. Tous ces menus désordres n'auraient pas dû entraîner de conséquences bien graves (sauf pour les Juifs et les lépreux !) si, en 1348, la peste n'avait surgi. La guerre de Cent Ans s'ajoutant à tout cela, il y eut comme qui dirait des trous dans les couches de la population française. Du Guesclin grandit malgré tout dans ce sinistre merdier et, champion de tournois déjà reconnu, devint très vite un homme de guerre. En 1350, à 30 piges, il met son épée au service du roi. Elle ne lui sert guère qu'à découper le gigot jusqu'en 1356, où il se retrouve alors devant Rennes assiégée par les troupes des Rosbifs commandées par Lancastre. Du Guesclin, futé comme une belette, réussit par ruse à entifler dans la ville avec quelques potes de son acabit. Malgré un blair en lambeaux et le burlingue troué comme une meule d'emmenthal, il obligea Lancastre à se tailler la queue basse. Il rend la ville à Charles de Blois, qui lui offre la terre de La Roche-Rieu et l'arme chevalier de sa blanche mimine.

À LA SAINT-CRÉPIN, POUR LES MOUCHES, ÇA SENT LE SAPIN.

Ma femme rit toujours pendant que je lui fais l'amour. Quoi qu'elle lise.

(Leslie Nielsen)

ABRACADABRA !

Les enfants nés en octobre sont beaux, timides et raffinés. Leur fleur est la giroflée, leur arbre l'olivier. L'animal, le loup, et l'oiseau, la chouette. L'aigue-marine et l'opale sont leurs bijoux, qui conjurent le malheur auquel succède l'espérance.

D'un seul regard, certains sorciers imprègnent de malchance le cœur d'un être. Cela s'appelle « lancer le mauvais œil ». Pline raconte qu'en Scythie, il y avait des femmes possédant deux prunelles à chaque œil et qu'un seul de leurs regards pouvait foudroyer.

(D'après le *Dico des superstitions*)

26 octobre

Saint Dimitri & Évariste

Il a suffi que Dimitri,
En sondant le cœur d'Isabelle,
Dans ses amours fasse le tri,
Pour s'avouer qu'il n'aimait qu'elle.

LES « BLOCHES » DE LOUIS

Papa m'emmenait souvent à la pêche avec lui. Avant de partir vers la Garonne à la rencontre des ablettes, nous allions acheter nos appâts aux abattoirs. C'est là, chez son copain le Louis, « fabricant d'asticots », que nous trouvions notre bonheur. Deux ou trois têtes de mouton, et même un jour un cadavre de chat, pourrissaient sous un hangar au fond d'un grand bidon Castrol en tôle. Le double fond, dont le supérieur était composé d'une grille, laissait tomber les asticots dans un tiroir, où les bestioles grouillaient par milliers. « Tes "bloches" sont superbes », disait immanquablement papa au Louis, qui se rengorgeait du compliment. Le Louis, personnage taciturne et peu disert, était lui aussi pêcheur et n'aimait rien tant que sa tranquillité. Il venait parfois près du café taquiner ablettes et goujons dans le canal. Par flemme sans doute d'ouvrir sans arrêt la boîte pour changer l'amorce que venait de lui dérober impunément l'ablette, il emplissait sa bouche d'asticots qu'il prenait au fur et à mesure de ses besoins. Détestant profondément les questions des badauds qui lui demandaient régulièrement : « Alors, ça mord ? », il ouvrait soudain sa bouche pleine d'asticots devant le quidam pétrifié, qui détalait presto sans demander son reste.

On raconte que le roi Louis XIV annonça lui-même à Jean Bart qu'il l'avait nommé chef d'escadre, et que le brave marin lui avait répondu : *« Vous avez bien fait, sire. »* On ajoute que cette réponse excita la gaieté des courtisans, et que le roi leur imposa silence en disant : *« Vous n'avez pas compris Jean Bart. Sa réponse est celle d'un homme qui sent ce qu'il vaut et qui compte m'en donner de nouvelles preuves. »*
(Charles Rozan, *Petites ignorances historiques et littéraires*)

QUAND ÉVARISTE ENTRE EN PISTE, ANTOINETTE SORT SES LUNETTES.

Pensées

Une femme devient folle deux fois :
Quand elle est amoureuse…
… Et quand elle ne l'est plus !

J'avais à peine fini de lui dire : « Je ne vais quand même pas te demander la lune »… qu'elle avait enlevé sa culotte.

CÔTÉ CUISINE

En cette saison où la froidure commence à pointer son nez, on peut attaquer le pot-au-feu par la face nord. Mais quoi boire, justement, avec le pot-au-rif ?… Un beaujolais jeune et frais, par exemple.

Au fait, pour éviter que la moutarde ne dessèche et ne noircisse une fois le pot entamé, placez à sa surface une fine rondelle de citron – nouvelle, bien sûr, chaque fois que vous l'utiliserez.

Quand la tartine d'Émeline,
Disparaît sous la confiture,
De mûres volée à la cuisine,
La gourmande rase les murs.

Sainte Émeline & Antoinette

PERRET

27 octobre

SOUPE DE POTIRON AU VERMICELLE

Elle est très facile à faire, et on peut la servir dans son enveloppe naturelle. Ce qui est un plaisir de l'œil, la rend appétissante et, généralement, est un sujet d'étonnement pour vos convives, qui vont se régaler.

Pour 6 à 8 convives :

1 potiron de 3 à 4 kg environ ;
2 blancs de poireau ;
3 carottes ;
3 pommes de terre ;
1 bouquet garni ;
1 pincée de noix de muscade râpée ;
2 jaunes d'œuf ;
6 cuillerées à soupe de crème fraîche ;
200 g de vermicelle ;
3,5 litres d'eau salée ;
Sel, poivre.

Préparation :

Choisissez un potiron bien rond et mûr. À l'aide d'un couteau, incisez circulairement tout le « chapeau » (la partie supérieure), qui vous servira ultérieurement de couvercle.

Pour la présentation, laissez la queue.

À l'aide d'un couteau, évidez-le délicatement sans trop vous approcher de la peau ni trouer le fond !

Découpez la chair en gros morceaux.

Nettoyez, pelez, lavez et découpez en morceaux les poireaux, les carottes et les pommes de terre.

Mettez sur le feu une marmite sans couvercle contenant 2,5 litres d'eau salée (ou de bouillon de volaille, ce qui est préférable) avec le bouquet garni, la chair du potiron, les pommes de terre, les poireaux, les carottes, le poivre et la pincée de muscade.

Laissez frémir le tout pendant une heure à partir de l'ébullition.

Ensuite, ôtez tous les légumes avec une écumoire et passez-les au mixeur pour obtenir une fine purée.

Ajoutez les 2 jaunes d'œuf et la crème fraîche, mélangez bien au mixeur et remettez le tout dans la marmite.

Durant la cuisson des légumes, faites cuire le vermicelle pendant dix minutes dans 1 litre d'eau bouillante salée (ou de bouillon), égouttez-le et ajoutez-le dans la première marmite avec la crème de légumes. Poivrez de 10 tours de moulin.

Mélangez bien le tout sur un feu doux pendant trois minutes et versez le contenu dans le potiron, qui servira de soupière.

Mettez un large plat creux sur la table avant d'y poser le potiron.

C'est une soupe aussi délicieuse que facile à préparer.

CÔTÉ CUISINE

Les calamars en sauce tomate et oignons que j'adore ont tendance à durcir à la cuisson. Si vous voulez éviter cet inconvénient, mettez un bouchon de liège dans la casserole jusqu'à ce qu'ils soient cuits et… tendres !

28 octobre

Saint Simon & Jude

PERRET

Les diktats de Jude sur la nutrition,
Me filent la déprime voire la dépressio
Je suis un régime s'il est optimiste,
Mais pas quand il rime avec terroriste

Pensées

On dit la vérité ou on ne la dit pas. Si on n'est pas décidé à la dire toujours, on ne s'en mêle pas. Le mieux, c'est de se taire. (Simone de Beauvoir)

Il y a mille inventions pour faire parler les femmes, mais pas une seule pour les faire taire !

Filles, elles sont toutes parfaites... Mais d'où viennent les méchantes épouses ?!

La nuit, tous les chats sont gris... Mais les chattes, il n'y en a aucune de pareille !

LE SAVIEZ-VOUS ?

Le chausson d'un curé a le privilège d'écarter la grêle de la paroisse si son possesseur le lance en l'air quand elle menace. Putain, les curés, ils font fort cette année !

SIMONE TURC

La « star » de la prestigieuse troupe du Grenier de Toulouse. Dans le somptueux Grand Théâtre de Bordeaux, nous allions créer ce soir-là *Roméo et Juliette* en première mondiale. Simone jouait Juliette. Moi, simple « moucheron », après une bataille d'épées en haut d'un praticable (qui serait transformé en balcon, occulté pour le moment par un jeu de pendrillons), je devais rester là-haut étendu, « mort », afin d'aider Juliette à se déshabiller dans l'obscurité et à enfiler la robe qu'elle arborait pour la fameuse scène du balcon. Nous disposions de cinq minutes pour cela. Simone ôta la robe de la scène précédente en un éclair. Je parvins à lui faire enfiler la suivante par le haut, sans frôler un seul de ses cheveux. La longue fermeture éclair qui, partant de son coccyx, devait s'arrêter au bas de sa nuque, se coinça à trente centimètres du départ. Je n'ai jamais oublié le cataclysme.

Simone, soudain folle de rage, frappa rageusement du talon le plancher du balcon.

« Mais que fais-tu, putain ?!... Tu la montes, cette fermeture, oui ou merde ?!!!

– Elle est coincée !

– Elle est coincée ?!!! Mais... mais tu es con, ou quoi ?! Abruti !... Envoyez-moi une autre robe », hurla-t-elle à ceux de l'étage en dessous en essayant d'étouffer sa voix...

Labourant rageusement mes joues de ses ongles, elle vociféra : « Je te hais, P. P., je te hais !... » Je l'aidai à enfiler et ajuster sa robe dix secondes avant qu'elle n'apparût douce et lumineuse au balcon. Ce fut une ovation, à la fin de cette scène mythique ! La salle entière était debout. Chaban-Delmas – alors maire de Bordeaux – était le premier enthousiasmé.

« J'espère que tu ne m'en veux pas, mon P. P... » (Ils m'appelaient tous ainsi, au Grenier !) À la fin, dans sa loge, Simone, me serrant dans ses bras, me demanda mille fois pardon en posant délicatement ses lèvres sur mes griffures, qu'elle avait si joliment sculptées sur les tendres joues de mes 17 ans.

L'opportun prénom de Narcisse,
Lui va très bien car il pâlit,
Ce beau crétin qui a les yeux tristes,
Dès qu'on ne parle plus de lui !

Saint Narcisse

PERRET

29 octobre

PETITE ENFANCE

En sortant de l'école, maman m'envoyait parfois chercher un melon, deux scaroles, une botte de radis ou de cresson, ou encore des fraises ou des brugnons chez Mémain. Il était marchand de quatre-saisons, et c'était bien commode, comme disait maman, car son jardin était à deux pas de chez nous. Nous habitions alors dans l'avenue de Courbieu, avant d'aller vivre au Café du Pont, où maman ferait elle-même son jardin, qui allait être vraiment magnifique. En attendant, c'est Mémain qui, pour quelques sous, choisissait pour nous les meilleurs de ses trésors. Tous les jeudis à sept heures, il partait vers le marché en poussant vaillamment sa petite carriole chargée de légumes et de fruits jusqu'aux ridelles. Tous ses clients s'accordaient pour dire que les légumes de Mémain étaient sans aucun doute les plus beaux de tout le marché! Ne les fumait-il pas avec le meilleur purin que lui réservait M. Tisou, son voisin le vidangeur?

Il n'émanait peut-être pas du petit charreton de notre maraîcher la même poésie qu'offraient les étalages des marchandes de quatre-saisons de la rue Lepic, à Paris, mais son « jardin de fraîcheur » ambulant, ainsi qu'il l'appelait, avait tout de même un certain panache.

L'amour, le travail, la famille, la religion, l'art, le patriotisme, sont des mots vides de sens pour qui meurt de faim.

(O. Henry, 1862-1910)

LE SAVIEZ-VOUS ?

Il ne faut jamais pisser au milieu d'un chemin creux. Si on est à contrevent, on s'en fout plein les godasses !

CÔTÉ JARDIN

Faites des trous aux quatre coins du jardin. Enfouissez les feuilles mortes, tassez-les. Vous aurez du bon terreau pour fumer vos légumes et vos fleurs. Et n'oubliez pas: une pomme par jour met le toubib au chômdu.

BUVEURS BAVARDS

« Maintenant, ils traitent les cornichons. Y paraît que ça les rend brillants...
– J'en connais plus d'un qui devrait se faire traiter! »

« Paraît que les mecs qui ont une calvitie, c'est des bons tringleurs...
– C'est quoi, cette maladie?... Ça vient de Calvi?...
– Mais non! Que t'es con. C'est les mecs qui ont une perruque en peau de fesse! Y disent qu'ils bandent plus souvent que nous...
– Ça, ça m'étonnerait! Pas plus tard qu'hier!... Et pourtant, je sortais de chez le coiffeur! »

« Elle m'a dit venez vers cinq heures, je vous accueillerai dans mon boudoir.
– C'est quoi, un boudoir?
– Un baisodrome.
– Et alors? Elle t'a accueilli comment?
– Les nichons à l'air!
– Et t'as fait quoi?...
– Devine! »

30 octobre

Saint Bienvenue

Si tu t'appelles Bienvenue,
Sache que tu le seras toujours,
Car ton cœur a une avenue,
Indéfinie nommée Amour.

POULET DE GRAIN RÔTI À L'AIL ET AUX CŒURS DE PISSENLITS

Ceux qui habitent la campagne, ceux qui ont cette chance, savent de quoi je parle quand j'évoque un « bon poulet de grain », on en trouve aussi à Paris. Encore faut-il s'en donner la peine.

Ce plat est tout simple. Je ne vous apprendrai pas à faire un poulet rôti mais voici comment on peut l'améliorer :

Pour 6 convives :

1 beau jeune poulet de grain d'1,5 kg ;
30 belles gousses d'ail ;
1 kg de pissenlits ;
100 g de lard maigre ;
1 cuillerée à soupe d'huile d'olive ;
2 cuillerées à soupe de vinaigre ;
1 verre d'huile d'arachide ;
1 bouquet garni ;
3 litres d'eau ;
Le jus d'½ citron ;
Sel, poivre au moulin.

Préparation :

Faites chauffer le four (thermostat 8).

Dans un plat à four, enduisez le poulet sur toutes ses faces avec l'huile d'arachide (utilisez-la complètement). Mettez le bouquet garni à l'intérieur.

Salez-le. Donnez 8 tours de moulin à poivre.

Lorsque le four est très chaud, mettez le plat dedans et, dix minutes plus tard, passez le thermostat sur 6.

Arrosez-le souvent. Passez-le au pinceau. Tournez-le au bout de vingt minutes et ajoutez les gousses d'ail légèrement écrasées dans leur chemise. Le poulet doit être cuit (vérifiez) au bout de quarante à quarante-cinq minutes environ.

Pendant ce temps, mettez 3 litres d'eau à chauffer.

Nettoyez bien les pissenlits (il les faut très tendres).

Pochez-les quinze minutes dans l'eau bouillante citronnée.

Égouttez-les, finissez de les sécher dans un torchon et mettez-les dans un grand saladier.

Quand le poulet est cuit, découpez-le, mettez-le dans le plat de service et tenez-le au chaud dans le four éteint.

Ôtez la moitié de l'huile du poulet qui reste et mettez les lardons à cuire dans le plat à four pendant cinq minutes sur un feu moyen. Versez le vinaigre et décollez les sucs au pinceau.

Ajoutez l'huile d'olive. Goûtez la sauce et rectifiez au besoin l'assaisonnement.

Versez toute la sauce bien chaude sur les pissenlits avec les gousses d'ail confites et les lardons.

Tournez et mélangez bien. Les pissenlits préparés ainsi sont merveilleux.

Dégustez-les, bien sûr… avec le poulet.

Un plus :

Pour que votre poulet reste bien moelleux, commencez par le rôtir sur un côté – sur une cuisse –, ensuite sur l'autre, après sur le dos, et au dernier moment sur les blancs (les suprêmes).

Quentin crut que dans un fauteuil,
De roi il suivrait son destin,
Il se mettait le doigt dans l'œil,
Il n'eut jamais qu'un strapontin.

Saint Quentin

PERRET

LE CAFÉ SELON DE BELLOY

La méthode la plus ordinaire, et qui n'est qu'une aveugle routine, c'est de jeter le café dans l'eau bouillante, de le rapprocher du feu pendant quelque temps, de le laisser reposer ensuite, de le clarifier avec de la corne de cerf, ou, ce qui vaut mieux, de la colle de poisson, et de le décanter avant de le servir. On voit combien cette manière d'opérer offre d'inconvénients. Nous en dirons de même de celle, moins défectueuse, il est vrai, de le traiter à la chausse.

Le café perd dans ces diverses opérations cet esprit recteur, cet arôme qui constitue sa force et sa bonté et dans lequel résident ses principales vertus. L'ébullition d'abord les lui enlève en grande partie ; la colle le clarifie, il est vrai, mais lui communique souvent un goût étranger et nuisible ; il en est de même de la chausse. Enfin son parfum s'évapore, et vous n'avez qu'une décoction plus ou moins colorée, mais qui n'est chargée d'aucun des principes spiritueux du café : ils se sont dissipés avant qu'on le verse dans les tasses, et vous n'y trouvez plus que son *Caput mortuum*.

Ces inconvénients notables frappoient depuis longtemps les amateurs ; mais personne ne songeoit à y remédier. Lorsque M. de Belloy (neveu du respectable cardinal de ce nom) imagina de faire construire, d'après les principes de la plus saine physique, une machine tout à la fois ingénieuse et simple, au moyen de laquelle on se procure en peu d'instants, avec le café le plus médiocre, une boisson fort au-dessus de celle qu'on obtenoit auparavant du meilleur.

Nous ne donnerons point ici la description de cette machine, tous les vrais gourmets s'étant empressés de l'adopter ; nous dirons seulement que par elle le café ne perd plus aucun de ses principes balsamiques, *odorans, pénétrans, bien-faisans*, et même aphrodisiaques ; que son arôme (qui est au café ce qu'est l'imagination chez les poètes) se trouve conservé tout entier ; qu'il est dépouillé de son amertume, très clair, dès l'instant qu'il est passé, sans qu'il faille employer pour cette clarification aucune espèce d'ingrédients ; et l'on peut en consommer toutes les heures du jour. Honneur à l'homme de génie, auteur de cette admirable découverte.

(***Almanach des gourmands***, **1805)**

Perle fine

À 65 ans, je la grimpais encore deux fois par jour. Maintenant, elle est trop raide pour mon âge, c'est pourquoi je serais mieux de pouvoir aller vivre chez les sœurs.

(Pierre Ferran,
Perles du courrier administratif)

On n'obtient ni grand pathétique, ni profonde moralité, ni bon et vrai comique au théâtre, sans des situations fortes.

(Beaumarchais)

CÔTÉ CUISINE

Un sauté de veau dans lequel vous aurez ajouté un verre de bière blonde durant la cuisson sera moelleux comme un baiser de Marilyn !

Si la moutarde vous monte au nez, respirez de la mie de pain. Sans déc !

NOVEMBRE

Demain,
je lui demande une fois pour toutes
ce qu'il entend par « orgasme ».

C'est la Toussaint jour des glaïeuls,
Qui sert à tous les saints fêter,
Plutôt qu'en honorer un seul,
Mets-les donc tous de ton côté !

Toussaint

01 novembre

La durée de nos passions ne dépend pas plus de nous que la durée de notre vie.
(La Rochefoucauld)

HANNIBAL (247-183 av. J.-C.)

Quand ils se sentaient en danger, les Carthaginois avaient pour habitude de sacrifier leurs femmes en les empalant sur des piquets de tomates. D'abord, ça n'éloignait pas le danger, et ça ne faisait aucun bien aux tomates. Ça perturbait aussi hélas terriblement les femmes, qui avaient toujours une lessive en train ou une soupe sur le feu. Elles étaient horripilées par ce comportement bestial de leurs imbéciles de maris qui voulaient à tout prix faire les intéressants ! Hormis ces rapports conjugaux préoccupants, les Carthaginois n'avaient qu'un but dans la vie, c'était de ratatiner définitivement les Romains (qui ne rêvaient, eux, que de faire la même chose aux Carthaginois !). Et la sanglante castagne ne se fit pas attendre ! Malgré un accord avec les Romains qui leur interdisait de franchir le Jucar, Hannibal, l'empereur, et ses Carthaginois perchés sur... des éléphants attaquèrent à l'aube et prirent Sagonte, une ville espingouine alliée de Rome. Devant cette violation de territoire, Rome déclara alors la guerre et Hannibal leur fit un bras d'honneur carthaginois géant.

Pénétrant alors en Gaule, il y fit une fiesta démente ! Il contourna ensuite les villes grecques de Catalogne, où il avait laissé une femme en pleurs à qui il avait promis le mariage un soir où il était beurré comme un plat de moules au gratin. Il arriva enfin au pied des Alpes, qu'il entreprit de traverser à dos d'éléphant ! Les historiens se disputent depuis des siècles pour savoir s'ils passèrent par le col du Petit-Saint-Bernard ou par celui du Grand-Saint-Bernard. Tite-Live prétend qu'Hannibal fendit les énormes rochers qui gênaient le passage en versant du vinaigre dessus. Quoi qu'il en soit, quatre mille de ses hommes, qui avaient oublié leur Thermolactyl, tombèrent raides dans le ravin. Par contre, tous les pachydermes, après deux semaines de traversée, arrivèrent de l'autre côté aussi frais qu'une zigounette de communiant dans un confessionnal un matin de Noël !

QUAND SOUS LA PLUIE TU GAULES DES NOIX,
TA FEMME PART AU CINÉMA,
POUR GAULER CELLES DU PLACIER,
QUI A DES ARGUMENTS EN ACIER.

Ah, l'amour !...

Pour sa première « nuit d'amour », Marilou n'avait pas eu de chance. Elle était tombée sur un éjaculateur nerveux qui bégayait. Avant d'avoir terminé sa longue phrase de déclaration d'amour, il lui avait fait un bébé de huit livres.

Pensée

Il est plus facile de rester célibataire pendant un siècle que veuf pendant un mois !

CÔTÉ CUISINE

Pour rendre le civet meilleur, ajoutez-y trois cuillerées à soupe de café expresso.

Ne salez pas votre marinade, sinon le gibier durcira.

Défunts

En riant Philippe a cité,
Ce dicton de fidélité,
Défunt un jour,
Défunt toujours !

UN BON SIGNE

Si vous êtes né Scorpion, vous aurez des analogies avec les audacieux, mais aussi avec les cruels, les colériques, les perfides, les impies et les arrogants.

Par ailleurs, le chien, le loup, le sanglier, le crabe, vous plairont. L'amertume des saveurs vous attirera, ainsi que leur violence.

Vous serez proche de la terre, sans inquiétude et maître de vous-même. Vous saurez commander et vous faire écouter. Enfin, vous serez toujours pugnace et jamais découragé.

(D'après *Les Signes du zodiaque*, de Conrad Moricand)

LE PARLER DES MÉTIERS

Dans le jargon des joueurs professionnels, un **« étouffeur d'orphelins »** est l'individu qui conseille celui qui joue et qui en profite pour lui dérober des jetons.

Aux jeux de cartes, le valet est le **« loufiat »**, et la **« pute »** la dame.

Le joueur naïf de passage que l'on peut plumer facilement est un **« pigeon voyageur »**.

Pour les croupiers, les tricheurs sont des **« vautours »**.

Le croupier est un **« saladier »** (qui mélange les cartes), et une plaque d'un million n'est autre qu'une **« savonnette »**. Vous auriez pu l'oublier…

Bonnes résolutions

Demain, régime : pain grillé beurré au caviar, terminé ! Je supprime le beurre. Terminé aussi les tagliatelles au foie gras. Je ne mangerai plus que le foie gras. Les pâtes, ça fait grossir !

Pensée

Notre grande erreur est d'essayer d'obtenir de chacun en particulier les vertus qu'il n'a pas, et de négliger de cultiver celles qu'il possède. (M. Yourcenar)

ABRACADABRA !

Rêver d'un moine rouge en train de se faire raser la tête annonce que l'on aura bientôt une grande joie.
« Des moines rouges, on n'en voit jamais, t'en as déjà vu, toi ?
– Moi ? Non plus ! Pas la queue d'un ! Pas étonnant que les gens soient si tristes !… »

L'amour a toujours été pour moi la plus grande des affaires, ou plutôt la seule. (Stendhal)

CÔTÉ CUISINE

Vous mettez à égoutter une boîte de thon à l'huile d'olive. Faites cuire à la vapeur quatre fonds de gros artichauts macau (ou ouvrez une boîte !), égouttez-les. Posez votre thon sur les artichauts, et d'une mayonnaise vite faite nappez-moi tout ça. Avec une baguette de pain frais, vous vous régalerez !

« LE ZIZI »

Dans les années 1970, qui eût pu envisager d'écrire toute une chanson sur un sujet aussi tabou ? Ce gros morceau – si je puis ainsi m'exprimer – que j'appelais « Le Zizi », n'est autre qu'une longue et folle digression sur le sexe masculin qui n'avait pour but que de faire rire en désacralisant « l'objet ». Tout le monde s'en servait pourtant de multiples manières depuis la nuit des temps, mais nul n'en parlait sans honte. Eh bien moi, je souhaitais non seulement que l'on n'éprouvât plus de culpabilité en l'utilisant ou en l'évoquant, mais bien au contraire, que l'on en parlât librement et surtout que l'on en rît ! Précisons toutefois que le drame du sida n'avait pas encore fait son apparition. L'idée d'une espiègle provocation verbale sur ce sujet n'était pas nouvelle chez moi, mais voici plus de trois ans que j'avais entrepris l'écriture du « Zizi », et je n'étais pas au bout de mes peines. À chaque nouvelle écoute sur mon petit magnétophone, mon mécontentement allait croissant. Après des dizaines de brouillons, jamais satisfait, je changeais la structure d'un vers pour la trentième fois. Elle dépassait les quatre minutes, je dis à Rébecca : « Elle est trop longue ! », avant d'éclater de rire car je compris que la moindre allusion à cette chanson prêterait évidemment à équivoque.

« Tant pis, dis-je en faisant rire ma femme, je ne la couperai pas, car de toute façon les radios – qui n'aiment pas trop les chansons de plus de trois minutes – ne diffuseront jamais celle-ci. Et pourtant, ce fut à onze heures cinquante, en ce beau jour de la fin novembre 1974, que « Le Zizi » entra... dans l'histoire ! Curieux et attentifs, tous les techniciens présents dans le studio éclatèrent de rire dès le premier refrain. Au bout d'une minute, tous les copains programmateurs, les animateurs envahirent le studio des infos d'Europe 1, écroulés de rire eux aussi. Le standard téléphonique était saturé. Les auditeurs appelaient des quatre coins de France : « Repassez la chanson, suppliaient-ils, on n'a pas tout bien compris ! »

Afin de nous ôter nos complexes ogué ogué,
On nous donne des cours sur le sexe ogué ogué,
On apprend la vie secrète,
Des angoissés d'la bébête,
Ou d'ceux qui trouvent dégourdi,
D'montrer leur bigoudi.
Une institutrice très sympathique,
Nous en explique tout' la mécanique,
Elle dit nous allons planter l'décor ogué ogué,
De l'appareil masculin d'abord ogué ogué.
Elle s'approche du tableau noir,
On va p'têt' enfin savoir,
Quel est ce monstre sacré qui a donc tant de pouvoir,
Et sans hésiter elle nous dessine,
Le p'tit chose et les deux orphelines.

Tout tout tout,
Vous saurez tout sur le zizi,
Le vrai le faux,
Le laid le beau,
Le dur le mou,
Qui a un grand cou.
Le gros touffu,
Le p'tit joufflu,
Le grand ridé,
Le mont pelé.
Tout tout tout tout,
J'vous dirai tout sur le zizi.

04 novembre

Saint Charles Borromée

C'est à l'orée de la froidure,
Que Charles le galant de Lise,
Recueillant les dernières mûres,
Fait des confitures exquises.

PETITS MÉTIERS

L**oueuse de sangsues**. Elle habitait près du ruisseau coulant au fond du jardin que nous avions au café. C'est dans ce « Merdaillou » le bien nommé – où chacun le matin allait vider ses déjections – que Consuela s'approvisionnait. Elle faisait ainsi là un petit élevage de sangsues afin de soulager quelques quinquagénaires « sanguins » qui remettaient leur sort entre ses mains. Ceux qui, aux dires du médecin, avaient le sang « bien trop épais » préféraient les sangsues de Consuela, qui, du reste, était, de loin, la plus belle fille du quartier, ce qui n'était pas négligeable. La belle posait ainsi sur le corps de ses patients les sangsues du ruisseau qu'elle élevait ensuite elle-même chez elle. Au terme de leurs succions gloutonnes, elle les récupérait avec délicatesse et les reposait au fond de la boîte dans laquelle elles étaient venues vampiriser les clients de leur patronne. C'est Consuela qui, après être rentrée chez elle, faisait elle-même dégorger ses bestioles du sang qu'elles avaient sucé gloutonnement des heures durant.

Elles n'avaient plus, pour se nourrir derechef, qu'à attendre leur prochaine victime.

ABRACADABRA !

Le chat-huant, la nuit, avec son cri, il t'annonce la mort. Mais attention, il t'éloigne tous les maléfices si tu le cloues vivant sur ta porte d'entrée !

… Et y faut l'y laisser combien de jours ?…

Les « dames blanches » sont des fées que l'on voit la nuit, principalement lorsqu'il y a du vent qui fait gonfler le tissu léger de leur jolie robe. Elles apportent des pépites de chocolat aux enfants qui lisent des livres et font de belles tresses à la queue des chevaux noirs. Elles peuvent être douces ou parfois sévères, jalouses ou même teigneuses… Mais elles sont rarement ainsi lorsqu'on les embrasse sur la bouche, surtout entre Vannes et Morlaix.

La sagesse fait durer, les passions font vivre.
(Chamfort)

Pensées

Toute opinion est indifférente aux ambitieux pourvu qu'ils gouvernent.
(Bernardin de Saint-Pierre)
Nous en avons la preuve tous les jours.
Pas vrai, François ?

La fourrure, il n'y a plus que les ours et les vieilles taupes qui ont des châteaux pour en porter…

Il m'a violée deux fois, le salaud !… Et la deuxième, j'étais pas consentante !

La signification symbolique de la fleur de dahlia est la froideur.
Il se trouve que je connais une femme qui, dans la saison, en a toujours de gros bouquets dans son salon…
Et pourtant !…

Ne dites pas à Bush que les 60 millions de dollars que va coûter la guerre en Irak pourraient être mieux employés en restant sur notre territoire, il risquerait de bombarder l'Ohio !

Sylvie n'aurait au grand jamais,
Dû épouser un tel garçon,
Mais comment savoir qu'il avait,
À la place du cœur un glaçon.

Sainte Sylvie

PERRET

05 novembre

Pensées

Un homme avait un ami qui fut élevé au ministère. Il cessa alors de le voir ; on lui en fit un reproche et on lui demanda quelle faute il avait commise contre lui. « Aucune, répondit-il, mais un ami ne doit voir un ministre que lorsqu'il a perdu sa place. »

Pour t'attacher un ami, vends, s'il le faut, jusqu'au jardin de ton père ; ne crains pas de brûler les meubles de ta maison ; fais du bien même à ton ennemi et ferme avec une bouchée de pain la gueule du chien qui veut te mordre.
(Saadi, *Le Jardin des roses*, traduction J. Gaudi)

« POUR LES BEAUX YEUX DE SYLVIE »

Cette chanson élaborée de 1968 à 1970, où elle fut enregistrée, s'inscrit pour moi au début d'une écriture différente. Plus exigeante, me semble-t-il, à partir de ces années-là. Il venait de naître « Marcel » (1967), « Jeanine » n'allait pas tarder (1971), je crois avoir vraiment commencé dès ces années-là à « serrer les boulons ».

Permettez que je vous chante,
Cette chanson en l'honneur,
D'une fillette innocente,
Qui causa bien du malheur.
Lorsqu'elle venait dès matines,
Sur son balcon pour broder,
Les hommes avaient la rétine,
Complètement pétrifiée.

Par les beaux yeux de Sylvie,
Le cou blanc de Sylvie,
Les lèvres de Sylvie,
Sa taille et ses doigts petits.
Son corps de Vierge Marie,
Et ses cils de libellu-le,
Et son air un peu crédu-le,
C'est ainsi qu'on aimait Sylvie.

« Hier au soir, je me suis frité avec Jeanine. Elle arrêtait pas de me rabâcher : "Arrête de boire !"…
– Et alors, t'as arrêté ?…
– Mais ça va pas, non ?… J'y ai dit, à Jeanine, toi, arrête de me gonfler. Ma bagnole fait dix litres au cent… le jour où j'en ferai la moitié, on en reparlera !… Ça lui a cloué le bec !
– T'as bien fait. Des fois, faut savoir leur parler avec fermeté. »

CÔTÉ CUISINE

Si vous faites des glaces à la maison, quelques gouttes de jus de citron éviteront la formation de petits cristaux.

Badigeonnez d'huile la viande crue avant de la conserver au réfrigérateur. Elle sera préservée au maximum et ne noircira pas.

Dans une guerre, c'est toujours l'adversaire qui commence. (Francis Blanche)

« Allez, Angèle, ne boude pas ton plaisir… J'ai bien vu que tu as frisé l'orgasme…
– T'as une bonne vue, mais ton cerveau est plus musclé que ta bite ! »

06 novembre

Saint(e) Bertille & Léonard

Quand amoureuse était Bertille,
Les gars du coin en étaient fous,
Étonnés qu'une si jolie fille,
Fît l'amour assise ou debout.

LE PARTI

Mon parti m'a rendu les couleurs de la France.
Mon parti mon parti merci de tes leçons,
Et depuis ce temps-là tout me vient en chansons,
La colère et l'amour, la joie et la souffrance,
Mon parti m'a rendu les couleurs de la France.

(Aragon)

Ces quelques vers pompiers d'Aragon auraient bien fait ricaner Léautaud. Signalons en passant que ce fameux « parti », pour lequel aussi bien Yves Montand qu'Aragon avaient des sanglots dans la voix lorsqu'ils l'évoquaient, était aussi celui de Staline, qui avait quelques millions de morts sur la conscience. Ces messieurs en sont bien revenus. Ils ont quitté « leur parti » sur la pointe des pieds, et je n'ai guère le souvenir que leur mea culpa ait été à la hauteur de leur « fanatisme ».

Pensées

Le sage doit fuir la guerre ; mais si elle éclate, il doit, pour l'honneur de sa patrie, mourir bravement ; mourir lâchement est une honte.
(Euripide)
... Oui, enfin, bravement ou lâchement, quand t'es mort, t'es mort !

Par un lapsus
elle a changé,
Le « vous » stérile
en « toi » cordial,
Et dans mon âme éprise d'elle,
Naissent les rêves de bonheur.
Songeur, je suis là devant elle,
Sans pouvoir la quitter
des yeux,
Disant : « Que vous êtes
gentille ! »
Tout en pensant : « Comme
je t'aime ! »
(Alexandre S. Pouchkine,
Le Toi et le Nous)

Ah, l'amour !...

Dès le mois de novembre, avec mon mari, on a commencé à parler des prochaines vacances.
« Il vaut mieux s'y prendre tôt, on aura des prix...
On va chercher sur Internet, il m'a dit... Tu as déjà perdu tes couleurs, tu as le ventre tout blanc !...
– Eh bien, allons à Saint-Tropez, je pourrai me faire bronzer les seins... »

LE SAVIEZ-VOUS ?

Au Canada, on offre une branche d'acacia avec ses épines à sa promise, afin qu'elle demeure vertueuse et fidèle. Malheureusement, cela ne marche qu'au Canada !

Le divorce est si naturel que, dans plusieurs maisons, il couche toutes les nuits entre deux époux. (Chamfort)

CÔTÉ JARDIN

Il est temps de protéger du gel vos chicorées, mâches et autres laitues. Vous pouvez aussi « pailler » les pieds d'artichaut.

Carine coincée à la clinique,
Dégustait leurs menus pourris,
Et pour combattre sa colique,
Soir et matin bouffait du riz !

Sainte Carine

07 novembre

« LA CORINNE »

Depuis « Le Tord-Boyaux » et « Le Zizi », « La Corinne » est sans doute la chanson qui a suscité le plus d'éclats de rire dans les salles où je l'ai chantée. Les enfants y compris, qui pourtant ne doivent pas comprendre « tout » complètement. Enfin, pas sûr !

Quand la chouette aux yeux jaunes,
La nuit en plein mois d'août,
D'un long cri qui résonne,
Appelle son hibou,
Les braves gens du village,
La mine réjouie,
Savent bien que ce ramage,
C'est pas l'oiseau de nuit.

Ils dis' tiens c'est la Corinne,
Qui a encor' trouvé une pine,
La p'tit' noire du garde-chasse,
C'est un vrai piège à bécasse,
À l'unisson les paroissiens,
Dir' y a qu'ça qui lui fait du bien.

Et quand l'hiver s'en vient,
Sous les premiers flocons,
D'un grand coup de surin,
On saigne le cochon,
Est-ce la bêt' qui agonise,
De qui proviennent ces cris,
Poussés derrière l'église,
Mais les fidèles qui prient.

Disent tiens c'est la Corinne,
Qui a encor' trouvé une pine,
C'est cell' du berger Bobby,
Ça le chang' de ses brebis,
À l'unisson les paroissiens,
Dir' y a qu'ça qui lui fait du bien.

Elle emm'na en Afrique,
Son mari Casimir,
Qui crut entendre un soir,
Un éléphant barrir,
Mais ce long cri sauvage,
Cett' féroce clameur,
Les guerriers du village,
La connaissaient par cœur.

Ils dir' tiens c'est la Corinne,
Qui a encor' trouvé une pine,
Sûr'ment celle du grand sorcier,
Qui lui agite le couscoussier,
À l'unisson les Africains,
Dir' y a qu'ça qui lui fait du bien.

Sentant la mort prochaine,
Elle dit à son époux,
J'veux un cercueil de chêne,
Avec des nœuds partout,
Cett' innocente prière,
Fut bien sûr exaucée,
Depuis lors au cimetière,
Quand on entend glousser.

On dit tiens c'est la Corinne,
Qui a encor' trouvé une pine,
Ses amants n'avaient pas tort,
Elle peut faire bander un mort,
À l'unisson les paroissiens,
Dir' y a qu'ça qui lui fait du bien.

Cette vie dissolue,
L'am'na pourtant au ciel,
Pour affronter les foudres,
Du bon père éternel,
Reçue par le concierge,
Elle poussa un long cri,
En empoignant sa barbe,
Mais les anges ont souri.

Ils dir' tiens c'est la Corinne,
Qui a encor' trouvé une pine,
C'est saint Pierre à tous les coups,
Qui essaye son passe-partout,
Et l'bon Dieu a dit nom d'un chien,
Faudra qu'j'essaye ça un matin,
Et l'bon Dieu a dit nom d'un chien,
Ça ne peut que me faire du bien.

Heureux deux amis qui s'entendent assez pour pouvoir se taire ensemble.
(Chateaubriand)

LE SAVIEZ-VOUS ?

Si l'élue de votre cœur manifeste sa déclaration en un gloussement, dites-vous qu'elle n'est peut-être pas l'amour de votre vie.

CÔTÉ CUISINE

Quand un bouchon refuse de sortir de la bouteille, trempez le goulot dans l'eau bouillante. Il ne résistera pas plus longtemps que vous devant un éclair au chocolat.

08 novembre

Saint Geoffroy

Faire l'amour avec Geoffroy,
Ça ne me fait ni chaud ni froid,
Disait la belle au joli cul,
Qui dilapidait ses écus.

GODEFROY DE BOUILLON (1061-1100)

Il fut duc de Basse-Lorraine, marquis d'Anvers, puis duc de Bouillon. Ça lui aurait fait vachement de points pour la retraite. Manque de bol, il n'y arriva pas. Né à Baisy-Thy, près de Genappe, en Belgique, contrairement à son tonton, le jeune Godefroy était grand, beau et balèze. Il sentait bon le sable chaud des plages du Pas-de-Calais du bord desquelles il ramenait souvent des palourdes et des filles de pêcheur. Il aimait tant humecter ses abattis dans le potage verdâtre de la mer du Nord, que ses poteaux le surnommèrent Godefroy de Bouillon, avant d'en faire Boubou le Croisé! Il était dévot, courageux et vaillant. Il pouvait taper pendant des heures sur la tête d'un infidèle sans jamais se plaindre. Il ne connaissait pas la fatigue. Un tantinet nunuche, certes, mais pas plus que la moyenne. Il prit la tête du régiment de France du Nord et de Basse-Lorraine, et, enfilant ses rangers, marcha sur Jérusalem en passant par le Danube.

Après avoir pris Jérusalem, comme visiblement ses chicots ne rayaient pas le parquet et qu'il s'en tamponnait le bouclier de devenir roi des territoires conquis, on lui offrit le titre d'avoué du Saint-Sépulcre et la gestion de ce nouvel État dont personne n'avait rien à battre. Godefroy, décidément de bonne composition, arrangea tout le monde en avalant son ultime bouillon d'onze heures un an plus tard.

Bien que n'ayant jamais disposé de chèque en blanc pour la direction des opérations et que, par conséquent, son rôle décisif fut nul, la légende s'empara toutefois de sa modeste personne. Il devint presque aussi célèbre que saint Louis cinquante piges plus tard. La postérité lui attribua la naissance de l'Orient latin. Les historiens, cependant, se grattent furieusement encore la moumoute pour savoir s'il fut un vrai héros ou un parfait lavedu!

Pour ma part, je me demande certains jours avec angoisse, si on ne s'en tamponne pas un chouïa?

Pensée

Elle n'avait pas de tête, elle n'avait pas l'esprit beaucoup plus grand qu'un dé à coudre, mais pour l'amour on ne demande pas aux filles d'avoir inventé la poudre.

(G. Brassens, extrait de *Une jolie fleur dans une peau de vache*)

La femme-objet est une création de l'homme abject.

(Louise Leblanc, *Croque-messieurs*)

Musique

L'harmonie la plus douce est le son de la voix de celle que l'on aime.

Le pauvre homme était plus déprimé qu'un diabétique devant un plat de crêpes Suzette de n'avoir pu « honorer » cette fille, qui avait pourtant usé dans sa vie plus de draps que de paires de godasses !...

Théodore s'en va aux champs,
Trimer de l'aube jusqu'au couchant,
Et à son retour la Justine,
Lui fait encore ployer l'échine.

Saint Théodore

PERRET

09 novembre

LE HAVANE !

Tous vos convives n'en seront sans doute pas amateurs. Bien sûr, ce n'est pas une raison pour négliger les « aficionados » de puros. Les « amoureux » des Punch, Rafael Gonzalez, Upman ou autres Winston Churchill en distinguent les arômes tout autant qu'un œnologue s'envoie au plaftard en débusquant la réglisse, le santal ou la violette dans les effluves d'un grand cru. C'est un plaisir tout aussi « sensuel » que de « humer » une truffe fraîche ou d'humecter délicatement sa menteuse avec un château-latour 1961.

On trouve à présent les meilleurs havanes dans nos prestigieuses civettes en France ou à Genève, chez Gérard, par exemple, le « temple ». Les aficionados du havane vous parlent de « tripes » et de « capes » cubaines, vous expliquent avec une bouillante passion la façon inopportune dont Stratus et Cumulus se sont ligués pour bousiller la récolte à l'ouest de Santiago de Cuba! Cette catastrophe nationale est bien entendu à l'origine du fait que, durant une année entière, vous pourrez faire tintin pour avoir des Monte Cristo A! Essayez donc ce module de Coïba, il est léger, très aromatique et pas « fatigant »! S'il vous a à la bonne, maître Gérard vous fera peut-être visiter sa cave à cigares. Ça ne se raconte pas. C'est un poème de Cendrars. Finalement, je m'aperçois que je n'aime en tout que les amoureux, les passionnés. Qu'est-ce que ce serait chouette si on était entourés que de mecs aux œufs comme ça, qui vous donnent toujours le meilleur de ce qu'ils ont! Ne rêvons pas trop...

TANDIS QUE L'ÉTAT EXISTE, PAS DE LIBERTÉ. QUAND RÉGNERA LA LIBERTÉ, IL N'Y AURA PLUS D'ÉTAT.

(Lénine)

Si l'on veut qu'un couple fonctionne sans arrière-pensées, une certaine dose de mauvaise foi de part et d'autre est indispensable.

(Grégoire Lacroix)

Pensée

Celui qui n'a jamais rien eu de bon dans la vie ne fera de tort à personne s'il invente une histoire et puis la raconte comme si elle était vraie. Il raconte et finit par y croire lui-même, et cela lui est doux.

(Maxime Gorki)

Moi qui n'aurais aimé si j'avais pu choisir qu'une existence calme, obscure et sans désir, une pauvre maison dans quelque bois, perdue de mousse, de jasmins, et de vigne tendue. (Gérard de Nerval)

langage des fleurs

L'héliotrope d'hiver – ou tussilage odorant – est une fleur délicate. Elle attend qu'on lui rende justice, qu'on l'apprécie mieux, ainsi que certaines femmes ou jeunes filles timides qui n'attendent que d'être cueillies avec délicatesse. On peut apprécier encore en ce mois aux portes de l'hiver quelques fragiles jacinthes, anémones ou ximénies qui nous feront patienter jusqu'aux premières jonquilles ou perce-neige du printemps, qui nous apportent l'espoir, la consolation, ainsi que d'« heureux présages » pour l'avenir.

10 novembre

Saint Léon

Tous les jours l'épicier Léon,
Doit humer le cul des melons,
Mais le soir il tâte ceux d'Elvire,
Dont les fragrances le chavirent.

PETITS MÉTIERS

La rebouteuse. Voisine mitoyenne de mémé, la Jeanne, sa plus vieille ennemie, pratiquait à l'occasion le métier de rebouteuse. Elle était l'incontournable spécialiste des foulures, luxations, et même de toutes sortes d'herpès, eczémas ou zonas, qu'elle guérissait dans 95 % des cas.

Un onguent de sa fabrication ajouté à quelques prières et signes cabalistiques, pour faire bonne mesure, avaient raison de la défaillance d'une cheville, d'une méchante entorse ou d'un poignet foulé. Ce qui amusait le plus les voisins du quartier, c'est que la Jeanne, si douée aussi pour faire disparaître les verrues de ses « patients », n'avait jamais réussi à se débarrasser de la sienne. Celle-ci, grosse comme un grain de maïs, trônait tel un défi au sommet gauche de son nez, à trois centimètres de son œil. Cette cruelle anomalie faisait abondamment ricaner ma grand-mère, qui ne se privait pas de la brocarder à ce propos lorsqu'elles étaient fâchées.

Les tyrans ont toujours quelques ombres de vertu. Ils soutiennent les lois avant de les abattre.

(Voltaire)

La peur de l'ennui est la seule excuse du travail.

(Jules Renard)

ABRACADABRA !

Araignée du matin, petit chagrin ; du midi, petit profit ; du soir, petit espoir. Généralement, l'apparition d'une araignée serait un présage plutôt favorable à condition de l'écraser sans discuter.

En Bretagne, on affirme que si une araignée passe sur le visage de quelqu'un durant son sommeil, elle peut vous donner le cancer. Il ne s'agit toutefois que des contrées les plus reculées de la Bretagne !...

« CHANSON DES RUES ET DES BOIS »

Ami j'ai quitté vos fêtes,
Mon esprit à demi-voix,
Hors de tout ce que vous faites,
Est appelé par les bois.

Je fuirai loin de la ville,
Tant que Dieu clément et doux,
Voudra me mettre un peu d'huile,
Entre les os des genoux.

J'aime les murs pleins de fentes,
D'où sortent les liserons,
Et les mouches triomphantes,
Qui soufflent dans leurs clairons.

J'aime l'église et ses tombes,
L'invalide et son bâton,
J'aime autant que les colombes,
Qui jadis venaient dit-on.

Conter leurs métempsycoses,
À Terpandre dans Lesbos,
Les petites filles roses,
Sortant du prêche en sabots.

J'aime autant Sedaine et Jeanne,
Qu'Orphée et Pratérynnis,
Le blé pousse, l'oiseau plane,
Et les cieux sont infinis.

(Victor Hugo, *Les Chansons des rues et des bois*)

Si l'impétueuse Clarisse,
M'envoie à la tête un poêlon,
Je lui dis ma chérie voyons,
Respectons au moins l'Armistice !

Armistice 1918 & saint Martin

« LA CORINNE »

Contrairement à ce qu'en pensent les esprits chagrins, cela m'amuse encore beaucoup d'écrire ce type de chanson. Les spectateurs dans les salles rient comme des enfants, et je suis toujours émerveillé d'entendre cette bruyante jubilation qui est la leur.

Dans ma vie j'ai connu,
Des aimables et des tordus,
Des belles filles des garçons,
Sans la moindre inhibition,
Et ma foi tous étaient convaincus,
Qu'la seule chose qui comptait c'est le cul.

À c'propos j'ai connu Marguerite,
La plus douée des massacreus' de bites,
À 16 ans elle jouissait même plus,
Elle disait qu'c'était du temps perdu.
Angora c'est l'sobriquet d'Odile,
Elle est touffue comme le bois d'Chaville,
Sa rosett' quand e'm'l'accroche au cœur,
Aussitôt ma pine prend l'ascenseur.

Ah le cul le cul le cul le cul le cul le cul,
Qu'il soit couvert ou qu'il soit nu,
Qu'il soit épilé ou barbu,
Les timorés sont tous vaincus.

C'est un cul qui nous a mis au monde,
C'est par not'cul que la terre est féconde,
Pour ses yeux que j'ai suivi Georgette,
Pour son cul que j'ai perdu la tête.
Mes belles dents j'les dois à Béatrice,
Car c'est son cul mon meilleur dentifrice,
Et ouvrir les cuisses de Béatrice,
C'est bien mieux qu'd'ouvrir un compte en Suisse.

Le loup aussi accuse l'agneau de lui avoir cherché querelle. Bref, la force n'a jamais tort et les battus doivent payer l'amende. (Henri-Frédéric Amiel, 1847-1883)

QUAND SAINT MARTIN,
TIRE SON VIN,
LE VIEUX COUCOU,
TIRE SON COUP !

Ne dites pas qu'une femme est laide tant que vous ne l'avez pas vue dans le plaisir de l'amour. La moins jolie peut l'y devenir.
(Paul Léautaud)

Pensée

Voltaire déclarait qu'il n'y avait rien de plus ridicule qu'un médecin qui meurt de vieillesse, et il ajoutait : « Je perds mes dents, je meurs au détail. J'approche tout doucement du moment où les philosophes et les imbéciles ont la même destinée. »

PHILOSOPHIE D'ENFANCE

Quand j'étais mouflet et que le 11 novembre je voyais tous ces pauvres grands-pères apporter une gerbe au monument aux morts, je pensais déjà qu'avoir toute une batterie de cuisine sur le poitrail pour remplacer un bras ou une jambe n'était pas un troc bien raisonnable.

12 novembre

Saint Christian

PERRET

Christian se sentit empoté,
Dans les bras d'une gourde sage,
Mais celle qui l'a « dépoté »,
N'a pas regretté le voyage !

PIGEONNEAUX AUX PETITS POIS

Maman n'avait pas son égale pour nous régaler de ce plat pourtant si simple. Ma femme, qui en rêvait, disait souvent quand nous dînions chez mes parents : « Pourvu que mamie ait fait le pigeon aux petits pois! Une merveille de symbiose entre le pigeonneau et les petits pois! »

Pour 6 convives :

6 pigeonneaux tendres ;
Une demi-salade romaine ;
300 g de petits pois frais écossés ;
200 g de petits pois gourmands ;
2 tranches fines de jambon de campagne découpées en petits carrés ;
15 petits oignons blancs grelots ;
3 échalotes hachées menu ;
1 bouquet garni ;
1 grosse noix de beurre ramolli ;
1 petite cuillerée à soupe de sucre en poudre ;
2 cuillerées à soupe d'huile d'olive
+ 3 cuillerées à soupe d'huile de colza mélangées ;
1 verre d'eau ;
Sel, poivre au moulin.

Préparation :

Préchauffez le four à 180 °C.

Badigeonnez les pigeonneaux avec la moitié des huiles mélangées. Salez-les et poivrez-les sur toutes les faces, et légèrement à l'intérieur où vous mettrez dans chacun une noisette de beurre.

Posez-les sur la grille d'un plat à four afin qu'ils éliminent leur graisse sans cuire dedans.

Ôtez-les du plat au bout de vingt minutes sans éteindre le four. Réservez-les.

Pendant la cuisson des pigeonneaux, versez le restant des huiles mélangées dans la cocotte et faites revenir les échalotes hachées à feu très doux trois à quatre minutes en les remuant souvent.

Détachez les feuilles de romaine, rincez-les à l'eau claire et coupez-les en deux.

Ajoutez-les aux échalotes avec tous les petits pois, le jambon, les oignons grelots, le bouquet garni et le sucre en poudre.

Mélangez bien. Salez légèrement. Poivrez de 3 tours de moulin. Couvrez et baissez le feu. Laissez cuire quinze minutes à feu très doux.

Ôtez les pigeonneaux du plat. Remplissez-les chacun de petits pois, salade, etc., et enfouissez-les en les posant sur la poitrine dans la cocotte au milieu des petits pois restants.

Videz la graisse du plat à four des pigeonneaux. Versez-y un verre d'eau et frottez bien le fond du plat pour décoller les sucs. Videz ce jus délicieux dans la cocotte que vous remettez quinze minutes sur un feu doux après avoir posé le couvercle dessus.

Servez les pigeonneaux dans un plat très chaud (ou deux) avec les petits pois autour et… dedans si vous ne les avez au préalable découpés en deux en cuisine. Vos convives apprécieront.

L'écrivain a ce singulier pouvoir de créer de la réalité avec des sornettes, de faire passer pour rouge ce qui est bleu… et de transformer les vessies en lanternes. Qu'il ait du talent, et ses mensonges, lancés dans l'univers, deviennent plus vrais que certitudes. (Roland Dorgelès)

Tous ses « je t'aimerai à jamais »,
Prouvent qu'il est amoureux mais,
uand ses amours ne s'accomplissent,
Brice a toujours le cœur qui plisse.

Saint Brice

PERRET

13 novembre

VERCINGÉTORIX

Vercingétorix était un chef gaulois né autour des années 30. Rien à voir avec Joséphine Baker. Je précise, les années 30 avant Jésus-Christ, bien sûr. Les spaghettis italiens étant, c'est bien connu, nettement supérieurs aux nôtres, la Gaule devint donc romaine. Après une forte tempête, les druides en train de cueillir du gui sur les chênes se retrouvèrent tous le cul par terre. En profitant pour se grouper, ils fondèrent la célèbre tribu des Arvernes. Au terme d'une formidable partie d'Amstramgram, ils désignèrent un chef nommé Vercingétorix, le seul qu'ils voyaient capable dans la région de filer une dérouillée à César, ce chef romain qui roulait trop sa caisse à leur goût. Vercingétorix entreprit dès lors de vaincre les légions de César dispersées dans les bosquets en train de cueillir du muguet, des fraises des bois ou des châtaignes de l'Ardèche.

César, qui était reparti tricoter un petit salé à Césarine à Rome et déguster en passant une platée de Capellini al gorgonzola, revint à toute bubure en prononçant ces paroles devenues célèbres depuis dans toutes les écoles : « Par les couilles de Belzébuth, ça va chier en Gaule ! » Effectivement, il fit beaucoup de peine à Vercingétorix en lui repiquant un par un tous les territoires qu'il venait de paumer. Vercin, qui possédait un beau briquet à mèche (cadeau de sa maman pour son premier massacre), adopta alors la politique de la terre brûlée. Il n'épargna que Bourges, la seule ville qui possédât déjà une douche et une boulangère qui massait aussi bien qu'elle pétrissait son pain ! César finit tout de même par prendre la ville, mais Gégé (comme il l'appelait familièrement) lui infligea une sévère déculottée devant Gergovie en l'an 52 avant Jésus-Christ. Après un tabac pareil, Vercingétorix se fit reconnaître commandant en chef et prit une musette mémorable à l'hydromel qui le fit basculer définitivement vers le Ricard sans glace.

Dans mes rapports affectifs avec l'argent, le problème, c'est que lui peut très bien se passer de moi. (Grégoire Lacroix)

IL N'Y A POINT DE LAIDES AMOURS NI DE BELLES PRISONS.

Pensées

Il y a des gens modestes qui tiennent absolument à ce que cela se sache.
(Grégoire Lacroix)

L'amitié demande un peu plus de mystère,
Et c'est assurément
en profaner le nom,
Que de vouloir le mettre
en toute occasion.
(Molière)

On dit qu'il y a dans le monde une femme qui donnerait naissance à un enfant toutes les deux secondes. Il faut absolument la retrouver pour l'empêcher de continuer !
(Sam Levenson)

Le bonheur sortait des cailloux, tombait des arbres. On ne pensait à rien et même on ne redoutait pas que ce bonheur pût fuir, comme tous les bonheurs de ce monde. On pensait pouvoir l'emporter avec soi et le garder toute sa vie…
(Henri Bosco)

La politique est l'art de mentir d'un air sincère à des gens qui font semblant de vous croire.

Saint Sidoine

Bien avant que sonne la campane,
Quand l'hiver doucement approchait,
Le gentil vigneron Sidoine,
S'en allait pêcher le brochet.

« L'OISEAU DANS L'ALLÉE »

Il me semble difficile de parler de cette chanson, qui est l'une de mes préférées à tous points de vue. La musique, les paroles sont pour moi en symbiose totale. De plus, le type de philosophie qu'elle dégage était très nouveau pour moi au moment où je l'ai écrite.

Je lui dis mon p'tit grain de poivre je t'enlève,
Tu peux brancher les rhéostats dans tes yeux verts,
Tu me rappelles Agnès Irène et Geneviève,
Ton âme est innocente et tes baisers pervers.
Laisse traîner tes cils sur le beau blond qui passe,
Je ne te jouerai point la scène d'Othello,
Sais-tu qu'après l'amour tous nos baisers s'effacent,
Le bonheur absolu n'a cours que chez les sots.

Il m'est indifférent,
Que l'oiseau dans l'allée,
Aille d'un arbre à l'autre,
Il peut bien s'envoler.

Ell' me dit ça va pas durer jusqu'aux cerises,
Ell' dit un grand amour siérait mieux à mon teint,
Ell' dit j'attends d'un homme quand il m'aura prise,
Qu'il me couve des yeux comm' un riche butin.
L'amour n'est pas toujours là ma petite grive,
L'amour promet souvent c'est un bon député,
Mais sache qu'il est fait de sang et de salive,
C'est parfois un délice de s'en contenter.

Ne laissons point le temps entamer ses outrages,
Allons voir si la rose a l'éclat de tes joues,
Papa Ronsard qui était pas un' cloch' à fromage,
Disait qu'il faut danser quand la musique joue.
Ta lèvre humide est pour moi d'excellent augure,
Ton corps, ta gorge ferme je n'en veux pas plus,
Sais-tu qu'un arc-en-ciel si beau soit-il qui dure,
Au-delà d'un quart d'heur' on n'le regarde plus.

Ell' dit vous me jugez sans dout' un peu bégueule,
Mais je m'méfie de ceux qui ont choisi d'arpenter,
Ces jardins où les robes s'ouvrent toutes seules,
La mienn' celui qui m'aim' pourra seul me l'ôter.
Et c'est ainsi messieurs qu'je m'suis fait faire aux pattes,
Le vent qui bat sa porte est fait de mes soupirs,
Ell' ne m'fit malgré qu'j'en eus gros sur la patate,
Les honneurs de son corps qu'en sortant d'la mairie.

Les grands artistes et les grands écrivains d'autrefois ont toujours pris leur point d'appui, leur modèle, leur référence dans le passé... ce sont les ignorants et les primaires qui ont fait courir le bruit que le passé était l'ennemi de la vie. (Jean-Louis Vaudoyer)

SUPERSTITIONS GASTRONOMIQUES

Certaines personnes redoutent à table une salière renversée et le nombre treize. Ce nombre est à craindre dans la mesure où il n'y aurait à manger que pour douze. Quant à la salière, l'essentiel est qu'elle ne se répande point dans un bon plat.

Toute chose a son prix, dans ce bas monde, à plus forte raison un bon dîner. Si donc tel convive ne peut le rendre en nature, il faut qu'il s'acquitte d'une autre manière ; la plus usitée, c'est de mettre en avant sa langue au lieu de sa bourse et d'amuser la compagnie lorsqu'on est dans l'impuissance de la régaler, c'est ce qui s'appelle payer en monnaie de singe… Mais cette monnaie a cours à Paris.

(*Almanach des gourmands*,1805)

Ce fromage fut cause du drame,
Qui avait fait accuser Albert,
D'avoir assassiné sa femme,
Qui le gavait de camembert.

Saint Albert

15 novembre

CHAPEAUX DE CÈPES AUX ŒUFS

J'avais 7 ou 8 ans quand ma grand-mère, « mémé », m'a fait ce plat chez elle pour la première fois. La petite poêle a cuit les chapeaux de cèpes posée sur l'armature cerclée d'une lampe à pétrole. Je n'ai rien mangé de meilleur ! Ce plat se fait en trente à quarante minutes. Suivi d'une bonne salade verte, il assure un repas à lui tout seul.

Pour 6 convives d'appétit :

1 douzaine de cèpes moyens très frais et très fermes ;
3 gousses d'ail hachées menu ou pressées ;
1 bouquet de persil simple ;
2 tranches fines de jambon de campagne ;
12 œufs (un pour chaque cèpe) ;
1 cuillerée à soupe d'huile d'olive ;
100 g de crème fleurette ;
Sel, poivre au moulin.

Préparation :

Préchauffez le four à 180 °C. Sortez les œufs du réfrigérateur.

Utilisez un plat à four aux dimensions du volume des cèpes, si possible (pas trop grand). Nettoyez les cèpes sans les laver. Séparez les chapeaux des queues. Dans un plat à four muni d'une grille au fond, disposez les cèpes en plaçant la partie bombée du chapeau dessus.

Auparavant, vous les aurez enduits au pinceau d'huile d'olive, salés et poivrés sur les deux faces. Mettez-les dix minutes dans le four chaud (120 °C).

Pendant ce temps, hachez le jambon, le persil, l'ail (ou pressez-le) et une queue de cèpe. Le tout haché menu, menu.

Sortez le plat du four. Retournez les cèpes. Passez-les encore au pinceau huilé.

Placez le hachis que vous répartissez sur chaque creux de cèpe.

Salez très légèrement à cause du jambon. Poivrez. Mettez une cuillerée à café de crème fleurette sur le hachis de chaque champignon.

Remettez le plat dix minutes à four moyen (120 °C). Retirez le plat du four (encore une fois !).

Cassez un œuf sur chaque cèpe. Salez légèrement, poivrez et remettez au four cinq minutes environ, jusqu'à ce que les œufs soient cuits.

En amour, comme d'ailleurs en art, l'intelligence toute sèche, toute nue, est une disgrâce.

(Henry Bernstein)

CÔTÉ CUISINE

Nettoyage des cèpes : grattez au couteau le sable de leur queue et ôtez le bas terreux. Nettoyez le chapeau au papier de ménage, au torchon ou avec un pinceau qui vous sert de brosse. Surtout ne jamais les laver ni les éplucher (sauf la queue).
Cuisson : faites-les sécher en les passant dix minutes à four tiède s'ils sont lourds en eau. Ils noircissent facilement au contact du métal, utilisez plutôt un poêlon en terre pour les cuire.

C'est la loi de l'équilibre. Quand l'esclave trouve une occasion de devenir tyran, il ne la rate pas !

(Henri Duvernois)

16 novembre

Sainte Marguerite

PERRET

Pourquoi donc Marguerite,
Aimait ma maison d'hôte ?
Crois-tu que la petite sotte,
Appréciait mon Magritte ?

LOUIS X DIT LE HUTIN (1289-1316)

Louis X, dit p'tit Louis, dit le Querelleur, fut surnommé aussi le Hutin. D'aucuns pensent que c'est parce qu'il adorait les poireaux vinaigrette, mais le rapport paraît lointain. Il fut un roi peu remarquable. Mais s'il fit peu de choses, il les fit bien. D'abord, il fit étrangler sa femme, la reine Marguerite de Bourgogne. Cette dernière ayant déclaré publiquement que : « Le mariage c'est bien, mais on s'en fatigue… », il la répudia *illico* et lui fit serrer le kiki par un brave homme qui gagnait sa vie en serrant les kikis. Les frères d'Aulnay, cause de ce désastre, qui avaient tourné la tête de cette brave Marguerite avant qu'elle ne la perdît, se firent gentiment écorcher vifs, après avoir fait une brève carrière dans les Petits Chanteurs à la croix de bois. Et ensuite, pour montrer que Marguerite était loin d'être inoubliable, il fit un enfant à Clémence de Hongrie, sa nouvelle reine qui, dit-il, « valait bien trois juments à elle toute seule ». Louis X fut moins cruel avec son ministre des Finances. Il se contenta de le faire pendre, après que ce grand benêt (c'est son terme) eut fait une regrettable erreur dans une règle de trois !

À vrai dire, ce Louis-là n'a sans doute pas sa place dans cette galerie de personnages prestigieux que nous qualifions de grandes pointures. Nous l'appellerons « p'tit Louis » et dirons que la pâleur de ce roi inodore et dépourvu de génie ne fera que mettre en évidence le rayonnement et l'immortalité de la gloire des autres.

LA VIEILLESSE : CHAQUE MATIN, J'OUVRE MON QUOTIDIEN, JE REGARDE LES ANNONCES DE DÉCÈS ET SI JE N'Y SUIS PAS, JE CONTINUE COMME D'HABITUDE.

(Patrick Moore)

LE SAVIEZ-VOUS ?

- Quand on a une poussière dans l'œil, en Charente, on dit pour la chasser qu'il faut cracher trois fois sur son bras droit. Comme quoi, les Charentais, des fois… l'hygiène !…
- Posséder un abattoir est un signe d'abondance. Y tuer bœufs, moutons ou cochons ne sera que l'approche d'un événement heureux.
- Grimper en haut d'un acacia vous offrira la perspective d'un amour platonique.
- Rêver d'Adam et Ève, en peinture par exemple, sera l'annonce d'une passion pour quelqu'un de plus jeune que vous.

À 70 carats passés, Marguerite Moreno se tapait encore des parties de jambes en l'air ! Elle disait souvent elle-même en se marrant : *« À mon âge, mon cul me coûte cher ! »*

Épitaphe

Ci-gît madame Marguerite,
Qui ne fut ni grande ni petite,
Elle mourut le deux du mois,
Et se tut ce jour-là pour la première fois.
(Épitaphes anonymes)

SI D'ÉLISABETH VIENT FROIDURE,
SANS ATTENDRE, PORTE FOURRURE.

« LILY »

Lily, venue toute seule, s'est imposée à moi. Comme lorsqu'on tombe amoureux. Devant le spectacle au quotidien d'une certaine intolérance, devant une xénophobie grandissante de jour en jour dans notre pays de liberté après les années 1974, 1975, il fallait que j'écrive cette chanson. Ce fut non seulement une envie, mais aussi un « besoin ».

On la trouvait plutôt jolie Lily,
Elle arrivait des Somalie Lily,
Dans un bateau plein d'émigrés,
Qui venaient tous de leur plein gré,
Vider les poubelles à Paris.
Elle croyait qu'on était égaux Lily,
Au pays d'Voltaire et d'Hugo Lily,
Mais pour Debussy en revanche,
Il faut deux noires pour une blanche,
Ça fait un sacré distinguo.
Elle aimait tant la liberté Lily,
Elle rêvait de fraternité Lily,
Un hôtelier rue Secrétan,
Lui a précisé en arrivant,
Qu'on ne recevait que des Blancs.

Elle a déchargé des cageots Lily,
Elle s'est tapé des sales boulots Lily,
Elle crie pour vendre des choux-fleurs,
Dans la rue ses frères de couleur,
L'accompagnent au marteau-piqueur.
Et quand on l'appelait Blanche-Neige Lily,
Elle se laissait plus prendre au piège Lily,
Elle trouvait ça très amusant,
Mêm' s'il fallait serrer les dents,
Ils auraient été trop contents.
Elle aima un beau blond frisé Lily,
Qui était tout prêt à l'épouser Lily,
Mais la belle-famille lui dit nous,
N'somm's pas racistes pour deux sous,
Mais on veut pas de ça chez nous.

Elle a essayé l'Amérique Lily,
Ce grand pays démocratique Lily,
Elle aurait pas cru sans le voir,
Que la couleur du désespoir,
Là-bas aussi ce fût le noir.
Mais dans un meeting à Memphis Lily,
Elle a vu Angela Davis Lily,
Qui lui dit viens ma petite sœur,
En s'unissant on a moins peur,
Des loups qui guettent le trappeur.
Et c'est pour conjurer sa peur Lily,
Qu'elle lève aussi un poing rageur Lily,
Au milieu de tous ces gugusses,
Qui foutent le feu aux autobus,
Interdits aux gens de couleur.

Mais dans ton combat quotidien Lily,
Tu connaîtras un type bien Lily,
Et l'enfant qui naîtra un jour,
Aura la couleur de l'amour,
Contre laquelle on ne peut rien.
On la trouvait plutôt jolie Lily,
Elle arrivait des Somalie Lily,
Dans un bateau plein d'émigrés,
Qui venaient tous de leur plein gré,
Vider les poubelles à Paris.

Plus de quarante ans après, le « visage » de la xénophobie et celui du racisme ont certes un peu changé, surtout chez les jeunes. Certains réactionnaires condamnent aujourd'hui cette chanson, accusant le « mauvais citoyen » que je suis pour l'avoir écrite. Il en est heureusement tant d'autres qui la chantent spontanément avec moi dans les concerts après l'avoir apprise à l'école… avec des enseignants sans doute « mauvais français » eux aussi ?

18 novembre

Sainte Aude

S'il se déchaîne brusquement,
À l'approche de saint Clément,
L'hiver souvent attend sainte Aude,
Avant de partir en maraude.

BUVEURS BAVARDS

« Moi, le viagra, je le prends avec un café en regardant *Les Experts*...

– Avec du café, en plus! Dis donc, tu dois déplacer les meubles, avec ça!...

– Non, moi ça va... Y a que mademoiselle tir au but qui se met à trépigner tant qu'elle est pas dans l'œil du cyclone!... »

À la télé, j'ai vu un chirurgien qui se fait payer une fortune en remontant des nibards à longueur de journée... Moi, j'arrive à en remonter une paire de temps en temps, et encore! Et pourtant, je les fais pas payer!...

« Hier soir, après la troisième fois, Gisèle a voulu encore remettre le couvert... J'y ai dit écoute, on a quand même bien baisé!... Ça peut attendre demain. Tu sais ce qu'elle me répond?...

– Ben... non.

– Elle me dit comme ça, tu veux que j'aille voir René?

– Quoi?

– Oui, texto! Tu l'as déjà carambolée ou quoi?

– Mais ça va pas, non? Moi?... Tu me vois enjamber une pouffiasse pareille?! »

Quand une femme fait le premier pas, c'est qu'elle veut avoir le dernier mot.

(Grégoire Lacroix)

LE CURÉ BIEN AVISÉ

Des dames qui *habitoient* ce château, voulant tirer une petite vengeance du curé du lieu réputé pour sa gourmandise, imaginèrent de lui jouer ce tour. Ce curé, recherché dans ses goûts, *faisoit* plus de cas de la chère fine et délicate, que la grosse chère. Cependant, comme il *étoit* grand mangeur, il ne se *montroit* difficile que lorsqu'il y *avoit* à choisir. Ces dames fondèrent là-dessus leur espièglerie. M. le curé, invité au château, trouva la table chargée de grosses pièces, viandes communes, entremets *nourrissans*, etc., et rien de plus. Il se livra donc à son appétit, prenant le temps comme il *venoit*, et se consolant de l'absence des ortolans par la présence des aloyaux. Les dames ne mangèrent presque point, il ne s'en inquiéta guère; mais ne voilà-t-il pas qu'au lieu du dessert, on met sur la table un second dîner, composé d'entrées délicates, de gibier fin, de petits-pieds, et le tout accommodé selon les grands principes de l'art. Notre curé, qui en *avoit* jusqu'à la gorge, devient furieux, se lève de table, et sort très en colère, sans qu'on pût le retenir. Les dames se *reprochoient* déjà d'avoir poussé la plaisanterie trop loin, lorsque le curé, *reparoissant*, feint d'être apaisé, se rassied, et mange comme quatre. On devine ce qu'il *avoit* été faire pendant sa courte absence... Les mystificatrices, mystifiées à leur tour, comprirent qu'il ne faut jamais s'attaquer à un véritable gourmand.

(***Almanach des gourmands***, **1805**)

À Saint-Tanguy, c'est coutumier,
On voit le gui sur les pommiers,
Pour orner entre la vaisselle,
Le chemin de table de Noël.

Saint Tanguy

19 novembre

PETITS MÉTIERS

Le tambour de ville. « Arrêtons-nous, maman, arrêtons-nous ! Y a le tambour de ville », lui annonçai-je émerveillé. L'aspect folklorique de cet étrange bonhomme l'emportait largement pour moi sur l'annonce des nouvelles qui, seules, intéressaient maman. Ce garde champêtre, en fait, qui faisait office de tambour de ville et dont l'habit ressemblait à celui du facteur, était affublé d'une moustache impressionnante à l'ombre du képi. Il roulait les *r* à la manière de ses baguettes. Celles-ci rebondissaient sur la peau du gros tambour qui reposait sur sa cuisse gauche. Ce dernier était suspendu à une large courroie qui emprisonnait sa poitrine de la hanche à l'épaule opposée. « Avis à la population ! » criait-il haut et fort en s'adressant à la foule. Bien qu'il lût sa feuille attentivement, cela ne l'empêchait pas, d'un regard semi-circulaire, d'évaluer la qualité d'écoute de son public. Lequel n'était du reste souvent composé que de cinq ou six enfants et trois ou quatre mères de famille. Bien entendu, c'est surtout ces dernières qui écoutaient attentivement les nouvelles avant d'aller les colporter dans tout le pays en les déformant peu à peu. Les événements locaux ayant été égrenés consciencieusement les uns après les autres, d'une savante torsion des épaules, il faisait pivoter son tambour dans son dos avant de grimper sur sa bicyclette. S'il ne chutait pas en route – comme cela lui arrivait souvent après un arrêt au troisième café –, son beau vélo l'emmenait de la place de la Mairie à la promenade du Château. Tous les badauds souriaient à l'arrivée du tambour de ville. C'était à l'évidence le personnage le plus populaire de la cité.

Les hommes étudient la femme comme ils étudient le baromètre, ils ne comprennent jamais que le lendemain.
(Carmen Sylva, *Les Pensées d'une reine*)

« Tu te rends compte, le manchot des deux bras qui se fait torcher tous les jours !...
– Tant que sa femme a encore les siens, ça va ! »

LE SAVIEZ-VOUS ?

Savez-vous comment les faucons font l'amour ? Ils s'étreignent à des hauteurs inouïes et tombent rivés l'un à l'autre, bec à bec, d'un jet, une volupté presque insupportable. Alors que nous autres, nous devons prendre toutes sortes de postures ridicules et nous regarder transpirer. Le faucon rompt l'étreinte et fonce au loin, rapide et orgueilleux, solitaire, pendant que l'homme doit se relever, prendre son chapeau et sortir.
(William Faulkner, *Monnaie de singe*, traduction M. Gaucher)

Pensée

Les femmes ne sont que des organes génitaux articulés et doués de la faculté de dépenser tout l'argent qu'on possède...
(William Faulkner, extrait, *Moustiques*)

20 novembre

Saint Edmond

Quand saint Martin et saint Edmond,
En novembre sont au balcon,
À l'intérieur leur femme supplie,
Martin, Edmond, venez au lit.

TRANCHE D'HISTOIRE

1975 Toute la presse annonce que le 20 novembre 1975, « Franco est mort ».

Paëlla à volonté ! Champagne pour tout le monde !

La critique souvent n'est pas une science : c'est un métier où il faut plus de santé que d'esprit, plus de travail que de capacité, plus d'habitude que de génie. (La Bruyère)

La science est un danger public. Elle est aussi dangereuse que bienfaisante. (Aldous Huxley)

Les larmes

Les larmes sont des ablutions saintes ; elles contiennent le sel qui empêche la corruption de l'homme. (Jacques Peladan, *Le Vice suprême*, 1884)

Les larmes peuvent être : tièdes, coulantes, pleureuses, argentines, (de) crocodile, feintes, humides, passionnées, douces, piéteuses ou piteuses, arrosantes, salées, épandues, oculaires ou oeillardises...
(Maurice de La Porte, *Épithètes*, 1571)

CÔTÉ CUISINE

Si vous avez des vieilles noix (oublions les membres de votre famille), trempez-les dix minutes dans du lait chaud, ça leur filera un coup de jeune. À la vue et au goût. Virez ensuite le lait, qui sera âcre. Hachez-les grossièrement pour les mettre dans un gâteau ou une salade, mais ne broyez jamais les cerneaux au mixeur, qui seraient échauffés et... dégueu !

LA JOIE

Et la joie est partout ; elle est dans le manteau de verdure qui recouvre la terre, dans la sérénité bleue du ciel, dans la folle exubérance du printemps, dans l'austérité grise de l'hiver, dans la chair vivante qui habille notre charpente, dans le parfait équilibre noble et fier du corps humain, dans la vie, dans l'exercice de tous nos pouvoirs, dans l'acquisition de la connaissance, dans la lutte contre le mal, dans la mort pour des biens dont nous ne profiterons jamais.

(Rabindranath Tagore, 1861-1941, traduction J. Herbert)

« C'est le poids de mes couilles qui m'a fait prendre conscience du poids de mon rôle de père.
– Et comment t'as su ça, toi ?
– C'est parce que ma femme a voulu les peser. »

En entendant venir Marie,
L'automne sent bien qu'il est cuit,
Déjà le bouleau perd ses feuilles,
Et l'érable tourne de l'œil.
À l'aube rouge par vent ou pluie,
Recouche-toi vite avec Marie.

Présentation de la Vierge Marie

PERRET

21 novembre

ONYCHOMANCIE

Comment se présentent vos ongles? Il vous faut prendre garde à ces choses, à savoir s'ils sont larges, blancs, étroits, longs, obliques, petits, ronds, pâles ou noirs, rouges ou marquetés. C'est en effet à partir de ces éléments que doit se pratiquer l'art onychomantique, dont voici maintenant les principes :

Celui ou celle qui a les ongles larges est d'une nature assez bénigne et assez bonne, mais il y a de la pusillanimité et crainte de parler devant les grands, n'ayant la parole à commandement, et une érubescence.

Si vos ongles sont étroits, sachez que vous ne devez pas vous étonner d'éprouver le besoin de faire du tort à votre prochain. Vous haïrez naturellement votre conjoint et les parents qui vous sont proches. Semblable à l'oiseau de proie, vous voudrez commander les petits, les faibles et les indécis.

Ceux qui ont les ongles petits et ronds sont d'une nature obstinée, ireuse, fâcheuse en conversation, qui est plus portée en haine qu'autrement, croyant toutes choses lui être sujettes. Si les ongles petits sont crochus en l'extrémité, ils dénotent la personne fière et orgueilleuse, qui n'a d'autre désir qu'en la superbité, et aux dignités hautes.

(Belot, *Les Lignes de la main*)

C'est toujours par ce qu'elle contient de vérité qu'une œuvre nouvelle choque ses contemporains. C'est toujours et seulement pour ce qu'elle aura contenu de vérité que cette œuvre est appelée à subsister dans l'avenir. (Henri Bataille)

Quand j'entends trop de Wagner, ça me donne envie d'envahir la Pologne!

(Woody Allen)

Les hommes mettent dans leur voiture autant d'amour-propre que d'essence. (Pierre Daninos)

Shéhérazade, tu parles d'une connasse, avec un nom pareil!

(Jean-Marie Gourio, *Brèves de comptoir*)

Si ceux qui disent du mal de moi savaient exactement ce que je pense d'eux, ils en diraient bien davantage.

(Sacha Guitry)

LE PARLER DES MÉTIERS

Dans le jargon des policiers, **« faire un scalp »**, c'est arrêter un malfaiteur. Un **« saucisson »** est un dossier embarrassant et ennuyeux. **« Rétrécir un détenu »**, c'est l'humilier par tous les moyens. Disperser des manifestants à coups de pied, c'est leur offrir un **« ragoût de semelles »** !

Arrêter les vendeurs à la sauvette dans le métro, c'est **« ratisser le tube »** ! **« Sortir la seringue »**, c'est lancer des projectiles lacrymogènes avec un pistolet. Et le policier qui, au volant, vous fait **« souffler dans le ballon »** vous **« tire les verres du nez »** !

22 novembre

Sainte Cécile & Christ-Roi

Sème une fève à Sainte-Cécile,
En fin d'hiver tu en auras mille,
Du grenier tu atteindras les poutres,
Mais tu sauras plus quoi en foutre !

« Hier matin, je suis sorti de chez le toubib, je bandais comme un cerf.
– Il t'a filé un traitement ?
– Non, j'ai vu sa secrétaire, qui est très douée pour résoudre ce genre de problème... »

« Les gonzesses qui se sont fait caramboler par Bébert le Tailleur, elles disent toutes que quand il baise on dirait qu'il pique à la machine.
– Remarque, la Monique, elle dit bien la même chose de son mec qui tient le marteau-piqueur ! »

PAINS DE GLACE

Le jeudi, jour sans école, je ne songeais qu'à jouer toute la journée avec mes copains ou à aller pêcher le goujon dans le canal, à deux cents mètres du café. Au lieu de cela, papa, toujours en quête de quelqu'un qui pouvait l'aider, me disait : « Pierrot, il te faut aller chez Loulou Serres chercher des pains de glace pour remplir les glacières. Tu prendras la "remorque" – en réalité une longue carriole à deux roues ! – et tu ramèneras les huit "billes" que j'ai commandées hier à Loulou. Elles sont payées. » Je poussais ma remorque jusque chez Loulou, notre confrère cafetier et aussi brasseur, qui habitait à un kilomètre de chez nous. Je m'asseyais d'abord en arrivant chez lui pour reprendre mon souffle tant j'étais fatigué. Le brave limonadier, qui me connaissait bien, riait de me voir ainsi résigné à perdre une matinée en sacrifiant la pêche pour accomplir cette corvée. Saisissant l'un après l'autre les sacs à patates en jute que j'avais pris soin de ne pas oublier, il glissait deux billes de glace dans chacun d'eux, qu'à l'aide de sangles je maintenais solidement sur la carriole.

« Allez, sois prudent, méfie-toi des camions en débouchant sur la route de Moissac, disait-il. Tâche aussi d'arriver au café avant que tes pains soient fondus, sinon papa Maurice va te parler du pays (expression signifiant "ça va barder") ! »

Fontenelle disait :
« J'ai presque 100 ans,
et je n'ai plus d'ennemis…
ils sont tous morts ! »

La sagesse des vieillards, c'est une grande erreur. Ce n'est pas plus sages qu'ils deviennent, c'est plus prudents ! (Ernest Hemingway)

LE SORT DE LA JEUNE FILLE

Le jour d'été est brillant, mais plus brillant encore est le sort de la jeune fille ; le fer plongé dans la glace est froid, mais plus froid encore est le sort de la femme ; la jeune fille est dans la maison de son père comme la semence dans une terre féconde ; la femme est sous le toit de son mari comme le chien dans les chaînes, rarement l'esclave goûte les douceurs de l'amour, la femme, jamais. Ainsi que la jeune fille aspire à la maison d'un époux, même lorsqu'elle habite encore la maison de son père, ainsi le navire aspire à voguer sur les flots, même lorsqu'il est encore dans le pin résineux. **(Pär Lagerkvist, né en 1891, traduction M. Gay)**

Quand l'hiver s'en vient brusquement,
Il arrive à la Saint-Clément,
Si tu entends la bise qui feule,
Il est temps de planquer tes meules.

Saint Clément

PERRET

23 novembre

BUVEURS BAVARDS

« Tu te souviens ? Une Suze valait cinquante centimes, et un franc le double 51 !

– Putain, c'était le bon temps !...

– Et après, ce con de Mendès s'est pointé et y voulait nous faire boire du lait !... Tu te souviens ?...

– Enfin, oui et non... Parce que c'est surtout dans les écoles qu'il voulait en faire boire aux gosses.

– Ouais, c'est juste. Ça pouvait pas leur faire de mal. Comme à nous. »

« Un jour, on est allés à Cancale. Les huîtres étaient deux fois plus chères qu'à vingt kilomètres de Cancale. Les mêmes ! Tu le crois, ça ?...

– Tu crois qu'elles peuvent faire autant de chemin en une nuit ?... »

Tout notre mal vient de ne pouvoir être seuls : de là le luxe, le jeu, la dissipation, le vin, les femmes, l'ignorance, la médisance, l'envie, l'oubli de soi-même... et de Dieu ! (Jean de La Bruyère)

Maxime

Il faut rire avant d'être heureux, de peur de mourir sans avoir ri.

Ma femme prétend que je n'écoute jamais ce qu'elle dit... Enfin, un truc comme ça. (Chevy Chase)

Anecdote

À propos de Shakespeare, papa Hugo ironisait : « Chexpire ! Non mais, quel vilain nom !... On croirait entendre mourir un Auvergnat ! »

CÔTÉ CUISINE

Vous pouvez faire des crêpes hyper légères sans lait. Uniquement avec 40 % d'eau et 60 % de bière légère blonde. Laissez reposer la pâte une demi-heure et régalez-vous.

Ajoutez seulement un tiers de verre d'eau ou de lait à vos œufs battus et vous aurez une omelette plus volumineuse... et plus moelleuse (avec le lait).

Les queues des petits oignons blancs finement hachées dans une omelette sont aussi bonnes que des fines herbes.

Pensées

Posant soudain sa matraque sur le talus, le CRS se mit à sangloter : « Jésus Marie, que faire pour être aimé ?... »

Dans les bras de cette moustachue, il se sentait plus perdu qu'une bonne sœur dans les toilettes des hommes !

C'est une grande misère de ne pas avoir assez d'esprit pour bien parler, ni assez de jugement pour se taire.

Perdre les clés de son appartement n'est pas dramatique... surtout si en plus vous ne vous souvenez plus de l'adresse de votre appart !

24 novembre

Sainte Flora

On sait qu'après la Sainte-Flora,
Désormais rien ne fleurira,
Hormis en serre les fleurs en pot,
Et bien sûr les feuilles d'impôts !

LE COURRIER DU « ZIZI »

J'ai évoqué maintes fois le monstrueux courrier reçu durant plus d'un an à l'occasion de la sortie du fameux « Zizi ». Le comique involontaire de ces missives déclencha de nombreux fous rires au bureau des éditions Adèle lorsque je lisais à haute voix à Rébecca et aux secrétaires les passages les plus croquignolets. En voici certains :

« Votre "Zizi" qui soulève des montagnes a soulevé aussi une vraie question. »

« Je peux dire que c'est votre "Zizi" qui m'a ouvert les yeux! »

« La première fois, votre "Zizi" m'a été droit au cœur. »

« Votre "Zizi" a touché tous les membres de ma famille. »

« Nous avons été fous de joie quand vous avez sorti votre "Zizi". »

« Heureusement que ton "Zizi" est là pour amuser les jeunes... »

« Nous avons attendu d'entendre "Le Zizi" avant de prendre position. C'est chose faite depuis hier soir. »

« Même mon épicière la trouve très belle... »

« Quand nous sommes tristes, nous mettons "Le Zizi" avec maman et ça va tout de suite beaucoup mieux. »

« J'ai dû me tenir le ventre à deux mains parce que vous étiez trop drôle dans votre chanson du "Zizi". Les deux fermetures Éclair faites par le chirurgien m'ont bien fait mal mais ça ne fait rien. »

« Il paraît que vous gagnez des milliards avec votre "Zizi", dites-moi, s'il vous plaît, comment vous avez fait, car le mien me coûte une fortune! »

« Le succès de votre "Zizi" grossit de jour en jour, me dit un disquaire, chez moi, tout le monde se l'arrache. »

« Quel effet cela vous fait aujourd'hui que votre "Zizi" soit entré dans toutes les chaumières? »

Les femmes ne se doutent pas que leur plus dangereuse rivale c'est la liberté.

(Grégoire Lacroix)

Votre rêve le plus ardent est d'humilier qui vous a offensé, mais si vous n'entendez plus parler de lui, ayant changé de pays, votre ennemi finira par ne plus avoir pour vous aucune importance. (Marcel Proust)

IL EST PARFAITEMENT MONSTRUEUX DE S'APERCEVOIR QUE LES GENS DISENT DANS NOTRE DOS DES CHOSES QUI SONT TOTALEMENT VRAIES.

(Oscar Wilde)

Pensée

Si vous vous plaignez tant de ce monde, vous n'êtes pas forcé d'en rester citoyen.
(Plotin, *Ennéades*)

À la Sainte-Catherine,
Tout ce que l'on plante prend racine,
Alors ma belle c'est pas trop tard,
Pour faire voler son calebar.

Sainte Catherine d'Alexandrie

PERRET

25 novembre

CATHERINE DE RUSSIE (1729-1796)

La future Grande Catherine de Russie n'était pas plus russe que vous et moi. Si l'on veut remettre totalement les choses à leur place, elle ne s'appelait pas non plus Catherine. Elle naquit le 2 mai 1729 à Stettin dans un petit bled de Poméranie. Ses dabes la prénommèrent Sophie Augusta Frédérica, ce qui n'était pas pire que de s'appeler Paulette. Son enfance fut plutôt blécharde, entre son vieux qui buvait de la bière en jouant aux quilles et sa vieille qui collectionnait les jules en buvant du schnaps. Sophie, à 14 piges, était déjà sexy comme Betty Boop et futée comme une tortue Ninja. Comme elle ne disait pas encore de gros mots, elle fut invitée par l'impératrice Élisabeth elle-même pour venir en Russie épouser le grand-duc Pierre, héritier du trône. Elle sauta sur sa première valoche Hermès en peau de porc apprivoisé. Elle la remplit jusqu'à la poignée de ses douze paires de bottines en chevreau glacé, de ses robes en pilou et de ses quatre adorables petits barsli en dentelle groseille qu'elle gardait pour les grandes occasions. Elle embrassa ses nombreux parents émus, pleura un chouïa pour leur faire plaisir et dit tchao la compagnie !

En fait, elle était plutôt jouasse de jouer des flûtes. Y a des lunes qu'elle attendait ça. En arrivant à la cour, Élisabeth lui fit virer ses vieilles fringues et la couvrit de superbes robes de soie brodée. Elle lui offrit des zibelines, des visons tout neufs et de minuscules nuisettes en soie, de quarante-cinq grammes, à rendre dingue l'empereur le moins obsédé. Elle apprit à se servir d'un cure-dents et se convertit aussi sec à l'orthodoxie. Après quoi, elle fut rebaptisée *illico* Catherine et apprit dare-dare à jacter le russe. L'année suivante, elle épousa Pierrot en grande pompe. De noces plus grandioses, on n'en avait jamais vu de mémoire de moujik. Cathy arborait une couronne de quatre kilos de diamants sur la calebasse et avait un mal fou à se déplacer dans sa robe d'or et d'argent, qui en pesait six fois plus.

Proverbe

Trois choses sont impossibles à acquérir : le don de la poésie, la générosité, et un rossignol dans la gorge.
(Proverbe irlandais)

Pensées

Les hommes méchants ne sont pas les plus dangereux. On s'en garde, on prend des précautions avec eux, comme avec des chiens de police. Et quand on est mordu, la plupart du temps, c'est par des gentils bichons d'appartement, doux comme des cœurs, frisés comme des anges.
(Tristan Bernard)

« Bien sûr, elle est claquée, disait Alfred Jarry à un ami, tu penses bien que si elle m'avait légué sa fortune, j'aurais dit :
"Elle est décédée." »

La philosophie n'est autre chose que l'effort de l'esprit pour se rendre compte de l'évidence.
(Jules Lagneau)

Sainte Delphine

À la Sainte-Delphine,
Enfile manteau ou pèlerine,
Mets des chaussettes si t'as froid,
Ou alors… saute dans ses bras !

C'EST UN BON SIGNE !

En plein signe du Sagittaire (comme mon copain Gérard G.), il aime les couleurs gaies, le jaune… et… l'œillet rose. Les poires, les pêches sont ses fruits favoris. Il est souvent joyeux, affable, courtois et doux. Il attire par sa bonhomie, sa parole claire, un jeu égoïste, il est très loyal… Il affectionne les choses de bon ton, distinguées, et apprécie beaucoup le luxe. Il est galant, flatteur, avec un verbe coloré. Sa joie de vivre, sa philosophie, lui confèrent une jeunesse de caractère quel que soit son âge. Bien que brillante et preste, son intelligence manque parfois de profondeur. Il est pragmatique, et l'abstraction n'est pas son fort. Il a le goût du paradoxe et celui de la contradiction. Il a une vie saine. C'est un grand voyageur sans cesse émerveillé de ses découvertes. Les défauts majeurs des Sagittaire sont indéniablement la luxure et… la gourmandise. Il a un visage rayonnant; la calvitie n'est pas rare et souvent prématurée. Son corps est bien proportionné, mais il n'échappera pas avec l'âge à un certain embonpoint.

ABRACADABRA !

Pour se préserver des maléfices dans les contrées où vivent les lutins et les fées, il faut savoir bien cracher. Si vous allez à un mariage ou à un baptême, crachez loin et dru par trois fois (ou plus discrètement dans son sein, pour une femme).

On peut cracher de même dans son soulier droit et le faire chauffer ensuite. Crachez sur vos cheveux arrachés par le peigne ou sur vos rognures d'ongle et les sorcières ne pourront rien contre vous.

En Bretagne, on crache dans l'eau. Si la salive s'éparpille, elle est potable, si elle demeure compacte, elle ne l'est pas.

Seuls les vieux marins qui ont passé le cap Horn ont le droit de cracher au vent.

Les mousses n'ont le droit de cracher que sous le vent, sinon ils provoqueraient une abominable tempête.

Dire qu'on aurait pu mourir idiots sans savoir tout ça!…

Pensées

La justice est ce qui est établi; et ainsi toutes les lois établies seront nécessairement tenues pour justes sans être examinées, puisqu'elles sont établies. (Blaise Pascal)

Je n'ai pas de défauts, mais toutes les qualités me font défaut. (Jules Renard)

On saisit bien mieux quand on ne comprend rien. (Pierre Dac)

On ne choisit pas toujours ce qu'on préfère, mais on préfère toujours ce qu'on choisit. (G. Girard, 1736)

Mortes les associations et les sociétés. Morts les bons et les mauvais révérends de tous ordres. Morts les réformateurs et les législateurs, nés avec la pitié divine dans le cœur mais avec l'adoration de l'argent dans l'âme. (Henry)

Je viens d'un petit village dont la population n'a jamais varié.
Chaque fois qu'une fille est enceinte, un homme s'enfuit. (Michael Pritchard)

Décembre approche mon vieux Séverin,
Engelures et onglet sont là,
Si les gerçures pensent à toi,
N'oublie pas de chauffer tes reins.

Saint Séverin

PERRET

27 novembre

GOURMANDISE

M. de L. R. *étoit* dans son temps le plus illustre gourmand de Paris. Il *mordoit* dans un pâté de foie gras, comme dans une brioche, *avaloit* les truffes comme des cerises, et ses petits pains *étoient* de gros cervelas. Mais sa femme, qui *redotoit* sans doute le veuvage, ne *cessoit* de le contrarier dans ses goûts. Enfin il tombe malade, et les médecins prescrivent la diète. C'*étoit* pour notre malade le pire de tout, et il l'*auroit* sans doute bien mal observé sans la vigilance de Mme de L. R. qui, s'emparant de toutes les clefs, et s'établissant sa garde-malade, le mit absolument en tutelle. Les remèdes opèrent, et M. de L. R. entre en convalescence. On lui permet enfin de manger; et le médecin, qui *connoissoit* le faible de son malade, prescrivit scrupuleusement la dose des aliments : un œuf frais, accompagné d'une seule mouillette. M. de L. R. *auroit* bien voulu que cet œuf eût été pondu par une autruche, plutôt que par une poule, mais il s'en dédommagea sur la mouillette. Il fit acheter le pain le plus long qu'on put trouver dans Paris, et cette mouillette *pesoit* près d'une livre. Mme voulut contester, mais l'ordonnance *étoit* suivie à la lettre. On apporte l'œuf en grande pompe au malade. Mais en suçant le lait de cet œuf frais, il huma si fort, qu'il avala le jaune en même temps! Ô fâcheux accident, déplorable précipitation, qui *rendoit* cette belle mouillette inutile! Aussi, M. de L. R. en pensa retomber malade de désespoir. Il n'en fut consolé qu'à sa première indigestion. **(*Almanach des gourmands*, 1805)**

Ils l'ont dit

Furetière, qui passa sa vie à faire son dictionnaire, écrivait au XVIIIe siècle : « Un chêne est encore jeune à 50 ou 60 ans, un homme jusqu'à 20 ou 25 ans, un cheval jusqu'à 6 ou 7 ans. Une femme n'est plus jeune passé 30, 35 ans. » (1690) On voit que la chirurgie esthétique n'était pas encore née. En ce temps-là, toutes nos « jeunes premières » de cinéma de 45 ans d'aujourd'hui n'auraient eu d'autres solutions que de faire la queue à Pôle emploi !...

VOIR DENISE ET MOURIR,
COMME DIT MA CONCIERGE,
OÙ Y A EUGÈNE Y A PAS D'PLAISIR !

Ami qui visites la Suisse,
Malheur à toi si tu confonds.
Pour éviter la Chaux-de-Fonds,
Il faut passer par Saint-Sulpice.

(Francis Blanche)

Pensées

Que voulez-vous qu'on fasse de tant de femmes à Paris où une seule femme a toujours suffi à plusieurs hommes ! (Aurélien Scholl)

La musique, moi, c'est pas mon fort. Aujourd'hui, ça hurle et ça couine de partout dans l'iPod des gamins, ça les rend sourdingues à 30 ans. Comme Beethoven d'ailleurs, qui pourtant n'avait pas d'iPod !...

28 novembre

Saint Jacques de la Marche

PERRET

Dès la Saint-Jacques blé serré,
Tu peux ta charrue resserrer,
Si le jour tu t'es reposé,
La nuit te garde ses baisers.

POIRES AU VIN ROUGE VANILLÉ

La poire williams est l'une des meilleures pour « absorber » le vin. La bonne vanille « Bourbon » est aussi très importante. Dégustez-les vraiment fraîches (mais non glacées), c'est bien meilleur.

Si quelqu'un vous dit : « Ne me prenez pas pour une poire »… donnez-lui cette recette !

Pour 6 gourmands :

6 poires williams (à peine mûres !) ;
1 litre de vin rouge (un corbières ou un fitou) ;
100 g de sucre ;
1 gousse de vanille fendue en deux ;
1 zeste d'orange non traitée ;
1 zeste de citron non traité ;
2 cuillerées à soupe de pistaches hachées.

Préparation :

Faites bouillir le vin avec le sucre, la gousse de vanille fendue et grattée, le zeste d'orange et le zeste de citron.

Pendant ce temps, épluchez les poires, épépinez-les à l'aide d'un vide-pomme et plongez-les dans le vin, qui doit les recouvrir de deux bons centimètres.

Baissez le feu et faites cuire à feu doux pendant vingt minutes.

Quand les poires sont cuites (pas trop), retirez-les du feu et réservez-les.

Laissez réduire le vin de cuisson jusqu'à obtention d'un liquide épais. Laissez refroidir.

Retirez la gousse de vanille et les zestes.

Dans un grand plat creux, déposez les poires et arrosez-les du sirop. Parsemez les poires des pistaches hachées. Mettez le plat au réfrigérateur une demi-heure avant de servir.

Accompagnement : une quenelle de glace à la vanille et une quenelle de glace à la pistache.

LE PARLER DES MÉTIERS

Dans le jargon des médecins et des chirurgiens, un **« paquet d'hémorroïdes »** s'appelle un **« chou-fleur d'émeraudes »**.

La table pour les examens gynécologiques est le **« chameau »**.

La **« clé des songes »** est la clé du coffre où sont entreposés les stupéfiants.

Une **« crevure »** n'est autre qu'un malade en train de mourir.

« Enrouler », c'est mouvoir les poignets par réflexes végétatifs (consécutifs à une décérébration), on dit aussi de ce malade qu'il **« fait de la mobylette »**.

Le code international radio qui signale un décès, pour tout le corps médical ainsi que pour la police, est **« delta charlie delta »**, qui signifie décédé.

Lorsqu'on dit **« prévenez sa femme, il s'est envoyé sur orbite »**, c'est que le malade est en train de se laisser glisser (de mourir).

Quand les châtaignes grilleront,
Pour fêter la Saint-Saturnin,
Tu peux entamer le jambon,
Et mettre en perce un fût de vin.

Avent (ex-Saint Saturnin)

PERRET

29 novembre

Dagobert était un authentique descendant des Mérovingiens. Le problème, c'est qu'il était peut-être descendu un peu trop vite !...

« UNE MINUTE DE SOLEIL EN PLUS »

La météo du soir sur nos belles chaînes de télévision ne serait-elle pas plus attractive et divertissante présentée ainsi ? Non ?...

Moi je vis ma vie,
Sans inhibitions,
Sans complexe,
Ni dépression.
Je n'écoute la fille,
De la météo,
Que lorsqu'elle me dit,
Qu'il fait beau.
Mais je tends l'oreille,
Aux infos qu'j'abhorre,
Si j'apprends qu'un,
Salaud est mort.
Et je m'émerveille,
De ces petits plus,
Qui pour moi font,
Briller Phoebus.

Un enfant qui pleure,
Adieu ma gaieté,
Au contraire,
Je suis enchanté,
Qu'un général meure,
D'une jolie gangrène,
Au bras qui tenait,
La gégène.

Et pour qui tabasse,
Sa femme ou son chien,
Un p'tit cancer,
Me paraît bien.
Assad qui trépasse,
Desproges dirait ça,
Je reprends deux fois,
D'la pizza.

ABRACADABRA !

Si vous partez d'un hôtel sans payer, attendez-vous à voir se déclarer de fortes irritations des bronches.

Sachez que pour jouir d'un bon sommeil, il faut arrêter votre pendule.
Si vous la remontez, vous aurez de graves problèmes existentiels.

Si vous éclaboussez de boue votre pantalon en marchant dans une flaque d'eau, vous allez vers des ennuis, voire une dispute. Avec votre femme.

Le dépucelage n'est jamais que la victoire d'un membre sur une membrane.

(Grégoire Lacroix)

CÔTÉ JARDIN

Quand vous ferez vos semis de poireaux, mêlez-y quelques grains de poivre qui empêcheront le ver tant redouté de venir les becqueter avant vous.

CÔTÉ CUISINE

La deuxième peau des pistaches, c'est pas fastoche à enlever. Plongez-les deux minutes dans l'eau bouillante puis passez-les à l'eau froide. Vous leur ferez faire après ça le strip-tease que vous voudrez !

Persil frit sans vous brûler : liez les queues d'un bouquet et, au bout d'une longue ficelle, plongez-le dix à quinze secondes dans l'huile de friture bouillante. Fastoche !

30 novembre

Saint André

Si l'hiver a le feu aux trousses,
Qu'à Saint-André il prend ses marques,
Reste au pageot avec ta rousse,
Jusqu'à ce que le printemps débarque.

BLANQUETTE DE VEAU DE MAMAN

C'est « Radio Nostalgie » qui vous cause. Où est donc passée la blanquette de nos grands-mères?

La voici, pour les « frustrés » du temps passé. Moi, j'adore! Je ne connais plus beaucoup de chefs qui mitonnent de bonnes tomates farcies ou une blanquette comme celle-ci.

Il vous faut demander à votre boucher :

6 morceaux bien maigres et sans os plus quelques morceaux de « tendron », 1,5 kg en tout. Faites-vous donner en plus quelques os qui contribueront à la qualité de la sauce.

Ingrédients :

4 échalotes hachées;
3 carottes;
3 blancs de poireau;
6 grains de poivre;
3 gousses d'ail;
250 g de champignons de Paris (des girolles seraient meilleures!);
2 jaunes d'œuf;
2 cuillerées à soupe de fécule de pomme de terre;
250 g de crème fraîche;
1 cuillerée à soupe d'huile d'olive;
Le jus d'1 citron;
1 brin de thym, ½ feuille de laurier;
1 pincée de muscade;
1 feuille de sauge;
1 verre de vin blanc;
Eau;
Sel, poivre.

La plupart des liaisons sont faites de laissés-pour-compte qui se rencontrent et trompent ensemble leurs regrets.
(Paul Léautaud)

Préparation :

Pelez et coupez les carottes en rondelles.

Émincez les blancs de poireau.

Hachez les échalotes.

Mettez les jaunes d'œuf dans un bol.

Mettez une grande cocotte (ou faitout) à chauffer avec l'huile d'olive.

Faites rissoler les morceaux de veau découpés pendant trois à quatre minutes en les remuant bien.

Ajoutez le vin blanc et de l'eau, de façon à tout juste recouvrir la viande avec les os, les échalotes ainsi que tous les légumes émincés, l'ail dans sa peau, les grains de poivre et les herbes aromatiques.

Amenez le feu à ébullition puis baissez-le pour laisser cuire à petit frémissement pendant quarante-cinq minutes.

Pendant ce temps, vous laverez les champignons à l'eau vinaigrée et les mettrez à cuire en sauteuse pendant quinze minutes (feu doux), ils exsuderont leur eau.

Mettez un peu d'eau (ou de bouillon) dans une terrine ou un saladier avec la fécule, les jaunes d'œuf, la crème fraîche, le jus de citron et la pointe de noix de muscade râpée.

Salez. Poivrez. Mélangez bien.

(N'oubliez pas d'ôter les os de la blanquette!)

Incorporez tout le mélange à la blanquette en le passant à travers le chinois et tenez à frémir sur le feu très doux pendant encore cinq minutes après avoir ajouté les champignons.

Servez avec du riz blanc ou quelques rattes cuites à l'eau dans leur peau et présentées pelées.

C'est un « vieux plat » encore bien savoureux.

DÉCEMBRE

Demain,
je demande une augmentation à mon patron.
S'il refuse, je le vire…
De mon plumard !

01 décembre

Saint(e) Éloi & Florence

PERRET

Quand blizzard et pluie viennent trop den
Sur le minois de sœur Florence,
On la voit sortir du couvent,
Tournant ses meules face au vent.

MÉMÉ ANNA

La fréquentation des gens humbles, ceux que l'on appelait autrefois les « petites gens », n'a jamais été néfaste au cœur ni à l'esprit de ceux qui ont eu affaire à eux. Bien au contraire, ce qu'il était convenu jadis de qualifier de « petit métier » était le plus souvent exécuté avec soin et bienveillance, précisément par ces petites gens. Ceux et celles qui assumaient les tâches les plus modestes et généralement les moins gratifiantes s'en acquittaient avec bonhomie, certes, mais aussi avec le sérieux que cela impliquait.

Issu d'une famille modeste, je n'eus guère besoin, quant à moi, d'attendre le XXIe siècle pour apprendre à éteindre la lumière en sortant d'une pièce. Gaspiller l'eau ne me serait jamais venu à l'idée. Pourtant, le dénuement le plus criant dans la famille qui était la mienne – celui qui force le respect des valeurs –, c'est ma grand-mère, mémé, qui l'avait connu tout au long de son existence. Tout au moins durant sa vie de mère de famille jusqu'à l'âge de 35 ans. La vie, heureusement, lui fut plus douce par la suite...

Mémé Anna avait épousé, toute jeunette, un certain Pierre Faure, roulier de son état. C'était en quelque sorte un voiturier à cheval, qui transportait et vendait surtout des ustensiles de ménage. Il se déplaçait de village en village dans sa grande carriole bâchée semblable à celles des chariots du Far West. Ce Pierre-là était un drôle de redoutable pistolet!

SI SAINT-ÉLOI EST FROID DIT-ON,
À SE GELER LES RIPATONS,
TROIS MOIS D'AFFILÉE MOUCHE TON NEZ,
ET METS TON CALEBAR MOLLETONNÉ !

Je me suis souvent demandé, et je me le demande souvent encore, ce qui peut bien différencier une mauvaise bronchite d'une bonne. (Pierre Dac)

Maxime

Le soleil ni la mort ne se peuvent regarder fixement. (La Rochefoucauld)

Dicton

Décembre qui vous caille les miches,
Fait du paysan un homme riche.

Pensée

Pourvu que je ne parle en mes écrits ni de l'autorité, ni du culte, ni de la politique, ni de la morale, ni des gens en place, ni des corps en crédit, ni de l'opéra, ni des autres spectacles, ni de personne qui tienne à quelque chose, je puis tout imprimer librement, sous l'inspection de deux ou trois censeurs. (Pierre Augustin Caron de Beaumarchais)

ABRACADABRA !

En Normandie, on prétend que, pour se débarrasser de ses verrues, il faut plonger la main dans le bénitier en entrant à l'église pour la messe du dimanche et « passer l'eau bénite » en souriant au suivant qui arrive : il héritera de toutes les verrues pour lui !
Mais c'est tout bonnement dégueulasse de faire ça !...

Après que Viviane a tiré,
Douze coups des cloches sonnées,
'lle court car c'est l'heure où Lucien,
Tous les jours veut tirer le sien.

Sainte Viviane

PERRET

02 décembre

LE TOURIN À L'AIL

C'était quand j'avais 7 ou 8 ans, une spécialité de mémé, qui me disait lorsque j'allais dormir chez elle (un vrai cadeau pour moi !) : « Je t'ai fait un tourin à l'ail ! » J'attendais aussi avec angoisse la fin du repas pour savoir si elle m'avait fait une « millassine » en dessert. Elle faisait durer le suspense jusqu'à la fin pour m'entendre dire d'un air innocent : « Mais, mémé, tu n'as pas fait une millassine ?!!! » Voici la recette qu'elle m'a laissée de son merveilleux tourin.

Pour 6 à 8 convives :

15 belles gousses d'ail ;
6 ou 8 tranches de pain de campagne rassis, grillées, frottées d'ail ;
2 litres d'eau ;
3 œufs ;
Un peu de thym et de serpolet émiettés, du persil simple haché menu ;
1 cuillerée à soupe d'huile d'olive ;
2 cuillerées à soupe de vinaigre de vin ;
1 cuillerée à dessert de graisse d'oie (ou de saindoux) ;
Sel, poivre au moulin.

Préparation :

Écrasez les gousses d'ail avec une spatule en bois sans les éplucher, faites-les dorer doucement dans la graisse d'oie et une larme d'huile d'olive. Au bout de quatre à cinq minutes, mettez-les dans un faitout, ajoutez l'eau tout de suite par-dessus l'ail doré ainsi que le thym, le serpolet et le persil.

Laissez bouillir une demi-heure à petit bouillon.

Pendant ce temps, cassez les œufs, mettez les jaunes d'œuf dans la soupière, les blancs à part dans un saladier.

Ajoutez le restant d'huile d'olive aux jaunes d'œuf et faites une purée en les battant comme pour une mayonnaise.

Battez les blancs (au fouet ou à la fourchette) à part dans le saladier.

Quand le bouillon est cuit, versez-le dans la soupière à travers une passoire ou le chinois.

Ajoutez les blancs d'œuf et le vinaigre. Mélangez bien. Goûtez et, au besoin, rectifiez l'assaisonnement.

Dans chaque assiette creuse de vos convives, mettez une tranche de pain grillé (ou une moitié, en gardant la deuxième pour se resservir du bouillon) et arrosez copieusement de bouillon brûlant.

Si vous rencontrez un homme et que vous vous dites qu'il ferait un bon mari, vous vous rendez compte un peu plus tard qu'il l'est déjà.
(Bette Midler)

Moi, quand mon mari s'endort, il pète. Et ça me réveille. Et moi, c'est quand je m'éveille que je pète. Mais lui, ça le réveille pas !

Si Jésus était mort il y a vingt ans, au lieu de croix, les enfants des écoles catholiques porteraient des petites chaises électriques autour du cou.
(Lenny Bruce)

03 décembre

Saint François-Xavier

Saint François-Xavier au couchant,
Avait le levier défaillant,
Et pourtant quand il se levait,
C'est bien vers là-haut qu'il pointait.

ABRACADABRA !

La « beratite » est une petite pierre noire qui, placée dans la bouche de quelqu'un, lui fait connaître toutes les pensées des autres.

Les bergers, qui ont une profonde connaissance de la nature, sont presque tous des sorciers. Ils commandent les orages et les intempéries à leur gré. Ils peuvent même, s'ils le veulent, égarer un voyageur. Il ne faut absolument pas se fier à eux. **(D'après le *Dico des superstitions*)**

Ne croyez pas à la limpidité du ruisseau : si vous le traversez après le coucher du soleil, il vous donnera la maladie et la mort. Ne croyez pas au coucou qui chante le printemps : à l'automne, il se métamorphose en épervier aux yeux perçants et aux griffes sinistres. Ne croyez pas à la mousse, à la bruyère, au rocher : la nature est méchante, habitée de forces invisibles qui haïssent l'homme. Elle ne nous offre pas une seule place où nous puissions mettre le pied avec sécurité. La terreur est partout.

(Selma Lagerlöf, 1858-1940, *La Légende de Gösta Berling*, traduction A. Bellessort)

Elle était clitoridienne et végétarienne en même temps, ce qui posait parfois quelques problèmes à ses amants.

LE PARLER DES MÉTIERS

Le spécialiste qui traite les seins en chirurgie esthétique va tous les jours **« faire de la mamelle »** sur sa table d'opération.

L'urologue, lui, trouve que ce n'est pas très gratifiant pour lui de faire des **« DAC »** du matin au soir. DAC : **« Doigt Au Cul »**.

J'ai dit à Ernest : *« Ça t'empêche pas de rentrer dans les ordres parce que tu es homo !... Si c'est là ta vocation...*
– Mais c'est pas ça, il m'a dit, *c'est juste que ça me ferait chier de contrarier mon père...*
– Et pourquoi il serait contrarié, ton vieux ?...
– Ben... parce qu'il est déjà curé, lui aussi, et qu'il veut pas que ça se sache, tiens !... »

BUVEURS BAVARDS

« Moi, je dis que les femmes qui se font avorter, c'est bien fait pour le gouvernement ! Ça fera des pauvres types en moins pour le STO (Service du travail obligatoire) qu'étaient tenus d'accomplir les hommes qui n'avaient pas été faits prisonniers par les Allemands et qui n'avaient pas rejoint le maquis. »

C'était Étiennette « boit-sans-soif » qui disait ça au comptoir du Café du Pont quand elle en avait un petit coup dans la pipe.

Barbara en variant tous les jours,
Par ces temps de grande froidure,
Avec Georges Paul ou Arthur,
Ne se réchauffait que d'amour.

Sainte Barbara

PERRET

04 décembre

Pensée

L'exploitation des imbéciles ? Mais les imbéciles ont toujours été exploités et c'est justice. Le jour où ils cesseraient de l'être, ils triompheraient et le monde serait perdu ! (Alfred Capus)

BARBARA

Chère Barbara !… Nous nous sommes connus – et appréciés – à nos tout débuts. J'ai toujours aimé ton espièglerie, ton humour, ta sincérité, et aussi la dérision qui était la tienne. Bien des années plus tard, ne m'as-tu pas demandé un jour de « t'apprendre à chanter "Lily" » ?... Que tu chanteras d'ailleurs… « avec panache ». Mais… croyais-tu sincèrement avoir besoin d'une « leçon » pour interpréter cette chanson de la façon dont tu le fis ?... Tu es partie bien trop tôt, ma belle… Je ne suis guère le seul à le penser. « Dis, quand reviendras-tu ?… »

En politique, la sagesse est de ne point répondre aux questions. L'art de ne pas se les faire poser. (A. Suarès)

NÉFERTITI

Après mûre réflexion, la reine Néfertiti naquit au cours de la seconde moitié du XIVe siècle av. J.-C. C'était un admirable bébé. Plutôt effacé pour un bébé de huit livres tout nu et pas fier du tout pour une future reine. Sa nurse lui préparait des biberons de lait de chameau et de purée de lézards écrasés dans le Banania, ce qui lui donnait la peau élastique et plus douce qu'une aile de papillon. Dès l'âge de 15 ans, elle avait déjà le nombril inquisiteur et une bouche à affûter les crayons. On sentait qu'elle était faite pour l'amour. C'est d'ailleurs ce qu'on lui répéta inlassablement tout au long de sa vie. Surtout son mari, Akhenaton, qui lui disait toujours dans l'intimité : « Par le grand pharaon, putain de moine que t'es bandante ! » Durant vingt piges, l'Égypte fut gouvernée par un couple royal, trait d'union sacré entre les hommes et Dieu. Les papes et les ayatollahs n'ayant pas encore pointé leur goupillon à l'horizon, ils avaient les coudées franches. Ils s'amusèrent tous deux comme des fous à filer de grands coups de burin sur tous les monuments du vieil Amon déchu, et virer de leur socle toutes ces vieilles statues représentant ce dieu soumis à la puissance grandissante des curetons de l'époque. Le couple royal abandonna le palais de Thèbes pour s'installer en plein désert. Ils jetèrent leurs boules Quiès et baptisèrent le lieu Akhet aton, qui signifiait « l'horizon du disque solaire » (l'actuel Tell el-Amarna). Akhenaton, cependant, toujours obsédé par les superbes nibards de son épouse, avait naturellement transformé « Akhet aton » par « Ah quels tétons » ! Ce qui faisait toujours marrer Néfertiti. Ils érigèrent un temple immense à Karnak ouvert à tous et si bien baigné de soleil qu'on aurait pu, de là, y voir la tour Eiffel.

05 décembre

Saint Gérald

Vigneron qui se caille les miches,
Sait que le gel le rendra riche,
D'un Saint-Gérald froid et ardu,
Pour que vendanges pissent dru.

Pensées

La plupart des faiseurs de recueils de vers ou de bons mots ressemblent à ceux qui mangent des cerises ou des huîtres, choisissant d'abord les meilleures et finissant par tout manger.

Il semble que, d'après les idées reçues dans le monde et la décence sociale, il faut qu'un prêtre, un curé, croie un peu pour n'être pas hypocrite, ne soit pas sûr de son fait pour ne pas être intolérant. Le grand vicaire peut sourire à un propos contre la religion. L'évêque en rire tout à fait et le cardinal y joindre son mot.

(Nicolas de Chamfort, 1740-1794)

Cette année, dès demain, il est encore temps, je lui demande de se laver les dents et de changer de slip. Au moins une fois par mois. C'est un minimum, merde ! Mais à quoi elle sert, sa femme !

Un sot sur lequel il n'y a pas de prise est une cruche sans anses.

ENFANCE ÉMERVEILLÉE

Vers l'âge de 4 ans, l'une des premières émotions fortes, l'une de mes fascinations, pourrais-je dire, je l'éprouvai à la fête foraine du pays le jour de la Saint-Alpinien. Je restai sans voix à la simple vue d'un petit homme qui tenait une ficelle au bout de laquelle cinquante ballons rouges s'élançaient dans le ciel.

« En veux-tu un? me demanda ma marraine Fernande, la sœur de papa.

– Je n'ose pas, Marrainotte, lui répondis-je.

– Mais si, gros bêta. Tiens, prends celui-ci », dit-elle en donnant une pièce au « maître des ballons ».

Je ne l'ai plus lâché jusqu'à ce que je me couche.

J'écarquillais démesurément les yeux aussi devant les contorsions de la femme-caoutchouc. Ses jambes, qui passaient entre ses bras noués autour du cou, en faisaient une sorte de chaise à bascule, me laissant bouche bée.Il y avait un peu plus loin la « diseuse de bonne aventure ». À défaut de la consulter, je me contentais de lui acheter l'un de ces mille petits billets qu'on lui payait un sou en espérant choisir le bon, dans un parapluie ouvert à l'envers. L'enveloppe contenait un message imprimé en noir sur fond bleu qui disait : « Vous allez connaître un grand amour avec une personne qui vous apportera le bonheur. » Certains jours, aussi, avec mémé, je faisais le tour des manèges, des autos tamponneuses, des stands de tir et des loteries où l'on pouvait gagner un kilo de sucre, un ours ou des poupées. Mémé connaissait presque tous les propriétaires de stands. Ils étaient tous forains, comme elle l'avait été quelques années auparavant. On n'oublie jamais les siens lorsqu'on fait partie de la grande famille des saltimbanques, des « gens du voyage » !...

La jeunesse est quelque chose de merveilleux. Quel crime de la laisser gaspiller par des enfants ! (G.B. Shaw)

Dès Saint-Nicolas désormais,
En principe l'hiver fléchit,
Ma crémière alors réfléchit,
Ce qu'elle ne fait pourtant jamais.

Saint Nicolas

06 décembre

GARE AU CIGARE

Au cours d'un après-midi de pêche en Irlande, du bout du *finger* (doigt) de pierre qui s'avance au milieu de la rivière, je lance ma mouche dans le courant en dégustant un gros havane après le lunch, comme il m'arrivait alors parfois. Que les pêcheurs qui font de même sachent que ce n'est pas sans risque...

Le saumon qui vient de gober ma mouche tire tel un forcené sur le fil qui s'échappe de plus en plus vite du moulinet. Mon *guilie* lance un « excellent ! », avant d'enchaîner par les indispensables « *slowly* » que pas un seul *guilie* au monde ne s'abstient de prodiguer à son pêcheur quand ce dernier se bat avec son poisson. Bref, tout va pour le mieux, lorsque Michael s'empare de l'épuisette et s'approche de « mon » saumon fatigué par quinze minutes de combat. C'est au moment où l'épuisette entre dans l'eau que le fil casse net. Michael, stupéfait, lance un retentissant « *shit !* » en comprenant vite que, du bout de mon cigare incandescent, la microcendre envolée dans le vent a brûlé mon fil au passage. Cela doit arriver une fois sur cent mille... Ce fut le cas ce jour-là !

La sincérité est une ouverture de cœur. On la trouve en fort peu de gens ; et celle que l'on voit d'ordinaire n'est qu'une fine dissimulation pour attirer la confiance des autres.

(La Rochefoucauld)

LE PARLER DES MÉTIERS

Pour les cafetiers, barmans, serveurs, etc., il y a de multiples façons de désigner celui qui a trop bu. On dit par exemple qu'il a trop **« soufflé dans l'encrier »**, qu'il a mis ses **« pompes à bascule »**, ou qu'il a **« les talons au milieu des semelles »**, ou qu'il **« tenait déjà son arc-en-ciel »** parce qu'il avait trop englouti de tartines de houblon. Il est donc rentré chez lui **« soûl comme trente-six cochons »**, et il s'est réveillé le lendemain avec **« la tête dans le cul »** (la gueule de bois) !

Pensée

Quelquefois on cause arts, science, politique. La conversation prend un tour emphatique qui n'est pas sans danger... Arrive le gigot... adieu les grandes phrases ! Chacun à son voisin dit : « Assez, tu me rases ! Parlons donc de manger. »
(Raoul Ponchon)

GALANTERIE

Voulez-vous lire cette « salve littéraire » d'un macho qui se voulait grand « connaisseur » de femmes ? Je vous offre ceci : « Quelques femmes – exceptions très rares – ont pu donner soit dans l'art, soit dans la littérature, l'illusion d'une force créatrice. Mais ce sont ou des êtres anormaux en état de révolte contre la nature, ou de simples reflets du mâle dont elles ont gardé, par le sexe, l'empreinte. Et j'aime mieux ce qu'on appelle les "prostituées", car elles sont, celles-là, dans l'harmonie de l'univers. »

(Octave Mirbeau, *Propos galants sur les femmes*)

07 décembre

Saint Ambroise

Quand Saint-Ambroise va neiger,
Il peut dix-huit jours prolonger,
Pour les mulots le risque est grand,
De se retrouver le cul blanc.

BRANDADE DE MORUE « STOFICADO »

Si vous aimez autant ça que moi, je vous donne la recette de cette brandade de morue, que je vais faire dès que je vous l'aurai livrée. Elle est différente de l'« autre ».

Pochez votre morue dessalée dans du lait.

Mélangez-la effeuillée aux patates bouillies et pelées.

Écrasez bien le tout dans un verre d'huile d'olive très chaude.

Ajoutez-y 2 gousses d'ail dégermées et écrasées.

3 œufs battus mélangés à 50 g de crème fraîche…

Écrasez le tout à la fourchette jusqu'à la limite de la tendinite, et réchauffez-le très doucement durant une heure à une heure et demie.

Régalez-vous !

DIEU

Dieu, monsieur, c'est un massacreur. Il lui faut tous les jours des morts… Et il se paye des guerres de temps en temps, pour voir deux cent mille soldats par terre, écrasés dans le sang et la boue, crevés, les bras et les jambes arrachés, les têtes cassées par des boulets comme des œufs qui tombent sur une route.

(Guy de Maupassant)

Ils l'ont dit

Un garçon boulanger, à Paris, gagne plus que deux douaniers, plus qu'un lieutenant d'infanterie, plus qu'un magistrat, plus que la plupart des professeurs : il gagne autant que six maîtres d'école ! Honte ! Infamie !

(Jules Michelet, journal *Le Peuple*, 1846)

LE SAVIEZ-VOUS ?

En accédant aux pleins pouvoirs de la police au cours du XXe siècle, les femmes se trouvent ainsi pour la première fois officiellement, légalement, en temps de paix, autorisées à être gardiennes de la cité.

(Geneviève Pruvost, *Profession : policier. Sexe : féminin*)

Perles

On a coupé les bourses à mon fils qui ne va plus en classe.

Mon mari décharge toute la journée dans la rue. Parfois, même, il y va la nuit. Je le soulage à la maison comme je peux, mais personne ne nous aide et nous sommes épuisés. Heureusement, nos huit enfants le consolent de sa fatigue.

Mon mari étant chômeur et disposant de temps libre, j'ai huit enfants et en attends un neuvième.

J'avais deux nourrissons en pension et ils sont partis sans me payer, ce qui n'a pas mis du beurre dans le pinard.

(Pierre Ferran, *Perles du courrier administratif*)

Quand il voulut que Rosana,
Devînt un beau jour sa nana,
Il se montra tellement avide,
Qu'Elfried ce jour-là prit le bide !

Saint Elfried & Immaculée Conception

PERRET

08 décembre

Pensée

L'essentiel pour un homme politique est de savoir manœuvrer en donnant satisfaction aux besoins immédiats les plus impérieux de la majorité de la population. En ce qui concerne l'avenir, les masses se fient à ceux qui les persuadent qu'ils représentent leurs intérêts mieux que les autres. Voilà le sens du léninisme.
(L. Trotski, octobre 1924, traduction Y. Delbars)

Il est fort dommage que les conseillers les plus proches de notre président aient jugé superflu de lui faire part des éminentes recommandations du camarade Trotski. Cela lui aurait évité bien des déconvenues.

PAIN PERDU (DE RICHE!)

Ce pain perdu de luxe n'a pas grand-chose de commun avec le « pain perdu » des vaches maigres que je connus vers mes 22 ans. Ce « plat » presque quotidien se bornait alors à du pain dur mouillé de lait dans une boîte de petits pois vide qui chauffait sur un petit réchaud électrique. « La bohème »...

Pour 6 convives :

6 tranches de pain dur ;
2 gros œufs ;
2 verres à moutarde de lait ;
50 g de beurre ;
100 g de sucre en poudre ;
2 cuillerées à soupe d'huile végétale.

Préparation :

Mettez à tremper les tranches de pain dur dans le lait afin qu'elles soient bien imbibées mais sans trop. Retirez-les à l'aide d'une passoire.

Battez les œufs en omelette. Trempez le pain dans les œufs sur les deux faces. Dans le mélange huile-beurre que vous faites chauffer dans une poêle, faites frire les tranches de pain. Laissez-les bien dorer de chaque côté.

Retirez-les du feu et saupoudrez-les de sucre en poudre.

langage des fleurs

N'avez-vous pas oublié le langage des fleurs ? Le printemps bientôt ramènera la pâquerette qui souligne votre éclat et signifie « vous êtes jolie ». La passerose nous apportera le bien-être enchâssant votre peine.

L'œillet rose vous procurera de troublantes sensations et une inoxydable fidélité.

La marjolaine séchera vos larmes. Si le chèvrefeuille tisse pour vous des liens amoureux, il exacerbera aussi en vous la concupiscence.

Le chrysanthème, quant à lui, ne vous amènera que difficultés, la « cupidone bleue », elle, vous inspirera l'amour. (D'après *Le Langage des fleurs*)

09 décembre

Saint Pierre Fourier

PERRET

S'il y a pluies d'orage à Saint-Pierre,
Avant que se coupe la lumière,
Tout en faisant rentrer des bières,
D'un mail tu peux inviter Claire.

TRANCHES D'HISTOIRE

1905 La loi de séparation de l'Église et de l'État a été adoptée par les députés samedi 9 décembre malgré l'opposition violente des catholiques. Le projet de loi initialement préparé par l'ancien président du Conseil Émile Combes a été défendu par Aristide Briand. L'article 2 prévoit que « la République ne reconnaît, ne salarie ni ne subventionne aucun culte ».

Ah bon!... Cette loi a été vraiment votée en 1905?...
Et elle s'applique encore de nos jours?... Première nouvelle!

1941 Le journal *Le Matin* du 9 décembre 1941, « le mieux informé des journaux français », titrait dans sa colonne de droite : « Les lâches attentats font horreur à tous les Français ». C'est ce qu'a déclaré le maréchal Pétain au chancelier Hitler, et il ajoutait : « Je prie Votre Excellence d'agréer l'expression de mes condoléances personnelles et celles du gouvernement français pour les odieux attentats qui se sont renouvelés contre des membres de l'armée d'occupation… Nous arrêterons les auteurs de ces crimes dont la lâcheté fait horreur à tous les Français. » Pas tous, pas tous, mon vieux Pétain! En ce temps-là, mon papa passait son temps à dégotter de vieux pantalons et de vieilles liquettes usées pour fringuer les Allemands déserteurs de la caserne d'à côté (souvent des Polonais enrôlés de force!). Mon tonton André, lui, qui avait gagné le maquis à 18 ans, s'amusait comme un fou à passer entre les balles de ces bons Boches qui n'allaient pas ratisser les forêts que pour trouver des champignons! Sacré Pétain!... Et vois-tu, soixante-dix ans plus tard, il y a encore dans notre beau pays des bons patriotes d'extrême droite qui se réclament de toi. Et à chaque élection, y en a encore plein qui votent pour tes idées! Quel beau pays de liberté!

Il y a deux espèces de libertins : les libertins, ceux du moins qui croient l'être, et les hypocrites ou faux dévots, c'est-à-dire ceux qui ne veulent pas être crus libertins. Les derniers dans ce genre-là sont les meilleurs. (La Bruyère)

ABRACADABRA!

Heureusement que je ne suis pas superstitieux, car en Alsace on dit qu'il ne faut jamais jeter au feu des coquilles d'œuf ni faire brûler du bois de sureau dans l'âtre, les poules ne pondraient plus. Dans le Jura, on dit que pour les faire couver sans relâche, il faut leur suspendre au cou une tête de minou. Pauvres bêtes! Qu'est-ce qu'on voudrait pas nous faire croire!... Remarquez, même monsieur le curé est sceptique!

Pensée

Les travaux d'écolier sont des épreuves pour le caractère et non point pour l'intelligence. Que ce soit orthographe, version ou calcul, il s'agit d'apprendre à vouloir.
(Alain)

Pour fêter la Saint-Romaric,
On va te payer un ordi,
Tu deviendras plus dégourdi,
Et tu pourras jeter ton Bic.

P

Saint Romaric

PERRET

10 décembre

« QUOI DE PLUS SYMPA QU'UN ŒUF »

Quoi de plus sympa qu'un œuf,
Pour tester un dentier neuf,
Un œuf à la coqu' tout bête,
N'a pratiqu'ment pas d'arêtes.
Quoi de plus sympa qu'un œuf,
On a de multiples preuv's,
Dir' qu'il guérit l'pessimisme,
Serait pondre un euphémisme.
Pour parfair' mes vocalis's,
C'est l'œuf gobé qu'j'utilis',
Et pour les cerveaux qui tourn'nt en rond,
Y a bien sûr l'œuf de Colomb.

Qui vole un œuf se fout pas mal de son taux de cholestérol.

Quoi de plus sympa qu'un œuf,
Que le fouet met à l'épreuv',
Trois goutt's d'huil' et c'est à l'aise,
Qu'il vous monte en mayonnaise.
Quoi de plus sympa qu'un œuf,
Qui vous tache un veston neuf,
C'est l'seul cas où l'on promène,
Son étoil' jaun' sans problème.
Si d'aventur' vous déplaît,
La tournur' de ces couplets,
S'ils ont mis vos nerfs à rude épreuv',
Allez vous fair' cuir' un œuf.

CÔTÉ CUISINE

Savez-vous faire cuire un œuf ? D'aucuns pensent que c'est facile, nombreux sont ceux qui ne le savent pas. Ce petit tableau pourra au moins aider ces derniers.

Cuisson des œufs à la coque :
Il est indispensable d'abord qu'ils soient bien frais. Il existe trois ou quatre manières de les cuire. Je vais ici vous en donner deux qui me semblent être les meilleures.
La première (la plus classique) consiste à les plonger trois minutes dans l'eau bouillante s'ils sont petits, et trois minutes et demie s'ils sont gros.
La deuxième méthode : mettez les œufs dans une casserole d'eau froide que vous posez sur le feu vif. Lorsque l'eau bout à gros bouillons, les œufs sont cuits, à la coque !

Cuisson des œufs pochés ou mollets :
Dans une casserole d'eau bouillante, mettez du sel et 2 cuillerées à soupe de bon vinaigre de vin rouge. Placez votre casserole sur le bord du feu vif afin qu'elle ne bouille fort que d'un seul côté. Cassez les œufs le plus près possible au-dessus de la surface en ébullition. Retirez la casserole du feu après avoir cassé tous vos œufs dans l'eau bouillante et couvrez-la. Trois minutes après, retirez les œufs avec une écumoire et plongez-les dans un récipient d'eau froide. Vos œufs sont pochés.
Pour obtenir des œufs « mollets », il faudra les plonger avec leur coquille dans l'eau bouillante cinq minutes et demie, les rafraîchir et les écaler.

Cuisson des œufs durs :
Faites-les cuire dix minutes dans l'eau bouillante. Retirez-les avec une écumoire et plongez-les dans un récipient d'eau froide. Si vous ne les utilisez pas tout de suite, laissez-les dans l'eau fraîche.

Cuisson des œufs au plat :
Une manière très simple de les cuire : mettez sur le feu une casserole pleine d'eau à bouillir en la couvrant d'une assiette. Lorsque cette dernière est très chaude, cassez sur celle-ci vos œufs. Salez, poivrez et ajoutez-y une noisette de beurre ou une goutte d'huile d'olive par-dessus.

Vous allez vous régaler.

11 décembre

Saint Daniel

PERRET

Si tu veux qu'on fête Daniel,
Bon comme celui qui est dans la Bible
Ne prends plus les autres pour cible,
Offre un sourire sans le fiel.

« MON P'TIT LOUP »

Dans la région toulousaine, Jonathan, un jeune homme handicapé fort sympathique, doué d'une personnalité très affirmée, écoutait cette chanson en boucle. Il finit par demander à son père : « Emmène-moi dans tous ces endroits que décrit Pierre Perret dans "Mon p'tit loup". » Loin de reculer devant pareille folle entreprise, le père accepta. Je fis ce que je pus pour leur donner un petit coup de main, mais ils partirent bel et bien au Tibet en expédition, faire l'ascension du Kilimandjaro. Ils en revinrent émerveillés… et ils continuèrent…

T'en fais pas mon p'tit loup,
C'est la vie ne pleure pas,
Tu oublieras mon p'tit loup,
Ne pleure pas.

Je t'emmènerai sécher tes larmes,
Au vent des quatre points cardinaux,
Respirer la violette à Parme,
Et les épices à Colombo.
On verra le fleuve Amazone,
Et la vallée des Orchidées,
Et les enfants qui se savonnent,
Le ventre avec des fleurs coupées.

Allons voir la terre d'Abraham,
C'est encore plus beau qu'on le dit,
Y a des Van Gogh à Amsterdam,
Qui ressemblent à des incendies.
On goûtera les harengs crus,
Et on boira du vin de Moselle,
Je te raconterai le succès que j'ai eu,
Un jour en jouant Sganarelle.

Je t'emmènerai voir Liverpool,
Et ses guirlandes de haddocks,
Et des pays où y a des poules,
Qui chantent aussi haut que les coqs.
Tous les livres les plus beaux,
De Colette et de Marcel Aymé,
Ceux de Rabelais ou de Léautaud,
Je suis sûr que tu vas les aimer.

Je t'apprendrai à la Jamaïque,
La pêche de nuit au lamparo,
Et j't'emmènerai faire un pique-nique,
En haut du Kilimandjaro.
Et tu grimperas sur mon dos,
Pour voir le plafond de la Sixtine,
On sera fascinés au Prado,
Par les Goya ou les Ménines.

Connais-tu en quadriphonie,
Le dernier tube de Mahler,
Et les planteurs de Virginie,
Qui ne savent pas qu'y a un hiver.
On en a des choses à voir,
Jusqu'à la Louisiane en fête,
Où y a des types qui ont tous les soirs,
Du désespoir plein la trompette.

T'en fais pas mon p'tit loup,
C'est la vie ne pleure pas,
Oublie-les les p'tits cons qui t'ont fait ça.
T'en fais pas mon p'tit loup,
C'est la vie ne pleure pas,
Je t'en supplie mon p'tit loup,
Ne pleure pas.

En amour, écrire est dangereux, sans compter que c'est inutile.

(Alexandre Dumas fils)

LE LAPIN

Tant à la pêche qu'à la chasse, papa m'emmenait fréquemment avec lui. Nous traînions nos bottes toute la journée dans les champs de trèfle, de sorgho ou de luzerne, dans la verte plaine fertile des bords du Tarn où venaient se reposer les cailles de passage, ou dans la garenne. Il y avait des milliers de lapins en ce temps-là, la myxomatose n'avait pas encore fait son apparition. Nous la devons à un redoutable « savant », qui ne mesura évidemment pas la portée de son vaccin prétendu « providentiel »! En l'espace de quelques mois, les brouteurs de luzerne furent décimés à un rythme que mille ans de chasse au lapin n'auraient jamais atteint. Trente ans plus tard, les OGM ne risquent-ils pas de faire de bien plus graves ravages d'ici à quelques années, sur les humains cette fois-ci? Oh! Monsanto, priez pour nous.

Toujours est-il que mon départ avec papa, le dimanche à six heures du matin, était pour moi cruellement hypothétique. Maman, en effet, avait décidé une fois pour toutes, sans que papa osât s'en mêler, que je demeurerais impérativement à la maison s'il faisait mauvais temps. Dans ma chambre, bien décidé à ne pas laisser papa partir sans moi, je veillais, luttant contre le sommeil, pendant qu'il pleuvait dehors. Ne possédant pas encore de montre, je tendais l'oreille dans mon lit pour suivre l'évolution du mauvais temps et celle de la pendule qui égrenait ses heures dans la cuisine toute proche. Sans avoir fermé l'œil la moitié de la nuit, je sautais dans mon short et, mes autres habits à la main, je gagnais la cuisine sur la pointe de mes pieds nus. J'entendais papa qui arrivait lui aussi pieds nus pour ne pas me réveiller, suivant la consigne de maman. Son sursaut ahuri lorsqu'il me découvrait assis sur une chaise dans la semi-obscurité me donnait envie de rire. Je n'avais pas la moindre crainte qu'il me renvoie au lit car il était bien trop heureux de m'emmener avec lui. Et ça, je ne l'ignorais pas.

ON NE PEUT AVALER PLUS DE CROYANCES QU'ON NE PEUT EN DIGÉRER.

(Havelock Ellis, traduction F. Keller)

Pensée

Je suis capable de me laisser emmerder toute une journée par un emmerdeur:
je serais trop malheureux de lui faire de la peine.

PARU DANS UN JOURNAL

« On dirait une gageure. Un homme dépourvu d'idées, de sensibilité, d'imagination, et qui n'aime pas le lieu commun, se mêle d'écrire, et écrit toute sa vie. Cela n'est pas très rare; mais il y réussit; cela est extraordinaire, ne s'est produit peut-être qu'une fois dans l'histoire de l'art, est infiniment curieux à étudier. C'est le cas de Théophile Gautier. »

Sachez, cher Théophile Gautier, que cette corbeille de fruits empoisonnés vous a été adressée par un illustre écrivain frustré que personne ne connaît, M. Émile Faguet, qui fut si heureux de répandre sur vous sa diarrhée.

13 décembre

Sainte Lucie

Quand arrivent Lucie ou Luce,
Les jours croissent d'un saut de puce
Et nous serons vite à l'an neuf,
Qui avance comme un pas de bœuf.

Pensées

S'il se rencontre, parmi les quarante, des personnes de plus de politesse que de génie, quel mal y voyez-vous ? La médiocrité triomphe à l'Académie ? Où ne triomphe-t-elle pas ?

J'ai vécu d'heureuses années sans écrire. Je menais une vie contemplative et solitaire dont le souvenir m'est encore infiniment doux. Alors, comme je n'étudiais rien, j'apprenais beaucoup.

Une compagnie formée exclusivement de grands hommes serait peu nombreuse et semblerait triste. Les grands hommes ne peuvent se souffrir les uns les autres et ils n'ont guère d'esprit. Il est bon de les mêler aux petits.

(Anatole France)

Il y a deux sortes de femmes : celles qui vous rasent et celles qui vous tondent.

(Dominique André)

« CORPS EN MIETTES »

En symbiose totale avec la vision de Sylviane Agacinski à propos de ce nouvel « esclavage » des mères porteuses, je vous fais cadeau de ce fragment éloquent extrait de son admirable ouvrage *Corps en miettes* :

« Comme la prostitution retire la sexualité à la vie intime pour la transformer en service disponible sur le marché, l'usage d'une femme comme gestative retire la maternité à la vie personnelle et privée pour la transformer en tâche, en service, il en fait une "aide à la personne" que l'on pourra peut-être bientôt payer avec des "chèques emploi-service". Nul n'est plus irremplaçable, tout peut se substituer à tout : un sexe pour un autre, un ventre pour un autre. À quel niveau de corruption faut-il être arrivé pour que tout s'échange et, finalement, pour que l'enfant lui-même devienne interchangeable ? On a vu récemment des bébés mis en vente sur eBay par des mères porteuses qui espéraient faire monter les prix. Ainsi, la femme dont le ventre est devenu fonctionnel atteint un niveau "d'extrême aliénation". Comment ne pas voir qu'elle se trouve dépossédée du peu de vie individuelle qui reste en principe au travailleur le plus démuni – puisque son existence organique ne lui appartient même plus ? »

(Sylviane Agacinski, *Corps en miettes*)

Les mots – je l'imagine souvent – sont des petites maisons avec cave et grenier. Le sens commun séjourne au rez-de-chaussée, toujours prêt au « commerce extérieur », de plain-pied, avec autrui, ce passant qui n'est jamais un rêveur. Monter l'escalier dans la maison du mot, c'est, de degré en degré, abstraire. Descendre à la cave, c'est rêver, c'est se perdre dans les lointains couloirs d'une étymologie incertaine, c'est chercher dans les mots des trésors introuvables. Monter et descendre, c'est la vie du poète.
(Gaston Bachelard, *La Poétique de l'espace*, 1957)

Très tôt couchée et tard levée,
C'est ce que préférait Odile,
Avec Pierre Antoine ou Cyril,
Décembre était le mois rêvé.

Sainte Odile

14 décembre

FOIE DE CANARD FRAIS AUX BROCOLIS CITRONNÉS

J'admirais et plaignais à la fois ma pauvre maman lorsque je la voyais « dénerver » les foies de canard. Un travail digne d'un chirurgien. « Ce n'est pourtant pas compliqué, disait-elle, il faut seulement prendre le coup ! »

C'est un plat très fin, facile à réaliser.

Se procurer du foie de canard frais n'est pas évident dans certaines régions, ainsi que les brocolis, d'ailleurs.

Voici tout de même ma recette pour les gourmands débrouillards.

Pour 6 convives :

2 foies d'environ 250 g chacun ;
500 g de brocolis tendres et bien frais ;
1 noix de beurre ;
Le jus d'1 citron ;
½ verre de sauternes ou de monbazillac ;
Un peu de farine ;
Sel, poivre au moulin.

Préparation :

Avant toute chose, mettez un plat en porcelaine au chaud (au four tiède, par exemple), dont vous aurez besoin ultérieurement.

Rincez bien les brocolis à l'eau froide.

Posez-les entiers sur la grille du couscoussier et faites-les cuire cinq minutes à partir de l'ébullition.

Égouttez-les.

Partagez-les en deux dans le sens de la longueur.

Escalopez les foies en tranches d'un bon centimètre.

Farinez-les très légèrement de chaque côté.

Faites chauffer doucement la moitié du beurre dans la poêle. Lorsqu'il est bien chaud, de couleur noisette et qu'il ne fume pas, mettez à saisir les tranches de foie quinze à vingt secondes de chaque côté. Salez-les légèrement après leur cuisson.

Réservez-les dans votre plat très chaud.

Ajoutez dans la poêle une petite noisette de beurre et faites saisir les brocolis trente secondes de chaque côté. Salez-les légèrement. Ôtez-les. Placez-les dans le plat chaud autour des foies de canard.

Versez le ½ verre de vin blanc et le jus de citron dans la poêle chaude, déglacez au pinceau pendant dix secondes à feu vif.

À travers une passoire, faites couler le jus que vous répartissez bien sur le foie et les brocolis.

Il n'y a que deux sortes de femmes ; celles qu'on compromet et celles qui vous compromettent.

J'ai été folle de ce garçon-là, et, maintenant, je ne peux plus le voir en face. Comme les hommes changent !

(Henry Becque)

Mon petit, en littérature, chaque idée a son envers et son endroit ; personne ne peut prendre sur lui d'affirmer quel est l'envers.

(Honoré de Balzac, 1853)

15 décembre

Sainte Ninon

Au mitan du mois Ninon,
Était pétrie d'incertitude,
Elle ne disait ni oui ni non,
Ses amants avaient l'habitude.

ANNA ET LE « DOUX » PIERRE

Dans ce Café du Pont, mémé me raconta un jour qu'elle y avait été elle-même « serveuse bonne à tout faire » entre les deux guerres. Quelle revanche sur la vie que de voir sa fille Claudia – qui enfant vendait des épingles à nourrice – y tenir aujourd'hui le rôle de patronne! Le dénuement dans lequel l'avait laissée son exécrable époux, dans les années 1910, avait d'ailleurs contraint Anna à accepter – avant d'être serveuse – de devenir « haleuse de péniches » le long des berges du canal tout proche. Ce travail, où les haleurs se relayaient, était extrêmement pénible et bien peu fréquemment pratiqué par des femmes. Cela ne gênait pourtant guère Pierre Faure que sa femme s'éreintât à tirer des péniches. Plus tard, il n'apprécia pas en revanche de la voir servir au café entre de beaux messieurs qui laissaient parfois courir leur main baladeuse sous les jupons de la belle Anna. Il devenait alors fou de rage et provoquait le plus souvent un esclandre qui se terminait en sanglante bagarre. Régulièrement expulsé, il le fut d'ailleurs un jour définitivement puisqu'un jugement le condamna à une « interdiction de séjour » dans le département. On comprend mieux alors pourquoi la pauvre Anna préférait servir ses menthes à l'eau loin de cet épouvantable mari.

Pensées

La musique techno, on sait pas s'il y a de la musique dans le bruit ou du bruit dans la musique.
(Laurence Sémonin, *Brèves de la Madeleine*)

Les gens du monde apprennent rarement quelque chose, parce qu'il leur est convenable de posséder un grand nombre d'opinions toutes faites et régulièrement acceptées sur le plus grand nombre de sujets.
(Pierre Mille)

Il allait, il roulait ses effluves sonores,
Jetant à pleines mains litotes, métaphores,
Synecdoques, antiptoses, euphémismes polis,
Dilemme au double dard, sorties aux longs replis,
Et tout ce qu'au rhéteur versent de leurs amphores,
Le bon goût, la science et les maîtres vieillis.
(Louis Bouilhet, 1857)

Il en est des hommes de lettres comme des politiciens. Il est de leur intérêt que l'on parle d'eux, même en mal.
(Pierre Mille)

À LA MI-DÉCEMBRE,
L'HIVER BAT SON PLEIN,
DEHORS LES GUEUX TREMBLENT,
DE LOIN ON LES PLAINT.

Elles l'ont dit

Maria Callas, la célèbre cantatrice qui avait épousé Aristote Onassis, avait dit, paraît-il : « Il est beau comme Crésus ! »

La femme en hiver est paillarde,
C'est ce que prétend le dicton,
Pourtant Alice est une gaillarde,
Qui l'été non plus dit pas non.

Sainte Alice

PERRET

16 décembre

« CELUI D'ALICE »

L'accueil du public, toutes les « louanges », toutes les « bonnes critiques », que m'a valus cette chanson, n'ont suscité que jalousies et méchantes réactions chez d'aucuns qui ont fort à faire pour exister quand ils ne disent pas de mal de leur voisin !

Si je me réfère,
À mon dictionnaire,
Il est temps de faire,
La définition,
De ce mot espiègle,
Qui échappe à la règle,
Plus noble qu'un aigle,
Dans sa condition.
Ce mot vous le dites,
Censeurs hypocrites,
Établissez vite,
Son vrai sens profond,
Car si on l'ausculte,
Au lieu d'une insulte,
On peut faire un culte,
Du joli mot con.

Ce lieu de délices,
N'a pas de notice,
Mais même un novice,
En aurait la clé,
Y a sous sa pelisse,
Le climat de Nice,
Entre deux éclisses,
Tendrement musclées.
Moi mon seul complice,
C'est celui d'Alice,
C'est de la réglisse,
Du petit sucrin,
La frêle couture,
Qui pourtant l'obture,
Me lit l'aventure,
Au creux de la main.

L'amour enjolive,
Sa discrète ogive,
Aux petites rives,
Finement lactées,
C'est un édifice,
Tout en haut des cuisses,
Un village suisse,
Un matin d'été.
Un mont de déesse,
Qui gonfle et se dresse,
Trouve la caresse,
Quand soudain jaillit,
Le berlingot rose,
Vers ma bouche éclose,
Comme un flamant rose,
S'échappe du nid.

Tartuffes notaires,
Bourgeois de Cythère,
Qui trouvez austère,
Cet endroit charmant,
Il vous est bizarre,
Rien ne le compare,
À votre outil rare,
De super amant.
Apprenez Jocrisse,
Frustrés de service,
Que celui d'Alice,
Bat pour le plaisir,
Et qu'il se démène,
Sous les coups obscènes,
D'un mât de misaine,
Qui le fait jouir.

Ô tendre blessure,
Divine échancrure,
Sous votre toiture,
De satin frisé,
Du petit losange,
Filtre l'eau du Gange
Entre mes phalanges,
Soudain baptisées.
Que la cicatrice,
Si jolie d'Alice,
Jamais ne guérisse,
Mes amis sinon,
Dans ce monde triste,
De baiseurs centristes,
Qui jouent en solistes,
Je me sens si con.

Pensée

Je n'aime pas le travail, nul ne l'aime ; mais j'aime ce qui est dans le travail l'occasion de se découvrir soi-même, j'entends notre propre réalité, ce que nous sommes à nos yeux et non pas en façade, ce que les autres ne peuvent connaître car ils ne voient que le spectacle et jamais ne peuvent être bien sûrs de ce qu'il signifie. (Joseph Conrad)

17 décembre

Saint Gaël

Si beau temps vient à la Saint-Jean,
À Saint-Gaël on se les gèle,
On peut toujours mettre des gants,
J'aime mieux la chaleur d'Angèle.

NÉRON (37-68)

Fils de Domitius Ahenobarbus et d'Agrippine la Jeune, Néron se débrouilla pour naître à Antium un 15 décembre, trente-sept ans après Jésus-Christ. Les corridas n'existant pas encore, il ne voulait pas louper le spectacle unique des chrétiens qui s'amusaient comme des fous à persécuter les lions dans les arènes tous les dimanches après-midi. Chaque matin, son papa l'emmenait à la chasse. Ils partaient à l'aube dans les rues de Rome avec un arc et des flèches pour traquer uniquement les boiteux, les borgnes, les culs-de-jatte, les aveugles, les homos et les femmes adultères, avec des chiens dressés pour ça. Bien que très jeune encore, le petit Néron posait cependant déjà des questions très pertinentes à son papa. « Mais, daddy, lui disait-il étonné, pourquoi ne peut-on décocher nos flèches sur "tout le monde" ? » C'était le bon sens même. Sa maman, la douce Agrippine, était la sœur de Caligula. C'était pas vraiment une référence quand on voulait se faire embaucher. Tous ceux qui s'acharnent à descendre Néron en flammes, si je puis dire, oublient trop facilement que le malheureux a tout de même attendu d'avoir sa majorité avant d'oser étrangler sa mère. Les historiens s'accordent d'ailleurs à souligner que « les premières années de son règne d'empereur furent "calmes" ». Seulement ça, on l'oublie toujours. Brave Néron !

BUVEURS BAVARDS

« Ce qui est bien quand tu as un boulot, c'est que t'es pas obligé de pointer au chômage pour engraisser les gens de Pôle emploi.

– Ah bon ! Tu les trouves gras, à Pôle emploi ? »

Pensée

Moi, mon fils, je n'ai pas étudié comme toi, mais l'amour qu'on raconte dans les livres, c'est des manières de païens. Moi, je dis qu'ils jouent la comédie. Ils ne se voient que quand ils sont bien coiffés, bien habillés, comme au théâtre. Ils adorent, ils pleurent, ils se donnent de ces abominables baisers sur la bouche, et un an après ils divorcent !

(Albert Cohen, extrait, *Le Livre de ma mère*)

CÔTÉ CUISINE

Pour tricoter une pâte feuilletée simplement, sans vous prendre la tête, mélangez 70 g de beurre à trois petits-suisses et ajoutez-y 130 g de farine. Fastoche et convaincant. Vous ferez des tartes d'enfer ! (Un truc de Paule Vani.)

« T'as vu la bite à Raymond ?… Vingt-neuf centimètres, paraît-il. C'est sa femme qui l'a mesurée.
– Oui, je sais, j'y étais quand elle l'a dit… Mais ce que j'ai du mal à avaler, c'est qu'elle a dit "au repos" ! Tu le crois ça, toi ?…
– C'est possible, que veux-tu… Ça doit dépendre de ce qu'on mange ! »

De saint Gatien le fox-terrier,
Mord l'homme qui apporte le courrier,
Mais en repartant le facteur,
Va pisser sur les pois de senteur.

Saint Gatien

18 décembre

LES ROLLING STONES

Pour une nouvelle édition de « Musicorama », les concerts d'Europe 1, j'arrivai un soir à l'Olympia ma guitare à la main. Approchant des coulisses, j'entendis un vacarme épouvantable. Catherine Félix, la productrice de l'émission, était livide.

– Les Stones ! Les Stones ! scandait le public.

– Mais qui c'est, ça, les Stones ? demandai-je à Catherine.

– Les Rolling Stones, tu ne connais pas ? Ils sont anglais, c'est la première fois qu'ils viennent en France. Tous les blousons noirs de banlieue sont descendus les voir. On ne s'attendait pas à ça... Il reste juste une fille qui va se faire laminer... et puis ce sera à toi ! »

Accordant ma guitare dans une loge, je vis Lucien Morisse entrer avec une mine d'enterrement.

« Il va falloir y aller, mon vieux.

– Mais, Lucien, pourquoi m'envoies-tu à la boucherie ?

– Parce que je pense que tu as quand même tes chances, mon Pierrot. »

Coquatrix, le directeur de l'Olympia, entra à son tour. « La fille ne va pas tenir longtemps. C'est l'horreur, ce soir », ajouta-t-il comme pour m'encourager.

Ils m'accompagnèrent en coulisses où depuis un micro le présentateur annonçait les artistes pour éviter les projectiles.

Lucien me serra les épaules. Bruno me dit, sans me regarder en face : « Essayez d'en chanter deux... »

« Et voici un jeune chanteur, Pierre Perret ! » Les rideaux s'ouvrirent. Tétanisé, je courus vers le tabouret pour en finir au plus vite. « Les filles, les filles, les filles... »

Et là, l'intensité du trac était telle que ce fut le trou... L'abominable trou de mémoire, celui qui vous donne envie de mourir sur place... quand toute la salle, d'un seul élan, enchaîna en un seul chœur :

« ... Ça me tuera ! Ça me tuera si j'en manque un jour ! Vas-y, Pierrot ! » hurlait la salle.

Le sang se remit soudain à couler dans mes tubulures. Comment ne pas penser une seconde à ce moment-là que l'on fait le plus beau métier du monde ? « La Bérésina », « L'Idole des femmes », qui succédèrent aux « Filles », firent un tabac ! Je ne m'arrêtais plus. Le public en redemandait après chaque chanson... La neuvième (je n'en avais pas d'autres !), « Le Tord-boyaux » – que j'avais gardée pour la fin –, fit un triomphe.

La salle était debout. En sortant de scène, je marchais sur l'eau. Tour à tour, Bruno et Lucien me happèrent, me serrèrent dans leurs bras. « Tu as gagné, murmura Lucien, bravo, mon Pierrot. Putain ! Je savais que tu allais gagner ! » Venant de lui, c'était comme déguster du caviar. Et puis, je lui devais bien ça !

19 décembre

Saint Urbain

Urbain à l'approche de Noël,
Achetait des monceaux de cadeaux,
Pour ses neveux les p'tits salauds,
Qui foutaient tout à la poubelle.

ABRACADABRA !

« Il paraît qu'il est préférable de ne pas se marier au mois de mai. Ni un mercredi ni un vendredi ni pendant l'Avent ni pendant le carême. S'il pleut le jour du mariage, les époux seront riches, s'il fait du vent, ils se disputeront. Si le temps est couvert et humide, la mariée sera friponne et le mari sournois. »
C'est du moins ce qu'ils affirment en Maine-et-Loire !

Si en allant à l'église le fiancé perd son galurin ou s'il y va monté sur une jument, sa femme n'aura que des filles. À l'église, le mari doit s'agenouiller sur la traîne de la robe de sa femme s'il veut être le maître dans son ménage. Mais si l'épouse plie le doigt de telle façon que son mari ne puisse enfoncer l'anneau complètement, c'est elle qui portera la culotte. En un mot, le mec est mal barré !
Au fait, on peut aussi ne pas se marier du tout !

MESSALINE (25-48)

Valeria Messalina était ce qu'on appelle communément de nos jours la reine des salopes. Attention, ne vous méprenez pas, chère et jolie lectrice, je ne porte pas ici un jugement de valeur. Non, mais je ne fais que répéter (bêtement peut-être, je vous l'accorde !) ce qu'un peuple entier de Romains mâles remarquait, admiratif, quotidiennement : « Qu'est-ce qu'elle est belle, cette salope de Messaline ! » L'empereur Claude, d'ailleurs, dont elle fut la quatrième épouse, ne lui cachait pas l'amertume de ses sentiments. Lorsqu'elle rentrait à la maison au petit matin, sur la pointe des pieds, après avoir passé la nuit dans les bouges où elle avait affûté le sifflet d'une compagnie entière de centurions, Claude, peiné, lui disait, un sanglot dans le larynx : « Messaline, y a pas de doute là-dessus, t'es une belle salope ! » Le plus fort, c'est qu'elle le savait ! Ça ne la gênait pas du tout. Au contraire, serais-je tenté d'observer. Elle en tirait même quelque gloire. Un peu puéril, sans doute, mais tellement attendrissant. Elle prenait un malin et intense plaisir à susurrer à l'oreille de l'amant qu'elle avait choisi des choses qui lui faisaient gicler les calots hors des orbites.

Appliquant ses délicates phalanges sur l'objet de son désir soudain victime d'une inflation galopante (je ne peux guère vous le faire plus délicat), elle murmurait en le saisissant à pleine main : « Obélisque de Dieu, tu vas connaître la langue experte de la plus belle salope de Rome. Réjouis-toi, car ce sera pour toi la dernière fois. » En effet, cette brave Messaline, consciente de la félicité suprême et unique qu'elle procurait à son partenaire d'un soir, le faisait proprement étrangler aussitôt après. Afin de lui épargner les fades étreintes d'une mère de famille qui l'attendait probablement dans sa quotidienneté amoureuse, elle le faisait supprimer. Pour son bien. Hélas pour Messaline, force est de constater que, parfois, l'annonce candide à son amant de ce dénouement fatal provoquait le plus souvent chez son partenaire affolé un désastreux effet…

Théophile quand on lui demandait,
Vas-tu te marier ? Répondait,
Femme qui caquette poule qui pond,
Font trop de bruit à la maison.

Saint Théophile

PERRET

20 décembre

« NOS AMIES LES BÊTES »

Que les chiens sont heureux
En leur humeur badine
Ils se sucent la pine
Ils s'enculent entre eux.

(Théophile Gautier)

Pensées

C'est la crainte d'être traité de raciste qui empêche l'homme de reconnaître que la femme est une race supérieure. « ? » (Seul le point d'interrogation n'est pas de Grégoire Lacroix.)

La vie est tellement précaire…
Le lundi on est sûr de soi,
Le mardi on est sûr de l'autre,
On n'est plus sûr de rien le mercredi.

Une belle femme n'ira jamais « puiser » dans les ressources infinies de l'amour, comme une laide, une insignifiante ou une délaissée.

Elle m'a dit : *« Y a que le premier pas qui coûte »*…
… Faut dire qu'elle vivait sur un grand pied…

Voilà, C'est ce quatrain malicieux de Théophile Gautier qui m'a décidé d'écrire « Nos amies les bêtes ». Je ne l'ai finalement jamais chantée en scène. Cela ne m'empêche pas de vous en faire cadeau.

On nous apprend très tôt,
Dans nos bonnes écoles libres,
Qu'y s'rait honteux de vivre,
Comme vivent les animaux.
C'est pourtant sans tricher,
Sans intention vénale,
Que la gent animale,
Grignote ou prend son pied.

Nos amies les bêtes,
Dont nous nous moquons,
Elles sont peut-êt' bêtes,
Mais elles sont pas cons.

Pour une saillie banale,
Jadis chez madame Claude,
Avec une serviett' chaude,
Ça coûtait trois mille balles.
Or par ces temps de crise,
Y a encor' dans la Creuse,
Des chèvres tout heureuses,
Qui vous font ça gratis.

Les vaches et les taureaux,
Sous des airs bucoliques,
Tringlent quand ça les pique,
Devant l'Paris-Bordeaux.
Pour de tels coups de reins,
Et sans la peur du drame,
J'connais au moins dix femmes,
Prêtes à sauter du train.

Sur le bord de la route,
La fourmi besogneuse,
Se fait sauter joyeuse,
En charriant son cass'-croûte.
Essayez mes agneaux,
D'fair' ça à une louloute,
Quand elle sort du Mammouth,
En poussant son chariot.

Les coqs généreus'ment,
Assurent les urgences,
Ils tiennent la cadence,
Comme des moines au couvent.
Les mouches sont les seules,
À niquer comme des folles,
Sur le bord d'un' cass'role,
Sans se casser la gueule.

L'écureuil à grands sauts,
Tire son coup dans les chênes,
Alors qu'Tarzan lui-même,
Finirait à l'hosto.
Les lapins sont contents,
Ils baisent ils font ripaille,
Chez eux rien ne travaille,
Que la bite et les dents.

Ils l'ont dit

Quelques jours avant le décès de Théophile Gautier, l'un de ses proches lui dit : « Mon cher maître, vous êtes solide comme un chêne. » Il répondit : « Pour le tronc, ça va ; c'est le gland qui m'inquiète. »

21 décembre

Saint Pierre Canisius

PERRET

Son fiancé qu'elle appelait Pierre
Se nommait Pierre Canisius
À ses genoux elle disait Pierre
Te plairait-il que je te…bise ?

CANARD AU SAUTERNES (PLAT DE FÊTE)

Je ne propose ici que les meilleurs plats de fin d'année que nous mitonnons à la famille et à nos amis gourmands les plus proches.
Un bon sauternes bien frais, bien sûr, viendra couronner le succès de ce plat royal !

Pour 4 à 6 convives :

1 canard de 1,5 kg à 2 kg découpé en 10 à 12 morceaux ;
1 boule de céleri-rave de 600 à 700 g ;
3 gros oignons émincés ;
1 bol de bouillon de poule (il y en a du bio !) ;
2 verres de sauternes ;
1 bouquet garni ;
Le jus d'1 citron ;
2 cuillerées à soupe d'huile de colza + 1 d'huile d'olive mélangées ;
1 noix de beurre ;
Sel, poivre au moulin.

Préparation :

Faites revenir à feu moyen les morceaux de canard assaisonnés dans l'huile chaude d'une cocotte en fonte.

Faites-les cuire pendant quinze minutes en les retournant souvent à la cuillère en bois. Mettez le couvercle en biais à mi-cuisson.

Ôtez les morceaux. Réservez-les dans un plat.

Pendant ce temps, pelez largement (une bonne épaisseur de peau) le céleri-rave et découpez-le en cubes de 2 à 3 cm d'épaisseur.

Dans la même huile à laquelle vous ajoutez le beurre, faites doucement dorer les oignons durant dix minutes en les remuant souvent jusqu'à coloration.

Ôtez-les de la sauteuse et mettez-les dans un égouttoir.

Jetez la matière grasse de la sauteuse et placez au fond les morceaux de canard, les oignons fondus, le céleri-rave et le bouquet garni enfoui.

Ajoutez le bouillon, le sauternes et le jus de citron.

Laissez réduire à feu moyen à doux durant vingt minutes au moins sous le couvercle posé en biais jusqu'à ce qu'il ne reste que 2 à 3 cm de sauce au fond de la sauteuse. Au besoin, goûtez, ôtez ou ajoutez du bouillon et rectifiez l'assaisonnement.

Servez dans un grand plat chaud avec le céleri autour des morceaux de canard.

Conseil :

Le céleri-rave ne noircira pas, sitôt râpé ou découpé, si vous l'arrosez d'un jus de citron.

Le plus simple écolier sait maintenant des vérités pour lesquelles Archimède eût sacrifié sa vie. (Ernest Renan)

APHORISME

Pour la femme bien loin s'en faut,
Que l'homme s'accorde à son pas,
Car chez elle il nomme défauts,
Toutes les qualités qu'il n'a pas.

Françoise-Xavière,
Boit de la bière,
Avec Gaston qui a une auto,
Ils mangent des fraises,
Après ils baisent,
Et s'en vont jouer au loto.

Sainte Françoise-Xavière

PERRET

22 décembre

C'EST L'HIVER !

CLOVIS (465 - 511)

Clovis qui, à l'époque, prenait des vitamines par poignées, investit le pays jusqu'aux Pyrénées, où il s'inscrivit le jour même à un cours de pelote basque. Ce pauvre vieux, à force de claper des soissons en boîte, avait une aérophagie tonitruante et les chocottes qui se faisaient la malle. En bon démocrate qu'il était, Clovis ne gardait qu'un cinquième du butin que ses guerriers pillaient généralement dans les églises et les châteaux. Quant au partage, le tirage au sort était le seul moyen sûr d'éviter la chicorne. Ce bon Clovis, cependant, ayant repéré un beau vase ouvragé qui était de la même hauteur que les dahlias de son jardin, dit alors à ses vaillants soldats :

« Laissez-moi ce vase, guerriers, je vous l'échange contre un moule à tarte, un service de sel et poivre et douze fourchettes à huîtres plaquées or. »

Les soldats lui répondirent :

« D'accord, Cloclo, prends-le pour ta meuf si ça te fait envie. Ce vase, nous, on n'en a rien à glander ! »

Le plus teigneux d'entre eux, pourtant, fracassa le vase avec son arme en disant à Clovis :

« Toi, mon pote, tu n'auras rien que ce que le sort t'attribuera vraiment ! »

Clovis lui dit « merci bonhomme » et emporta la moitié du vase foudroyé pour le filer alors à son copain l'évêque Remi. Ne lui offrir qu'un demi-vase l'embarrassait certes un peu, mais ça tombait bien, car Remi lui avait cédé l'autre jour précisément une demi-baguette pour son dîner. Ça s'équilibrait.

Un an plus tard, Clovis, qui l'avait à la caille de s'être fait prendre pour une tronche de cake devant tous ses guerriers, passa ses troupes en revue. S'approchant du pélegreux briseur de vase qu'il reconnut au premier rang, il lui dit :

« Dis donc, mon gamin, je crois n'avoir jamais maté des armes aussi merdiques que les tiennes ! T'as vu ta lance ? Complètement de traviole ! Et ton épée, on aurait un mal fou à décacheter une lettre avec ! Quant à ta hache, dit-il en la saisissant, elle fendrait même pas un pudding ! »

Et il la jeta aux pieds du malheureux ahuri qui se baissa pour la ramasser. D'un grand coup d'épée de luxe en acier bleui, Clovis alors lui fendit à son tour la calebasse, le débarrassant ainsi doublement d'un tenace torticolis et d'une insupportable rage de dents !

« Souviens-toi, lui dit-il, du vase de Soissons ! » (On est tout de même en droit de se demander si Clovis était sérieux en adressant une phrase pareille à un type dont la cervelle avait servi, quelques instants plus tôt, à faire des vol-au-vent dans les nids d'hirondelles !)

QUAND EN HIVER IL FAIT TROP BEAU, ÇA PROMET UN ÉTÉ PLEIN D'EAU, ET SI PEU QUE MA FEMME AIT FROID, JE SAIS CE QU'ELLE ATTEND DE MOI.

CÔTÉ JARDIN

Même en hiver vous devez traiter (en bio bien sûr) les troncs et les branches des arbres fruitiers. Les cochenilles et les acariens ne baissent jamais les bras !

23 décembre

Saint Armand

Armand était un bon amant,
Qui à toutes les femmes plaisait,
Sauf à la sienne évidemment,
Qui disait-elle la « défrisait » !

RICHELIEU (1585-1642)

Armand Jean Du Plessis, cardinal de Richelieu, dit Riri pour sa bonne, était le plus génial faux cul de tous les faux derches que la terre ait connus. Riri et Loulou XIII, appelé Louis le Juste par son peuple bien-aimé, ont surveillé la tambouille des Français pendant dix-huit piges ensemble. Ce ne fut pas toujours de la nougatine, mais même si on a charrié un peu ce cardinal puceau, il a mouillé plus d'une fois la soutane pour son pays à défaut de l'avoir fait pour autre chose. Il a filé de sérieux coups de paluche à la marine militaire et marchande, aux manufactures, à la soierie, à la tapisserie et à des flopées d'autres encore. Sur le plan grisbi, il a laissé les caisses de l'État aussi vides que les bourses à Don Juan à la sortie du Byblos de Saint-Trop'. Par contre, son compte en banque à lui, après sa mort, était bourré comme un Teuton qui a passé la nuit à la kermesse de la bière. Armand Du Plessis de Richelieu, dit Riri pour sa bonne, cassa finalement sa tirelire le 4 décembre 1642. Il joua un rôle déterminant dans la fondation de l'Académie française et rien que pour ça, même si par la suite ils ont refusé Molière et accepté Fernand Gregh, on peut écluser un godet à sa mémoire. Cinq mois plus tard, Loulou avala son sceptre à son tour. Nul ne put le faire changer d'avis, car il disait lui-même : « Je vous laisse un chiard qui sera le plus grand roi du monde, et puis, depuis que Riri est mort, avec qui voulez-vous que je joue au morpion ! »

DE MARSEILLE...

Marseille avec ses barques peintes,
Comme les costumes des hommes de couleur.
Les marchands de poisson,
Savent les chansons des cinq parties du monde.
Et sur les tables se hérisse l'ananas d'Afrique,
À côté du melon cosmopolite, des olives noires,
Et du fond sous-marin prépare en conserve.

...À PARIS

Voici, jusqu'au milieu du ciel,
Paris, le premier port des hommes,
Quai de la Seine, avec leur pêche aux livres,
Luxembourg, paradis des nourrices,
Tour Eiffel, la girafe des tours.

(Jorge Carrera Andrade)

L'amour, l'amour qu'on aime tant,
Est comme une montagne haute,
On la monte tout en chantant,
On pleure en descendant la côte.

(André Theuriet)

Escargot :

Minime ruban métrique avec quoi Dieu mesure la campagne.

(Jorge Carrera Andrade)

CÔTÉ JARDIN

Offrez un petit assortiment de graines (tomate, persil, coriandre, melon, etc.) en fin d'année. Cadeau modeste certes, mais qui plaira à coup sûr aux amoureux des jardins qui vous ressemblent.

Moi j'attends Adèle pour la bagatelle
Elle sait qu'c'est pour ça qu'elle vient
Pas besoin d'lui faire un dessin
Comble de merveille pas besoin d'oseille
Et tous les samedis j'en ai l'exclusivité

Sainte Adèle

PERRET

24 décembre

FOIE DE CANARD AUX POMMES (PLAT DE FÊTE)

Sans doute l'un des plats les plus délicats à réussir. Mais à présent, je suis certain que vous les réussissez tous !

Pour 6 convives :

2 ou 3 foies de canard selon leur grosseur (600 à 700 g en tout environ) ;
2 grosses pommes un peu acides (granny-smith) pelées et découpées en tranches ;
2 cuillerées à soupe d'huile de tournesol ;
1 grosse noix de beurre frais ;
2 cuillerées à soupe de bon vinaigre de vin vieux ou de vinaigre de xérès ;
1 cuillerée à soupe de miel ;
Sel, poivre au moulin.

Préparation :

Juste après avoir sorti vos foies du réfrigérateur, découpez-les en escalopes de 2 cm d'épaisseur environ.

Enduisez au pinceau huilé le fond d'une poêle antiadhésive que vous posez sur le feu. Au bout de dix secondes, faites saisir les escalopes de foie huit à dix secondes sur chaque face de façon à leur faire prendre une coloration.

Ne les assaisonnez pas. Ôtez-les de la poêle délicatement avec une spatule et réservez-les dans un plat chaud.

Reposez la poêle sur le feu moyen. Ajoutez le beurre à l'huile qui reste.

Répartissez les tranches de pomme dans la poêle chaude. Baissez le feu et faites-les doucement dorer trois minutes sur une face.

Retournez les morceaux à la spatule, laissez-les dorer deux minutes et répandez le miel par-dessus. Laissez fondre le miel.

Ajoutez une bonne cuillerée de vinaigre et laissez réduire trois à quatre minutes à feu très doux.

Lorsque les pommes commencent à caraméliser (au besoin, ajoutez du miel – goûtez !), posez les escalopes de foie tièdes par-dessus et salez-les légèrement.

Arrosez-les avec la deuxième cuillerée de vinaigre qui aura servi à déglacer le jus caramélisé de la poêle. Poivrez de 4 à 5 tours de moulin.

Servez dans des assiettes très chaudes une ou deux escalopes de foie avec les tranches de pomme autour en nappant le tout avec la sauce qui reste.

Servez avec une petite purée de pommes de terre bien onctueuse.

Conseil santé

Afin de tapisser les parois de l'estomac et en prévision des éventuels futurs « excès », avant de passer à table pour le réveillon, avalez une tartinette de pain grillé recouverte de foie gras. Sinon, faites la même chose mais avec de l'huile d'olive. Mangez une « rôtie » copieusement arrosée d'huile d'olive légèrement salée que vous aurez « solidifiée » une heure avant au réfrigérateur. L'alcool passera moins vite dans le sang et aura le temps d'être détruit par le foie, qui ne plaisante pas avec la vodka !

25 décembre

Noël

PERRET

Quand Noël arrive au trot,
Mon mari part au bistrot,
Si ce jour-là t'arrache des larmes,
T'auras plus qu'à mettre tes palmes.

Juin qui grêle éclairs tonnerre,
Au vigneron porte misère,
Entre Noël et la Chandeleur,
Le laboureur étale son beurre.

« MÈRE NOËL »

Noël m'inspira des chansons « diverses ». Dans « Mère Noël », parler de marier « un Noir avec une Blanche » n'était pas d'une folle évidence, en ces temps-là. Par ailleurs, l'humour noir de « Noël avant terme », s'il fut apprécié par le public, le fut beaucoup moins par les radios. La chanson y fut zappée complètement !

Quand j'écris ma p'tit' bafouille,
À c'bon vieux Pèr' Noël,
J'sais pas comment qu'y s'débrouille,
Il est miro l'paternel,
Me r'filer un' panoplie d'flic,
Au lieu d'un traité d'éducation sexuell',
Ma parole y s'prend les pieds dans l'arc-en-ciel,
Je trouv' ces procédés moches,
Je ne vous le cach' pas,
R'mettez-le dans vot' sacoche,
Vot' képi j'en veux pas,
Mais comm' j'm'entends mieux avec les femmes,
J'ai décidé désormais,
De m'adresser à la vôtr' qu'on voit jamais.

Mèr' Noël, Mèr' Noël où êt's-vous,
Mèr' Noël, Mèr' Noël montrez-vous,
Avez-vous un' minijupe, êtes-vous un peu sexy,
Est-ce que l'Pèr' Noël vous sort dans les boît's de nuit.

Dicton

Les jours entre Noël et les Rois,
Indiquent le temps des douze mois.

Mèr' Noël je suis bien p'tit,
Mais déjà je comprends,
Qu'la vérité travestie,
Est un cadeau pour les grands,
Moi je n'voudrais qu'un stylo,
Pour vous faire un très beau dessin,
Il ira pas au Prado,
Mais ça n'fait rien,
Je vous dessin'rais un mariage,
Quelque chose de bien,
Un Noir avec une Blanche,
Ça f'ra peur aux voisins,
Et tous les oiseaux du monde,
Leur chant'ront cette chanson,
Qu'en Alabama les cloches reprendront.

Mèr' Noël, Mèr' Noël où êt's-vous,
Mèr' Noël, Mèr' Noël montrez-vous,
Ressemblez-vous à la Joconde,
Qui a l'air de nous dir' des clous,
Mais sans dout' avez-vous raison
de sourir' de tout.

« NOËL AVANT TERME »

Noël Noël tu vas venir bientôt,
Oh bon Papa Noël n'oublie pas mes cadeaux,
Et pour ce jour si merveilleux,
Petit Papa Noël exauce tous mes vœux.

Que ma petit' maman s'arrête de tousser,
Peut-être que notre voisin aura fini d'gueuler,
Fais que mon p'tit papa sorte enfin de prison,
Qu'y m'ramène voir les femmes comme au bon temps dans leur maison.

Je voudrais que grand-mère ne me réveille plus,
Quand elle rent' le matin beurrée comme un p'tit Lu,
Pardon si j'l'ai battue mais qu'elle me répèt' plus,
J'ai un' dent contre toi d'abord il en resterait plus.

Pour faire mes ongles en deuil j'voudrais un p'tit canif,
Ça fait quand mêm' plus prop' pour s'les fourrer dans l'pif,
Et j'voudrais pour ma tête une tondeuse électrique,
Je sens qu'j'ai l'chou farci de p'tits grains de riz mécanique.

À la Saint-Étienne,
Chacun sort la sienne.

Saint Étienne

26 décembre

BUVEURS BAVARDS

« Tu sais, si tu veux baiser ta femme, je te la laisse... Moi, j'y vois pas d'inconvénient...

– Non, non, Maurice, pour moi l'amitié, c'est plus sacré qu'une gonzesse. »

Celle-là, quand je l'ai carambolée, je peux dire que je l'avais dans la peau... Malheureusement, en même temps que moi y avait deux mectons dans la course... Je l'ai quand même eue dans le désordre.

« De Gaulle a démissionné du gouvernement, et Vincent Auriol vient d'être élu !...

– C'est pas ça qui ajoutera du poil au cul des hérissons ! »

« Il paraît que les poules, elles pissent pas...

– Ça se voit que tu connais pas la mienne ! »

De tous les hommes que je n'aime pas, c'est certainement mon mari que je préfère.

(Mme de Staël)

Ah, l'amour !...

« Occupe-toi de tes fesses ! » C'est généralement ce que répond un mari à sa femme qui lui a posé une question embarrassante.
Ce à quoi l'épouse, qui a de la repartie, répond du tac au tac : « C'est plutôt toi qui devrais t'occuper plus souvent des miennes ! »

Maxime

L'on dit de la vieillesse qu'elle est l'hiver de la vie, renversez la métaphore et vous la trouverez également juste en disant que l'hiver est la vieillesse de l'année.
(Nicolas de Chamfort, 1794)

J'écris un livre. J'ai déjà fini tous les numéros de page.

(Steven Wright)

Anecdote

« La Seine était glacée, il ne pouvait pas arriver de bois et ce qu'il y a de fort drôle, c'est qu'on s'envoyait en étrennes du jour de l'an de petits fagots de bois comme des bijoux, c'était reçu avec beaucoup de reconnaissance. »
(Mme la duchesse d'Orléans, *Correspondances*)

Je n'ose imaginer la tête de nos chérubins de l'an 2015 si à la place de leur Game Boy ils recevaient un fagot en étrennes au jour de l'an !

LE SAVIEZ-VOUS ?

Pour économiser l'énergie et moins vous cailler la nuit dans votre lit, placez une couvrante sous le drap du dessous et une autre sur le drap du dessus. Il y a bien sûr d'autres moyens de ne pas avoir froid, mais... vous en connaissez sans doute plus que moi à ce propos !

27 décembre

Saint Jean l'évangéliste

Mais que fais-tu là vieux saint Jean,
Arrivé à la fin décembre ?
Ceux qui t'ont mis là pour autant,
Chez les fous font-ils antichambre ?
Ignorent-ils que c'est en juin,
Qu'on allume feux de Saint-Jean ?
Et que Jeannot se moque bien,
De la neige du froid et du vent ?...

«LE TEMPS DES TABLIERS BLEUS»

De grosses bouffées de nostalgie d'un temps vécu qui pourtant n'était pas tous les jours au beau fixe. Mais nous étions unis en famille. Et on s'aimait.

Je me souviens mes premiers émois,
En l'éclosion de mes vertes années,
Y avait la guerre et l'école et pour moi,
C'était l'chagrin et le piquet.
Et Marainotte et tonton Étienne,
M'avaient appris à dir' bien poliment,
J'ai eu six ans je suis un gentleman,
Et on riait de mon accent.

C'était le temps des tabliers bleus,
À la récré on était des dieux,
Et papa n'appréciait pas,
« Maréchal nous voilà. »

Je me souviens d'un' maîtresse en or,
Du préau de la cour des marronniers,
L'encre violett' la plume sergent-major,
Et du grillon dans mon plumier.
Je me souviens de cett' photo d'class',
Où je suis l'seul à sourir' comm' toujours,
Et de maman qui peignait ma tignasse,
Quand je partais l'œil plein d'amour.

C'était le temps des tabliers bleus,
À la récré on était des dieux,
Et papa n'appréciait pas,
« Maréchal nous voilà. »

Je me souviens de cett' fin de guerre,
Du café plein de héros fatigués,
Certains rentraient des maquis en colère,
Quand leurs copains y étaient restés.
Ils parlaient tous de prisonniers boches,
De collabos et de camps insensés,
Et de tickets pour le pain les galoches,
Et les zazous venaient danser.

C'était le temps des tabliers bleus,
À la récré on était des dieux,
Et maman gardait pour moi,
Sa ration d'chocolat.

Je me souviens des fiers justiciers,
Des beaux yeux de la tondue qui pleurait,
Et de Joseph, papa l'avait caché,
Quand il revint le remercier.
Puis ce fut l'temps des bell's parties d'pêch',
Dans ces matins que l'on cueille en silence,
Papa maman avaient une âme fraîche,
Ce fut toujours la connivence.

Fini le temps des tabliers bleus,
À quatorze ans j'allais être vieux,
Et papa voulait déjà,
Que je trouve le la.
Ces années tendres où j'étais heureux,
Tous ces souvenirs loin du couvre-feu,
Sont ressortis d'une poche,
De mon tablier bleu.

« T'as été à la messe de minuit, toi ?
– Moi ? Tu déconnes ! Ma femme, oui. Avec ses vieux, qui croient à toutes ces conneries...
– Tu sais, Jésus, si ça se trouve, c'est lui-même qui l'a montée, son affaire, il y a deux mille ans ! Le coup des petits pains, traverser sur l'eau sans se mouiller les pinceaux, tout ça... Et les saints ! Ça aussi, les saints ! Tu crois pas que c'est une trouvaille ?... Saint Thomas qui croit que ce qu'il voit, saint Antoine qui te retrouve les clés de ta bagnole... saint Martin qui te file la moitié de sa parka. Non, c'est vachement gambergé, moi je te le dis. Y m'aurait demandé si je voulais être dans ce coup-là, je te jure j'aurais pas dit non ! Jésus, c'est un mec qui a le sens du show-biz, c'est sûr !
– Vu comme ça... »

Vous vous prétendez saints,
Et en plus innocents ?...
Prouvez-le !

Saints Innocents

28 décembre

ANNA, CLAUDIA ET PIERROT

Pour faire vivre les quatre rejetons que sa brute de mari lui avait faits entre chacun de ses voyages, on conçoit aisément que mémé Anna ait eu du mal à boucler ses fins de mois. « Surtout les vingt-huit derniers jours ! », ainsi qu'ironisait maman quand elle évoquait ces noirs épisodes de sa vie de fillette. Par nécessité, plus que par plaisir, Anna avait donc « mis sur le tas » les deux aînés de ses enfants. C'est mon futur parrain Pierrot et ma future maman Claudia qui furent les heureux élus. Pierrot avait 10 ans, sa sœur cadette n'en avait pas encore 8. Elle avait pour tâche de vendre de menus objets de couture de toute sorte : des épingles simples, ou coiffées d'une petite boule de couleur, des punaises en laiton, des aiguilles à tricoter longues ou courtes comme celles que mémé plantait dans son chignon, avec lesquelles elle faisait ses napperons au crochet. C'est cet humble éventaire de mercerie suspendu à son cou que Claudia exhibait sur son petit ventre de limande. Pierrot, auprès d'elle sur les champs de foire, proposait des lacets de toutes longueurs. Chacun trouvait son usage, des courts pour les chaussures, bien sûr, mais également des longs qui servaient de ceinture ou de bandoulière pour une musette, etc. Mémé, de son côté, vendait également de la mercerie et aussi – grande nouveauté – des bas de soie. « Les mêmes qu'à Paris ! » hurlait-elle. Il n'était pas rare que ses deux enfants fussent détroussés avant la fin de la journée, car les pickpockets pullulaient dès qu'il y avait de la foule. Anna tançait alors copieusement Claudia et Pierrot de s'être fait voler, quand elle ne les corrigeait pas. Ni son enfance ni son mari ne lui avaient vraiment appris la douceur de vivre et la tendresse des gestes.

Dévalisés une fois sur trois, ces petits maladroits, décidément, ne rapportaient pas. Tel était le triste constat de mémé.

« T'avais peur de la première fois... Ça s'est bien passé, avec ce type, finalement ?...
– Il m'avait dit : "T'en fais pas, ma belle, c'est vite fait, tu verras, c'est rien..."
– Et alors ?...
– C'est vrai, ça été vite fait. Et c'est rien. »

Évoquant l'éternuement, le malicieux Montaigne disait : « Si nous faisons honnête accueil à ce bruit, c'est parce que pareil vent venant de la tête ne mérite aucun blâme. »

Il faut choisir dans la vie entre gagner de l'argent et le dépenser : on n'a plus le temps de faire les deux.
(Édouard Bourdet)

Ma franchise, je me la garde. Si je dois être hypocrite, je préfère me taire. À force de combiner, d'inventer des mensonges, on a le visage qui se déforme. Ceux qui combinent ont tôt ou tard la gueule de traviole ! (Arletty)

29 décembre

Saint David

Si tu rembourses tes créanciers,
Dès le mois de mai tu seras fiancé,
Si dès janvier,
Elle veut se marier,
À Saint-David,
Tu tournes bride.

SOUVENIRS

Souvenirs des vacances de jadis ! Si diverses et cependant si pareilles.

Noël. Premières mandarines un peu aigres qu'on achetait dans de petites caissettes plates. Et, le couvercle soulevé, on voyait apparaître les beaux fruits enveloppés de papier d'argent.

Les grands prés inondés s'étendaient sous la lune lorsqu'on allait à la messe de minuit. On croisait sur la route des gens qui venaient de locatures lointaines, et, dans les ténèbres, on ne reconnaissait pas leur visage. Sonorité étrange des cloches sur le grand paysage pluvieux. Profondeur de l'église immense dans l'ombre. Les enfants mal éveillés se croyaient au paradis. Au fond, dans une chapelle latérale, une crèche naïve en carton peint et papier d'emballage paraissait si belle au milieu des bougies (crèches des églises de villages, crèches abandonnées que nul Roi mage, que nul berger ne visite, et que les mains maladroites des vieux curés ont disposées).

Et puis, au retour, c'était le réveillon frugal, la chambre chaude où l'on s'endormait en rêvant aux jouets du lendemain.

(Jean Gaulmier, *Terroir*)

Il y a deux espèces de pauvres, ceux qui sont pauvres ensemble et ceux qui le sont tout seuls. Les premiers sont les vrais, les autres sont des riches qui n'ont pas eu de chance. (Jean-Paul Sartre)

J'aimais la mère, j'aimais la fille,
On est marin on part longtemps,
J'aimais la mère en partant,
En revenant j'aimais la fille.

(Paul Fort)

ABRACADABRA !

Méfions-nous de Saturne, qui est une planète froide et malfaisante. Elle déclenche les oreillons chez les Égyptiens, elle démolit le foie des Arabes avant que leur rate ne se dilate. En tout cas, une écrevisse dans la poche gauche vous prémunira contre les rhumes, c'est déjà ça.

BUVEURS BAVARDS

Il paraît que les pyramides sont vachement humides… C'est pour ça que les Égyptiens voulaient même pas y habiter… Même Napoléon, il a pas voulu y coucher, c'est dire ! Bah… ils ont juste voulu faire un truc pour les touristes, quoi… et finalement, ça n'a pas si mal marché !…

Celle-là, pour grimper l'échelle sociale, elle s'est farci un sacré paquet de barreaux, c'est moi qui te le dis !…

Si à la Saint-Roger tu gèles,
Réchauffe-toi avec Angèle,
Si dans un glaçon tu te vautres,
Dépêche-toi d'en trouver une autre.

Saint Roger

PERRET

30 décembre

D'UN VEAU L'ON ESPÈRE UN BŒUF, COMME UNE POULE D'UN ŒUF.

LE COUCOU DES GALÁPAGOS

C'était un peu avant la fin d'un tour du monde qui avait duré un peu plus de deux ans que nous avions embarqué sur un vieux coucou, Rébecca et moi, à l'aéroport de Guayaquil, en Équateur, pour nous rendre aux îles Galápagos. Nous approchions de la fin du voyage…

Le vieux coucou en question, qui n'en finissait plus de décoller, avait été baptisé *El Pingouino*. Assurément, ce comique nom d'oiseau avait été choisi par des gens inspirés qui ne manquaient pas d'humour et qui savaient d'avance que ce vieil appareil plutôt délabré volerait à peu près aussi aisément qu'un pingouin. Dès le décollage, une gentille et mignonne hôtesse équatorienne aux dents blanches offrit un Coca-Cola à chacun des passagers, une quarantaine, dont un sur trois n'avait pas de ceinture pour s'attacher à son siège. Je m'aperçus en y regardant de plus près que je n'en avais pas non plus. Rébecca, elle, en revanche, était attachée. Elle avait plus de chance que moi. Fataliste, je haussai les épaules.

Ce fut dans un épouvantable fracas qu'*El Pingouino* s'ébranla sur la piste. Ne comprenant pas immédiatement la raison de ce tintamarre insolite, je me cramponnai à mon siège. Mais, ô stupeur, plus de la moitié des tubulures de métal qui étaient censées fixer au sol les sièges des passagers avaient perdu leurs boulons. De sorte qu'avec l'attraction ascendante une bonne partie des sièges déboulonnés avaient été propulsés violemment contre ceux de derrière avec les passagers pris en sandwich au beau milieu. Les cris, les hurlements ou les protestations des malheureux qui s'étaient fraisé le nez sur le dossier de leur voisin de devant n'eurent pour effet qu'un deuxième passage de l'hôtesse souriante qui proposa, avec en prime une vue imprenable sur son décolleté plongeant, une nouvelle tournée de Coca-Cola ! Nous arrivâmes sains et saufs, mais moulus à l'extrême et aussi frais qu'une serpillière qui aurait briqué le hall de la gare Saint-Lazare !

Pensée

Qu'est-ce qu'une maîtresse ? Une femme près de laquelle on ne se souvient plus de ce qu'on sait par cœur, c'est-à-dire de tous les défauts de son sexe. (Chamfort)

LE SAVIEZ-VOUS ?

Dans les stades, il n'est pas rare d'entendre fréquemment : « Aux chiottes, l'arbitre ! » Cette formule célèbre, qui a l'air lancée au hasard, tendrait à prouver que les arbitres ont souvent des problèmes avec leurs intestins.

VERT DE COLÈRE

Je suis vert vert vert,
Je suis vert de colère,
Contre ces pauv' typ's,
Qui bousillent la terre,
Cette jolie terre,
Que nos pèr's nos grands-pères,
Avaient su préserver,
Durant des millénaires.

31 décembre

Saint Sylvestre

PERRET

Dernier jour de l'an saint Sylvestre,
Nous réunit pour un festin,
On s'embrasse on ôte sa peau de bête,
Et on picole jusqu'au matin.
Dès l'an nouveau il y a école,
Et chacun reprend son boulot,
Légumes-vapeur on boit de l'eau,
On teste son cholestérol !

LE HOMARD AU CHAMPAGNE

Un jour de fête, ponctuez-le d'un plat tel que celui-ci!

Pour 6 convives :

2 beaux homards de 800 g environ;
La chair de 5 tomates fraîches;
3 belles noix de beurre;
200 g de crème fraîche fleurette;
1 pincée (5 g environ) de pistil de safran;
1 petit bouquet de cerfeuil et 1 de ciboulette;
2 branches d'estragon frais;
1 petit verre d'armagnac;
1 verre de champagne (dégustez le reste à l'apéritif!);
1 cuillerée à soupe d'huile d'olive + 1 d'huile de colza (mélangées);
Sel et pincée de piment de Cayenne en poudre.

Préparation :

Après les avoir plongées dans l'eau bouillante, puis passées sous l'eau froide, pelez, épépinez les tomates et concassez-les. Réservez-les dans une assiette.

Découpez en deux, en longueur, les homards vivants sur une planche. Réservez le liquide et les entrailles dans un bol.

Tronçonnez les homards en morceaux de 5 cm environ.

Mettez la moitié du beurre, l'huile d'olive et celle de colza dans une sauteuse sur un feu vif. Faites revenir les morceaux de homard.

Ajoutez piment de Cayenne, safran et estragon haché. Salez.

Après cinq minutes de cuisson, flambez à l'armagnac.

Stoppez le feu. Ôtez le homard de la casserole, décortiquez-le, réservez-le dans un plat.

Dans la même sauteuse, ajoutez le reste du beurre. Quand il est chaud, ajoutez les entrailles du homard et son jus, les tomates concassées, la ciboulette et le cerfeuil hachés et les 3 ou 4 feuilles d'estragon, sans oublier le champagne.

Cuire dix minutes à feu très moyen, ajoutez la crème fraîche.

Mélangez bien et laissez encore dix minutes à feu doux.

Passez le tout au mixeur, puis au chinois, et remettez ce coulis à chauffer doucement dans la sauteuse afin de lui donner la consistance voulue (ni trop liquide ni trop épaisse). Rectifiez l'assaisonnement si nécessaire.

Trois minutes avant de servir, ajoutez le homard dans la sauce et laissez réchauffer très doucement, surtout sans faire bouillir.

Vous pouvez accompagner ce plat savoureux de pâtes fraîches cuites *al dente*.

Évidemment, le champagne s'impose.

Même si je n'ai pas fait l'amour depuis longtemps, je continue à acheter des préservatifs tous les jours afin de rester digne auprès de la pharmacienne. Cela dit, avec toutes les boîtes qui s'empilent chez moi, il va falloir que j'aie vite un gros coup de chance ou une super idée de déco...

(Jake Johannsen)

Et après le 31 décembre?
Après?...
J'ai tourné la page,
Et il y avait écrit : FIN.

REMERCIEMENTS

J'aurais dû écrire un roman !

C'est beaucoup plus fastoche à corriger. Parce qu'un almanach, c'est total diabolique. À élaborer d'abord... puis à suivre et à « surveiller » jusqu'au mot FIN.

Pour ce, je fus grandement aidé dans cette entreprise par Rébecca – alias « Madame Columbo » – qui est jamais sur la photo – et qui m'a pas fait de cadeau !

À Thomas, le providentiel Michel-Ange de l'infographie, de gros mercis attribués à l'aune de son talent et de sa... transpiration.

Une cargaison de mercis à Philippe, dit « Fifi de Paris ». Nous lui devons le subtil équilibrage du contenu de ces pages aux colorations rhétoriques si diverses... Malgré parfois certains a priori à tort le concernant, un garçon finalement très équilibré !

Merci à toi, CHER Marcel (Gotlib), ainsi qu'à toi, ami Alexis, pour les portraits d'« À poil », du « Zizi » ou de « Tonton Cristobal ». Ils sont d'un tel réalisme criant que même les grands Raphaël, Goya ou Picasso eussent pu aller se rhabiller !

Rutilant merci également à Delphine, notre bien aimable secrétaire, qui transpira sang et eau, jour et nuit, les yeux larmoyants et les phalanges en compote sur son diabolique ordi !

Très sincère merci aux correcteurs du cherche midi qui traquèrent inlassablement virgules ou fôtes d'ortografes.

Chaud merci enfin à tous ceux et celles qui, de près ou de loin, ont participé à cette improbable saga.

Pierre PERRET

Direction éditoriale : **Arnaud Hofmarcher**

Coordination éditoriale : **Philippe Léon Robert**

Conception graphique et mise en pages :

Thomas Pontois (merci à Guillaume et Magalie pour leur aide)

Photo couverture : **Éric Robert**

Tous les récits, pensées, aphorismes et autres dictons qui ne sont pas signés sont de l'auteur lui-même.

FIN